"十三五"普通高等教育本科部委级规划教材

市场营销学

杨小红　赵洪珊◎主编
乔蓓　刘娜　凌旭◎副主编

中国纺织出版社

内 容 提 要

市场营销学是一门集经济学、管理学、行为科学于一体的综合应用型学科，广泛应用于企业的经营实践中，也是经管专业学生的必修课程之一。本书将经典理论与实践案例相结合，理论体系完整，内容具有前瞻性，案例丰富、新颖，方便教学。具体内容包括：市场营销学导论、公司战略与营销管理、市场营销环境、营销信息系统、市场购买行为分析、目标营销、产品策略、价格策略、分销策略、促销策略、竞争性营销战略。每章均包含学习目标、引导案例、本章小结、关键术语和思考题，并配备了PPT供教师教学时参考。本书适合高等院校本科、高职高专学生，以及对市场营销有兴趣的企业界人士、理论研究者使用。

图书在版编目（CIP）数据

市场营销学 / 杨小红，赵洪珊主编. —北京：中国纺织出版社，2016. 8（2021.9重印）
"十三五"普通高等教育本科部委级规划教材
ISBN 978 – 7 – 5180 – 2772 – 9

Ⅰ. ①市… Ⅱ. ①杨… ②赵… Ⅲ. ①市场营销学—高等学校—教材 Ⅳ. ①F713.50

中国版本图书馆CIP数据核字（2016）第155339号

策划编辑：于磊岚   特约编辑：周馨蕾   责任印制：储志伟

中国纺织出版社出版发行
地址：北京市朝阳区百子湾东里A407号楼   邮政编码：100124
销售电话：010 — 67004422   传真：010 — 87155801
http://www.c-textilep.com
E-mail: faxing@c-textilep.com
中国纺织出版社天猫旗舰店
官方微博 http://weibo.com/2119887771
三河市宏盛印务有限公司印刷   各地新华书店经销
2016年8月第1版   2021年9月第6次印刷
开本：787×1092   1/16   印张：21.5
字数：401千字   定价：49.80元

高等院校"十三五"部委级规划教材

经济管理类编委会

主 任：

倪阳生：中国纺织服装教育学会会长

赵　宏：天津工业大学副校长、教授、博导

郑伟良：中国纺织出版社社长

赵晓康：东华大学旭日工商管理学院院长、教授、博导

编　委：（按姓氏音序排列）

蔡为民：天津工业大学管理学院院长、教授、硕导

郭　伟：西安工程大学党委常委、教授、博导

胡剑峰：浙江理工大学经济管理学院院长、教授、博导

黎继子：武汉纺织大学国际教育学院院长、教授、博导

琚春华：浙江工商大学计算机与信息工程学院院长、教授、博导

李晓慧：北京服装学院教务处处长兼商学院院长、教授、硕导

李志军：中央财经大学文化与传媒学院党总支书记、副教授、硕导

林一鸣：北京吉利学院执行校长、教授

刘晓喆：西安工程大学高教研究室主任、教务处副处长、副研究员

刘箴言：中国纺织出版社工商管理分社社长、编审

苏文平：北京航空航天大学经济管理学院副教授、硕导

单红忠：北京服装学院商学院副院长、副教授、硕导

石　涛：山西大学经济与工商管理学院副院长、教授、博导

王核成：杭州电子科技大学管理学院院长、教授、博导

王进富：西安工程大学管理学院院长、教授、硕导

王若军：北京经济管理职业学院院长、教授

乌丹星：国家开放大学社会工作学院执行院长、教授

吴中元：天津工业大学科研处处长、教授

夏火松：武汉纺织大学管理学院院长、教授、博导

张健东：大连工业大学管理学院院长、教授、硕导

张科静：东华大学旭日工商管理学院副院长、教授、硕导

张芝萍：浙江纺织服装职业技术学院商学院院长、教授

赵开华：北京吉利学院副校长、教授

赵志泉：中原工学院经济管理学院院长、教授、硕导

朱春红：天津工业大学经济学院院长、教授、硕导

　　中国经济的发展，企业实力的提升，离不开大量市场营销人员的努力。《国家中长期教育改革和发展规划纲要（2010—2020）》中强调：要着力培养信念执着、品德优良、知识丰富、本领过硬的高素质专门人才，重点扩大应用型、复合型、技能型人才培养规模。同时指出，必须加强课程教材等基本建设。在此背景下，围绕培养应用型、复合型、技能型营销人才的目标，汲取国内外优秀同类教材的优点，传承市场营销的科学知识和规律，在中国纺织出版社的支持下，编写了本教材。

　　本书围绕市场营销过程中的五个步骤编排了全书的内容：理解市场和顾客的需要和欲望、设计顾客导向的营销战略、构建传递卓越价值的整合营销计划、建立盈利性的关系和创造顾客愉悦、从顾客处获得价值以创造利润和顾客资产。第一章中主要介绍了市场营销过程、建立客户关系、从顾客处获得价值回报。第三章至第五章讨论了市场营销过程的第一步，分析市场营销环境、管理市场营销信息、分析消费者和组织购买行为。第二章、第六章围绕市场营销战略进行了讨论，其中第二章介绍了公司战略和营销管理，第六章具体介绍了顾客导向的目标营销战略：市场细分、目标市场选择、差异化和市场定位。第七章至第十章对整合营销计划中的四种营销工具即产品、价格、分销、促销策略分别进行了介绍。第十一章介绍了竞争性营销战略，探讨了如何使企业在竞争中获得优势。

　　本书主要特色表现在以下几点：

　　（1）理论体系完整。本书构建了完整的市场营销学理论体系，具体内容包括：市场营销学导论、公司战略和营销管理、市场营销环境、营销信息系统、市场购买行为分析、目标营销、产品策略、价格策略、分销策略、促销策略、竞争性营销战略。

　　（2）内容具有前瞻性。本书编写过程中，参考了大量国内外最新的同类教材，力求在理论介绍方面，体现市场营销学理论的最新成果和观点。另外，本书在文中案例的选择方面，也尽可能体现营销实践中最新的发展和实践。

（3）案例丰富新颖。本书每章开头有引导案例，每章最后有课后讨论的案例，每章中间也穿插了多个案例。力图使本书的理论能更多地与企业实践联系起来，增加读者对营销的感性认识，使读者在阅读本书时不感到枯燥和乏味。本书在选择案例时尽可能选择新案例、营销中出现的新现象、知名企业的案例。

（4）方便教学。为了方便老师教和学生学，本书配备了PPT供教师教学时参考，而且每一章都包含学习目标、引导案例、本章小结、关键术语、思考题。其中关键术语用中英文对照列出，思考题既包括对理论的理解和思考，也包括对营销实践的引导和训练。本书最后附有丰富的参考文献，读者需要进行延伸阅读时可以进一步参考。

本书主编杨小红、赵洪珊，副主编乔蓓、刘娜、凌旭。具体分工如下：第一章、第七章、第八章由杨小红编写；第二章（第五节除外）、第三章、第十一章由乔蓓编写；第四章、第五章由刘娜编写；第六章由赵洪珊编写；第二章第五节、第九章、第十章由凌旭编写；最后由杨小红统稿。

本书在编写的过程中，参考了大量的文献资料，在此向所有参考文献的作者表示感谢！本书的出版获得了中国纺织出版社的大力支持，在此也向中国纺织出版社的各位工作人员表达真诚的谢意！

由于编者水平有限，本书难免存在不足之处，敬请广大读者不吝指正。

编者

2016 年 5 月

第四章　营销信息系统

第五章　市场购买行为分析

第六章　目标营销

第七章　产品策略

第八章　定价策略

第一章

市场营销学导论

本章学习目标

（1）理解市场营销的含义。

（2）掌握市场营销的过程。

（3）理解市场与顾客需求。

（4）理解指导营销战略的哲学观点。

（5）理解客户关系管理、伙伴关系管理。

（6）理解顾客忠诚、顾客份额和顾客资产。

| 引导案例 |

恒大冰泉真成了夹生饭

2014年恒大年报显示，截至2014年年底恒大向恒大冰泉累计投入55.4亿元，亏损23.7亿元，业绩异常惨淡。资金、产品、传播都具备实力，但恒大冰泉却成了夹生饭！

恒大冰泉具有以下三大优势：

（1）资金优势。恒大位列中国富豪榜前15位，2014年销售1114亿元，净利润180亿元，进军快消，投入也是大手笔，一出手都是十亿级的，资金实力雄厚！

（2）产品优势。长白山天然矿泉水的诉求颇具优势。做水饮品产地资源尤为可贵，产地好就意味着溢价。如依云占据阿尔卑斯雪山，农夫山泉占据千岛湖的概念。恒大所打出的长白山这一天然优质资源，有很大的亮点，而恒大的名字"冰泉"也非常不错，这个诉求甚至让国内的水饮品巨头农夫山泉感受到了压力，原本以千岛湖为主打宣传的国内饮料巨头农夫山泉，把自己的传播主力诉求变成了长白山，然后对水源、工艺、设计等进行全方位的传播，说明恒大冰泉这个占位不错。

（3）传播优势。在传播上恒大一度投入的力度同样优势明显，无论是在2013年亚冠庆典（国内首个亚冠吸引全国关注）上的瞩目亮相，还是之后20天烧了13亿元广告费，请了众多大牌代言，这羡慕死多少企业，发出"土豪、有钱就是任性"的感慨！

为什么这么强大的实力，却成了夹生饭？下面分析一下是哪些原因导致了恒大冰泉失利。

1.盲目进军新领域，导致交的学费较高

所有企业进入一个新的领域，都会或多或少要交学费。很多行业大佬在进入一个新的领域时，往往带有智力优越感，认为新的行业、领域的企业操作水平都一般，自己一进去就能把他们打得落花流水，然后要做产品时，往往动不动就会定在那个领域的高端，而新领域的高端往往需要积累和沉淀，要具备足够的实力才能做到。于是，我们看到这些进入新领域的企业，很容易就会折戟，如贵州百灵药业进军饮品，要做高端饮品，推出胶原蛋白饮品爱透，售价10.5元，远高国内普通饮料，结果在几亿元投资后宣布放弃；国内某手机品牌刚进入就要对标苹果，号称××第一，但是差距太大，结果卖不动，不得不降价，类似的例子还有很多。

2.定价太高，对中国水饮品行情不了解

这是恒大冰泉操作最失误的一点。国内以前的饮料类产品的价格在3元以内，甚至是2.5元以内，可口可乐和百事可乐的2.5元都被认为价格不低，经过这么多年价格才过了3元、4元，超过5元就会卖得一般，甚至很差。

而在大众的心里，水的价值和饮料相比差多了，这也是为什么水饮品的价格和饮料价格相差甚远，市场上走量最大的两个，康师傅矿物质水1元左右一瓶，另一个售价相对较高的农夫山泉终端售价1.5元一瓶，而恒大冰泉却定在3.8元一瓶，几乎是同类产品的两倍以上，也许是要对标国内把价格定在高端的昆仑山，但是昆仑山在国内水市场销售一般，而其他价格位于高端的水饮品在中国市场的销量都不大，恒大即使再大规模广告轰炸，也不可能把这个市场变大，恒大高达 55 亿元的累计投入，几乎相当于整个行业所有高端水品牌的销售总和，而昆仑山投入运作多年（2009 年已开始运作），销售也未达到这个数目，结果就是 2014 年恒大冰泉销售 10 亿元。

3. 传播诉求变换太快

在恒大冰泉投放的广告中可以看到，恒大的诉求一直变来变去，广告代言人也是走马灯式地更换，什么火换什么，而且都是当红巨星级，成龙、范冰冰、全智贤、金秀贤。这个更换频率可以说在国内也创下纪录了！

如果说早期空喊恒大冰泉，对消费者吸引力有限，需要变化情有可原，而当恒大逐渐找到"长白山深层火山矿泉、世界三大黄金水源之一"的诉求时已经比较有吸引力了，但是我们看到后面恒大的诉求又变成了做饭的必用品，煮饭做饭都用恒大冰泉（是不是有点太难了，做一顿饭要增加多少费用），然后是"一处水源、供应全球"，现在又是"一瓶一码"，离那个有吸引力的诉求越来越远，农夫山泉当年的两个诉求，"农夫山泉有点甜"、"我们不生产水，只做大自然的搬运工"坚持打了很多年，也彻底在消费者心中构建了农夫山泉的品牌形象，最终促成了它的销量。

4. 操作节奏太过操切

也许是当时夸下的"2014 年销售 100 亿元，2016 年销售 300 亿元"的目标压力，导致团队过于操切，非常想快速上量，于是广告变来变去，非常想有一个快速拉动销量的效果。可能恒大是所有快消中，广告内容和诉求更换频率最高的饮品，结果让大家对恒大到底是什么，以及为什么购买越来越模糊。

而现在农夫山泉已经把长白山这个概念资源占领得越来越强，从水源寻找的认真精神，到工艺的严苛要求，再到人性化的设计等，消费者已经看到农夫山泉做得多么与众不同。

5. 团队不专业，对行业的摸索成本过大

在恒大开始操作恒大冰泉的时候，主力团队都来自于恒大地产，地产业和快消品在操作上有相似的地方，但是两个行业还是有些区别。恒大在操作冰泉上企业付出的摸索成本过大。

这一切值得营销人深深思索！

（根据以下资料来源整理：于建民. 恒大冰泉真成了夹生饭！赢销网. http://www.yingxiao360.com/htm/2015616/15315.htm.）

本章首先阐述了市场营销的含义，然后依次介绍了市场营销过程的五个步骤：理解市场和顾客的需要和欲望、设计顾客导向的营销战略、构建传递卓越价值的整合营销计划、建立盈利性的关系和创造顾客愉悦、从顾客处获得价值以创造利润和顾客资产。

第一节 市场营销、市场和顾客

一、市场营销

（一）市场营销的定义

市场营销普遍存在于人们的生活中，人们的生活无法离开营销的影响。良好的营销成为企业在商业中获得成功的重要因素。很多成功的企业都有一个共同点：以顾客为中心，并且非常重视市场营销。

广义上，市场营销（marketing）是一种通过创造和与他人交换价值实现个人及组织的需要与欲望的社会过程和管理过程。营销的社会过程指营销活动能有效地调和社会的供需，以创造社会的最大总效用。这主要针对经济体系中，存在于生产厂商与顾客之间的产品和服务流动而言。社会过程不针对单一厂商的活动，而是针对整个营销体系的运作。它关注的问题是营销活动如何影响社会，社会如何影响营销活动。很多营销活动提升了社会的生活水平，改善了人们的生活品质。在社会学视角下，营销是个人和群体通过创造、提供和与他人自由交换产品和服务，满足自我需要和欲望的社会过程。营销的管理过程是指营销活动有效地预测顾客的需求，并且将满足该需求的产品与服务从生产厂商流向顾客。管理过程是单一厂商内的活动，侧重于如何有效地达成组织的目标。在管理学视角下，营销被描述为"销售产品的艺术"。销售是营销的冰山一角，营销的目的是让销售变得多余；营销是让企业清楚地知道和理解消费者需要，然后提供相应的产品或服务，实现产品和服务的自我销售。

狭义上，市场营销是企业为从顾客处获得利益回报而为顾客创造价值并与之建立稳固关系的过程。美国营销学会对营销的定义是：营销是组织的一项职能，是为消费者创造、传播、传递价值和管理顾客关系，为组织和利益相关者带来利益的一系列过程。狭义的市场营销定义将营销局限在组织这一层面，而且重视关系营销（relationship marketing）。关系营销是通过创造更满意的交换来提升价值，从而建立一种长期互利的买卖双方关系。企业与客户的关系是其中最重要的关系。与关系营销相对应的是交易营销（transactional marketing）。即重视达成立即的交易，而非与顾客建立长远的关系。因此交易营销可能只产生一次交易，而关系营销却可能创造出终身的顾客。在交易营销下，顾客所产生的价值只是单一交易所产生的利润，而在关系营销下，顾客的价值则是终身无数次交易后所累积的利润。两者有天壤之别。

（二）市场营销的过程

市场营销过程具体分为五个步骤（图1-1）：

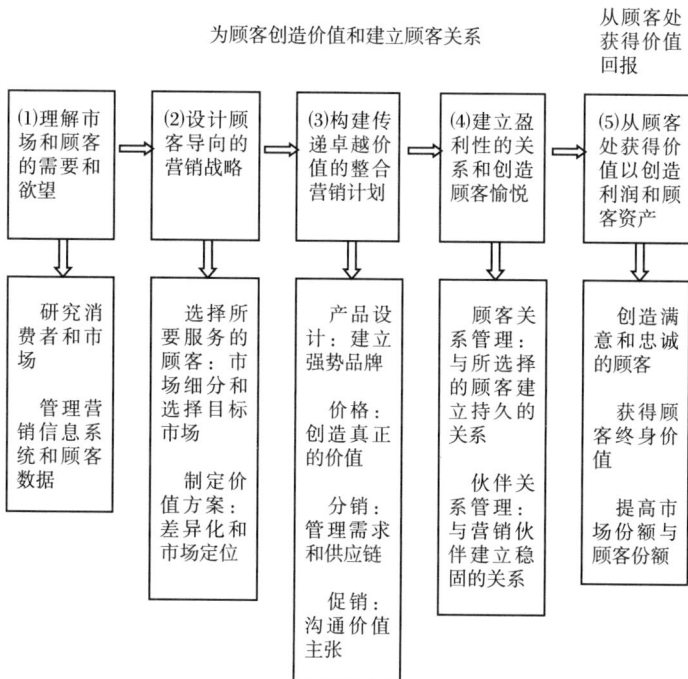

为顾客创造价值和建立顾客关系　　　　　　　　　　从顾客处获得价值回报

(1)理解市场和顾客的需要和欲望	(2)设计顾客导向的营销战略	(3)构建传递卓越价值的整合营销计划	(4)建立盈利性的关系和创造顾客愉悦	(5)从顾客处获得价值以创造利润和顾客资产
研究消费者和市场 管理营销信息系统和顾客数据	选择所要服务的顾客：市场细分和选择目标市场 制定价值方案：差异化和市场定位	产品设计：建立强势品牌 价格：创造真正的价值 分销：管理需求和供应链 促销：沟通价值主张	顾客关系管理：与所选择的顾客建立持久的关系 伙伴关系管理：与营销伙伴建立稳固的关系	创造满意和忠诚的顾客 获得顾客终身价值 提高市场份额与顾客份额

图 1-1　市场营销过程的模型

（1）理解市场和顾客的需要和欲望。公司首先必须通过调研了解顾客的需求、管理市场营销信息，由此获得对市场的全面理解。

（2）设计顾客导向的营销战略。在了解顾客需求和管理营销信息的基础上，企业要设计顾客导向的市场营销战略。这时要解决的问题是：为谁提供服务（市场细分和目标市场选择）？怎样才能更好地为目标顾客服务（差异化和市场定位）？

（3）构建传递卓越价值的整合营销计划。根据市场营销战略，公司要制定由四种营销组合即产品、价格、分销、促销相互配合而构成的市场营销方案，将制定的市场营销战略转化为真正的顾客价值。公司会开发产品并为它们创建品牌；为产品制定价格；合理地分销使顾客方便地买到它们；设计促销方案，和目标顾客进行沟通，说服他们对市场提供物做出积极的反应。

（4）建立盈利性的关系和创造顾客愉悦。营销过程中最重要的一步也许就是与顾客建立有价值的、能为企业带来盈利的关系。在整个营销过程中，市场营销者都在为创造顾客满意和愉悦而进行客户关系管理。除了做好客户关系管理，营销者必须与公司内部其他职能部门的人员，以及供应商、分销商、零售商及其他外部成员建立伙伴关系，做好伙伴关系的管理。

（5）从顾客处获得价值以创造利润和顾客资产。最后一步是公司从顾客那里获得价值，从稳固的顾客关系中收获回报。传递卓越的顾客价值培养出一批高度满意的顾客，他们将购买公司更多的产品和服务，并乐意一再惠顾。这有利于公司获得顾客终身价值和更大的顾客份额。最终，公司长期的顾客资产就会增加。

前四个步骤中，公司努力理解顾客，创造顾客价值，并建立稳固的顾客关系，在最后一个步骤中，公司因为创造了顾客价值而得到以销售额、利润和长期顾客资产为形式的价值回报。

二、理解市场与顾客需求

理解顾客需要和欲望，以及企业要从事经营活动的市场，是市场营销活动的第一步。与顾客和市场有关的核心概念有五个：

（1）需要、欲望和需求。

（2）市场提供物（产品、服务和体验）。

（3）顾客价值和满意。

（4）交换和关系。

（5）市场。

（一）顾客需要、欲望和需求

1. 需要

需要是市场营销的最基础的概念。需要（needs）是一种感到缺乏的状态。包括对食物、服装、温暖、安全的基本生理需要、对归属和情感的社会需要，对知识和自我表达的个人需要。这些需要不是市场营销者创造出来的，是消费者天生就有的。

2. 欲望

欲望（wants）是明确表达的需要的指向物，受到文化和个性的影响。需要食物的人，有可能对汉堡包有欲望，也可能对饺子、米饭、包子、牛肉面有欲望。

3. 需求

在得到购买能力支持时，欲望就转化为需求（demands）。在既定的欲望和资源条件下，人们会选择能够产生最大价值和满意的产品。

（二）市场提供物——产品、服务和体验

消费者的需要和欲望通过市场提供物（market offerings）得到满足。市场提供物是提供给市场以满足需要、欲望和需求的产品、服务、信息或体验的集合。市场提供物不仅包括有形产品，还包括无形的服务，如教育、咨询、医疗、交通、维修等。广义上，市场提供物还包括其他内容如：人员（如创造名人效应）、场所（如吸引游客、居民、人才）、组织（如在公众心目中建立良好形象）、信息（如图书）和创意（某策划方案）等。

产品是满足顾客需求和欲望的手段，对顾客来说，顾客最关注的是自己的欲望和需求，是使用产品能给自己带来的利益和好处，而不是产品和服务本身的属性。但是很多营销人员患有营销近视症（marketing myopia），即营销人员关注自己提供的特定产品甚于关注这些产品产生的利益和体验，过于关注自己为现有欲望开发出来的产品，而忽略顾客需要的变化。顾客可能具有相同的需求，但可以通过不同的产品满足需求。一旦市场上出现了能够更好或更便宜地满足顾客需要的新产品，这些患有营销近视症的销售人员就会遇到麻烦。

（三）顾客价值和满意

从购买者或消费者角度看，商品价值与顾客价值、顾客利益、顾客满足感或效用是等价的。经济学中，效用（utility）是消费者从消费商品或服务中获得的满足感。顾客价值（customer value）是指购买者或消费者从某一特定产品或服务中获得的利益总和。

顾客满意（customer satisfaction）取决于顾客对产品效能的感知和顾客预期的比较，如果产品效能低于预期，顾客就会不满意；如果产品效能符合预期，顾客就会满意；如果产品效能超过预期，顾客就会非常满意或者惊喜。很多研究表明，高水平的顾客满意产生高水平的顾客忠诚，进而使公司获得更多的盈利。满意和愉悦的顾客不仅自己容易产生重复购买行为，还会为企业传递好的口碑。因此杰出的公司都会想方设法让顾客满意、愉悦甚至感动。

（四）交换和关系

在市场营销中，人们通过交换来满足需要和欲望。交换（exchange）是一种为从他人那里得到想要的物品而提供某些东西作为回报的行为。市场营销的核心是交换。人们要想获得某种能够满足自己需要的东西，除了交换，还可以采用以下五种方式：自己生产，掠夺，偷盗，乞讨，骗取。其中，只有第一种方式是正当的，其他的方式都以损害他人的利益为代价。

市场营销中不仅仅要吸引新顾客和产生交换，而且还要留住老顾客，建立牢固的顾客关系，使他们与公司的业务不断增长。

（五）市场

市场（market）是某种产品的实际购买者和潜在购买者的集合。这些购买者具有共同的需要和欲望，能够通过特定的交换得到满足。

营销人员为了与购买者建立有利可图的顾客关系付出了大量的努力，营销人员会搜寻购买者，确认他们的需要，设计优质的市场提供物，为它们制定价格，进行促销、储存和递送。市场调研、产品研发、沟通、分销、定价和服务等活动构成了市场营销的核心内容。

第二节　市场营销战略和计划

理解市场和顾客的需要和欲望是市场营销过程的第一个步骤，设计顾客导向的营销战略是市场营销过程的第二个步骤。一旦充分地了解了消费者和市场，就要设计顾客导向的战略。指导营销战略的哲学观点有五种：生产观点、产品观点、推销观点、市场营销观点、社会营销观点。制定整合营销计划是市场营销过程的第三个步骤。

一、指导营销战略的哲学观点

市场营销活动需要设计与目标顾客建立有价值的关系的战略。如何平衡顾客、组织和社会的利益？应该以什么哲学指导营销战略呢？有五种观点：生产观点、产品观点、推销观点、市场营销观点、社会营销观点。

1. 生产观点

生产观点（production concept）认为，消费者喜欢价格低廉、购买便利的产品。所以管理者应该集中于提高生产和分销效率。

生产观点在以下情况下是有效的：

（1）产品供不应求，此时消费者只要能获得产品便感到满足，因此产品的购买便利性便很重要。

（2）产品本身相当标准化，因此差异化的空间很有限，所以消费者只在乎产品的价格。

（3）产品成本过高，高价就会限制市场的规模，厂商可以通过大量生产来降低价格以扩大市场。

生产观点通常比较适合于产业上游的标准化原材料和零配件，因为这些原材料和零配件有很明确的标准规格和品质指标，其顾客也是理性和专业的购买者，因此只要原材料与零配件符合规格和品质的要求，价格和供货的稳定性便成为顾客决策的关键因素。

典型的生产观点的案例有：20世纪初美国福特汽车公司为拓展其T型车的汽车市场，采用了生产观点的市场哲学。美国德州仪器公司竭尽全力提高生产数量，并改良生产技术以降低成本，它利用低成本来达成降价以及扩展市场的目的。韩国的LCD面板厂商、汽车厂、家电厂、电子厂很明显地都是以规模来取得竞争优势。中国台湾的很多生产原材料、零配件的公司，OEM 厂商，都是靠低廉的价格和稳定的供货取得订单。例如，鸿海通过低廉的劳动成本、较高的生产效率在全球 3C 代工领域占据龙头地位。个人电脑制造商联想和家用电器厂商海尔通过低廉的劳动力成本、较高的生产效率、有效的分销，在竞争激烈、价格敏感的中国市场上占据垄断地位。

但生产观点容易导致营销近视症。采用这一导向的公司面临极大的风险，过于狭隘地聚焦于自己的运营而迷失真正的目标——满足顾客的需要和建立客户关系。

2. 产品观点

产品观点（product concept）认为，消费者喜欢那些具有最高质量、性能水平和富有创新特点的产品。奉行这种观点的企业中，市场营销战略往往集中于持续的产品改善。

产品质量的提高是大多数市场营销战略的重要组成部分，但是即使产品质量很好，如果没有适宜的价格，吸引人的包装，方便的分销渠道，也很有可能卖不出去。公司如果仅仅关注公司的产品，就有可能患上营销近视症。因为顾客购买的是产品带来的利益而不是产品本身，当有某些替代品提供相同的利益时，很多品质优良的产品最终就会被替代。

产品观点导向的公司通常很少或根本未考虑顾客的需求，就进行产品设计。这些公司非常信任工程师，认为他们知道如何设计与改良产品。他们有时会忽略产业以外的可能竞争者，也常因过分执着于技术而漠视了顾客的真正需要，最终导致失败的命运。

延伸阅读

被淘汰的科技产品

1.MP3

作为替代随身听的新一代音乐播放器，MP3 凭借体积小、售价低、歌曲免费获取等优势迅速蹿红，成为大多数年轻人听歌的首选。MP3 单一的功能也注定了命运不会长久，各大手机厂商很快开始推出主打音乐播放的手机，将 MP3 功能植入其中，而不需要用户再去单独携带，给了 MP3 一记重击；智能手机兴起后，可以十分方便地在网上即时下载收听歌曲，更是 MP3 所无法实现的，彻底断绝了 MP3 的发展空间。如今，除了少数的 iPod 等高端 MP3 产品用户还在坚持外，专门使用 MP3 听歌的人已经非常少了。

2. 直板按键手机

又是一款勾起青春回忆的产品，以诺基亚为首的这类手机拥有夸张的长续航和耐摔打能力，再加上便宜如山寨产品的价格，深受广大人民群众爱戴，是手机在国内普及的第一功臣。

只能怪科技的发展太快，从听歌、拍照到智能平台，当初坚持手机只打电话的用户在更多更好玩的功能面前纷纷妥协，直板按键手机如今已沦为一些小城镇的各种营业厅上号送手机的赠品。

（资料来源：巧艳.10大应被淘汰的科技产品盘点.牛华网. http://www.newhua. com/2012/0220/146311.shtml.）

3. 推销观点

推销观点（selling concept）认为，消费者通常具有购买惰性或者抗拒心理，因此厂商必须进行积极的销售与促销，消费者才会购买其产品。"卖我们所生产的产品"是指先有产品，且不管它是否符合顾客的需要，都要想尽办法把产品卖出去，这就是推销观点。

推销观点指导下的组织比较重视销售技巧，大量用于推销非渴求产品，例如保险、直销产品、结婚摄影等。在产品过剩时，大多数公司也会采用推销观点。

推销观点常一厢情愿地认为，消费者虽在被推销或被欺骗的半强迫情况下购买商品，但所购买的产品仍会是他们所喜欢的。事实上，很多推销的商品虽然有价值，却不是顾客所需要的。在推销观点下，杀鸡取卵式的一次销售往往断送了顾客的重购意愿，而不满意的顾客会向亲朋好友传播不好的消费体验，或向消费者保护团体投诉，造成组织或产品的负面口碑。因此推销观点是一种很短视的做法，为了短期利润而牺牲了长期利润。

延伸阅读

让销售回归销售，别再瞎谈"把梳子卖给和尚"了

环顾一下如今的销售界，都是那类"把冰箱卖到北极"、"把梳子卖给和尚"、"把胸罩卖给男生"的营销故事，"假、大、空"现象层出不穷，但销售出路在哪里？有这样一个故事与大家分享：

纽约第五大道有一家复印机制造公司，需要招聘一名优秀的推销员。老板从数十位应聘者中初选出3位进行考核，其中包括来自费城的年轻姑娘安妮。

老板给他们一天的时间，让他们在这一天里尽情地展现自己的能力。可是，什么事情才最能体现自己的能力呢？走出公司后，几位推销员商量开了。一位说："把产品卖给不需要的人！这最能体现我们的能力了，我决定去找一位农夫，向他推销复印机！"

"这个主意太棒了！那我就去找一位渔民，把我的复印机卖给他！"另一位应聘者也兴奋地说。出发前，他们叫安妮一起去，安妮考虑了一下说："我觉得那些事情太难了，我还是选择容易点的事情做吧！"接着，她往另一个方向走去。

第二天一早，老板再次在办公室里召见了这三位应聘者："你们都做了什么最能体现能力的事？""我花了一天时间，终于把复印机卖给了一位农夫！"一位应聘者得意地说，"要知道，农夫根本不需要复印机，但我却让他买了一台！"老板点点头，没说

什么。"我用了两个小时跑到郊外的哈德逊河边，又花了一个小时找到一位渔民，接着我足足花了四个小时，费尽口舌，终于在太阳即将落山时说服他买下了一台复印机！"另一位应聘者同样得意洋洋地说，"事实上，他根本就用不着复印机，但是他买下了！"老板仍是点点头，接着他扭头问安妮："那么你呢？小姑娘，你把产品卖给了什么人，是一位系着围裙的家庭主妇，还是一位正在遛狗的夫人？""不，我把产品卖给了三位电器经销商。"安妮从包里掏出几份文件来递给老板说，"我在半天里拜访了三家经销商，并且签回了三张订单，总共 600 台复印机。"老板喜出望外地拿起订单看了看，然后他宣布录用安妮。这时，另外两名应聘者提出了抗议，他们觉得卖给电器经销商丝毫没什么好奇怪的，他们本来就需要这些产品。

"我想你们对于能力的概念有些误解。能力不是指用最短的时间，去完成一件最不可思议的事，而是用最短的时间，完成最容易的事。你们认为花一天的时间把一台复印机卖给农夫或渔民，和用半天的时间把 600 台复印机卖给三位经销商比起来，谁更有能力，又是谁对公司的贡献更大？"老板接着严肃地说，"让农夫和渔民买下复印机，我甚至怀疑你们是胡乱吹嘘了许多复印机的功能。我必须要提醒你们，这是一个推销员最大的禁忌！"说完这番话后，老板告诉他们在录用人选上，他不会改变自己的主意。

在日后的工作中，安妮一直秉承一条原则：把所有的精力都用来做最容易成功的事情。不去做那些听上去很玄乎，但对公司却没什么帮助的事情。多年后，安妮创下了年销售 200 万台复印机的世界纪录，至今无人能破！

2001 年，安妮不仅被美国《财富》杂志评为"20 世纪全球最伟大的百位推销员之一"（也是其中唯一的一位女性），而且还被推选为这家复印机制造公司的首席执行官，一任就是 10 年！她就是刚刚退休的全球最大的复印机制造商——美国施乐公司的前总裁安妮·穆尔卡希。

（资料来源：让销售回归销售，别再瞎谈"把梳子卖给和尚"了！全民经纪人网站．http://www.renmai.com/news/show.php？itemid=1219.）

4. 市场营销观点

市场营销观点（marketing concept）认为，实现组织目标的关键在于比竞争对手更好地了解目标顾客的需要和欲望，并使顾客感到满意。只要能正确地界定顾客的需要，并让产品与服务能被顾客轻易取得，则销售自然是水到渠成。

推销观点与市场营销观点的区别见表 1-1。推销观点以工厂为起点，关注公司现有的产品，进行大量的推销和促销。它主要致力于吸引顾客，追求短期的销售额，而很少关心谁买以及为什么买。市场营销观点以市场为起点，关注顾客的需要，整合所有影响顾客的市场营销活动；在顾客价值和顾客满意的基础上，与合适的顾客建立持久的关系并获得利润。

表 1-1　推销观点与市场营销观点的比较

观点	起点	中心	手段	目的
推销观点	工厂	现存产品	推销和促销	通过提高销量获得利润
市场营销观点	市场	顾客需求	整合营销	通过创造顾客满意获得利润

当市场上存在很清晰的需要，或顾客知道自己想要什么时，顾客导向的市场营销通常很有效。但是，在很多情况下，顾客并不能清楚地知道自己到底想要什么，可以要什么。这要求顾客导向的市场营销甚至需要比顾客自己更理解顾客的需要，并创造产品和服务满足现存的和潜在的需要。

5. 社会营销观点

社会营销观点（societal marketing concept）认为，市场营销战略应该以维持或改善消费者和社会福利的方式向顾客递送价值。这要求可持续的市场营销，即承担社会和环境责任的市场营销，强调满足顾客和企业当前需求的同时也要保护或增强后代满足需求的能力。公司必须追求公司利润、顾客需要、社会福利三者的平衡，并解决彼此间的冲突。采用这种观念的企业，注重树立良好的企业形象及产品形象，致力于推动绿色营销和绿色消费，如少用塑料袋、少用木材、废物利用、不捕杀稀有动物、禁止香烟广告、采用天然成分生产化妆品等。

二、设计顾客导向的市场营销战略

为了制定市场营销战略，营销经理先要明确两个问题：企业将为哪些顾客服务（谁是企业的目标顾客）？企业怎样才能够最好地为这些顾客服务（企业的价值主张是什么）？

1. 选择要服务的顾客

顾客的需求存在很大差异，企业首先要将市场进行细分，然后再选择要服务的市场。如果企业尝试为所有人提供服务，那么可能最终任何顾客都服务不好。公司希望只选择那些自己能够服务好并有利可图的顾客。营销经理必须要明确应瞄准哪些顾客以及这些顾客的需求水平、时机和特点。

2. 选择价值主张

在服务于目标顾客时，公司必须要决定在市场中怎样将自己与竞争对手有效地区别开来。一个品牌的价值主张是它承诺的递送给顾客以满足其需要的所有利益和价值的总和。如农夫山泉"有点甜"、"大自然的搬运工"的诉求使其与其他矿泉水有效地区别开来。价值主张使品牌具有明显的差异性，并使自己在目标市场上具有优势。

三、制定整合的市场营销计划

公司制定市场营销战略之后，下一步就是制定整合的市场营销计划，向目标顾客传递计划好的价值。市场营销计划将市场营销战略转化为行动来建立客户关系，这往往要用到市场营销组合，即公司用于执行市场营销战略的一套营销工具。

主要的市场营销组合工具分为四大类，称为市场营销计划的 4Ps：产品（product）、价格（price）、分销/渠道（place）、促销（promotion）。为传递自己的价值主张，公司必须首先创造能够满足需要的市场提供物（产品）；然后，确定为这一市场提供物收取多少费用（价格）；确定如何使消费者买到该市场提供物（分销/渠道）；最后，还必须与目标顾客就市场提供物的利益进行沟通，说服他们相信并购买（促销）。企业必须综合运用这些市场营销组合工具，制定细致、周到的整合营销计划，向选定的顾客沟通和传递计划好的价值。

第三节　建立客户关系

市场营销过程的前三个步骤：理解市场和顾客的需要和欲望、设计顾客导向的营销战略、制定整合营销计划，都是为了实现第四个步骤：建立有价值的客户关系。

一、客户关系管理

客户关系管理是现代市场营销的重要观念。客户关系管理（customer relationship management）是通过递送卓越的顾客价值和满意，来建立和维持有价值的客户关系的整个过程。它涉及获得、维持和发展顾客的所有方面。

（一）客户关系管理的基础：顾客价值和顾客满意

建立持久客户关系的关键是创造卓越的顾客价值和满意。满意的顾客更容易成为忠诚的顾客，并为公司带来更大的销售额。

顾客价值（customer value）是指购买者或消费者从某一特定产品或服务中获得的利益总和，具体包括产品价值、服务价值、人员价值、形象价值。顾客成本（customer cost）是购买者为获得顾客价值而必须付出的成本或费用，顾客成本除了货币成本之外，还包括时间成本、精力成本、体力成本。

顾客感知价值（customer-perceived value）指与其他竞争产品相比，拥有或使用某一种市场提供物的顾客价值与顾客成本之间的差异。顾客常常不能准确或客观地判断价值，他们根据感知的价值做出相应的购买决策。

以顾客为中心的企业会比竞争者获得更高的顾客满意，但他们并不试图使顾客满意最大化。公司也能够通过降低其价格或增加其服务来增加顾客满意，但这样做会导致利润降低。市场营销的目的是有利可图并产生顾客价值，这需要企业努力使自己达到一种平衡：持续创造更多的顾客价值和满意，但又不使自己赔得倾家荡产。

（二）客户关系水平

公司会根据目标市场的特点，将客户关系分为不同的等级。

（1）基本关系。企业销售人员在产品和服务销售后，不再与顾客接触。如日常用品、顾客多的情况。

（2）被动式关系。企业的销售人员在销售产品和服务的同时，还鼓励消费者在购买产品和服务后，如果发现产品和服务有问题或不满时及时向企业反映，如通过打电话。

（3）负责式关系。售后不久，通过各种方式了解产品和服务是否能达到消费者的预期，并且收集顾客有关改进产品和服务的建议，以及对产品和服务的特殊要求，把得到的信息及时地反馈给企业，以便不断地改进产品。

（4）主动式关系。销售人员经常与顾客沟通，不时地打电话与消费者联系，向他们提出改进产品和服务使用的建议，或者提供有关新产品的信息，促进新产品的销售。

（5）伙伴式关系。企业与顾客持续合作，使顾客能更有效地使用其资金或帮助顾客更好地使用产品，并按照顾客的要求来设计新的产品。如大型产品、特殊产品、边际利润很高的产品。

公司可以运用很多营销手段与顾客建立牢固的关系。很多公司都建立了顾客忠诚和保持计划，例如为重要的客户提供折扣、特殊服务等。还有一些公司赞助俱乐部营销计划，为成员提供福利和创建成员社群。例如，苹果公司鼓励顾客组建当地的苹果用户群。全球 800 多个注册的苹果用户群每月聚会，发布时事通讯，提供相关技术问题的建议，组织培训班，沟通产品折扣，建设与志同道合的苹果迷们分享新奇创意和故事的论坛。

二、吸引顾客参与

当今的互联网络、移动通信以及社交媒体等数字技术的发展，改变了人与人之间的联系方式，也显著影响着公司及其品牌与顾客的关系，顾客之间的关系及其购买行为。

（一）顾客参与营销

随着数字技术的发展，出现了许多有助于建立顾客关系的新工具：网站、网络广告和视频、移动广告和应用、博客、网络社群等社交媒体。

数字技术的发展使营销发生了变化。消费者比以往更加消息灵通、联系紧密，也更强势。传统营销中公司向顾客营销品牌，公司主要集中于面向广大细分市场的大众营销；现在，公司注重顾客参与营销（customer engagement marketing），即在形成品牌对话、品牌体验和品牌社群中培养直接和持续的顾客参与。顾客参与营销不仅仅是向顾客营销品牌，其目标是使品牌成为顾客谈话和生活的重要组成部分。顾客参与营销的关键是找到合适的方式加入消费者的社交话题，引入有趣和重要的品牌信息。公司在建立客户关系时不能再仅仅依赖灌输式的市场营销，而必须加强吸引式营销——即创造市场提供物和信息吸引顾客主动参与，而不是一味地解释和灌输。大多数公司现在都使用网络、移动通信和社交媒体来促进品牌和消费者的密切关系和沟通。

（二）消费者生成的营销

消费者生成的营销（consumer-generated marketing）是消费者参与产品的创造和产品信息的传播。消费者可以在博客、视频分享网站、社交媒体和其他数字论坛中自发地交换信息和看法。公司也越来越多地邀请消费者参与形成产品和品牌信息传播的过程，并承担更积极的角色。

消费者生成的营销已经成为一种重要的营销力量。通过大量由消费者创作的视频、评论、博客、移动应用和网站，消费者在形成自己和他人的品牌体验中发挥着越来越重要的作用，在产品设计、用途、包装、品牌、定价、分销等各方面的影响日益加强。

📖 **延伸阅读**

五种由消费者生成的营销运动类型

在过去的几年里，由消费者生成的营销运动变得越来越流行。让成千上万的客户参与创造内容，之后将产品通过社会媒体进行传播，这样的方式备受企业推崇。而且，通过这种方式，让消费者为企业免费创作。然而，渐渐地，品牌意识到由消费者生成的大众媒体传播力量是很难掌控的，如果传播的是负面信息，会给品牌带来潜在的风险。因此，让消费者参与品牌活动的创意策略和执行，虽然其生成、传播方式是免费的，但通常并不是最佳的。那么，对于品牌而言，什么时候才适合采用由消费者生成的营销策略呢？以下是 5 种类型：

1. 重塑品牌资产："你的看法是……"

如果你的品牌在市场上的运作已经有了一些年头，你可能已经在市场上建立了一定的品牌资产和品牌认知。那么，企业采用消费者生成传播策略的最好方式之一，就是让消费者帮助自己找回一些固有的品牌资产。宝洁旗下的福杰仕（Folgers）咖啡品牌最近就采用了这种方式，它"让消费者重新演绎那些著名的歌曲"，"在清醒时最妙的时刻——啜着 Folgers 咖啡"，举行表演比赛，让观众重温那些优美的旋律，同时记住 Folgers 品牌。

2. 找到你梦寐以求的工作："假设你是……"

我们也许设想过，如果我们能有第二次生命那会怎样？事实上，社会媒体工具的运用提供了许多辅助工具，帮助人们更好地想象甚至虚拟假设。有越来越多的营销运动就采用了这种"预想不同人生经历"的模式。最有名的例子或许是澳大利亚昆士兰开展的"昆士兰旅游业最佳工作",邀请人们毛遂自荐竞争澳大利亚美丽海岛旅游总监职位。另一个例子是美国音乐电视频道MTV现在开展的运动"世界上第一个Twitter主持人",开展这样的运动之后,将过程及创造内容等打包后向社会公布。

3. 从你的创意中获得奖励:"为……提交创意。"

这应该是消费者生成传播策略中最时兴的一种形式。在这种运动中,企业邀请参与者上传视频、图像或是分享故事,基于作品的创造性进行选择,之后给予奖励。典型的奖励形式主要是能够提升宣传度的奖品或是现金。譬如美国食品生产商多力多滋(Doritos)在过去的几年里围绕美国橄榄球超级杯大赛开展的运动,最终消费者为该品牌创作了一个电视广告。

4. 分享故事,赢取奖品:"告诉我们……你可能获奖!"

这是一个对任何品牌都有效的模式,它结合了宣传运动以及鼓舞消费者参与的元素,让消费者可以通过分享个人的经历故事赢得奖励。譬如国际食品品牌Bertolli最近在Facebook上推行的运动,让消费者"分享鼓舞人心的经历"。

5. 分享创意,获得补助金:"有了资助,可以改变世界。"

在社会慈善和营销中有一个很好利用的交叉点,有越来越多的网站公布了"如何影响世界"的话题,用户可以通过上传自己的整套方案从而获得基金赞助。譬如"百事焕新项目"(Pepsi Refresh Project)——它更倾向于社会慈善行为;还有其他注重联系消费人群的项目,譬如美国运通公司(American Express)针对运通信用卡用户开展的"美国运通会员项目"——持卡用户上网发表关于改善世界的方案争取其他人认同,获得最多认同投票的前5个提案可以平分由美国运通公司提供的250万美元基金。

(资料来源:5种由消费者生成的营销运动类型.梅花网.http://www.meihua.info/a/55472.)

三、伙伴关系管理

市场营销者在创造顾客价值和建立牢固的顾客关系时,必须与各种市场营销伙伴密切合作。营销者不仅要做好客户关系管理,还要擅长伙伴关系管理。伙伴关系管理(partner relationship management)是指市场营销者与公司内部和外部的其他人紧密合作,共同为顾客创造和递送更多价值。现在的公司将各个职能部门都整合到创造顾客价值的事业中,营销部门之外的公司内部的其他部门也必须理解市场营销并以顾客为中心,营销者与公司内部其他部门必须要建立伙伴关系。而且,公司还要建立和加强与供应链中各伙伴的关系。供应链是从采购原材料开始,到制成中间产品以及最终产品,最后由销售网络把产品送到消费者手中的过程中,供应商、制造商、分销商、零售商,直到最终用户连成的一个整体的功能网链结构。营销者需要和供应链中的供应商、分销商、零售商及其他组织建立伙伴关系。

第四节　获得顾客价值

市场营销过程的前四个步骤中，公司努力理解顾客，创造顾客价值，并建立稳固的顾客关系，在第五个步骤中，公司因为创造了顾客价值而得到回报。以下介绍创造顾客价值的结果。

一、建立顾客忠诚与维持

良好的客户关系管理产生顾客愉悦，愉悦的顾客更容易保持忠诚。忠诚的顾客不仅在情感上偏好产品，而且还会产生重复购买行为。愉悦的顾客比满意的顾客有更高的忠诚度，因而客户关系管理不仅仅应追求顾客满意，还应以顾客愉悦为目标。

忠诚的顾客为企业的利润做出了重要的贡献。忠诚顾客消费的更多、保留的时间更长。研究显示，争取一位新顾客与保留一位老顾客相比，成本要高五倍。失去一位顾客的后果不只是损失了一个订单，而是失去了这位顾客一生中可能会购买的总量，即顾客终生价值（customer lifetime value）。例如，雷克萨斯（Lexus）估测出一位满意和忠诚顾客一生中会购买价值超过60万美元的产品。据估计，星巴克的顾客的终身价值可达1.4万美元。顾客的愉悦能够创造一种顾客与品牌之间的情感联系，而不仅仅是理性偏好。这种联系使顾客一再惠顾。在与顾客的长期关系中，公司获得了稳定而丰厚的利益。

二、增长顾客份额

营销者不仅保留顾客以获取顾客终身价值，而且会通过顾客关系管理提高顾客份额。顾客份额（customer share）指顾客所购买的某公司的产品占其同类产品购买量的比重。为增加顾客份额，公司想方设法为当前的顾客提供多样化的产品和服务，或利用交叉销售和增值销售向现有顾客营销更多的产品和服务。交叉销售（cross selling）是一种发现顾客多种需求，并满足其多种需求的营销方式。比如说某客户从企业购买了一款游戏机，企业可以再销售充电器或者电池给他。一个经典的案例是，在超市里，有一个有趣的现象：尿布和啤酒赫然摆在一起出售。但是这个奇怪的举措却使尿布和啤酒的销量双双增加了。这是发生在美国沃尔玛连锁店超市的真实案例，并一直为商家所津津乐道。原来，美国的妇女们经常会嘱咐她们的丈夫下班以后要为孩子买尿布。而丈夫在买完尿布之后又要顺手买回自己爱喝的啤酒，因此啤酒和尿布在一起购买的机会还是很多的。是什么让沃尔玛发现了尿布和啤酒之间的关系呢？正是商家通过对超市一年多原始交易数字进行详细的数据分析，才发现了这对神奇的组合。

三、建立顾客资产

客户关系管理的最终目标是产生高额的顾客资产。顾客资产（customer equity）是企业现在的和潜在的顾客的终身价值的总和。企业有价值的顾客越忠诚，其顾客资产就越高。与销售和市场份额相比，顾客资产是衡量公司业绩更好的指标。销售和市场份额反映的是过去，顾客资产则意味着未来。

公司应把顾客视为资产，谨慎地管理顾客资产并使之最大化。但不同顾客的潜在盈利性与忠诚度不同，企业客户管理的战略也相应不同。根据顾客潜在盈利性与忠诚度将顾客分为四类（图1-2）：

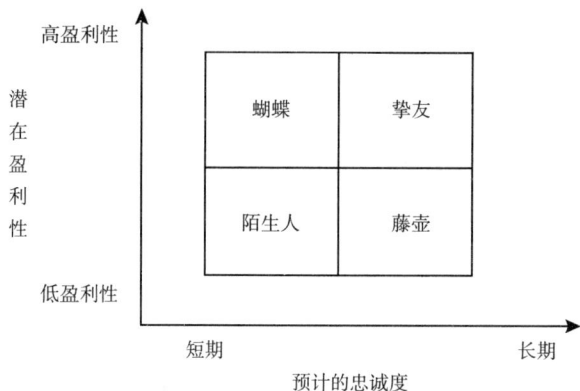

图 1-2　根据潜在盈利性与忠诚度对顾客分类

（1）陌生人。低潜在盈利性、低忠诚度的顾客。公司的提供物不符合他们的需要。相应的管理战略是：停止投资，在每一笔交易上赚钱。

（2）蝴蝶。高潜在盈利性、低忠诚度的顾客。公司的提供物与他们的需求之间存在很好的适配性。但是他们像蝴蝶一样，很快会飞走，他们始终在追求最好的交易，不会与任何一家公司建立稳固的关系。公司相应的管理战略是：运用促销手段吸引他们，达成满意又有利可图的交易，充分获取其价值，然后停止对他们的投资，直到下一次循环开始。

（3）挚友。高潜在盈利性、高忠诚度的顾客。公司的提供物与他们的需求之间存在很强的适配性。顾客经常惠顾并且将自己的良好体验告诉他人。公司相应的管理战略是：进行持续的关系投资来取悦这些顾客，并培育、留住和增加他们。

（4）藤壶。低潜在盈利性、低忠诚度的顾客。公司的提供物与他们的需求之间的适配性有限。如一些小客户，其对企业产生的回报不足以弥补维持他们的成本。他们就像吸附在船身上的藤壶，会对船的行进造成拖累。公司相应的管理战略是：通过向他们出售更多产品、提高费用或减少服务来提高盈利性；如果不能为公司带来利润，就应该放弃。

延伸阅读

研发和品牌营销附加价值最高

以苹果公司最受欢迎的 iPhone 手机为例：每卖出一部平均价格为 700 美元的 iPhone6 或 6Plus，苹果公司能赚到 266 美元，而起早贪黑勤劳干活的富士康只能分得 14 美元。

能被苹果公司选中做代工制造商，富士康的制造水平和技术自然不低。然而，富士康获取的利润为什么远远低于苹果公司？原因很简单。苹果公司与顾客有着直接的联系，全球无数的消费者都是苹果手机的忠诚顾客。而富士康公司虽拥有高水平的生产技能，却没有直接与消费者之间建立联系。消费者并不关心苹果手机是由富士康制造，还是由其他代工厂商制造。事实上，有很多类似的代工企业在与富士康竞争，因此富士康不得不维持低利润率。因此我们看到，有 130 万员工的富士康公司所创造的利润，却远远不如只有 8 万员工的苹果公司。正是因为苹果公司在整个产业的价值链中拥有了最强大的品牌和技术，其市值已经达到了创纪录的 7000 亿美元。

事实上，早在 1992 年，中国台湾宏碁电脑的创始人施振荣就曾经提出著名的"微笑曲线"理论。该理论认为，企业获得的附加价值取决于它做的事情：如果做制造，那么它的利润率将是最低的；而如果做的是技术研发和品牌营销，也就是微笑曲线的两个端点，那么它的附加价值将最高。同样，一个国家，如果在全球产业链中只是做制造，那么它所获得的附加价值将是最低的；而如果一个国家在全球产业链中能够做好技术研发和品牌营销，那么它所获得的附加价值将是最高的。

由此可见，一个关注价值链中最低附加价值环节的产业战略是不能支撑中国未来的经济发展的。近年来，中国政府已经开始推行国家创新战略，大幅追加科技研发投资，以追求从制造大国向技术大国转型。然而，如果仅仅关注技术创新而缺乏营销和品牌，那么中国产品仍然可能无法被全球顾客所接受。

30 多年经济的迅速发展把中国从产品稀缺的时代带到了今天的产品过剩时代。过去，产品制造是整个经济的价值核心；如今，多数产品已经在全球范围内过剩，稀缺的是顾客。市场营销已经逐渐成为了中国经济的一大核心。因为，营销正好是一门如何吸引顾客和保留顾客的学问。因此，中国必须开始推行国家营销战略，以提升中国企业的品牌形象和中国产品在全球消费者心中的接受度。只有推行国家营销战略，才可以推动中国从制造大国开始向品牌大国转型。

（资料来源：郑毓煌．中国需要国家营销战略．文汇报．http://wenhui.news 365.com.cn/html/2015-01/23/content_32.htm.）

本章小结

本章阐述了市场营销的含义和过程。

广义上，市场营销是一种通过创造和与他人交换价值实现个人及组织的需要与欲望的社会过程和管理过程。狭义上，市场营销是企业为从顾客处获得利益回报而为顾客创造价值并与之建立稳固关系的过程。

市场营销过程的五个步骤是：理解市场和顾客的需要和欲望、设计顾客导向的营销战略、构建传递卓越价值的整合营销计划、建立盈利性的关系和创造顾客愉悦、从顾客处获得价值以创造利润和顾客资产。

与顾客和市场有关的核心概念有五个：

（1）需要、欲望和需求。

（2）市场提供物。

（3）顾客价值和满意。

（4）交换和关系。

（5）市场。

指导营销战略的哲学观点有五种：生产观点、产品观点、推销观点、市场营销观点、社会营销观点。

为了制定市场营销战略，需要明确两个问题：企业将为哪些顾客服务（企业的目标顾客）、企业怎样才能够最好地为这些顾客服务（企业的价值主张）？市场营销计划将市场营销战略转化为行动来建立客户关系，这往往要用到市场营销组合，主要的市场营销组合工具分为四大类，称为市场营销计划的4Ps：产品、价格、分销、促销。

客户关系管理是通过递送卓越的顾客价值和满意，来建立和维持有价值的客户关系的整个过程。它涉及获得、维持和发展顾客的所有方面。客户关系管理的基础是顾客价值和顾客满意。公司会根据目标市场的特点，将客户关系分为不同的等级。互联网络、移动通信以及社交媒体等数字技术的发展，显著影响着公司及其品牌与顾客的关系，顾客之间的关系及其购买行为。

营销者不仅要做好客户关系管理，还要擅长伙伴关系管理。伙伴关系管理是指市场营销者与公司内部和外部的其他人紧密合作，共同为顾客创造和递送更多价值。

公司因为创造了顾客价值而得到回报。企业创造顾客价值的结果是：产生顾客忠诚和维持，增长顾客份额，建立顾客资产。

思考题

（1）你如何理解市场营销？

（2）市场营销的过程是什么？

（3）你如何理解市场与顾客需求？

（4）指导营销战略的五种哲学观点是什么？选择一家公司，分析哪种哲学观点适合该公司。

（5）什么是客户关系管理？

（6）什么是伙伴关系管理？

（7）解释顾客忠诚、顾客份额和顾客资产。

（8）什么是消费者生成的营销？描述一下小米手机在顾客参与方面是如何做的。

案例讨论

优衣库：玩法"反常规"打造最成熟的O2O模式

提起优衣库，除了其门店在北京、上海等多个城市的各大商场频繁出现外，另一个吸引眼球的特点便是WORLD UNIQLOCK营销活动——优衣库将美女、音乐、舞蹈与自己的服装结合，通过线上APP形式进行展示，甚至让消费者从"我讨厌看广告"到了"欲罢不能"的地步。上面提到的线下门店广铺、线上趣味营销方式只是优衣库O2O模式的一部分。

1. 线上以互动为主线展开营销

优衣库从2008年开始探索线上营销策略，并且在几次营销事件中都取得了不错的效果。

用时钟、日历引爆下载，增强线上推广：2008年，优衣库在博客上推出UNIQLOCK，这是一个将美女、音乐、舞蹈与优衣库当季主打服装结合起来的时钟，这个时钟遵从了网络整合营销4I原则中的Interesting趣味原则：时钟上面有数字显示当前时间，每隔5秒就会进入一段随机出现的影片，影片中人物或在跳舞、或在上楼等等，当然，这些人物都穿着UNIQLO当季主打服装。时钟可以作为插件下载安装到博客网站上，直接建立起受众与品牌之间的连接，这种方式也让受众爱上了看广告。截至2014年3月，UNIQLOCK共推出了8个版本，在全球200多个国家已经有超过2亿人次的浏览量，50万人次左右的下载量。

2009年，优衣库推出日历UNIQLO CALENDAR，这个日历将不同季节的映像、音乐和优衣库的服装画像三部分结合，可以放在博客页面进行欣赏，消费者可以根据日历了解优衣库当月售卖的服装及配件。

2012年，优衣库闹钟UNIQLO WAKE UP以APP的形式上线，上线约4周，下载就突破了 50 万次，这款闹钟能为消费者带来方便的应用体验，下载国家和地区达到 196 个，范围远远超过了优衣库实体店铺所覆盖的区域。

以时钟、日历等方式进行推广，优衣库创造了一种概念营销，UNIQLO 品牌向消费者心智又"侵占"了一步，同时，这种营销方式还起到了推广优衣库自身产品的作用。

尝试 SNS，引发网络排队：优衣库推出过一款基于 SNS 的社交小游戏，消费者在这款游戏中可以选择自己喜欢的卡通形象，去参加品牌促销的排队，排队过程中可能还会遇到自己的 SNS 好友，彼此的中奖信息会互相推送，从而增强互动性。排队中奖的基本奖项为该品牌的打折优惠券，消费者可以拿着优惠券到该品牌的门店去消费。

优衣库在 2010 年首先将这款排队游戏放到了 Facebook 和 Twitter 上，用户可以通过这两个网站的账号登录优衣库官网，排队领取优惠券，据统计，这次活动吸引了 6 万人次参加。2011 年，优衣库带着排队游戏进入中国内地，合作方是当时比较红的 SNS 平台人人网，一方面原因是人人开放了 API，有很多应用可以操作，另一方面是因为人人和 Facebook 接近，而此前优衣库已经积累了相应经验。

这种排队抽奖的活动，如果单纯的开设在线下实体店内，对于已经麻木的用户来说，没有太多的影响力，而将其巧妙地与 SNS 结合起来，增强用户在网络上的互动，新颖的方式更具带动性，而让用户得到优惠券的方式，则可以提升线下实体店销售额。

优衣库在人人网平台上推出的排队游戏，是它非常成功的一次促销。据品途网了解，在游戏结束时，共有 133 万人次参与排队，这直接导致优衣库线下实体店顺利完成销售目标。而优衣库线上部分也获得了不小收益——活动期间优衣库网站每天 UV 超过 10 万，相比活动前激增了 5 倍。

推出 APP，位置服务方便向线下引流：2013 年，优衣库推出其官方手机应用 UNIQLO APP，用户可以通过这个应用中的位置服务，查找距离自己最近的店铺、联络方式、营业时间以及销售商品范围等信息，用户还可以通过导航工具查找到达店铺的路线；这项应用会及时将促销信息推送给消费者。购物环节则是与天猫进行打通，消费者可直接在手机端完成一站式购物。

2. 线下加强实体店铺设，推广 APP

如本文开头所说，优衣库在内地很多城市各大商场都可以看到，品途网了解到，截至 2013 年 8 月 31 日，优衣库在内地的实体店铺为 225 家（优衣库官网信息），而优衣库的计划则是力争每年新开 80~100 家店铺。优衣库实体店大多开在城市的繁华地段，一方面可以加大品牌推广作用，另一方面，百货商场比较大的客流，对提升销量有很大帮助。

除了在线上推出各种吸引流量的活动外，优衣库也一直在积极探索如何提高线下实体店的体验。纽约优衣库旗舰店是全美第一家在店内引入星巴克咖啡店的服装零售商，此外，为了增加用户的停留时间，优衣库还在店内摆放了桌椅、沙发以及 iPad，这种做法还可以吸引消费者到线上浏览购物，增加销量。

此外，优衣库线下实体店是其线上部分很好的承接与导流者。优衣库积极以促销或优惠的形式向线下用户推荐自家 APP，甚至用店内广播这种有趣的形式提醒消费者如果使用 APP 扫描指定产品二维码可以享受打折优惠。当然，为了达到推广效果，优衣库对店内工作人员进行了大规模培训。

3. 线上线下融合，反常规 O2O 模式深得用户心

优衣库借助线上当下最火热的平台，击中消费者兴趣点，引爆营销，推广品牌知名度的同时，为线下带去客流，提高销售额，此外，优衣库还会通过大数据看哪里潜在用户多，从而决定将实体店开到哪里；线下实体店则通过优惠打折等"诱惑"推广其线上 APP 等工具，实现线下为线上导流。与很多加强线上部分建设、缩减线下部分的企业不同，优衣库对线下实体店的铺设脚步没有停止，反而在加快，这种反常规的玩法，反倒让优衣库成了目前服装零售商中 O2O 模式较为成熟的企业。

（资料来源：肖妍.优衣库：玩法"反常规"打造最成熟的 O2O 模式.网易财经.http://money.163.com/14/0529/10/9TDHS9S600253G87.html.）

思考题：

（1）优衣库的线上营销策略有哪些？

（2）优衣库如何将线上、线下营销融合？

关键术语

市场营销（marketing）　　　　关系营销（relationship marketing）
交易营销（transactional marketing）　市场提供物（market offerings）
需要（needs）　　　　欲望（wants）
需求（demands）　　　顾客满意（customer satisfaction）
交换（exchange）　　　市场（market）
顾客份额（customer share）　顾客资产（customer equity）
生产观点（production concept）　产品观点（product concept）
推销观点（selling concept）　营销观点（marketing concept）
社会营销观点（societal marketing concept）
顾客感知价值（customer-perceived value）
客户关系管理（customer relationship management）
伙伴关系管理（partner relationship management）
顾客终身价值（customer lifetime value）

第二章

公司战略与营销管理

【**本章学习目标**】

（1）了解企业的三个层次的战略。

（2）掌握战略业务单位的判断方法。

（3）掌握三种成长战略的特点和条件。

（4）熟悉企业经营战略规划过程。

（5）掌握三种竞争战略的要点。

（6）掌握市场营销战略及其营销组合。

（7）掌握营销管理的分析、计划、执行和控制活动。

（8）了解如何衡量营销投资回报率。

| 引导案例 |

海尔的战略规划

海尔集团 15 年来，以平均每年 82.8% 的速度高速稳定增长，从一个濒临倒闭的集体小厂发展成为中国家电第一名牌，在国际市场上享有较高声誉，其经验被美国哈佛大学列为成功的集团战略管理范例。

在不同发展阶段，海尔会根据每个阶段的发展目标分别制定不同的战略管理模式。海尔的战略管理分为四个阶段：第一阶段（1984—1991 年）、第二阶段（1991—1998 年）、第三阶段（1998—2005 年）、第四阶段（2005 至今）。

第一阶段是名牌发展战略，在企业实行全面质量管理。在海尔创业初期采取的是直线职能式管理，它是根据企业当时的情况确定的。当时工厂有 600 名员工，由于企业连年效益很差，所以工厂情况十分混乱，采取直线职能式管理，易于控制强化管理和解决混乱局面。这一阶段，海尔集团以冰箱这一产品为单一目标，全力投入形成项目集中的品牌优势，以优良的质量树立良好声誉和信誉，在这一行业里从无到有，确立品牌地位，形成尖峰项目。

第二阶段是多元化产品战略。按照"东方不亮西方亮"的原则，从冰箱到空调、冷柜、洗衣机、彩电，每 1 ~ 2 年做好 1 种产品，7 年来重要产品生产线已接近完整。海尔集团全面进军家电行业，从单一冰箱产品到整个家电业，这个转变是关键的，通过增添新的技术力量开发新的产品，增加产品的门类和品种，以扩大业务范围，也就是说企业通过向现有顾客提供他们所需要的其他产品，以寻求新的增长。

第三阶段是国际化战略发展阶段。海尔集团从 1998 年开始走出国门，进军国际市场，如今已经在国际市场中取得了成功，2002 年总销售收入为 723 亿元。海尔这一战略目标的成功为众多企业提供了大量经验，为其他企业进军国际市场开创了先河。

第四阶段是全球化战略。当海尔实现飞速发展后，其产品业务涉足几乎所有的家电制造行业，并进入了相对陌生的手机制造业和金融、保险，甚至医药行业。多面发展的方式让海尔集团处处开花，多处进攻，常立于不败之地。

现在的海尔集团已经在世界各地建立起 30 家海外工厂、56 个贸易中心、15 个设计中心，营销网点 53000 个，拥有全球经理人 3000 多名，产品销往世界 160 多个国家和地区，并成为当地认同的知名品牌。

海尔的成功不是偶然的，正确的战略是企业走向成功的指路灯。

（资料来源：根据百度文库资料《海尔集团企业战略》整理 . http://wenku. baidu. com.）

本章首先介绍了战略的概念及特征，并对企业不同的战略层次进行了划分；然后分别对总体规划战略、经营战略以及营销职能战略这三个层次的战略中企业可以进行的规划活动进行了介绍；最后，根据营销活动的四大职能介绍其管理内容以及财务支出的衡量方式。

第一节　企业战略

一、企业战略及相关概念

战略一词最早是军事方面的概念，指政党、国家做出的一定历史时期内具有全局性的谋划。战略的英语"strategy"这一词汇源于希腊语"strategos"，意为军事将领、地方行政长官。后来演变成军事术语，指军事将领指挥军队作战的谋略。在中国，战略一词历史久远，"战"指战争，"略"指谋略、筹划。

企业战略是一个自上而下的整体性规划过程，是对企业各种战略的统称。企业战略虽然有多种，但基本属性是相同的，都是对企业的谋略，都是对企业整体性、长期性、基本性问题的计谋。一个战略（strategy）就是设计用来开发核心竞争力、获取竞争优势的一系列综合的、协调的约定和行动。如果选择了一种战略，公司即在不同的竞争方式中做出了选择。从这个意义上来说，战略选择表明了这家公司打算做什么，以及不做什么。

加拿大麦吉尔大学教授明茨伯格（H. Mintzberg）认为，企业战略是由五种规范的定义阐述的，即计划（plan）、计策（ploy）、模式（pattern）、定位（position）和观念（perspective），这构成了企业战略的5P。这五个定义从不同角度对企业战略这一概念进行了阐述。

（1）计划。站在企业未来发展的角度来看，战略是一种计划。战略是一种有意识、有预计、有组织的行动程序。从战略对行动具有纲领性指导作用这一角度来考虑，作为一种计划，战略需要充分体现出其预见性和意志性特征；作为对企业资源的统筹安排，需要体现其组织性特征，并按照一定的顺序（如时间、空间或逻辑等），将企业的主要目标、方针政策和经营活动结合成一个缜密的整体。

（2）计策。在竞争中战略通常被认为是一种计策。战略不仅仅是行动之前的计划，还可以在特定的环境下成为行动过程中的手段和策略，一种在竞争博弈中威胁和战胜竞争对手的工具。

（3）模式。从企业过去发展历程的角度来看，战略可以被理解为一种模式。在这种定义下，战略可以体现为企业一系列的具体行动和现实结果，而不仅仅是行动前的计划或手段。即无论企业是否事先制定了战略，只要有具体的经营行为，就有事实上的战略。

（4）定位。从产业层次来看，战略是一种定位。战略是一个组织在其所处环境中的位置，对企业而言就是确定自己在市场中的位置。企业战略涉及的领域很广，可以包括产品生产过程、顾客与市场、企业的社会责任与自我利益等任何经营活动及行为。但最重要的是，制定战略时应充分考虑到外部环境，尤其是行业竞争结构对企业行为和效益的影响，确定自己在行业中的地位和达到该地位所应采取的各种措施。把战略看成一种定位就是要通过正确配置企业资源，形成竞争优势。

（5）观念。从企业层次来看，战略表现为一种观念。战略表达了企业对客观世界固有的认知方式，体现了企业对环境的价值取向和组织中人们对客观世界固有的看法，进而反映了企业战略决策者的价值观念。企业战略决策者在对企业外部环境及企业内部条件进行分析后做出的主观判断就是战略，因此，战略是主观而不是客观的产物。

二、战略的基本特征

战略有以下几个主要特征：

（1）全局性。战略是自上而下的整体性规划过程，因此它具有全局性的特征。这不仅表现在空间上，而且还表现在时间上。因此，凡属需高层次谋划和决策，要照顾各个方面和各个阶段性质的重大的、相对独立的领域，都是战略的全局。

（2）长远性。长远性是指企业战略的着眼点是企业未来的整体发展问题，是为了谋求企业的长远利益，以企业的长期利益最大化为目标，而不是短期利益。

（3）纲领性。纲领性是指企业战略所确定的战略目标和发展方向都是原则性和概况性的规定，是对企业未来成败的总体谋划。战略的重点在于洞察方向，而在实施的时候，战略必须分解和落实，形成具体的行动方案。

（4）预见性。预见性是谋划的前提，决策的基础。战略制定者必须在广泛调查研究的基础上，全面分析、正确判断、科学预测战略环境和竞争关系以及竞争各方优劣势可能的发展变化，以此作为制定、调整和实施战略的客观依据。

（5）抗争性。企业战略是企业与竞争对手抗衡以及如何应对外界环境威胁、压力和挑战的整体规划。由于它是针对竞争对手而制定的，因而具有对抗性。其目的是克敌制胜，赢得市场竞争的胜利。

三、战略的层次结构

一般而言，企业战略可以分为三个层次：总体战略、经营战略、职能战略。这三个层次的战略都是企业战略管理的重要组成部分，只是侧重点和影响的范围有所不同（图2-1）。

（1）总体战略。总体战略又称公司战略，是一个企业最高层次的战略。它根据企业的目标和使命，选择企业的发展领域，合理配置企业经营必需的资源，决定企业的组织模式、发展规模、投资决策等，使得各项经营业务能够相互支持和相互协调。通常情况下，公司战略都是由企业的高层来制定的。

（2）经营战略。经营战略又称业务战略，是将总体战略所包括的企业目标、发展方向和措施具体化，用于指导企业各业务单位行动。因此，经营战略主要涉及各个业务单位的主管和相关的辅助人员，主要解决的是如何在市场上与竞争者竞争的问题。一些大的公司，特别是企业集团，会把一些具有共同战略因素的二级单位，比如子公司、事业部等，组成一个战略业务单位（strategic business units，SBU），一般企业中，如果其二级企业的产品或者市场具有特殊性，也会被视作独立的战略业务单位。

（3）职能战略。职能战略又称功能战略，是将企业的人、财、物等因素有机结合起来，发挥企业优势的战略。通常包括市场营销战略、财务战略、研究与开发战略、生产作业战略以及人力资源战略等。

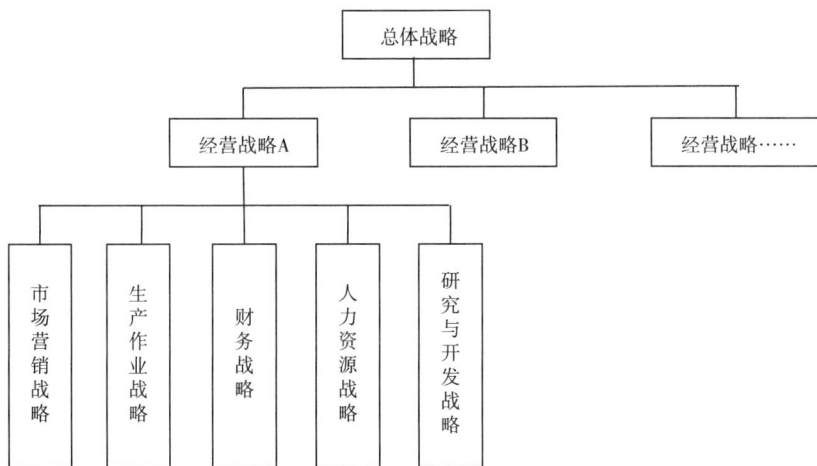

图 2-1 企业战略的层次结构

第二节 企业总体战略规划

企业总体战略是实现企业总体目标，对企业未来发展方向做出的长期性和总体性战略。它是统筹各项分战略的全局性指导纲领，也是企业最高管理层指导和控制企业的一切行为的最高行动纲领。

总体战略规划主要包括四项战略规划活动：确定企业使命、建立战略业务单位、为战略业务单位分配资源、选择发展新业务，如图 2-2 所示。

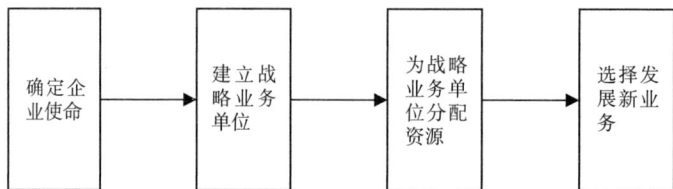

图 2-2　总体战略规划的四项内容

一、确定企业使命

企业使命是企业生产经营的观念，它反映了企业生产经营的哲学定位。所谓企业使命是指企业应该完成的目标、任务和必须履行的社会责任。为此，明确企业使命就是要回答：企业是干什么的？目标客户是谁？顾客的需要是什么？企业如何来满足顾客需求？

企业在制定战略之前必须明确自己的使命，一般而言，可以从以下方面来考虑：

（1）企业的历史。每个企业都是从过去发展到现在，特殊的历史沿革使得每个企业都有自己独有的文化沉淀，因此，企业使命必须要考虑企业的历史和文化。企业只有充分了解了自己的历史和显著特征，才能充分地发挥自身优势。

（2）管理者和所有者的偏好及意图。每个管理者都有自己独特的个性特征、业务专长、文化背景以及行事风格，由此会形成特定的管理风格，这些都会对企业战略的制定和决策产生影响。

（3）市场环境及其发展变化。企业处在市场的大环境中，这些环境的发展变化都会对企业产生重要影响。如何利用市场给企业带来的各种机会，避开市场环境中的各种威胁，是企业生存发展的关键。因此企业使命的制定必须考虑环境可能带来的各种影响。

（4）企业内部资源及自身能力。任何企业的资源和能力都是有限的，如何合理分配资源，使企业的资源使用在产出效率最高的地方，将对企业有着重要的意义。这里的资源和能力，不仅指企业的人力、财力、物力等资源，还包括企业的人员素质、管理水平、声誉、品牌知名度、科技水平、研发能力等。

在明确了企业的使命之后，需要撰写任务说明书，将企业的使命和宣言具体化，即全面阐述企业的发展目标、方向和机会。具体包括：活动领域、主要政策、愿景和发展方向。

（1）活动领域。任务书需要明确企业主要参与竞争的领域。主要包括：

①产业范围。企业将在哪些产业开展活动。如有些企业只经营一种行业；有些企业只经营相关行业；有些企业则跨行业，实行多元化经营。

②市场范围。企业将为哪些市场或者类型的消费者服务。有的企业服务高端市场；有的企业服务低端市场；有的企业服务城市市场；有的企业服务农村市场。

③纵向范围。纵向范围是指企业自给自足的程度。有些企业完全依靠自己的力量完成与生产经营相关的所有活动，有些企业完全依靠外部力量进行社会化分工和专业化生产。

④地理范围。地理范围是指企业拓展业务的地理区域。

（2）主要政策。主要政策是指企业在生产经营过程中对顾客的政策、对供应商的政策、对经销商的政策、对竞争者的政策、对公众的政策等。

（3）愿景和发展方向。即诠释企业今后若干年的发展蓝图，为企业未来的发展指明方向。

📖 **延伸阅读**

一些著名企业的愿景

一、麦当劳

愿景：控制全球食品服务业。

核心价值观：以人为本，优质、服务、清洁、价值。

企业文化：从"更多选择，更多欢笑"，到"常常欢笑，尝尝麦当劳"，再到如今唱满全球的"我就喜欢"，短短几年，麦当劳的广告音乐不断在人们心目中流行。麦当劳的企业文化由三个部分组成：

（1）"Q、S、C＋V"精神：即"质量、周到的服务、清洁的环境、为顾客提供更有价值的食品"。

（2）作风：顾客第一；高效、快速；"苛刻"的管理。

（3）营销策略：麦当劳叔叔，以情感人，连锁经营，知人善任。

二、肯德基

核心价值观：以人为本，顾客满意，沟通合作，奖惩分明，提供机会。

企业文化：服务至上，追求卓越。具体如下：餐厅经理第一；群策群力，共赴卓越；注意细节。

三、百事可乐

愿景：百事公司的责任是在环境、社会、经济等各个方面不断改善周围的世界，创造更加美好的未来。百事公司的可持续发展愿景是"百事公司的承诺"的基础。它表达了公司的基本信念：即只有对社会有益的行为才是企业正当的行为，这涉及整个世界的繁荣兴旺，以及公司自身的健康发展。

使命：我们立志将百事公司建成为世界首屈一指的、主营方便食品和饮料的消费品公司。在为我们的员工、业务伙伴及业务所在地提供发展和创收机会的同时，我们也努力为投资者提供良性的投资回报。诚信、公开、公平是我们所有经营活动所遵循的原则。

四、英特尔公司

愿景："英特尔——超越未来"，英特尔的目光聚焦于这四个字上。"我们的工作是发现并推动技术、教育、文化、社会责任、制造业及更多领域的下一次飞跃，从而不断地与客户、合作伙伴、消费者和企业共同携手，实现精彩飞跃。英特尔公司将推进技术更迅速、更智能、更经济地向前发展，同时最终用户能够以前所未有的精彩方式应用技术成果，从而令其生活变得更惬意、更多彩、更便捷。"

使命：成为全球互联网经济最重要的关键元件供应商，包括在客户端成为个人电脑、移动计算设备的杰出芯片和平台供应商；在服务器、网络通讯和服务及解决方案等方面提供领先的关键元件解决方案。

（资料来源：根据百度文库《著名企业愿景》整理 . http://wenku.baidu.com.）

二、建立战略业务单位

所谓战略业务单位（strategic business units，SBU）就是企业值得为其专门制定一种经营战略的最小经营单位。

一般来说，区分 SBU 的主要依据是各项业务之间是否存在共同的经营主线。战略业务单位具有以下几个特征：

（1）有自己的业务。

（2）有共同的性质和要求。

（3）拥有一定的资源，能够相对独立或有区别地开展业务活动。

（4）有竞争对手。

（5）有相应的管理班子从事经营战略管理工作。

三、为战略业务单位分配资源

企业的各个战略业务单位具有不同的特点与发展前景，而企业的资源又是有限的。如何合理分配资源，使企业的投入产出比最大化，是企业形成总体竞争优势的关键。为此，企业需要对各个战略业务单位的前景进行评估、分类，将资源按照战略任务在各个战略业务单位之间进行规划和投资组合。

制定企业业务组合计划比较常用的方法是波士顿矩阵和通用电气模型。

1. 波士顿矩阵

波士顿矩阵是由波士顿公司按照市场份额和市场增长之间关系提出的理论。如图 2-3 所示。

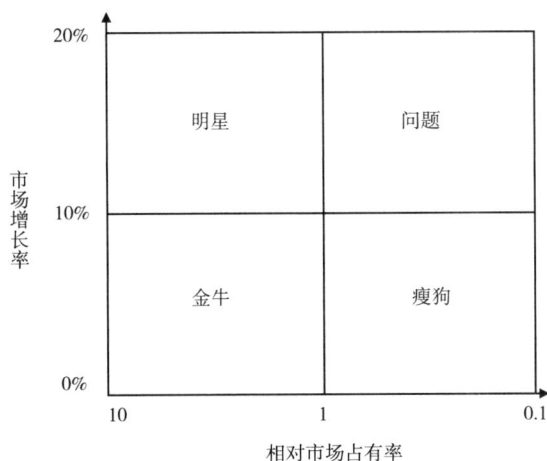

图 2-3　波士顿矩阵

其中，市场增长率（market growth rate），指企业经营单位所在的市场的年增长率。用公式 $MSi = Qi / \sum Qi$ 表示。其中，MSi 是市场增长率，Qi 是该产品本企业销售量，$\sum Qi$ 是该产品市场销售总量。

相对市场占有率（relative market share），指企业经营单位的市场占有率相对于最大竞争者的市场占有率的比率。用公式 $RMSi = MSi / MSm$ 表示。其中，$RMSi$ 表示相对市场占有率，MSi 表示该产品本企业市场占有率，MSm 表示该产品市场占有份额最大者（或特定的竞争对手）的市场占有率。

在矩阵中，纵坐标代表市场增长率，横坐标代表相对市场占有率。市场增长率的高低依据每个行业的具体情况而定。假设以增长率 10% 为界限，增长率高于 10% 的业务为高增长率，增长率低于 10% 的业务为低增长率。相对市场占有率是一个相对值，某企业的相对市场占有率为 10，证明该企业是行业市场上的老大，而且其市场占有率是第二位的企业市场占有率的 10 倍；若某企业的相对市场占有率为 0.1，则表明该企业的市场占有率是该行业最大竞争者的十分之一。相对市场占有率比市场增长率更能说明竞争状况。

按照市场增长率和相对市场占有率不同的高低组合可将矩阵分为四个象限：

（1）问题业务。即高市场增长率，低相对市场占有率。大多数战略业务单位都是从问题业务开始的。这类业务存在的原因有两个方面：第一，企业对这类业务过去投资很少，而市场上的需求发展却很快，导致企业的市场份额较小；第二，企业在该业务上没有明显优势，需要加大投资来追赶市场领导者以及满足市场需求，但是这种投入效果如何，企业的投入能否达到预期的投资回报率都是未知的。因此企业必须考虑是继续加大投入，还是维持现状，抑或减少投入从"问题"中摆脱出来，放弃这项业务。

（2）明星业务。即高市场增长率，高相对市场占有率。明星业务是企业当前经营得比较成功，具有市场领先地位的业务，但该类业务需要大量的资金投入以支持其迅速发展。其短期内不能带来可观的收入，但会是企业未来的资金来源。随着市场增长率增加的减缓，该类业务会成为金牛业务。

（3）金牛业务。即低市场增长率，高相对市场占有率。该类业务已进入成熟期。不需要太多的资金投入反而可以为企业提供资金收入。因而可以成为企业回收资金，支持其他产品，尤其是明星产品投资的后盾。

（4）瘦狗业务。即低市场增长率，低相对市场占有率的业务。一般来说，这类业务的利润很低，甚至亏损，前途黯淡。瘦狗业务可能是进入了市场衰退的业务，企业经营得不成功的业务，也可能是企业不具备与竞争对手抗衡能力的业务。除非有必须存在的理由（例如市场增长率回升），这类业务是企业需要放弃的。

2. 通用电气模型

通用电气模型（the General Electric model）是在波士顿矩阵基础上改进而来的，又称多因素投资组合矩阵。该法主要通过市场吸引力（market attractiveness）和业务能力（business strength）这两个因素对企业战略业务单位进行综合评价。市场吸引力取决于市场大小、年市场增长率、历史的利润率等。业务能力由该单位的市场占有率、产品质量、分销能力等因素决定。

用多因素投资组合矩阵分析企业战略业务单位，就是要衡量市场吸引力和业务能力这两个变量。可以将这两类因素分为高、中、低三个档次，划分点是满分值的平均值。对每一个因素的评分采用5分制，最低分为1分，最高分为5分。以市场吸引力为纵坐标，业务能力为横坐标。以每项业务在两个变量上的分值为圆心，以该业务所在市场上的销售规模为直径，在多因素投资组合矩阵图中标出该业务的位置和圆的大小。再在圆圈中以相同比例标出该业务的市场占有率，以此画出多因素投资组合矩阵图。图2-4为某个企业中七个战略业务单位的投资组合图。

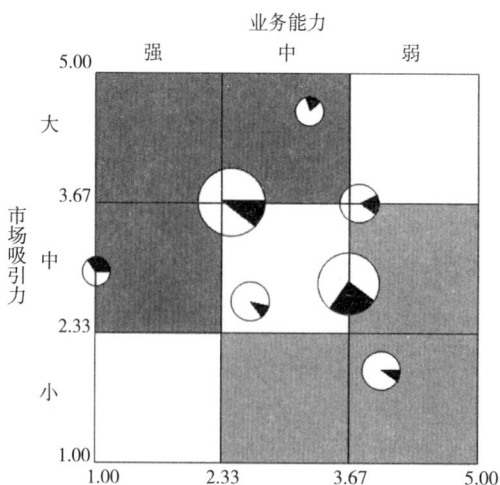

图2-4　多因素投资组合矩阵示例

企业可以根据每个战略业务单位在矩阵中的不同位置，来确定适合的战略。多因素矩阵分为九个方格和三个区域。

（1）理想业务区。从右上角到左下角的三个方格组成对角线，在对角线左上角的三个方格里的市场吸引力和业务能力处于较高水平，是企业最强的经营业务。对于此类业务，企业应该采取发展战略，增加投资，提高市场占有率。

（2）中间区域。处在对角线上的三个方格的业务，其市场吸引力和业务能力均处于中等水平。对于这类业务，企业可以采用维持或者收割策略。

（3）失望业务区。处于对角线右下角的三个方格，其市场吸引力和业务能力都处于较低水平。对于此类业务，企业一般都采取收割或者放弃策略。

四、选择发展新业务

规划投资组合之后，企业可能会放弃一些业务，此时就需要考虑新业务的发展问题。通常，企业可以通过三种途径来规划新业务：在企业现有的业务领域内寻找未来的发展机会；建立或收买与企业目前业务有关的新业务；增加与企业目前业务无关的但是又具有较强吸引力的新业务。由此，形成了三种成长战略：密集型成长战略、一体化成长战略、多元化成长战略。

1.密集型成长战略

密集型成长战略（intensive growth strategies）是在现有的业务领域内寻找未来发展机会。企业可以从产品和市场两个方面考虑发展方向。具体有以下几种形式（图2-5）。

	产品	
	原有	新
原有	市场渗透	产品开发
新	市场开发	

市场

图2-5 密集型成长战略

（1）市场渗透。指企业在现有市场上提高现有产品的销售量。主要可以从三个方面着手：

①促使现有顾客增加购买的次数和数量。

②争取竞争对手的顾客，使其购买本企业的产品。

③吸引新顾客购买。

（2）市场开发。指以现有的产品开发新的市场。可以从两个方面着手：

①在当前的销售区域内寻找新的细分市场。比如，以前做女士化妆品，现在也做男士化妆品。

②开拓新的销售区域。比如以前只针对城市市场销售产品，现在也销向农村市场。

（3）产品开发。指向现在市场提供改进的产品或者新产品，以满足现有市场上不断变化的需求。具体的做法有：引进新的技术增加产品的科技含量；改变产品的外观；增加新的功能；推出不同档次、式样、规格的产品。

2. 一体化成长战略

一体化成长战略（integrative growth strategies）是指企业为了增加某项业务的销售额和利润，增加其业务范围和供销领域。通常可分为后向一体化、前向一体化或水平一体化。这样做的好处是企业可以对供、产、销的营销链进行有效的控制。

（1）后向一体化。指企业兼并或者收购供应链上游的原材料或者商品供应商，以此增加盈利或者增强对供应链系统的控制。通过把原材料或者商品供应纳入其经营范围，可以使企业有稳定的原材料供应或者供货保证，又可以获取上游企业以前获取的高额利润。

（2）前向一体化。指企业收购或者兼并供应链下游的经销商，以控制分销系统，提高企业盈利。即企业将分销渠道纳入自己的经营范围。当企业的市场营销受销售渠道流通效率的影响比较大的时候，或者产品的销售需要与生产紧密同步的时候，往往会采取此战略。

（3）水平一体化。指企业收购同行的竞争者，扩大其生产规模和生产能力，通过增加产品产能，提高效率，实现规模化生产，最终提高企业市场占有率，使得企业成为行业的领头羊。

延伸阅读

青岛啤酒的水平一体化战略

青岛啤酒有限公司建立于 1993 年，在中国香港和上海股票交易市场上市。美国企业安海斯－布希（Anheuser-Busch，A-B）于 1993 年首先对青岛啤酒进行投资，然后两家企业于 2002 年组建了一个战略联盟以发挥双方在管理和技术方面的专长。自此，青岛啤酒成为中国啤酒市场的领头羊。国务院下设的青岛国有资产监督管理委员会（QDSASAC）是青岛啤酒最大的股东，拥有 30.6% 的股份，而安海斯－布希则是最大的非政府股份持有者，占有 27% 的股份。

青岛啤酒的高级管理层对自身的战略发展方向非常明确，公司总裁助理兼营销管理总部部长杨华江认为："我们现在只做啤酒，因为我们相信只有集中我们的资源和能力才能在国际市场上竞争，我们应该保持在啤酒行业的核心竞争力。"在这样的战略指导思想下，青岛啤酒没有选择多角化战略，而是选择了做强核心竞争力的一体化战略。

仅 1998—2000 年的三年时间里，青岛啤酒的资产总量就从 411976 万元上升到 757743 万元，涨幅高达 83.9%。与此同时，营业收入也从 176095 万元上升到 406845 万元，涨幅高达 131%。快速增长的背后，是以青岛啤酒大规模的一体化战略作为支持的，青岛啤酒一体化战略的实现方式主要是兼并和收购，从而实现了水平一体化的战略格局。

1.青岛啤酒的并购战略

实际上，青岛啤酒早在 1994 年、1995 年就有过一体化战略的尝试，先后收购了扬州啤酒厂和西安汉斯啤酒厂，但由于当时经验、管理、技术、外部环境等问题，并没有达到预期的效果。从 1997 年开始，青岛啤酒公司在吸取前两次并购经验的基础上，加快了低成本扩张的步伐，通过破产收购、政策兼并、控股联合等方式，先后收购兼并了平度、日照、平原、菏泽、薛城、荣成、马鞍山、黄石、应城、蓬莱、芜湖、上海等地的近 40 家啤酒生产企业，形成了北有黑龙江兴凯湖、北京五星等企业，西有西安汉斯、渭南啤酒，南有中日合资深圳青岛朝日啤酒有限公司、珠海公司、三水公司等企业，西南有四川泸州及火炬啤酒厂，中有上海、扬州、芜湖、马鞍山和湖北黄石、应城等子公司的大型企业集团。使企业的生产规模迅速扩大到 250 万吨以上，跃居国内同行业前茅。

到 2004 年上半年，青岛啤酒集团效益大幅增长，产销量突破 120 万吨，比 2003 年同期增长 40%，利税增长了 82%，这其中 60% 的利润来自于青岛啤酒并购的 38 家企业。截至目前，青岛啤酒兼并的近 40 家企业中，除三四家处在必要的调整期外，其余全部盈利，这表明，青岛啤酒"高起点发展，低成本扩张"的战略已获得了成功，也以实践证明了青岛啤酒的水平一体化扩张的正确性。

2.青岛啤酒的战略框架

（1）坚持以啤酒生产为主业。青岛啤酒公司虽步入市场经济较晚，但并没有"跟风转"，盲目进入自身不熟悉或不相关的领域，一直坚持以啤酒为主导产品的扩张，近几年的原则是不涉足其他行业。因为青岛啤酒的自身优势在啤酒行业，所以要集中一切财力、人力、物力和技术在啤酒行业创造绝对优势，努力把"蛋糕"做大。

（2）采取低成本扩张的策略。青岛啤酒低成本扩张策略的提出既是自身发展的需要，又是外部环境的要求。进入 20 世纪 90 年代后，青岛啤酒产量一直在二三十万吨徘徊。到 1996 年，青岛啤酒的市场份额只剩下 2% 左右，可谓"有品牌、无规模"。面对既成的市场格局，青岛啤酒必须加快发展才能不被市场淘汰。与此同时，国外洋啤酒大举抢滩中国市场，使国内啤酒的竞争逐渐演变为国际啤酒大战；在许多中小啤酒企业纷纷破产、倒闭的同时，国内部分大啤酒集团迅速崛起，全国啤酒行业大集团割据之势已经形成。在此形势下，不发展就要落后，发展慢了也要落后，只有加快发展才能在激烈的市场竞争中立于不败之地。

青岛啤酒根据被购并企业的具体情况，坚持破产收购、政策兼并、控股联合三种方式。这样可以最大限度地保证购并的低成本。目前，青岛啤酒所购并的近 40 家企业，收购投资加上技术改造投资，比正常建厂的投资降低了2/3。青岛啤酒公司无论是在购并之初，还是在购并之后，都对目标企业进行了深入细致的分析和论证。对企业的内外环境、购并的可行性以及企业的发展潜力进行认真分析和研究，有力地保证了购并企业的质量和集团整体的健康运作。青岛啤酒对目标企业进行考察，条件相当苛刻，只有那些有人才、技术、设备优势，负债率不很高，只需注入很少的资金，再加上青岛啤酒的管理模式就能扭亏为盈的企业才能被列入考虑之列。

（3）系统地投入资源，使新入盟企业真正成为青岛啤酒的成员。青岛啤酒在兼并一个企业后的通常做法是：在充分利用原有资源的同时，注入必要的启动资金，设立财务总监，建立有效的财务预警系统，全面监控财务运作；派出技术设备总监，负责引进青岛啤酒的先进生产工艺和技术；导入青岛啤酒管理模式，改造原有管理系统，注入新鲜思想观念。

（4）重视本企业文化与被兼并企业文化的融合。在品牌运营和保护上，严格控制使用"青岛啤酒"商标。被兼并企业仍使用在当地有影响的原品牌，由青岛啤酒注入工艺、技术、管理等成套模式，提高其产品质量和管理能力，然后加注"青岛啤酒系列产品"和青岛啤酒的图案标识等。这样既不损害"青岛啤酒"这一知名品牌，又充分利用了名牌效应，形成青岛啤酒系列的家族产品，全方位地占有市场，迅速提高市场占有率。当购并企业的技术和管理达到足够水平，条件完全成熟时，集团公司可以考虑在严格的监控下，将主品牌——"青岛啤酒"向外地移植。

将青岛啤酒特色文化与当地文化相融合，在当地形成了非凡的亲和力。青岛啤酒对企业文化强调兼收并蓄，努力做到将青岛啤酒的企业文化与当地人本文化相结合，目标是营造科学严格的管理与和谐的人际关系相结合的文化核心。这种结合的直接效果是在当地营造了非凡的亲和力。青岛啤酒系列品牌啤酒大多投产几个月就出现供不应求的局面，与此有很大关系。青岛啤酒认识到不同企业文化的差异，在把青岛啤酒文化灌输到对方企业的同时，也平等地对对方的优秀企业文化进行认真的继承和发扬，促进双方文化的融合。

（5）加强并购后的整合管理。对于新购并的企业，青岛啤酒公司派出三个工作组，推行贯彻青岛啤酒的企业文化和管理思想：一是青岛啤酒管理模式宣传贯彻小组，到子公司推广集团公司的"一个中心、六个体系、两个支撑"的青岛啤酒管理模式，重点推广应用干部竞争上岗、工人优化组合、大宗原材料招标议标、营销模式以及成本控制体系等先进有效的管理方法。二是工艺技术提高小组，推广青岛啤酒工艺操作法，指导子公司按青岛啤酒的工艺生产啤酒。三是贯彻ISO9000标准小组，推广应用以ISO9000标准为指导的质量保证体系，实行严格的规范化管理。三个小组分别由分管副总等领导挂帅，通过管理输出，在短时间内使各子公司的管理水平上升到一个新高度。

为防范快速扩张产生的失控风险，缩短管理链条，青岛啤酒公司实行了事业部制管理。按区域划分，先后成立了华南、华东、淮海、鲁中、北方等事业部，周边距离较近的数个企业统一由一个事业部领导。事业部是集团在该区域的管理中心，对所属企业统一发展规划、统一市场策划、统一质量监控和管理、统一主要物资采购、统一资金调度、统一人事政策和管理，形成了集团公司—事业部—子公司的三层管理架构，使集团公司成为决策中心、投资中心和资本运作中心，事业部成为利润中心和区域管理中心，下属子公司则成为成本中心和质量控制中心。这样既可以缩短公司的管理链，增强应变能力，提高管理效率，又可以使各个分散企业互为补充统一协调市场，避免市场混乱，还有利于聚成拳头攻打关键市场。

（6）营销渠道建设。青岛啤酒坚持一条不变的市场营销原则：必须建立直供模式，将网络控制在自己手中。直供模式的特点，概括地说就是："门对门服务"、"地毯式轰炸"。"门对门服务"就是从厂门到店门送货上门；"地毯式轰炸"就是不放过任何一个可以卖啤酒的销售点。这种直供模式是被购并企业需要仿效的。因为只有这样，才能将末端市场掌握在手中，才能将细微的市场状况掌握在手中。

青岛啤酒的网络建设也是疏密有别的。它们一般把市场分为三部分：基地市场、外围市场和特殊市场，基地市场主要是指企业所在城市，这个市场的网络神经最密集也最有效，在中小城市，经过这个网络几个月的运作，市场份额就可以达到80%以上，基地市场的市场份额已高达90%以上。

（资料来源：［法］拉尔松，［中］赵纯均．中国跨国企业研究．商业评论网．http://book.ebusinessreview.cn/bookpartinfo-43617.html．）

3. 多元化成长战略

多元化成长战略（diversification growth strategies）指企业进入以前未曾涉足过的经营领域和业务范围。如果企业在自己现在所经营的范围之外发现了好的经营机会，就可以实施多元化成长战略。一般来说，多元化成长具有三种类型（图2-6）：

（1）同心多元化。指企业面对新的客户和市场，利用现有技术、生产线和营销渠道开发与目前的产品或服务相类似的新产品或新的服务项目。这种成长战略不需要进行重大的技术开发和建立新的销售渠道，只是从同一个圆心逐渐向外拓展其经营范围，因而风险较小，对企业来说较容易实现。例如，正大福瑞达，原来生产眼药水，现在生产与此相关的眼部护理产品。

（2）水平多元化。企业为了满足现有客户和市场的需要，采用不同的技术开发新产品增加新业务，以增加产品的品种和类型。新采用的技术与生产现有产品的技术和能力没有太大的联系。这使企业在生产和技术上进入了一个全新的领域，因而会给企业带来一定的风险。如正大福瑞达原来生产眼药水，现在开发研制美容护肤品。

（3）综合多元化。指企业开发与现有的产品、市场以及技术都无关系的新的业务。比如说恒大集团生产矿泉水。虽然这样做可以扩大企业的经营领域，有效地分散经营风险，但由于进入以前未涉足的行业并且面对新的技术和市场，企业面临巨大的投资风险。综合多元化是这三种多元化战略中风险最大的。

产品

	现有	新
现有		同心多元化
新	水平多元化	综合多元化

市场

图 2-6　多元化成长战略

延伸阅读

联想的多元化战略

据媒体报道，联想控股已经通过香港联交所的上市聆讯，并择机上市。直到现在，很多人对于联想的认识恐怕还停留在 PC 时代。其实，如今的联想控股已经成长为年收益 2894.75 亿元（2014 年）的航母群，旗下产业包括战略投资和财务投资两大板块，其中战略投资涉及 IT、房地产、金融服务、现代服务、农业与食品、化工与能源材料六大领域，财务投资则包括君联资本、弘毅投资和联想之星（天使投资），如图 2-7 所示。

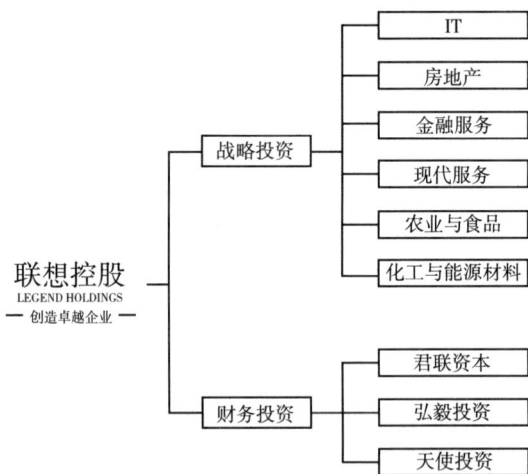

图 2-7　联想的投资领域

联想控股之所以强调"战略投资"，就是要在这六大领域做大做强，乃至做成全球领导型企业。目前在 IT 领域，联想集团（HK，00992）已经成为全球最大的 PC 品牌厂商和全球排名第三的手机品牌厂商。而在其他领域，联想控股有着一样的雄心，其投资控股的神州租车、拉卡拉、正奇金融、拜博口腔、佳沃集团等企业均已经取得了不俗的战绩，有些已经在国内占据了领先地位。

正所谓"冰冻三尺非一日之寒，水滴石穿非一日之功"，这么庞大的一个航母群的建立，经历了一个漫长的过程，也得益于联想创始人柳传志的战略眼光。

从1984年成立开始，经过一段时间的调整之后，联想将几乎所有的资源都聚焦在IT领域，依靠专业化的经营，成长为国内领先的IT巨头。2001年，联想分拆成联想集团和神州数码，兄弟登山，各自努力。

此时，饱经IT行业风云变幻的柳传志已经意识到，仅仅聚焦在IT领域风险太大。他开始组建联想投资（后来的君联资本）、弘毅投资等投资管理公司，涉足财务投资领域。自此，联想控股走上了多元化发展的道路。

如今，联想控股旗下的联想之星、君联资本、弘毅投资已经分别成为天使投资、风险投资、私募投资领域的领军企业，并且为联想控股打造了一条完整的投资链。

值得注意的是，也正是由于联想控股在财务投资上获得了丰厚的回报，才使得联想集团在2005年"蛇吞象"收购IBMPC并遇到空前困难的时候，阵脚并没有乱，最后得以涉险过关。

不过，在"产业报国"情结浓厚的柳传志看来，联想控股不仅仅需要在投资领域崭露头角，还要在实业领域一展身手。他曾经说过，联想控股不仅仅只有一个搞IT的联想集团，还要再造很多个联想集团。

2009年，联想控股的战略投资业务开始加速，先后在金融服务、现代服务、农业与食品、化工与能源材料等领域做大手笔的投资。

在金融服务领域，联想控股除了早期布局苏州信托、汉口银行、联合保险之外，2010年下半年还将投资重心转向了新兴金融业，先后将互联网金融及社区电商拉卡拉、区域性类金融服务平台正奇金融、农资P2P平台翼龙贷等公司纳入核心资产运营，逐步壮大了金融版图。

在现代服务领域，2010年联想控股便投入12亿元注资神州租车，帮助其做大做强。如今，神州租车已经成长为中国最大的租车公司，其拥有的车辆数量要比第二名到第九名的总和还要多。2014年，神州租车（HK，00699）成功在香港上市。

同样是在2010年，联想控股通过旗下的佳沃集团进军现代农业，先后收购了国内和南美的多家农场和农业生产集团，去年又战略投资网上农资销售平台"云农场"，正在打造一个全新的"农业产业生态圈"。

有人可能会质疑：联想控股旗下拥有这么多的产业，很多产业之间也没有太多的关联，如何才能保证价值最大化和协同发展？其实，联想控股能够做大做强的关键在于"管理协同"，具体来说又包括两个方面：

一个是旗下各块业务都秉承"专业化经营"的理念，找本行业的专业人才，做专业的事情。例如，神州租车董事长陆正耀就是租车行业的行家里手，神州租车被联想控股纳入核心资产后，并不是用事业部的方式经营，而是以子公司的方式运作，这在一定程度上保持了企业的相对独立性。

另一个关键，则是联想在过去 31 年积累和沉淀下来的品牌、经营理念、企业文化和价值观，它们不仅已经成为联想控股旗下所有企业共同的纽带，也成为旗下企业的经营利器。例如，作为一家具有国企性质的区域性类金融公司，正奇金融被业界誉为"联想式国企改造样本"。改制前因为"缺少持续的资本注入"而难以扩大规模，联想控股通过充分授权管理团队、建立市场化激励机制、提供品牌担保、整合资源等一系列手段，两年时间将正奇金融的资产管理规模扩大到了改制前的 3 倍。

纵观联想控股近十年来的投资脉络，其多元化布局雏形已定，金融服务、现代服务、农业与食品、化工与能源材料等领域的多家企业正处于爆发增长初期，好戏还在后头。

（资料来源：冀勇庆．解析联想控股多元化战略．百度百家．http://jiyongqing.baijia.baidu.com/article/78731.）

第三节　企业经营战略

经营战略是各个战略经营单位根据总体战略的要求，开展业务、进行竞争和建立优势的基本安排。企业经营战略是战略层次的第二层，也叫业务战略。

一般而言，企业的经营战略规划需要经过如下几个步骤：经营单位任务分析、内外部环境分析、确定目标、形成战略、制定计划、执行计划以及反馈和控制，如图 2-8 所示。

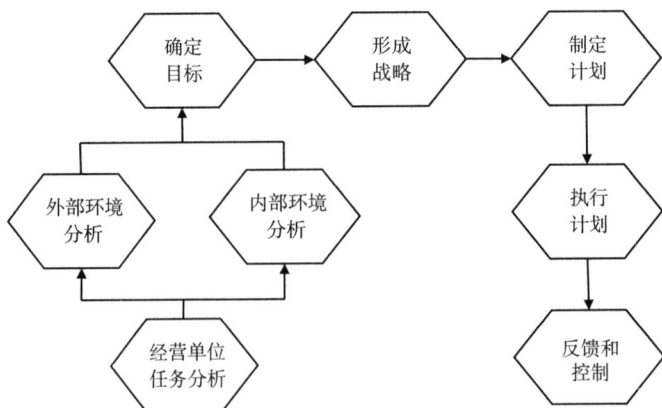

图 2-8　企业经营战略规划过程

一、经营单位任务分析

企业经营战略规划的第一步就是要对经营单位的任务进行分析。这就要求各战略业务单位明确自己的任务，在公司战略层面之下，对本单位的业务范围做出更详细和明确的界定。可以从以下几个方面来说明：

需求——该业务单位准备满足哪些需求。

产品——该业务单位准备给客户提供哪些产品。

技术——所提供的产品依靠哪些技术。

性能——所提供产品具有哪些性能。

市场——所提供产品的市场如何细分，该产品准备满足哪些目标市场。

地理范围——该产品准备供给哪些区域。

二、环境分析

对战略业务经营单位的环境进行分析，可以从外部环境和内部环境两个方面进行。

1. 外部环境——机会、威胁

战略业务经营单位所处的外部环境是指经营单位外部客观存在的，与其经营和发展密切相关的影响因素。经营单位的外部环境可以分为宏观外部环境（如战略业务经营单位外部的政治环境、社会环境、技术环境、经济环境等）以及微观外部环境（如顾客、竞争者、供应商、渠道、替代者等行业环境）。

分析外部环境的一个目的就是发现市场中存在的机会。诸如法律法规的出台、社会需求的变化、新技术的应用、市场需求的变化以及竞争者的动向变化等都会对产品的生产以及销售带来机会。企业应该对市场机会进行分析，以辨别不同机会的市场吸引力以及取得成功的可能性。

对外部环境进行分析的另外一个目的是发现可能存在的威胁，并果断采取行动规避或者减弱威胁带来的影响。

企业在对外部环境进行分析之后，可以根据本战略业务经营单位的具体情况调整竞争战略，并制定相应的具体行动策略，以期抓住机会，规避威胁。

一般来说企业的微观环境对企业市场营销活动的影响最为直接，常用波特五力模型来对行业环境进行分析。迈克尔·波特（Michael Porter）于 20 世纪 80 年代初提出波特五力模型，认为行业中存在着决定竞争规模和程度的五种力量，这五种力量综合起来影响着产业的吸引力。五种力量分别为进入障碍、替代品的威胁、买方议价能力、供方议价能力以及现有竞争者间的竞争，如图 2-9 所示。

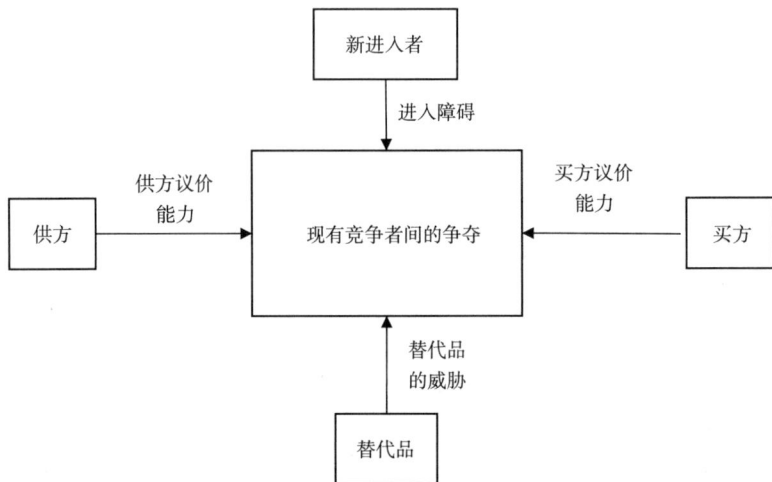

图 2-9 波特五力模型

（1）供应商的议价能力。供方主要通过其提高投入要素价格与降低单位价值质量的能力，来影响行业中现有企业的盈利能力与产品竞争力。供方力量的强弱主要取决于他们所提供给买主的是什么投入要素，当供方所提供的投入要素其价值构成了买主产品总成本的较大比例、对买主产品生产过程非常重要，或者严重影响买主产品的质量时，供方对于买主的潜在讨价还价力量就大大增强。

（2）购买者的议价能力。购买者主要通过其压价与要求提供较高的产品或服务质量的能力，来影响行业中现有企业的盈利能力。购买者的议价能力产生的主要原因是：购买者的总数较少，而每个购买者的购买量较大，占了卖方销售量的很大比例；卖方行业由大量相对来说规模较小的企业所组成；购买者所购买的基本上是一种标准化产品，同时向多个卖主购买产品在经济上也完全可行；购买者有能力实现后向一体化，而卖主不可能实现前向一体化。

（3）新进入者的威胁。新进入者在给行业带来新生产能力、新资源的同时，也希望在已被现有企业瓜分完毕的市场中赢得一席之地，这就有可能会与现有企业发生原材料与市场份额的竞争，最终导致行业中现有企业盈利水平降低，严重的话还有可能危及这些企业的生存。新进入者的威胁的严重程度取决于两方面的因素，这就是进入新领域的障碍大小与预期现有企业对于进入者的反应情况。进入障碍主要包括规模经济、产品差异、资本需要、转换成本、销售渠道开拓、政府行为与政策、不受规模支配的成本劣势、自然资源、地理环境等方面，这其中有些障碍是很难借助复制或仿造的方式来突破的。预期现有企业对进入者的反应情况，主要是采取报复行动的可能性大小，而这取决于有关厂商的财力情况、报复记录、固定资产规模、行业增长速度等。

（4）替代品的威胁。两个处于同行业或不同行业中的企业，可能会由于所生产的产品是互为替代品，从而在它们之间产生相互竞争，这种源自于替代品的竞争会以各种形式影响行业中现有企业的竞争战略。一般来说，替代品价格越低、质量越好、用户转换成本越低，其所能产生的竞争压力就越强。

（5）同业竞争者。大部分行业中的企业，相互之间的利益都是紧密联系在一起的，作为企业整体战略一部分的各企业竞争战略，其目标都在于使得自己的企业获得相对于竞争对手的优势，所以，在实施中必然会产生冲突与对抗，这些冲突与对抗就构成了现有企业间的竞争。

2. 内部环境——优势、劣势

对战略业务经营单位的内部环境进行分析，实际上就是对战略业务经营单位的内部资源以及自身能力进行考查，确定其优势和劣势，并据此制定适应本战略业务经营单位特点的竞争战略。具体可以从以下几个方面进行考查：

（1）营销能力。主要包括：信誉及口碑、市场份额、产品及服务质量、定价效果、分销效率、促销效果、销售人员素质、创新能力、市场覆盖率等。

（2）资金能力。主要考查战略业务单位的资金成本、资金周转率、销售利润率、成本费用率等。

（3）生产能力。主要包括：设备能力、生产能力、良品产出数、员工技能、按时交货能力、技术和制造工艺等。

（4）组织能力。主要包括：组织管理效率、制度完善程度、领导才能、员工奉献精神等。

（5）技术研发能力。主要包括：技术革新能力、技术应用能力、研发人员素质等。

通过对以上几个方面的分析，战略业务经营单位可以发现自身的优势和存在的劣势，发挥自身长处，采取措施改进和提高现有业务能力。

三、确定目标

战略业务经营单位的战略只是一个总的发展方向，还需将战略任务转换为具体的目标才具有可操作性。常见的目标有：盈利、销售增长、提高市场占有率、分散风险、创新等。一般来说目标的制定需要注意以下几点：

（1）目标的层次性。大多数业务单位的战略都可能是同时追求多个目标。这些目标组合成为一个目标体系，共同反映了业务经营活动所要达到的状况。在这些目标当中，一些较大的目标又可以被分解成若干个次一层次的目标。这些目标之间是具有因果关系或者主次关系的。因此，业务单位在完成目标时需要确定这些目标之间的重要程度和先后关系，使目标有序完成，从而更具系统性。

（2）目标的一致性。虽然如前所说，多数战略业务经营单位会同时有好多个目标，这些目标从不同侧面反映了战略追求。但是这些目标之间有时候会出现冲突。这种情况下，就需要确定一个当前更为重要、迫切需要实现或者对实现企业战略任务更有利的目标。

（3）目标的可量化。由于目标是制定出来需要达成的，因此，需要有一个定量的标准，以衡量完成情况，即使不能量化的目标也应该清楚详尽地说明，以便检验。比如，设定目标为"提高投资回报率"，就不如"将投资回报率提高到10%"更清楚明确。所以，只有把目标进行量化才可以促进经营管理计划的制定、执行和控制，否则目标就成为了空谈。

（4）目标的可操作性。战略业务单位所制定的目标应该切实可行，具有可操作性。也就是说，所制定的目标凭借现有资源和能力经过努力是可以完成的。可以从两个方面来理解：其一，所制定的目标不能可望而不可即，否则，目标就会成为没有任何意义的口号；其二，所具有的目标要具有挑战性，是经过努力才可以达到的。否则所制定的目标无助于企业发展。

四、形成战略

战略目标指明了发展方向，而要达到目标，还需要采取具体的战略。根据迈克尔·波特的分类，通过划分不同的战略基础和市场范围，可将一般性竞争战略分为三类：成本领先战略、差异化战略、集中化战略。如图 2-10 所示。

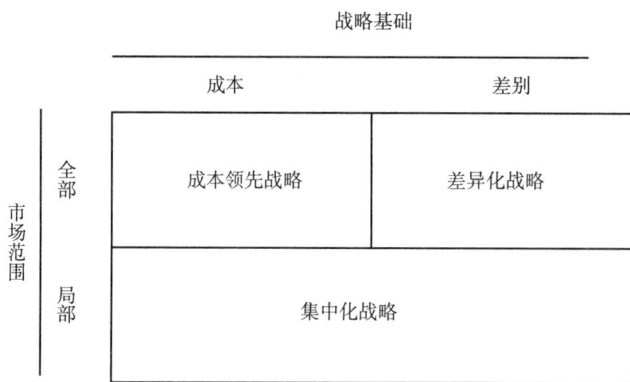

图 2-10　一般性竞争战略

1. 成本领先战略

成本领先战略（cost leadership strategy）又称为低成本战略，是指企业的成本低于行业内其他竞争对手，甚至是全行业最低，因此成为行业内的成本领先者，并通过较低的价格获取竞争优势，获取最大市场份额。

实行成本领先战略的企业，需要在设备效率、成本开支、间接费用、研究开发、广告方面严格控制成本，但同时，产品质量和服务也不容忽视。这种战略的实施需要的市场条件如下：

（1）产品的生产可以实现规模经济效益。随着产品产量的增加，单位产品的费用与生产规模的扩大成反比。

（2）市场有足够的容量。市场的容量以及发展潜力足够支撑企业销售量的增加。

同时，企业需要具备以下条件便于实施成本领先战略：

（1）在现代化设备方面进行大量的领先投资，采取低价位的进攻性定价策略。也许这在短期内会造成初期的投产亏损，但长期来看，会提高市场占有率，为企业获取更高的利润。

（2）先进的生产工艺技术，使所设计的产品更便于制造，降低了制造成本。

（3）建立严格的成本控制体系，控制报告与报表要详细化和经常化。

（4）建立结构严密的组织体系和责任管理体系。

只有这些方面得到满足，企业才能得到低成本带来的竞争优势，占据市场中的有利位置。

成本领先战略的益处在于：

（1）低成本可以抵挡现有竞争对手的对抗，即便竞争对手将产品售价降低到成本价，企业依旧可以获利。

（2）面对有实力的大客户讨价还价时，较低的成本使得企业在谈判中有更大的主动权。

（3）当面对供应商提高原材料价格时，较低的成本可以为企业保持售价赢得余地。

（4）企业已经建立的生产规模和成本优势，可以给行业的潜在进入者构筑更大壁垒和障碍，使其望而却步。

然而，成本领先战略也会给企业带来一些风险：

（1）当生产技术变化或者出现新的技术时，过去的设备投资或者产品学习经验就变得无效，从而使企业失去成本优势。

（2）行业中如果进入了实力较强的企业，通过模仿和总结前人经验或者购买更先进的设备，使得成本更低。他们的竞争会使企业失去原先的成本优势。

（3）采用成本领先战略的企业会将其力量集中于降低产品成本上，这会使得他们缺乏对市场变化的敏感性。因此，可能会出现这样一种情况，企业的产品价格虽然低，却不被消费者所需要和赏识。

延伸阅读

沃尔玛的成本领先战略

美国沃尔玛连锁店公司是世界上最大的连锁零售商，2002年沃尔玛全球营业收入高达2198.12亿美元，荣登世界500强企业的冠军宝座。沃尔玛发展的一个重要原因是成功运用了成本领先战略并予以正确实施。沃尔玛的经营策略是"天天平价，始终如一"，即所有商品（非一种或若干种商品）、在所有地区（非一个或一些地区）、常年（非一时或一段时间）以最低价格销售。为做到这点，沃尔玛在采购、存货、销售和运输等各个商品流通环节，采取各种措施将流通成本降至行业最低，把商品价格保持在最低价格线上。沃尔玛降低成本的具体举措如下：

（1）将物流循环链条作为成本领先战略实施的载体。

①直接向工厂统一购货和协助供应商减低成本，以降低购货成本。沃尔玛采取直接购货、统一购货和协助供应商降低成本三者结合的方式，实现了完整的全球化适销品类的大批量采购，形成了低成本采购优势。

a. 直接向工厂购货。零售市场的很多企业为规避经营风险而采取代销的经营方式，沃尔玛却实施直接买断购货，并对货款结算采取固定时间、绝不拖延的做法（沃尔玛的平均应付期为29天，竞争对手凯玛特则需45天）。这种购货方式虽然要冒一定的风险，却能保护供应商的利益，这大大激发了供应商与沃尔玛建立业务的积极性，赢取了供应商的信赖，保证沃尔玛能以最优惠的价格进货，大大降低了购货成本。据沃尔玛自己统计，实行向生产厂家直接购货的策略使采购成本降低了2%～6%。

b. 统一购货。沃尔玛采取中央采购制度，尽量由总部实行统一进货，特别是那些在全球范围内销售的高知名度商品，如可口可乐，沃尔玛一般对1年销售的商品一次性地签订采购合同。由于数量巨大，沃尔玛获得的价格优惠远远高于同行。

c. 协助供应商降低产品成本。沃尔玛通过强制供应商实现最低成本来提高收益率，如对供应商的劳动力成本、生产场所、存货控制及管理工作进行质询和记录，迫使其进行流程再造和提高价格性能比，使供应商同沃尔玛共同致力于降低产品成本及供应链的运作成本。

②建立高效运转的物流配送中心，保持低成本存货。为解决各店铺分散订货、存货及补货所带来的高昂的库存成本代价，沃尔玛采取建立配送中心、由配送中心集中配送商品的方式。为提高效率，配送中心内部实行完全自动化，所有货物都在激光传送带上运入和运出，平均每个配送中心可同时为30辆卡车装货，可为送货的供应商提供135个车位。配送中心的高效运转使得商品在配送中心的时间很短，一般不会超过48小时。通过建立配送中心，沃尔玛大大提高了库存周转率，缩短了商品储存时间，避免了公司在正常库存条件下由各店铺设置仓库所付出的较高成本。在沃尔玛各店铺销售的商品中，87%左右的商品由配送中心提供，库存成本比正常情况下降低了50%。

③建立自有车队，有效地降低运输成本。运输环节是整个物流链条中最昂贵的部分，沃尔玛采取了自建车队的方法，并辅之全球定位的高技术管理手段，保证车队处在一种准确、高效、快速、满负荷的状态。这一方面减少了不可控的、成本较高的中间环节和车辆供应商对运输环节的中间盘剥，另一方面保证了沃尔玛对配送中的运输掌握了主控权，将货等车、店等货等现象控制在最低限度，保证配送中心发货与各店铺收货的平滑、无重叠衔接，把流通成本控制在最低限度。

（2）利用发达的高技术信息处理系统作为战略实施的基本保障。沃尔玛开发了高技术信息处理系统来处理物流链条循环的各个点，实现了点与点之间光滑、平稳、无重叠的衔接，使点与点之间的衔接成本保持在较低水平。

（3）对日常经费进行严格控制。沃尔玛对于行政费用的控制非常严格。在行业平均水平为 5% 的情况下，沃尔玛整个公司的管理费用仅占销售额的 2%，这 2% 的销售额用于支付公司所有的采购费用、一般管理成本、上至董事长下至普通员工的工资。为维持低成本的日常管理，沃尔玛在各个细小的环节上都实施节俭措施，如办公室不配置昂贵的办公用品和豪华装饰、店铺装修尽量简洁、商品采用大包装、减少广告开支、鼓励员工为节省开支出谋划策等。另外，沃尔玛的高层管理人员也一贯保持节俭作风，即使是总裁也不例外。首任总裁萨姆与公司的经理们出差，经常几人同住一间房，平时开一辆二手车，坐飞机也只坐经济舱。沃尔玛一直想方设法从各个方面将费用支出与经营收入比率保持在行业最低水平，使其在日常管理方面获得竞争对手无法抗衡的低成本管理优势。

（资料来源：根据百度文库资料《沃尔玛的成本领先战略》整理. http://wenku. baidu.com.）

2. 差异化战略

差异化战略（differentiation strategy）是指企业生产的产品或服务独具一格，不同于其他竞争对手的产品或服务。这种差异化可以依托产品的设计、工艺、品牌、款式或者客户服务等方面。一般来说，实行差异化战略的企业需要有以下条件：

（1）企业研发部门具有较强的研究开发能力和创新能力。

（2）企业具有以产品质量或者技术领先的声望。

（3）企业具有较强的营销能力，采取有效的营销手段和方法销售产品。

实行差异化战略的优点在于：

（1）企业通过差异化战略，可以建立起顾客对产品或者服务的信赖，培养顾客忠诚，当产品或者服务的价格发生变化的时候，顾客也会对价格的变化不敏感。

（2）差异化的产品或者服务，可以使企业在与大客户谈判的时候，削弱大客户的讨价还价能力。

（3）差异化战略所产生的高边际收益，可以增强企业在面对实力强大的原材料供应商时的讨价还价能力。

（4）企业实行差异化战略所建立的顾客对产品和服务的偏好以及忠诚，会给行业的潜在进入者带来更大的障碍。

（5）实行差异化战略的企业，其产品或者服务所具有的独特性能会使替代产品或服务在性能上无法与之抗衡。

同时，差异化战略也会使企业面临一些风险：

（1）实行差异化战略的企业，生产成本会很高。产品的差异可能会在设计和研究费用、材质等方面增加成本。如果采取差异化战略生产的产品或服务与成本领先战略下生产的产品或者服务的价格差距过大，消费者可能宁愿选择低价的产品满足其基本需求，这会对采用差异化战略的企业产生致命打击。

（2）随着行业发展进入成熟期，差异化的产品可能会被竞争对手所模仿，从而削弱企业的产品优势。这时，企业如果不能推出新的差异化产品，以前的差异化不具优势，而价格又处在劣势，企业的境地就非常困难。

延伸阅读

保时捷制胜法宝：差异化战略

德国保时捷汽车公司，是世界上最大的特种汽车制造商，德国著名的跑车生产企业。保时捷在国际汽车生产企业当中经济效益最高。

在汽车制造业内，有的以生产豪华、高贵型轿车为主；有的以生产经济、适用型轿车为主；有的以生产强悍、有力型的越野车为主；有的以制造载重汽车为主；有的以制造宽敞客车为主……保时捷有意避开生产通用领域的车辆，而选择了跑车作为主产品。制造跑车的厂家中还有意大利的法拉利，于是保时捷创造了具有不同风格特点的跑车，与法拉利分别代表着跑车领域的两大流派。

差异化战略是中小型企业打造核心竞争力，在激烈的市场竞争中制胜的法宝。差异化战略就是创造差异性，即有目的地选择一整套不同的运营活动以创造一种独特的价值组合。保时捷公司实施差异化战略掌握了五个基本要点：

（1）要有一个独特的价值诉求。价值诉求主要有三个重要的方面：一是企业服务于什么类型的客户？二是满足客户什么样的需求？三是企业寻求什么样的相应价格？这三点构成了企业的价值诉求。保时捷公司依据这三点价值诉求，形成了独特的产品定位、独特的客户定位、独特的价格定位，与竞争对手相比有很大差异。

（2）要有一个与众不同的、为客户精心设计的价值链。营销、制造和物流都必须和对手不一样，这样才能形成特色。保时捷公司坚持"911"型跑车的手工制作就是一大特色。

（3）要做清晰的取舍，并且确定哪些事不去做。凡是有利于彰显狂飙驰骋风格的事情，例如发动机是跑车的"心脏"，保时捷公司一概不惜工本，在这方面进行了大量投资；凡是消费者不肯花钱的地方保时捷公司就想方设法省钱，例如对于仪表盘的设计和转换装置的安排等就不太在意。制定战略的时候要考虑取舍的问题，这样可以使竞争对手很难模仿你的战略。取舍非常重要，企业要有所为、有所不为。

（4）在价值链上的各项活动，必须是相互匹配并彼此促进的。保时捷公司的实践证明，技术创新是实施差异化战略的重要基础，客户满意是差异化战略的根本。没有"保时捷911"的研发和不断更新，保时捷公司就难以维系车迷的追捧。保时捷公司的优势不是某一项活动，而是整个价值链一起作用，这正是竞争对手难以模仿的要害之处。

（5）战略要有连续性。任何一个战略至少要实施3～4年，否则就不算是战略。

如果每年都改变战略的话，就等于是没有战略，而是跟时髦。保时捷公司的差异化战略并不是一成不变的，根据经济形势的变化适当调整差异化战略是非常必要的。保时捷公司向运动型多用途车进军，并在跻身 SUV 行列之中继续寻求与竞争对手的差异，这正是保时捷公司与时俱进的明智之举。

保时捷公司的经验告诉我们，实施差异化战略的关键在于企业的技术创新。企业技术创新与核心竞争力之间存在着互动的关系，技术创新的主要目的是使企业在不断的市场竞争中获取优势，提高自身的核心竞争力；而核心竞争力的提高，又促使企业不断推陈出新，加快技术创新步伐，确保竞争优势。决定竞争胜负的关键因素往往不是竞争双方各自拥有的力量或资源，而是他们各自运用力量或资源的方式，即采取何种战略。在制定和实施企业各项战略时要坚持和遵循以下六个方面的统一，即：阶段性与长远性相统一，超前性与切实性相统一，独特性与实用性相统一，原则性与灵活性相统一，宏观性与微观性相统一，指导性与针对性相统一。

（资料来源：EMBA 经典案例之保时捷制胜法宝：差异化战略. 新东方网. http://emba.xdf.cn/201201/1012047.html.）

3. 集中化战略

集中化战略（focus strategy）是指企业的经营活动集中于某一特定的购买者集团、产品线的某一部分或某一地域上的市场。企业通过在这部分市场上提供最有效和最好的产品或者服务来建立自己在成本和产品差异上的优势。因此集中化战略具有以下一些优点：

（1）可以集中整个企业的资源和力量为某一特定目标服务，使企业在这一领域的产品或者服务最优。

（2）将目标集中于特定的客户和市场，使得企业可以更好地调查研究这部分客户和市场，以及与产品有关的技术、竞争对手状况，从而可以做到该领域的先导者。

同时，集中化战略也会给企业带来相当大的风险：

（1）由于企业将所有的资源和力量都集中在了某一产品和服务的特定市场和领域，一旦这些市场的需求和偏好发生变化，或者出现新的技术和替代产品，就会对企业产生很大的冲击，甚至是致命的打击。例如，数码音像产品取代传统的录音机磁带。

（2）当更具实力的竞争者进入企业所服务的特定市场或者领域，并采取了优于企业的更集中化的战略，将会削弱企业的市场份额造成生产费用的增加，为企业带来风险。

由于集中化战略的目标是服务特定领域做精做专，其更符合中、小企业的资源和特点，是这些规模的企业常采用的战略。

延伸阅读

格力空调的集中化战略

格力空调是唯一一家坚持集中化经营战略的大型家电企业，著名财经杂志美国《财富》中文版称：作为中国空调行业的领跑企业，格力电器股份以7.959亿美元的营业收入、0.55亿美元的净利润，以及6.461亿美元的市值再次荣登该排行榜第46位，入选《财富》"中国企业百强"，成为连续两年进入该排行榜的少数家电企业之一。不仅多项财务指标均位居家电企业前列，而且在2002年空调市场整体不景气的情形下，格力空调的销售实现了稳步增长，销量增幅达20%，销售额及净利润均有不同程度的提高，取得了良好的经济效益，充分显示了集中化经营的魅力。

波特曾经指出"有效地贯彻任何一种战略，通常都需要全力以赴"的战略原则。指出了"如果企业的基本目标不止一个，则各方面的资源将被分散"的战略后果。正因为如此，许多企业在商战中选择和确定了自己的集中化发展战略，并且运用这种发展战略取得了明显的经济效益。格力就是一个这样的企业。

格力的集中化战略并不是"一篮子鸡蛋"的战略。把集中化战略当成"一篮子鸡蛋"的战略完全是一种理论上的糊涂、逻辑上的混乱。近年来，当不少厂家都在为产品的出路犯难，甚至为吸引消费者的眼球不惜祭起降价大旗的时候，格力向北京、广州、上海、重庆等大中城市投放了一款高档豪华的空调新品——"数码2000"，以其智能化的人体感应功能、安全环保的一氧化碳监测功能和独具匠心的外观设计，受到了各地消费者特别是中高收入阶层的空前欢迎，掀起了一轮淡季空调市场少有的抢购热潮。

缘何在众多空调降价之时，价格昂贵的格力"数码2000"却能在淡季热销？就因为格力"数码2000"已经不再是"一篮子普通的鸡蛋"。它的过人之处在于采用了世界独创的人体感应和一氧化碳感应两项新技术，使空调步入了感性化时代，具有了智能化和环保两大优势。当你推开家门，不用动手，空调就会自动开启，徐徐凉风或阵阵温暖随之而来；您忘记关空调或房间没有人活动时，空调会自动关机；空调还能感知室内有毒气体——一氧化碳的含量，当其即将达到危害人体健康的浓度时，会自动连续不断地发出阵阵蜂鸣般的警报声，提醒您注意打开门窗通风换气，以降低"煤气中毒"现象的发生。不仅如此，该产品还将"彩色背光液晶显示技术"、"塑料外观电镀镶件技术"以及"直流变频技术"等国际领先技术在世界上首次运用到了格力"数码2000"上。这款凝聚了众多新技术的"数码2000"新品，历经5年的技术攻关潜心研究和360多天恶劣环境的可靠性试验，不仅功能卓越、外观精美，而且其稳定性技超群雄。

事实雄辩地说明：面对空调市场混乱无序的竞争，一贯坚持集中化经营的格力，不仅产品已涵盖了家用空调和商用空调领域的10大类、50多个系列、500多种品种规格，成为了国内目前规格最齐全、品种最多的空调生产厂家，形成了业内领先的主导优势，而且充分地显示了 10 多年来，该企业的专业化技术积累、雄厚的技术开发实力和经济效益再增值的潜在能力！

如果说格力在经营上取得了骄人的成绩，那么首先是格力在发展战略上取得了成绩。这种成绩突出地表现在他们对集中化战略认识上的深刻，贯彻中的坚定和实践中的准确把握。

（资料来源：集中化战略.网络营销教学网站.http://www.wm23.com/wiki/ 17179.htm.）

五、制定计划

当企业的基本战略确定之后，就要根据这一战略的要求，制定相应的计划和措施来保证经营战略的顺利实施。这包括相关部门方方面面的部署，包括采购部门的原材料采购计划、生产部门的设备投入计划以及生产计划、财务部门的财务预算计划、营销部门的市场营销计划、人力资源部门的人员配备计划、技术研发部门的研发计划等。这些部门的计划实际上就是各个部门的职能战略。除此之外，还需要考虑为了保证基本战略以及各个部门计划的顺利实施，组织机构设置以及各个部门之间的协调配合如何进行。

六、执行计划

计划制定完成之后，就是具体的执行。如何才能有效地实施战略？实践证明只有当企业的各种因素相互适应和相互匹配的时候，战略的实施才能取得成功。这里介绍麦金西 7s 模型。该模型提出了企业战略实施成功所应该包含的七个匹配因素。

（1）战略——指获得超过竞争对手的持续优势的一组具有紧密联系的系列活动。

（2）结构——指组织结构及其相应职能。它代表了指令的传递和接受者以及任务的分工及整合。

（3）体制——表明了工作职责和流程，包括信息系统、资本预算系统、制造过程、质量控制系统、绩效度量系统等。

（4）风格——管理人员日常工作中的活动方式。

（5）人员——企业中所有人员的分布状况和工作协调能力。

（6）共享的价值——指企业保持团结和谐的指导性观念、价值和愿望，通常由企业文化体现。

（7）技能——指企业作为一个整体所具有的能力。通常，这种能力也是企业的声望所在。

7s 模型表明，当这些因素相互适应和匹配的时候，企业的战略才能顺利实施，而其中有某个因素不协调时，战略的实施都不可能成功。

七、反馈和控制

战略在实施的过程中，企业需要不断地跟踪计划的实施情况和结果，并不断监控环境因素的变化状况。如果执行过程中出现了偏差，需要及时对计划进行改进和调整。同时，一旦环境出现了重大的变化，企业就要根据新的环境和企业自身条件进行战略评价，并根据评价结果修正战略，修改相应的计划及实施步骤。

第四节　营销战略和营销组合

经营战略在制定计划时被分解到各个职能部门成为职能战略。这里只介绍营销职能部门的营销战略和市场营销组合。

一、顾客导向的市场营销战略

要在市场竞争中获胜，企业需要以顾客为中心。公司要决定将为哪些顾客服务，如何为他们服务。这需要企业把整体市场划分成细小的部分，选择其中较好的细分市场，并为之设计战略并盈利。这就涉及到了市场营销战略的三部分内容：市场细分、选择目标市场、市场定位。这部分内容将在第六章详细介绍，这里只做简单的说明。

（1）市场细分。对营销机会凸现出来的消费者需求进行分类，使每个市场的需求特点具有显著特征。

（2）目标市场选择。在细分市场的基础上，选择企业擅长的、具有相对优势并有利可图的市场为其服务，以此途径达成企业的战略目标。

（3）定位。在选定的目标市场上，为企业、产品或者服务以及品牌树立鲜明的特色，以同竞争对手相区别。

二、整合市场营销组合

确定市场营销战略之后，公司就要策划市场营销组合的细节。市场营销组合（marketing mix）是一套专门化的策略和活动，是开展营销的工具和手段，是一套可以影响需求的、企业可控的因素。有效的市场营销方案将市场营销组合的所有要素协调成一个整合营销计划，借此向目标顾客递送价值，实现公司的营销目标。

　　主要的市场营销组合工具分为四大类，称为市场营销计划的4Ps：产品（product）、价格（price）、分销（place）、促销（promotion）。

　　（1）决定所提供产品和服务的准确类型，即产品策略。

　　（2）根据不同的目的以及影响因素制定产品或者服务的价格，即价格策略。

　　（3）选择将产品或者服务分配给消费者的方式方法，即分销策略。

　　（4）决定如何将产品或者服务的信息传递给消费者并影响他们的购买行为，即促销策略。

　　同时，这些市场营销组合要素的每一个要素中都包含多个因素，如图2-11所示。企业在制定营销策略时，必须充分考虑这些因素。

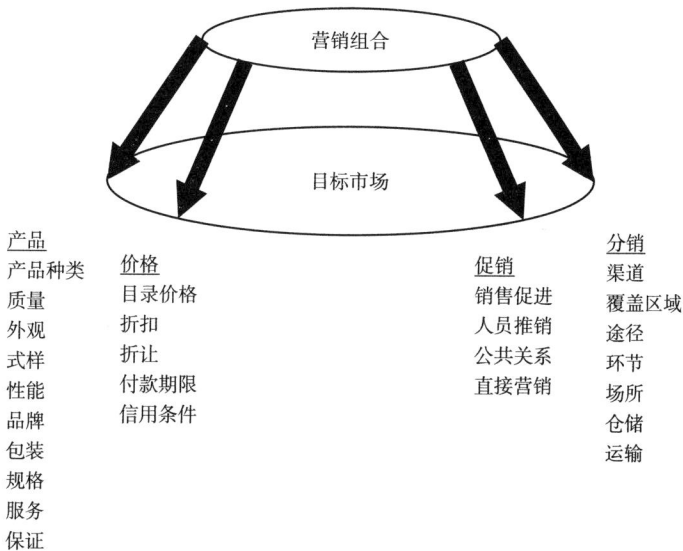

图 2-11　营销组合因素

　　有人认为4Ps的概念是站在卖方而非买方的角度看待市场。从买方的视角看，在这个强调顾客价值和关系的时代，4Ps最好描述为4C：顾客解决方案（customer solution）、顾客成本（customer cost）、便利（convenience）、沟通（communication）。市场营销者认为自己在出售产品，顾客却认为自己购买的是价值或为自己的问题寻求解决方案。顾客不仅仅对价格感兴趣，他们关心的是获得、使用和处理产品所需要的全部成本。顾客希望尽可能方便地购买到所需产品和服务。最后，顾客希望双向的沟通。

　　市场营销者应该首先从消费者的角度考虑4C，然后以此为基础制定自己的4Ps。

第五节　管理营销活动

企业的营销活动是需要管理的，通过管理营销活动，来达到提高营销活动的效果和效率的目的。对营销活动的管理，包括四种营销管理职能活动：分析、计划、执行和控制。图 2-12 为这些市场营销活动之间的关系。

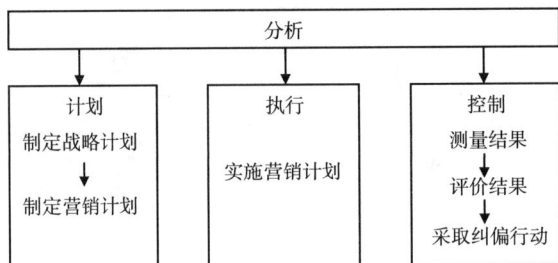

图 2-12　分析、计划、执行和控制之间的关系

企业首先制定战略总规划，然后再把企业的这些整体规划转变为每个部门、产品及品牌的市场营销计划和其他计划。通过执行，企业将战略及营销计划转变为能够实现企业战略目标的行动。营销计划由营销部门的人员来实施，他们要与公司内外的其他人进行合作。控制包括衡量和评估市场营销计划和活动的成果，以及必要时采取弥补措施来保证实现企业的目标。营销分析为所有其他营销活动提供所需要的情报和评估。

一、市场营销分析

管理营销活动首先要彻底分析公司所处的环境，公司必须进行 SWOT 分析，即分析优势（S）、劣势（W）、机会（O）和威胁（T）。优势是包括公司内部的能力、资源和能够有助于公司服务顾客以达到目标的各种有利因素。劣势包括公司内部的局限性和干扰公司运营的各种不利因素。机会是外部环境中使公司有可能发挥自身优势的各种有利因素或趋势。威胁是对公司的运营带来挑战的各种外部不利因素。

企业必须分析市场和市场营销环境，以找到有吸引力的机会和避开环境中的威胁因素。企业还必须分析自己的优势和劣势，以及现有和可能的营销活动，以便能选择最适合企业的机会。其目标是将公司的优势与市场机会结合起来，同时消除或克服劣势，并使威胁最小化。市场营销分析向其他每一个营销管理职能部门反馈信息和其他情报。

二、市场营销计划

通过战略规划制定，企业对每一个业务单位想要做的事情做出决策。营销计划制定是指对有助于企业实现战略总目标的营销战略做出决策。每一类企业、产品或品牌都需要一个详细的营销计划。那么，市场营销计划是什么样的呢？以下将集中讨论产品或品牌计划。

表 2-1 市场营销计划的基本内容

计划项目	目的与任务
（1）计划概要	对计划进行整体性简要描述，以了解计划的核心内容和基本目标
（2）当前的营销环境	提供宏观环境的相关背景数据资料；收集与市场、产品、竞争、分销及资源分配等方面相关的数据资料
（3）机会与威胁分析	确定公司的主要机会和威胁、优势和劣势及产品所面临的问题
（4）营销目标和问题	确定该项计划需要实现的关于销售量、市场份额、利润等的基本指标；讨论影响目标实现的主要问题
（5）营销战略与策略	提供用于实现计划目标的营销策略与主要营销手段
（6）行动方案	具体要做什么？谁执行？何时做？需要多少费用？
（7）损益预算表	预测计划中的财务收支状况
（8）营销控制	说明如何监测与控制计划执行

表 2-1 概括了一个典型的产品或品牌计划的主要组成部分。计划由一个概要开始，它简要地对主要的评估、目标和建议进行概述。计划的主要部分提供了对目前市场营销以及潜在的机遇和挑战的一份清晰的详细分析。接下来它阐述了品牌的主要目标和实现这些目标所使用的营销战略的具体措施。

市场营销战略是指业务单位想借以实现其营销目标的营销逻辑，具体包括目标市场选择、定位、营销组合及营销费用水平等。在这一部分，计划制定者解释了每个战略如何应对在营销计划中的机遇、威胁和关键问题。市场营销计划还制定出适合营销战略的一个行动程序表以及一份详细的市场营销预算表。最后部分列出了控制手段，用于监督进展情况并采取弥补措施。

三、市场营销执行

计划好战略只是市场营销成功的开始。优秀的营销战略如果得不到正确的执行，就没有什么作用。市场营销执行（marketing implementation）是指为实现战略营销目标而把营销计划转变为营销行动的过程。执行包括日复一日、月复一月地有效贯彻营销计划的活动。营销计划提出的问题是：什么是市场营销活动和为什么要进行市场营销活动，而市场营销执行则解决谁、何时、何地以及怎样的问题。

很多经理认为"把事做正确"（执行）与"做正确的事"（战略）一样重要，甚至比后者更加重要。事实是，这两者对取得成功同样重要。一个企业的战略可能雷同于另一个企业，但是却能通过更快或更好的执行在市场中获胜。可是，市场营销执行很艰难。通常，想出好的营销战略比执行这些战略要更容易些。

市场营销系统中各个层次的人员必须通力执行市场营销计划和战略。例如，在宝洁公司，营销执行需要由成千上万的公司内部和外部人员做出日常决策和行动。营销经理们做出有关目标市场、品牌、包装、定价、促销和销售的决策。他们要与公司中其他人员合作以获得对其产品和方案的支持。他们要与设计人员讨论产品设计，与制造人员讨论生产和存货水平，与财务部门讨论资金筹措和现金流量。他们还要与公司外部人员合作，如：与广告代理机构合作以策划广告活动，与媒体合作以获得公众支持。公司销售队伍敦促零售商对宝洁产品做广告，提供充足的货架并使用公司的展览品。

成功的市场营销执行取决于企业能否将行动方案、组织结构、决策和奖励制度、人力资源和企业文化这五大要素组合出一个能支持企业战略的、结合紧密的方案。首先，成功的执行需要一个详细的、把所有的人和活动聚集到一起的行动方案。其次，企业的正式组织结构在执行市场营销战略中发挥着巨大作用。一项重要的研究发现，成功的企业喜欢采用简单、灵活的结构，使它们能够迅速地适应不断变化的条件。企业的决策和奖励制度，即指导计划、预算、补偿等其他活动的操作程序，也影响着市场营销的执行。例如，如果企业以短期利润成果奖励经理，他们就不会有多少积极性去实现长期市场建设目标。有效的执行还需要仔细制定人力资源计划。在企业的各个层次，都必须配备具有所需技能、动力和个人魅力的人员。

最后，执行要取得成功，企业的营销战略还必须和企业文化相适合。企业文化是指企业人员共享的价值和信仰体系，即企业的集体特性和意义。最近一项对美国最成功企业的研究发现，这些企业都围绕着强有力的、以市场为导向的任务建立了近乎狂热崇拜的企业文化。在沃尔玛连锁店、微软和惠普等公司，"每一个职员都有一种强烈的意识，即他们从心底里知道什么对他们的公司有利"。

企业还必须设计一个市场营销部门来实施营销战略和计划。如果企业非常小，或许只要一个人就可以干完所有市场营销工作，包括调研、销售、广告、顾客服务和其他活动。当企业扩展时，就需要设立营销部门来策划和执行市场营销活动。在大企业，营销部门中包括许多专家。现代营销部门可以用几种方式来组织。最常见的一种营销组织形式是职能组织，即不同的营销活动由一位职能专家，如销售经理、广告经理、营销调研经理、顾客服务经理或新产品经理来领导。在全国或国际上销售的企业经常采用地理组织，即销售和营销人员被分派到具体的国家、地区或分区，地理组织使销售人员进驻某个地区，认识他们的顾客，并以最少的旅行时间和费用进行工作。

具有许多、而且差别很大的产品或品牌的企业经常采用产品管理组织。使用这种方法，产品经理要为某种产品或品牌制定并执行一个完整的战略和营销方案。产品管理首先于 1929 年出现在宝洁公司。公司的一种新肥皂佳美，销售状况不佳，因此宝洁公司选派一名年轻主管专门开发和促销该产品。这位主管获得了成功，因此公司很快便增派了其他产品经理。自那以后，许多企业，特别是消费品企业，都建立了产品管理机构。

对那些只销售一种产品给许多不同种类、具有不同需要和偏好的市场的企业来说，市场管理组织也许是最好的选择。市场管理组织类似于产品管理组织。市场经理负责为具体市场制定营销战略和计划。该体制的主要优势在于围绕具体顾客的需要来组织企业。例如一些大公司专门有一个团队或部门为沃尔玛等大客户提供优质服务。

生产许多不同的产品，这些产品又流入许多不同的地理和顾客市场的大型企业，通常会采用职能、地理、产品和市场组织的某种组合形式。这能保证每个职能部门、产品和市场得到管理部门对其应有的注意。但是，这也会增加管理层及管理费用，降低组织灵活性。不过，组织专业化所带来的利益通常还是会超过其不利影响的。

四、市场营销控制

由于在执行营销计划的过程中会有许多意外情况发生，所以营销部门必须持续地进行营销控制。营销控制（marketing control）包括衡量和评价市场营销战略和计划的成果，并采取正确的行动以保证实现目标。控制过程包括四个步骤。管理部门先设定具体的市场营销目标，然后衡量企业在市场中的业绩，并评价预期业绩和实际业绩之间存在差异的原因。最后，管理部门采取正确的行动，以弥补目标与实际业绩之间的差距。这可能需要改变行动方案，甚至改变目标。

营销控制是指根据年度计划检查当前业绩，并在必要时采取纠正措施。其目的是保证企业实现在年度计划中制定的销售、利润及其他目标。它还包括确定不同产品、地区、市场和渠道的获利能力。

战略控制是指查看企业的基本战略是否很好地与其机会相匹配。市场营销战略和方案会很快过时，因此，每个企业都应定期重新评估市场整体策略。进行战略控制的一个主要手段是营销审计（marketing audit）。营销审计是对企业环境、目标、战略和行动进行综合、系统、独立和定期的检查，以确定企业中存在的问题和机会。审计为企业制定行动计划，改善企业市场营销业绩提供了良好的情报。

营销审计覆盖某项业务的所有主要的营销领域，而不仅仅是一些出了问题的地方。它要评估营销环境、营销战略、营销组织、营销系统、营销组合以及营销生产率和盈利能力。审计通常由客观、有经验的第三方来执行，在此基础上，管理层决定哪个行动方案最有意义，应该如何执行以及何时执行。

第六节　衡量和管理营销投资回报率

企业在进行营销活动时，必须要考虑营销支出是否被正确的使用，因此，需要衡量营销的投资回报，营销投资回报率常被用来衡量企业营销活动中投资所产生的利润。营销投资回报率（return on marketing investment，简称 marketing ROI）指营销投资的净收益除以营销投资的成本。

营销的收益比较难衡量。财务上在衡量 ROI 时，R 和 I 都用货币衡量。但是，营销 ROI 没有一个统一的定义。公司可以根据品牌认知度、销售额或市场份额等营销业绩衡量标准来评价营销收益。比如，康宝汤业公司使用销售额和市场份额的数据来评价特定的广告活动。有分析指出，它的"有汤在手"广告投放一年后，其产品的初次购买率和重复购买率都翻倍了。尤其是经历过全球金融危机之后，分析员在看待营销问题时更为关注营销投资的回报。比如，百事可乐调查发现其数字广告有更高的回报率，公司立即增加了数字广告的投放预算并减少了电视上的商业广告数量。

现在，营销人员越来越多地使用诸如顾客购买率、顾客使用率以及顾客终身价值等以顾客为中心的营销业绩指标来衡量回报率。营销投资增加顾客的价值和满意度，这两个因素增加了企业对顾客的吸引力和保持率从而提高了顾客使用期的价值和顾客资产。

如图 2-13 所示，将营销费用视为一种投资，其回报体现为更有价值的客户关系。市场营销投资能够产生持续改善的顾客价值和满意，进而提高企业吸引和留住顾客的能力，最终增加了单个顾客的终身价值和企业总体的顾客资产。不断增加的顾客资产与市场营销投资的成本相比，决定了营销 ROI。

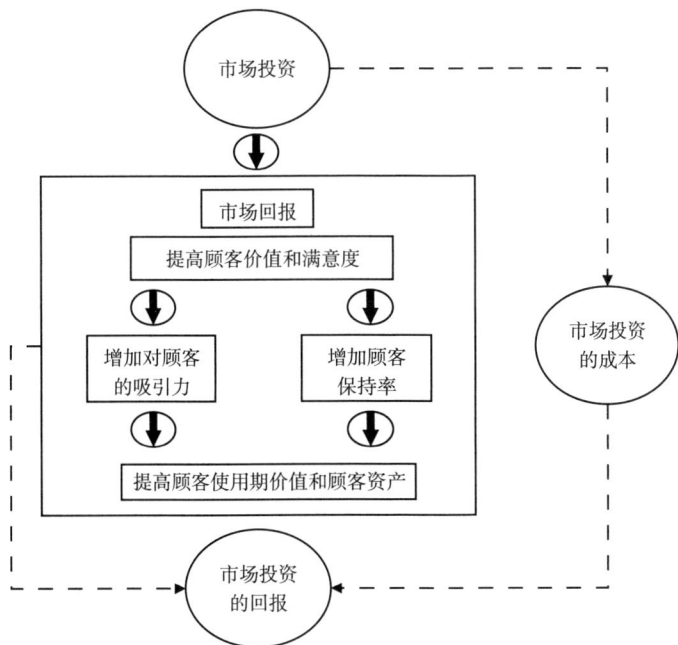

图 2-13　市场营销投资回报

本章小结

　　本章对营销战略规划进行了介绍。一般而言，战略可以分为三个层级。公司战略是战略的最高层级，它指明了企业的发展方向。经营战略又称竞争战略，它是公司次一级的分公司、事业部或者子公司战略（一些大的企业，特别是企业集团都会将具有共同战略因素的业务单位组成战略业务单位），属第二个层次的战略。职能战略是最低层次的战略，它是战略业务单位中各个职能单位的战略。战略具有全局性、长远性、纲领性、预见性、抗争性等特征。

　　企业在规划公司战略的时候，需要经过如下步骤：确定企业使命、建立战略业务单位、为战略业务单位分配资源、选择发展新业务。企业的经营战略规划需要经过如下步骤：对经营单位任务进行分析、对内外环境进行分析、确定目标、形成战略、制定计划、执行计划以及反馈和控制。

　　最后，在职能战略的管理过程中，营销部门根据经营战略分析机会，选择目标市场和定位，进行营销组合选择和预算制定，制定营销计划并组织实施、控制和审计。

　　顾客导向的市场营销战略包括三部分内容：市场细分、选择目标市场、市场定位。确定市场营销战略之后，公司就要策划市场营销组合的细节。主要的市场营销组合工具分为四大类，称为市场营销计划的 4Ps：产品（product）、价格（price）、分销（place）、促销（promotion）。市场营销者应该首先从消费者的角度考虑 4C，然后以此为基础制定自己的4Ps。4C即顾客解决方案（customer solution）、顾客成本（customer cost）、便利（convenience）、沟通（communication）。

对营销活动的管理，包括四种营销管理职能活动：分析、计划、执行及控制。

营销人员越来越多地使用顾客购买率、顾客使用率以及顾客终身价值等以顾客为中心的营销业绩指标来衡量回报率。

思考题

（1）战略的三个层次之间有什么关系？

（2）企业如何区分不同的战略业务单位？

（3）企业在选择发展新业务的时候，可以从哪些方面进行考虑？

（4）竞争性战略有哪些，各有什么优缺点？

（5）什么是营销组合，都包含哪些因素？

（6）请在两个行业（如纺织业、个人电脑业）中分别找出采用波特三种竞争战略的企业，并请说明理由。

（7）为一个你感兴趣的组织设计一份使命陈述。同学之间相互评价彼此的使命陈述，并提出改进建议。

案例讨论

恒大冰泉被称已死，巨亏后许家印多元化踩刹车

5月下旬，一则题为"恒大冰泉已死，大跃进之痛"的稿件在各种媒体渠道中流转。该文章用近乎决绝的口吻，宣判了恒大冰泉的"死刑"，也让公众对恒大冰泉乃至恒大多元化视野进一步聚焦。

实际上，恒大多元化之路并不平坦。今年3月，恒大集团董事局主席许家印在2014业绩报告会上公开回应，称恒大冰泉业务去年亏损超过23亿元，之后市场上又曝出其渠道整合面临经销商对抗的现象。

除却矿泉水之外，恒大涉足的多元化业务还包括粮油、乳业、新能源、文化、健康等等，由此成立的事业集团、公司和部门都由恒大集团全资持有，这些新事业多数也呈高开低走之势，有的还悄无声息地夭折。

这一现实状况，与许家印的期待南辕北辙。在恒大内部，多元化被授予宏大的意义，许家印曾在内部讲话里描述，多元发展是恒大第七个"三年计划"（注：2015年到2017年）的重大主题，恒大要参照通用、三星这样的企业来发展："多元化是500强企业普遍采用的发展战略……是企业壮大规模和超常规超越式发展的必然选择。"

来自恒大集团内部的信息显示，在经历了大约一年半的喧嚣与波折之后，恒大的多元化走向低调。其留下的各种或明或暗的桥段和故事，已成中国房地产业乃至企业

界或可借鉴的典例——习惯了高姿态的地产巨企，又是否真能在其他领域顺利强势？

2015年5月，当中国进入夏天，恒大矿泉水集团重回销售的旺季。在营销市场上，恒大冰泉依然卖力，赞助大学生足球赛，冠名歌舞巡演，宣传"一瓶一码"……但是，这种大肆宣传的风头已不可与其刚投放市场时相比。

此前一年的5月，恒大冰泉一度被看做中国快消业的"鲶鱼"，其母体是目前被福布斯列为世界第500强，总资产4745亿元，主业为房地产开发的恒大集团。不过，进入去年夏天后的恒大矿泉水遇到了地产人未曾面临的各种麻烦——生产线升级停滞，销售价格失控，渠道竞争遭遇剧烈反击，等等。

在2013年7月，恒大成立了矿泉水公司。之后的两个月，恒大在长白山走马圈地，并在2013年11月的亚冠赛场上开始运作恒大冰泉的营销。知情人士表示，由于并无既有的快消部门，当时恒大地产的部分员工被临时调动到矿泉水业务上。

在去年初，恒大涉足多元化的早期对外宣传，主要以恒大冰泉为主。当时的商业评论界多认为，市场风险小、现金流好的行业是恒大多元化的方向，因为快消行业比地产具有更大的盈利空间。一位匿名地产分析师对《棱镜》表示，恒大的楼盘多数是郊区大盘，虽然开发能力强，销售面积大，但获利并不算高，于是通过多元化发展，或可拓宽融资渠道，解决现金流的问题。

如同足球领域投入的姿态，恒大矿泉水业务扩张方面以"金元政策"开路，基础人员的招聘月薪达到6000元以上，巨额广告砸知名度，招聘大批学生暑期销售，利用各地恒大楼盘售楼部做直销……许家印公开喊出目标：销售额2014年要达到100亿元，之后两年每年增加100亿元。

不过，以矿泉水业务为首的多元化，并没有像许家印预期的那样爆炸式发展。首当其冲的是产能受制。在品牌轰炸过后，为了迅速提高产能，恒大以8位数的资金于去年上半年进口了德国克朗斯（KRONES）的矿泉水生产线，部署于长白山工厂。

知情人士们指出，该生产线本可在夏天销售旺季之前把恒大冰泉产能提高数倍，但由于初涉水业，以及技术磨合的缘故，该生产线对原生产线的替换迟迟不能完成。另有长白山地区知情者补充称，在升级磨合过程中，新生产线长期无法产出符合卫生检验标准的恒大冰泉。

恒大集团未对《棱镜》提出的矿泉水产能问题做出具体回复。知情人士们称，直到2014年12月，该产能问题才得以解决，但恒大冰泉"已经错失了整个夏季"。

（资料来源：恒大冰泉被称已死，巨亏后许家印多元化踩刹车.腾讯财经.http://hb.jjj.qq.com/a/20150525/019175.htm.）

思考题：

（1）恒大的多元化发展之路如何？

（2）你认为多元化发展需要具备怎样的条件？

关键术语

战略（strategy）

差异化战略（differentiation strategy）

市场营销组合（marketing mix）

密集型成长战略（intensive growth strategies）

一体化成长战略（integrative growth strategies）

营销投资回报率（return on marketing investment）

多元化成长战略（diversification growth strategies）

通用电气模型（the General Electric model）

集中化战略（focus strategy）

成本领先战略（cost leadership strategy）

第三章
市场营销环境

【本章学习目标】

（1）明确市场营销环境的含义。

（2）了解市场营销环境的构成。

（3）了解微观营销环境对营销活动的影响。

（4）了解宏观营销环境对营销活动的影响。

（5）掌握市场机会和环境威胁分析的思路与方法。

|引导案例|

美国市场看涨亚裔消费者潜力

一份来自于尼尔森市场研究的报告指出，亚裔美国人已不再是少数群体，他们逐渐在美国形成独特的风景线；从人口数量、消费特征、购买力、数字互联网偏好等各维度，呈现出与传统美国人不一样的特征，东方文化的传承也为这个群体注入东方特色，让一切变得有趣而珍贵。

报告指出，虽然美国是全世界最大的民族交融国家，40多个国家与区域的移民为这个国土贡献着多元的文化融合；但亚裔美国人于2002—2014年间增长了46%，可预见的是从现在到2050年人数增长速度将高达150%。其中，中国和印度是亚裔美国人最重要的2个群体组成。2014年亚裔美国人的购买消费为7700亿美元，而预计在2018年会增长为1万亿美元。其购买力实质上在2000—2014年间增长了180%，相比之下，非西班牙裔白人的消费力增长仅为69%。

亚裔美国人87.3岁的平均寿命，是区别于其他美国人的又一重要特征（非西班牙裔白人的平均寿命仅为78.7岁），剔除掉无效购买年份，亚裔美国人的平均有效购买年数（52.3年）比非西班牙裔白人（36.7年）长16年之多。品牌若能在这个人群构建有效忠诚度，无论从短期还是长期都将带来高回报的增长点。

亚裔美国人的消费分布与本土美国居民有着显著区别。通常而言，他们的财富水平高于美国家庭平均水平，住房、交通、食品是消费最集中的三个领域；其中，个人理财、鞋服、住房的平均年消费相比全国平均水平分别高出41%、28%、26%；他们有更强烈的使资产保值增值的意愿，在鞋服上对品牌更推崇，忠诚度更高，住房上因更多家庭人口和临近交通居住的偏好而花费更多。

亚裔美国人的家庭花销高于平均水平，其中，亚洲面条、干菜、谷物等可以与新鲜食物结合制作便捷的家庭餐食的食品最受欢迎；此外，新鲜果蔬、干果、鸡蛋等也备受欢迎。除了健康食物外，厨房家电、红酒的花销也高于平均水平，他们更愿意在家里与家人和朋友娱乐；而一次性尿片和婴儿食品以及照相设备和学校用品同样受欢迎。

相比本土美国人，亚裔美国消费者更可能生长于三世同堂的环境中，祖辈、父辈和孩子们在同一屋檐下的比例高达28%，而非西班牙裔白人这种比例仅为15%；85%的亚裔美国人的孩子与他们的父母居住在一起，甚至结婚后还维持这种状态。因而，他们的食品清单更加丰富，以满足不同年龄、健康状况和饮食习惯的需求。

尽管在日常杂货店购物的比例与整体消费者的比例持平，但他们在此的支出更少；选择去批发店购物的比例高于整体水平（11% V.S 5%），在那里的支出也相应更高（23% V.S 11%）；药店也是他们常光顾和花销的地方。

很多亚洲人认为如果内在健康了，外在也就随之更美。除了在美容护肤化妆上花费工夫（护肤品的消费高出平均水平70%，香水高出25%，护发品高出15%，个人洗漱用品高出12%，化妆品高出7%），他们相比一般美国人，在口腔卫生（22%）、卫生用品（28%）以及维生素（6%）等品类上也消费更多。

亚裔消费者是金融工具的忠实粉丝，尤其是在信用卡的使用上。80%的亚裔消费者拥有信用卡，而平均比例为66%，他们对信用卡积分以及活动项目的热衷高于普通消费者。

他们在旅游消费上高于平均水平，而且82%的亚裔消费者使用信用卡支付旅游费用，比平均水平高出11%。此外，他们在零售购物、外出就餐等消费上使用信用卡的比例也非常高。

这份报告表明，消费者的不同习性和特点，将会对他们的购买行为和消费特征产生巨大影响，而对这种影响因素的分析，正是企业抓住市场机会，增加市场份额，创造盈利的关键。

（资料来源：尼尔森市场研究美国市场看涨亚裔消费者潜力．记者网．http://www.jzwcom.com/jzw/8c/10449.html.）

本章首先介绍了企业所面临的环境因素及其特征；然后分析了宏观环境因素和微观环境因素如何对企业的生产经营活动产生影响；最后，介绍了如何利用SWOT分析方法对企业所面临的机会和威胁以及其自身的优势和劣势进行分析，从而提出合理的营销对策。

第一节 营销环境概述

一、企业营销环境的分类

企业的经营活动受到外部环境的作用和影响，与外部客观的因素之间处于一个相互作用、相互联系、不断变化的动态过程之中。市场营销环境指影响企业营销能力和效果的，外在的各种参与者和社会力量。这里所说的外部，可以是企业外部的，也可以是企业营销部门外部的。这些环境因素的发展变化，会对企业的生产经营活动产生重要的影响，一方面有可能给企业带来各种机会，另一方面有可能对企业的生存发展造成威胁。

这些外部的环境因素对企业的影响程度是不同的。与企业联系最紧密、对企业影响最大的是企业的微观环境。一般而言，企业的微观环境是指与企业经营息息相关的产业环境以及企业组织内部环境，包括：供应商、营销中间商、顾客、竞争者以及企业的其他利益相关者。在企业微观环境的外部，还存在更大的，会对整个产业环境产生影响的宏观环境。宏观环境一般包括人口、自然资源、经济、政治法律、社会文化和科学技术等因素，通常，这类因素对企业的经营和营销活动产生间接的潜在的作用和影响，有时候也会对企业甚至整个行业产生直接的致命的影响。企业的宏观环境和微观环境共同构成了企业赖以生存的外部环境，它们的关系如图 3-1 所示。

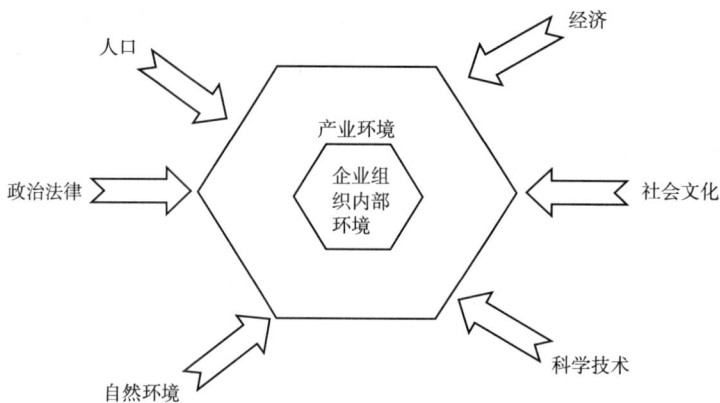

图 3-1　企业外部环境

由于宏观环境不仅会对企业生产经营和营销活动产生影响，而且会影响到企业所在的整个产业，我们可以更详细地将这种关系表示出来（图 3-2）。

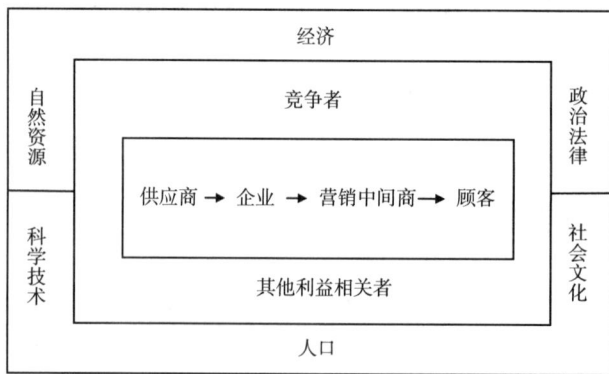

图 3-2　宏观环境与微观环境对企业的影响

二、企业营销环境的特征

企业的营销环境是一个多因素、多层次，并且不断发生变化的复杂综合体，它们具有如下的特征：

1. 客观性

企业所面临的外部环境是客观存在的，不以任何人和组织的意志为转移的，其对企业营销活动的影响具有强制性和不可控性。一方面表现在任何企业都无法摆脱环境对其营销活动的影响，也不能脱离环境在真空中存在。另一方面，企业是无法控制环境的，更无法让环境按照自己的意愿和要求去发展和变化。可以说，外部环境是制约企业营销活动的因素，而营销活动也只有依赖这些环境才可以顺利进行。因此，企业只有主动去适应环境，积极利用环境提供的机会，趋利避害。

2. 差异性

企业营销环境的差异性体现在，不同国家和地区企业所面临的外部环境不同，不同时间阶段所面临的外部环境也不尽相同，并且同样的环境对于不同的企业产生的影响不同。也就是说，环境的变化对于有些企业来说是有利的，而对于另外一些企业来说可能就是不利的。存在这种差异性的原因是因为每个企业都有不同的发展历程、不同的文化、不同的资源优势和所长。因此，企业管理者只有认真的分析和认识环境，善于利用环境，才能更好地发挥自身优势让环境为己所用。

3. 多变性

企业的外部市场营销环境是一个多变的系统。这种多变性一方面体现在组成企业市场营销外部环境诸因素本身的变化，另一方面体现在诸因素之间相互作用的变化，以及对企业营销活动影响程度主次的变化。虽然，这种多变性对企业营销活动来说有利有弊，但是，只要企业善于分析和识别环境的变化，就可以适时地根据环境的变化调整企业营销战略，从而在竞争中立于不败之地。

4. 相关性

市场营销环境不是由某一个单一的因素决定的，而是受一系列相关因素的影响。这些因素之间相互影响相互制约，某一个因素的变化会引起一系列的其他因素的变化，从而形成一个新的市场环境。

5. 复杂性

市场营销环境总是处在不断地变化过程中的。一方面，不同的环境要素变化的速度不同，另一方面，营销环境要素的变化经常是系列连锁反应。这些要素综合起来，使得环境的不确定性成积数倍增加。同时，各环境因素之间常常会存在矛盾，理清这些因素之间的关系以及它们对企业如何影响和影响的程度将是企业市场营销活动成功与否的关键。

第二节 宏观营销环境

宏观市场营销环境是指企业不可控制的、并能给企业的营销活动带来市场机会和环境威胁的主要社会力量，包括人口环境、经济环境、自然资源环境、科学技术环境、政治法律环境以及社会文化环境，如图3-3所示。企业及其微观市场营销环境的参与者，无不处于宏观市场营销环境中。

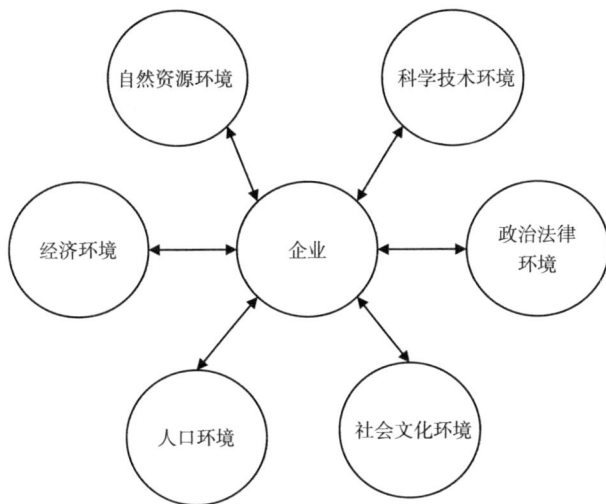

图 3-3　宏观营销环境

一、人口环境

市场是由有购买欲望和支付能力的人构成的，人口的多少直接影响市场的潜在容量。人口的统计特征是企业市场营销环境当中的一个重要因素，它包括：人口总量、人口密度、年龄结构、地理分布、家庭组成、人口性别等。

（一）人口总量

一个国家或者地区的人口总量有多少，是衡量市场潜在容量的重要因素。在收入水平和购买力大体相同的条件下，人口数量的多少直接决定了市场规模和市场发展的空间，人口数量与市场规模成正比。比如，中国人口众多使中国市场成为世界上最有潜力的市场之一。

（二）人口密度

人口密度是单位面积土地上居住的人口数。它是表示世界各地人口的密集程度的指标。通常以每平方千米或每公顷内的常住人口为计算单位。人口密度与企业的市场营销活动有着密不可分的关系。人群密集代表市场密度大，市场上的各种机会也相对更多。例如，商业巨头万达集团的选址是严格根据中国人口密度分布来进行的。

不同的人口密度，企业营销活动的内容和方式也存在着巨大的差异。以中国为例，一项调查研究显示，经济越发达的地区，人口密度越大，这会给市场营销带来如下需要考虑的问题：人口密度的不同会使各地区的营销费用（如覆盖每千人的广告费用、运输费用、商店的销售半径）差异极大。企业在选择目标市场、确定销售目标、分配营销预算、设立生产与配送中心以及设计分销渠道时需要将此考虑其中。人口密度的差异也会对消费者的消费观念产生重要影响，特别是在一些与人口密度紧密相关的产品上，例如，人口密度高的地区的消费者会偏好节能、节省资源和空间的产品。

（三）年龄结构

年龄结构指一定时点、一定地区各年龄组人口在全体人口中的比重，又称人口年龄构成。通常用百分比表示。人口年龄结构是过去几十年甚至上百年自然增长和人口迁移变动综合作用的结果，又是今后人口变动的基础和起点。

人口年龄结构是企业分析市场环境的主要内容之一。不同年龄层次的消费者的生理和心理特征、经历、收入水平等状况不同，因而有着不同的消费需要、兴趣爱好及消费模式。企业了解不同年龄结构所具有的需求特点，就可以合理地细分消费市场，选择企业的目标市场。

延伸阅读

购房者具有明显的年龄结构特征

每个个体在其生命周期中，都会经历一些重要的生活事件：20岁左右工作；25～35岁结婚、买房；40～50岁进入事业高峰期，收入和储蓄增加；60岁后退休。各年龄段人口数量的变化都将对购房需求带来影响。

中国指数研究院的调查结果如图3-4所示，25～34岁的年轻人是第一大购房群体，占购房总人数的49.5%；35～44岁的中年人是第二大购房群体，占购房者总数的24.5%。这两个年龄段的购房者占据了总购房人数的3/4，

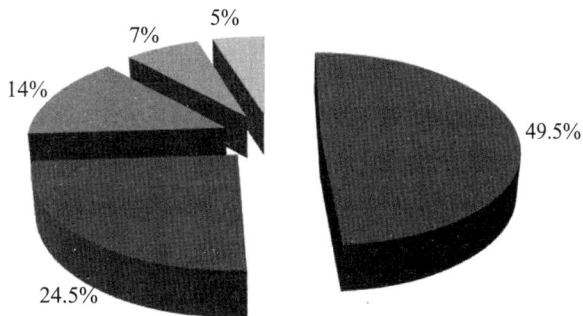

图3-4　各年龄段购房比例

成为影响房地产市场需求的主力军。

25～34岁年龄段的购房者处于结婚年龄，大都属于第一次置业，主要满足居住需要，需求弹性相对较小，具有购房能力者对房价不敏感；35～44岁年龄段的购房者主要是改善住房需求，大都属于第二次及以上置业，需求弹性相对较大，具有购房能力者对房价较为敏感，具备一定的投机性。

（资料来源：购房者具有明显的年龄结构特征.360个人图书馆.http://www.360doc.com/content/14/1024/00/202378_419357390.shtml.）

（四）地理分布

人口的地理分布关系到市场需求的异同。由于各地域的自然条件、经济发展水平、市场开发程度以及社会文化传统和社会经济与人口政策等因素的不同，不同区域的人口具有不同的需求特点和消费习惯。企业只有抓住不同地域市场的消费偏好，才能比竞争对手更有效地满足消费者的需求。

📖 延伸阅读

肯德基的成功——为中国人度身做食品

总结肯德基在中国的15年发展史，罗维克认为制胜的武器是本土化。

罗维克眼中的本土化首先表现在"开发具有中国口味的快餐品种"。肯德基为此专门成立了"肯德基中国健康食品咨询委员会"，聘请了10位国内相关领域的学者和专家作为咨询顾问，长期为肯德基提供营养、健康方面的专业支持。一年来，肯德基与委员会专家们举办了多次研讨，提出了许多有价值的新设想和产品开发方向，研发多款新产品。

在肯德基为中国消费者度身定制的多款产品中，"盐酥半翅"是在新鲜鸡翅中加入八角、桂皮、芝麻油等中华传统调料，深得消费者好评；中式风味的"摇摇薯条"可谓中西合璧；"劲爆鸡米花"为消费者带来一份新的休闲选择；根据中国人"均衡饮食"的用餐习惯推出了"芙蓉鲜蔬汤"；"肯德基外带全家餐"在北京先期推广，两个月即卖出40万盒，迅速赢得消费者青睐。

本土化还表现在肯德基在中国的餐厅员工100%本地化。罗维克认为，这3万名中国员工其实是肯德基在中国拥有的最大财富。正是肯德基以其独家功夫以及在口味和员工的本地化上所做的积极努力，使其赢得了广大中国消费者的青睐。

（资料来源：肯德基的成功——为中国人度身做食品.中国食品新闻网.http://www.tech-food.com/news/detail/n0006105.htm.）

（五）家庭组成

家庭是商品采购和消费的基本单位。家庭状况的差异会影响消费者的消费模式和偏好。人口的家庭状况主要包括家庭结构和家庭生命周期。家庭人口结构指住户家庭成员的关系网络。由于性别、辈分、姻亲关系等不同，可分为单身户、夫妻户、核心户、主干户、联合户及其他户。核心户是指一对夫妻和其未婚子女所组成的家庭；主干户是指一对夫妻和其一对已婚子女所组成的家庭；联合户是指一对夫妻和其多对已婚子女所组成的家庭。

家庭生命周期是反映一个家庭从形成到解体呈现周期性的过程。一般而言消费者的家庭状况，因为年龄、婚姻状况、子女状况的不同，可以划分为不同的生命周期，在生命周期的不同阶段，消费者的行为呈现出不同的特性。具体如下：

（1）单身阶段。指年轻人尚未成家，没有与父母居住。处于单身阶段的消费者一般比较年轻，几乎没有经济负担，消费观念紧跟潮流，注重娱乐产品和基本生活必需品的消费。

（2）新婚夫妇。指刚成家，没有与父母居住，并没有生育孩子的年轻人。经济状况较好，具有比较大的需求量和比较强的购买力，耐用消费品的购买量高于处于家庭生命周期其他阶段的消费者。

（3）满巢期（Ⅰ）。指最小的孩子在6岁以下的家庭。处于这一阶段的消费者往往需要购买住房和大量的生活必需品，常常感到购买力不足，对新产品感兴趣并且倾向于购买有广告的产品。

（4）满巢期（Ⅱ）。指最小的孩子在6岁以上的家庭。处于这一阶段的消费者一般经济状况较好但消费慎重，已经形成比较稳定的购买习惯，极少受广告的影响，倾向于购买大规格包装的产品。

（5）满巢期（Ⅲ）。指夫妇已经上了年纪但是有未成年的子女需要抚养的家庭。处于这一阶段的消费者经济状况尚可，消费习惯稳定，可能购买富余的耐用消费品。

（6）空巢期（Ⅰ）。指子女已经成年并且独立生活，但是家长还在工作的家庭。处于这一阶段的消费者经济状况最好，可能购买娱乐品和奢侈品，对新产品不感兴趣，也很少受到广告的影响。

（7）空巢期（Ⅱ）。指子女独立生活，家长退休的家庭。处于这一阶段的消费者收入大幅度减少，消费更趋谨慎，倾向于购买有益健康的产品。

（8）鳏寡就业期。尚有收入，但是经济状况不好，消费量减少，集中于生活必需品的消费。

（9）鳏寡退休期。收入很少，消费量很小，主要需要医疗产品。

（六）人口性别

人口性别的差异会影响消费者的购买行为和消费习惯。如女性经常购买的物品有：家居生活用品、服装、食品等，男性则经常购买大件耐用品。女性购买商品时，精挑细选，货比三家，经常冲动消费；而男性购买商品时则是按需购买，选定即买。因此，针对不同性别的消费者，企业要设计不同的营销组合，以满足不同消费者的需求。

海澜之家：洞察冲突带来长久竞争力

在行业整体呈现低迷的状况时，仍然能够实现逆势增长的品牌，一般来说是真正抓住了消费者的主要冲突，符合消费者生活方式变化的。

就在整个本土服装行业闷气沉沉时，海澜之家却持续逆势增长，连续几年取得销售额和利润大增的成绩。2014年海澜之家披露的年报显示，2012—2014年海澜之家的净利润分别为：8.5亿元、13.5亿元、23.7亿元。

改革开放以来快速发展的几十年，每个消费者的当下都有可能是阶段性的状态。同样，"时尚"、"自我"等诉求，也只代表了一代消费者在那个环境下启蒙的追求，真正的时尚和自我是发自内心而不是外界的口号。风尚化的品牌行为能够迎来一波快速的发展，但是如果转型不够及时，在消费者意识进一步解放，国际品牌入侵时，将会面临尴尬的天花板。

因此，本着做战略性品牌的初衷，海澜之家走了一条在今天叫做"小而美"的道路。去洞察男性消费者的本质消费行为和消费冲突，以迎合消费者的需求获得品牌长期的发展。在休闲品牌拼时尚、自我，男装品牌拼技术、品位时，海澜之家却走了一条完全不同的路，抓住男性消费者的生活方式：男人的衣柜。

无论是消费行为，还是生活习惯，男性消费者和女性消费者都是有本质区别的。在我们看来，时尚化的品牌诉求其实更加符合女性消费者的需求，因为观念影响，中国男女消费者在"打扮"上属于完全不同的层次，女性消费者对这方面的重视程度远超过男性。因此，在第一波浪潮爆发时期，男士的审美事实上是被绑架的。在服装领域，女性消费者拥有绝对的话语权优势。

这不是常态。男性消费冲突会随着意识觉醒逐渐清晰起来，这其中包含三个层面的消费行为冲突：性别动机上，男性对服装的需求和女性是不同的，男性服装的细分场合比女性少很多；消费思维上，男性消费者本质上应该更加理性；生活方式上，消费者对"自我"的追求将逐渐从品牌口号转变为消费方式。

在洞察到这些冲突，并结合海澜之家当时的实际情况得出这样的结论：一站式的男性服装购物终端定位更加适合海澜之家的品牌发展和未来消费者的需求，也就是前文所说的"男人的衣柜"。

（资料来源：海澜之家：洞察冲突带来长久竞争力．叶茂中营销策划．http://www.yemaozhong.com/zuixinzixun/2015_0805/820.html）

二、经济环境

经济环境是指构成企业生存和发展的社会经济状况和国家经济政策，是影响消费者购买能力和支出模式的因素，它包括个人的收支信贷状况以及地域的经济发展状况。

1.收入

收入是指某一个体，包括个人或者企业在销售商品、提供劳务及转让资产使用权等日常活动中所形成的经济利益的总流入，通常包括商品或劳务的销售收入、利息收入、使用费收入、股利收入等。消费者的购买能力来自于消费者的收入，而这部分收入只有是消费者自己可支配的，才能用来购买。这里还有两个概念需要介绍。

（1）可支配收入。居民可支配收入是居民家庭在调查期获得并且可以用来自由支配的收入。可支配收入就是拿到手的收入。即工资收入中扣除基本养老保险、基本医疗保险、失业保险、公积金、个人所得税等剩下的那部分。一般来说，居民会用这部分收入满足衣食住行需要。

（2）可自由支配收入。可自由支配收入是指居民在一定时期内的全部收入，在扣除社会花费（个人所得税、健康和人寿保险、老年退休的预支、失业补贴的预支等），和日常生活必需消费（衣、食、住、行等）以及预防意外开支的储蓄（突发事故所需费用）之后，剩下的收入部分。一般来说，居民会用这部分收入满足精神需要和投资等。

2.支出

支出主要指消费者的支出模式和消费结构。消费结构是指消费者在各种消费支出中的比例关系。它分为微观消费结构和宏观消费结构。微观消费结构是指单个消费者或家庭的消费结构；宏观消费结构是指一个国家或全社会的消费结构。消费结构与国家的经济发展水平、收入水平及产业结构具有密切关系。

常用的支出结构衡量标准是恩格尔系数。恩格尔系数（Engel's coefficient）是用 19 世纪德国统计学家恩格尔的名字命名的，指食品支出总额占个人消费支出总额的比重。根据恩格尔定律，一般而言消费结构的变化有如下规律：

（1）随着家庭收入的增加，用于购买食品的支出占家庭收入的比重将下降。

（2）随着家庭收入的增加，用于住房和家庭生活的开支（服装、食品、能源除外）占家庭收入的比重大致不变。

（3）随着家庭收入的增加，用于发展性和娱乐性的支出以及保健、储蓄和投资占家庭收入的比重上升。

联合国根据恩格尔系数确定了一个划分贫国与富国的标准：

恩格尔系数＞59%，贫困；

恩格尔系数在 50%～59%，温饱；

恩格尔系数在 40%～49%，小康；

恩格尔系数在 30% ~ 39%，富裕；

恩格尔系数 < 30%，最富裕。

3. 储蓄和信贷

消费者的购买能力还受到储蓄和信贷的直接影响。消费者会将没有花完的收入以各种形式储蓄起来，这属于一种推迟了的、潜在的购买能力。储蓄的形式一般有两种：银行存款和购买有价证券。在收入一定的情况下，消费者的储蓄额度越多，现实消费量就越小，潜在消费量就越大。反之，储蓄额度越小，现实消费量就越大，潜在消费量就越小。消费者储蓄的目的不同，其潜在需求量、消费模式和内容以及消费方向都是不同的。营销人员只有在进行调查了解的基础上，才能有效地制定营销策略，更好地为消费者提供产品和服务。

与储蓄相对的，信贷也会对消费者的购买力产生影响。信贷是体现一定经济关系的不同所有者之间的借贷行为，是以偿还为条件的价值运动特殊形式，是债权人贷出货币，债务人按期偿还并支付一定利息的信用活动。信贷允许人们购买超过自己现实购买力的商品，从而创造出了更多的需求。一般而言，信贷的条件越宽松，代价越小，信贷刺激消费的作用就越明显。

4. 经济发展阶段

一个地区的经济发展阶段，决定了这一地区总体的消费水平和购买力水平。处于不同经济发展阶段的地区，其生产活动和社会发展的主要任务不同，消费的重心也不同。根据美国经济学家罗斯托的经济成长阶段理论，可以从时间进展来分析经济成长。

罗斯托认为，人类社会发展共分为六个经济成长阶段：一是传统社会，其特征是不存在现代科学技术，生产主要依靠手工劳动，农业居于首要地位，消费水平很低，存在等级制，家庭和氏族起着重要作用。二是为起飞创造前提的阶段，即从传统社会向起飞阶段过渡的时期，在这一时期，世界市场的扩大成为经济成长的推动力。三是起飞阶段。根据罗斯托的解释，起飞就是突破经济的传统停滞状态。实现起飞需要三个条件：

（1）较高的积累率，即积累占国民收入的 10% 以上。

（2）要有起飞的主导部门。

（3）建立能保证起飞的制度，例如建立使私有财产有保障的制度；建立能代替私人资本进行巨额投资的政府机构等。

罗斯托认为，一国只要具备了上述三个条件，经济就可实现起飞，一旦起飞，经济也就可以自动持续增长了。四是成熟阶段。这是起飞阶段之后的一个相当长的、虽有波动但仍持续增长的时期。其特点是，现代技术已被推广到各个经济领域；工业将朝着多样化发展，新的主导部门逐渐代替起飞阶段的旧的主导部门。五是高额群众消费阶段。这是一个高度发达的工业社会。六是追求生活质量阶段。一般而言，处于前三个发展阶段的国家被称为发展中国家，处于后三个阶段的国家被称为发达国家。

5. 经济形势

经济形势是指国家宏观经济的运行状况和走向。市场上的经济环境对企业市场营销活动有着重要的影响。经济环境作为企业发展的根基和消费者购买能力和购买偏好的先决条件，是营销者必须注意到的因素。正确的分析经济形势有助于企业降低投资经营风险，制定更适合当地市场特点的营销组合策略。因此，企业需要密切关注区域经济指标的变化，把握经济变化趋势。

三、自然资源环境

自然环境是指能够影响社会生产过程的自然因素，包括自然资源、企业所处的地理位置、生态环境等。企业生产经营所需要的各种原材料和能源，如水、石油、天然气、矿石等都是自然资源。自然资源对企业的日常经营以及市场营销活动有着重要的影响，自然资源的种类、数量、质量、分布情况、地域组合以及相关自然条件，不仅直接制约产品的开发方向、品种、质量、生产规模、保证程度，以及劳动生产率、生产成本与经济效益，而且从原材料供应的角度来看，资源的缺乏还将影响后续行业的产品开发。

现代工业的发展，对自然环境造成了不可避免的破坏。环境的日益恶化以及政府对环境保护管理监管的加强都会对市场上消费者需求偏好产生引导，如对绿色环保产品、低碳理念产品的需求加强等。

延伸阅读

阳澄湖大闸蟹给当地渔民带来的致富之路

阳澄湖大闸蟹，名金爪蟹，产于阳澄湖。蟹身不沾泥，俗称清水大蟹，体大膘肥，青壳白肚，金爪黄毛。肉质膏腻，十肢矫健，置于玻璃板上能迅速爬行。煮熟凝结，雌者成金黄色，雄者如白玉状，滋味鲜美。

阳澄湖得天独厚的自然条件造就了大闸蟹的独有特征：青背、白肚、金爪、黄毛。因此，是阳澄湖这一特定的生态环境和湖水中特定理化因子，成就了"蟹中之王"。阳澄湖水域方圆百里，水质清纯如镜，活水性好，透明度高。含钙、镁、硅、铝，氧比值高，正是螃蟹定居生长最理想的水晶宫，这是其一。二是水浅底硬，湖底底质好，硬地占 65% 以上，表层多数呈板块状的粉沙和沙质泥。三是气候得宜，水草特别茂盛，它既是蟹爬行的阶梯，又可做食料。四是天然饲料丰富，生物量大，大闸蟹总是寻找水质清晰，阳光透彻，水草茂盛的水域栖息、生活。

阳澄湖大闸蟹作为一种文化现象，也逐渐进入人们的社会生活。男女老少无不喜爱。如今，阳澄湖大闸蟹消费已经成为最强大的新势力之一。在阳澄湖大闸蟹还没出水时，其蟹券就已经在市场上流通，中秋国庆期间，蟹券在礼品经济中已经成为最时尚的产品。大闸蟹专柜在大型超市例如百佳、吉之岛、华润万家、家乐福等全部都在显眼的位置设置，价格最便宜的30元最贵的300元不等。近年来阳澄湖大闸蟹变得越来越受欢迎，销售愈见火爆，销售业绩也是不断提升，并逐渐形成了自己独特的阳澄湖大闸蟹品牌，在全国各地拥有数百家连锁店。因此，阳澄湖大闸蟹使当地渔民走上了致富之路。

（根据百度百科相关资料改编。http://baike.baidu.com/link？url=qWwA9 dmvfTWiqiCmLy24JQ23YD7Mi2svnmy46a_0iOFGeEii7jlKOG−dhc9mvExtUJB3OD0ao VRJWEl7zD0IA_）

四、科学技术环境

科学技术是第一生产力，科技的发展对社会经济的发展有巨大的推动作用。科学技术是科学和技术的合称，是指人类在长期实践活动中所积累的经验、知识和技能的总和。新技术的革命一方面可能会给市场营销带来机会，例如新技术的应用会带来新的市场需求，有广阔的市场前景。另一方面，也可能会给企业带来威胁，新兴行业会排挤和替代传统行业，例如数码音像产品替代传统的录音机和磁带。

科技的发展，新技术的应用不仅会影响消费者的生活习惯，甚至会改变消费者的购物模式。这将对传统的产品、定价、促销、分销模式带来巨大的冲击。例如随着网络应用在消费者生活中的深入，人们由传统的购物模式转向以网络购物为主；随着3G、4G网络时代的到来，微信等社交工具和各种与人们衣食住行息息相关的APP软件的广泛应用，使得人们的消费模式产生了巨大的改变。

延伸阅读

科技改变生活

科技拥有彻底改变人们生活方式的潜力。移动应用正在改变人们的购物行为，在美国移动商务在整个电商市场中的份额已达20%。纳滤技术甚至在改变人们饮用水的方式。谷歌眼镜等产品也使得我们与互联网前所未有地靠近。

1. 谷歌眼镜

谷歌眼镜将使得我们成为半机械人。谷歌眼镜是当下最令人兴奋的产品之一，原因正是其应用潜力巨大。它将使得我们能够更深层地感受日常活动，提升我们与周围环境的交互。我们与互联网的连接性将达到前所未有的程度，我们将能够用谷歌眼镜浏览各种有用信息，如短信、新闻评论、推文和导航信息。有了谷歌眼镜，我们还能够记录周围的点点滴滴，并将记录的东西存储在云端，从而可以保证自己不会遗忘生活中的珍贵时光。

2. 穿戴式健身追踪器

穿戴式健身追踪器使得人们成了保养迷。随着耐克FuelBand、Fitbit、ZEO等应用与服务的出现，人们日常生活中产生的数据变得越来越多。这些设备可帮助追踪所燃烧的卡路里和计步，甚至能够跟踪我们的睡眠质量。这些设备都是"量化自我"运动的一部分，该运动旨在通过人们的各种数据，告知他们有关自身身体和生理状况并不明显的信息。

3.3D 打印

3D 打印正在重塑商品制造的方式，同时也在推动创新。3D 打印使得制造业更加靠近普通大众的生活，甚至助推医疗行业的重大突破。就在本月，一台 3D 打印机制造出有史以来最小的人类肝脏。3D 打印机旨在制作出一件件的立体物品。这些设备正开始进入人们的家庭。致力于生产价格实惠的 3D 打印机的公司包括 MakerBot、Printrbot和 Shapeways。3D 打印机的出现，甚至催生了 3D 打印物品交易市场。它让我们有了全新的生产和消费产品的方式。

（资料来源：科技改变生活的 10 大典型案例．至顶网．http://cio.zdnet.com.cn/cio/2013/0502/2157609.shtml.）

五、政治法律环境

政治法律环境是指对企业经营活动具有现存和潜在作用与影响的政治力量，同时也包括对企业经营活动加以限制和要求的法律、法规等。

1. 政治环境

企业的外部政治形势状况，如政治局势、国际关系，以及国家政策方针的变化都会对市场营销活动带来影响。

（1）政治局势。政治局势是指企业营销所处的国家或者地区的政治稳定状况。一个国家如果政局稳定，生产发展，人民安居乐业，就可以为企业市场营销活动创造良好的环境。相反，如果社会动荡，政局不稳，不仅会影响经济发展和人民的购买力，而且会对企业的营销心理产生重大影响。特别是在对外营销活动中，要考虑投资国政局变动和社会稳定状况可能造成的影响，否则会给企业带来巨大的投资风险。

（2）国际关系。国际关系是指国家之间的政治、经济、文化、军事等关系。人类社会发展进步到一定阶段，必然会与其他国家进行国际经济合作以及开展国际贸易，开展国际市场营销的企业更是如此。而国与国之间的国际关系，通常会对企业的市场营销产生制约或者促进作用。如两国之间的友好往来，会使国际营销企业在进驻国得到更多的优惠政策；如果两国之间的外交处于冰冻状态，入驻国可能会出台系列贸易制裁或者壁垒，甚至当地的民众也会有很高的反对情绪，这对进行国际市场营销的企业是非常不利的。

（3）方针政策。每个国家在不同时期都会根据自己的发展需要制定一些经济政策和经济发展方针，这些方针政策对不论是国内企业还是外国企业都会产生直接或者间接影响。如企业必须按照国家的规定来生产和经营国家允许的产品，这是对企业的直接影响。如果国家通过征收个人收入调节税来调节消费者收入，通过影响消费者购买力来影响消费者的需求，这就是通过方针、政策对企业营销活动产生间接影响。

2. 法律法规环境

法律是体现统治阶级意志，由国家制定或认可，并以国家强制力保证实施的行为规范的总和。法律泛指一切规范性文件，法规则主要指行政法规、地方性法规、民族自治法规及经济特区法规等。对于企业来说，法律法规是判断企业营销活动的准则，企业只有依法进行各种营销活动，才能受到法律保护。所以，企业开展市场营销活动必须要了解并遵守国家或政府颁布的有关经营、贸易、投资方面的法律法规。特别是从事国际市场营销的企业，不仅要遵守本国的法律法规，还需要了解和遵循市场国的法律制度与有关的国际法规、国际惯例以及准则。比如，产品由于其物理和化学特性涉及消费者的安全问题，各个国家都会对不同行业制定一些关于产品质量、纯度、安全性等的详细甚至苛刻的规定。各国法律对商标、广告、标签等也会有自己特别的规定，如加拿大的产品标签要求用英、法两种文字标明；法国要求使用法文商品标签。广告方面，许多国家对广告播放时间和内容有限制，如许多国家不允许做烟草和酒类广告等。还有一些国家会对企业的规模以及最高市场占有率有要求。如果企业不了解这些特殊的法律规定，其市场营销活动很难开展。

六、社会文化环境

社会文化环境是指企业所处的社会结构、社会风俗和习惯、信仰和价值观念、行为规范、生活方式、文化传统等因素的形成和变动。社会文化环境是影响企业营销诸多变量中最复杂、最深刻、最重要的变量。社会文化是某一特定人类社会在其长期发展历史过程中形成的，它主要由特定的价值观念、行为方式、伦理道德规范、审美观念、宗教信仰及风俗习惯等内容构成，它影响和制约着人们的消费观念、需求欲望及特点、购买行为和生活方式，对企业营销行为产生直接影响。一般而言，社会文化环境有两个组成部分：一是全体社会成员所共有的基本核心文化；二是随时间变化和外界因素影响而容易改变的社会次文化或亚文化。

社会文化因素通过影响消费者的思想和行为来影响企业的市场营销活动，因此企业在进行市场营销活动时需要对一些重要的社会文化因素进行调查研究，才能做出较为合适的营销策略。这里主要分析以下几个方面：

1. 教育水平

教育水平是指消费者受教育的程度。个人的受教育水平不仅会影响个人的收入水平、对商品的鉴赏能力、对广告宣传的理解，而且会影响到消费者心理和消费结构。同样，一个地区的教育水平与经济发展水平也是一致的，其表现出来的审美观以及对商品的购买和选择方式也不同。这都会影响产品营销组合策略的制定。例如，不同教育水平的消费者对产品在特性方面会有不同要求，高教育水平的消费者可能需要功能多、品质好的产品，而低教育水平的消费者可能只需要产品具备一些基本功能；产品说明书的内容和形式也会存在一定的差异；同样，在可接受的广告内容和定位上二者也存在差异：后者更接受热闹、易记的广告，前者更倾向于有创意和内涵的广告。

2. 文化传统

文化传统是一个国家或地区在较长历史时期内所形成的一种社会习惯。文化环境对企业的影响是间接、潜在和持久的。一般来说，文化的基本要素包括哲学、宗教信仰、风俗习惯、语言文字、文学艺术等，它们共同构成文化系统，对企业文化有重大的影响。这里重点介绍其中对企业市场营销影响较大的几个因素。

（1）语言文字。语言文字是文化的具体表现，是社会现实生活的反映，它对企业职工的心理、人生观、价值观、性格、道德及审美观点的影响和导向作用不容忽视。不同国家、不同民族有自己不同的用语习惯和语言文字，相同的语言文字也可能表达的是不同的语意。语言环境对市场营销策略的影响最直接的就是产品的命名。尤其是一些进行跨国市场营销的企业，特别要注意自己的产品命名不能与销售地区的语言习惯相悖。比如汽车中的（Benze）一开始翻译成了"笨死"，香港又叫"平治"，直到找到"奔驰"这个贴切的译名，才开始在中国大地奔驰如飞。

📖 延伸阅读

可口可乐名称的翻译

有史以来，全球最流行的三个词是上帝、她和可口可乐。在20世纪20年代可口可乐公司初入中国的时候，Coca-Cola被翻译成了"蝌蝌啃蜡"，中国老百姓一看这名字，纷纷猜测这带着一股中药味的黑糊糊的冒泡汽水似乎跟蝌蚪有什么"不解之缘"，于是谁都不想当那个"第一个吃蝌蚪的人"。可口可乐高层眼看着中国市场打不开，就指派负责海外业务的出口公司，公开登报悬赏350英磅征求中文译名。当时身在英国的一位上海教授蒋彝看到这则消息后，以"可口可乐"四个字击败其他对手，拿走了奖金。

这"神来之笔"为可口可乐打开了中国商业之门。"可口可乐"这四个字一直被认为是中国翻译得最好的品牌名，不但保持了英文的音译，还有中文"吉祥快乐"的寓意。这四个字生动地暗示出了产品给消费者带来的感受——好喝、清爽、快乐——可口亦可乐，让消费者胃口大开，"挡不住的感觉"油然而生。

（资料来源：取个好名字真的很重要！可口可乐是如何打开中国市场的．国际在线．http://gb.cri.cn/42291/2013/07/29/5931s4197968.htm.）

（2）宗教信仰。宗教作为文化的一个侧面，在长期发展过程中与传统文化有着密切联系。不同的宗教信仰有着不同的文化倾向和戒律，进而影响人们认识事物的方式、价值观念和行为准则，从而影响消费行为。不同的宗教禁忌不同。一些信仰和禁忌会引导教徒的消费行为。因此，企业应了解不同地区、民族和消费者的宗教信仰，生产和销售适应其要求的产品，制定符合其特点的营销策略，否则，触犯了宗教的禁忌就会失去市场机会。

（3）风俗习惯。风俗习惯指个人或集体的传统风尚、礼节、习性，是特定社会文化区域内历代人们共同遵守的行为模式或规范。主要包括民族风俗、节日习俗、传统礼仪等等。风俗对社会成员有一种非常强烈的行为制约作用，是社会道德与法律的基础，不同国家、不同民族有不同的风俗习惯，它对消费者的消费偏好、消费模式和行为有重要影响。

3. 价值观念

价值观念是人们对社会生活中各种事物的态度、评价和看法。不同文化背景下的人们价值观的差别很大，受此影响，消费者对商品的需求和购买行为也不同。企业营销人员应该在充分市场调研的基础上，根据不同地区消费者的价值观特点，制定相应的营销策略。

第三节　微观营销环境

企业的微观环境既受到宏观环境的限制，又与宏观环境一起影响着企业的市场营销活动，并且与企业营销形成了协作、竞争、服务、监督的关系。微观营销环境指直接制约和影响企业营销活动的力量和因素，包括与企业有双向运作关系的个体、集团和组织，如企业内部营销部门之外的其他部门和企业外部的其他利益相关者、供应商、营销中间商、顾客和竞争者。

一、企业的内部环境

企业的营销活动是企业经营中的重要内容，它的成功与否与企业内部营销部门和其他部门的相互配合、协调、支持有着很大关系。它们的直接关系如图3-5所示。

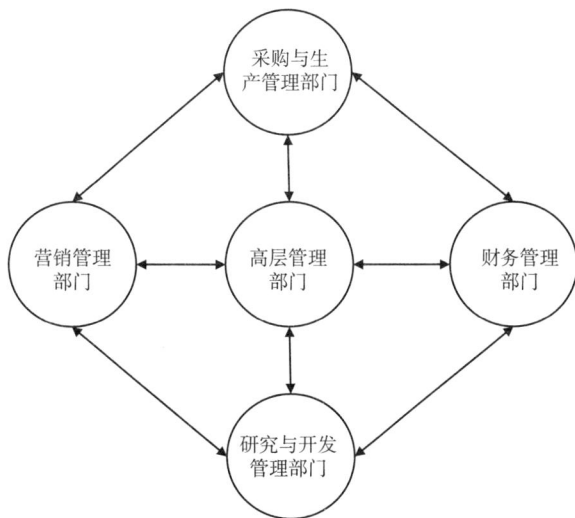

图 3-5　企业的内部环境

1.高层管理部门

企业市场营销的各项活动，需要各个部门的支持与协助。虽然企业是一个有机的整体，但是由于资源的有限性，各个部门之间常常会因为资源的争夺出现一些冲突，这就需要企业的高层人员进行合理的计划和分配，营销部门所制定的计划也必须在高层管理部门的批准和推动下实施。同时，高层管理人员还负责确定企业的任务、目标、方针政策和发展战略，营销部门在高层管理部门规定的职责范围内做出营销决策，市场营销的目标从属于企业总目标，并为总目标服务。对于企业高层管理能力以及企业管理机制的评价，可以通过回答以下问题完成：

（1）最高层管理人员是由什么人或者群体构成？他们的知识结构、年龄结构如何？

（2）最高层管理的管理风格是什么？呈现出什么样的管理模式（民主还是专制）？

（3）最高层管理中占统治地位的体系是什么？

（4）在涉及完成计划、降低成本和提高质量等指标的实施和控制方面，中层管理人员和基层管理人员的素质如何？

（5）现有的组织结构是什么类型？责权关系是否明确？

（6）现有组织结构在实现企业目标的工作中是否有效并且是高效率的？

2.采购与生产管理部门

采购部门负责与生产相关的原材料和部件的采购，采购部门的采购活动对生产计划以及生产的及时性有着直接的影响，同时，原材料的价格是产品成本的重要组成部分。对于采购部门采购的质量和及时性的评价通过回答以下问题完成：

（1）采购部门是否有严格的采购流程？

（2）采购原材料和相关部件的质量如何？

（3）采购活动是否及时？

生产部门承担着配置生产要素、匹配生产能力和人力与物力，以及产品生产的任务。如果没有好的产品，营销前线的人员即使再优秀也无法将产品售出。同时，营销计划的实施也需要生产部门的充分支持。对于企业生产能力和设备状况的评价可以通过回答以下问题完成：

（1）生产设备的数量是否充足？构成怎样？自动化程度如何？有无过剩的能力和扩充的可能？效率如何？

（2）所有生产设置（包括厂房面积等）是否有效率？是否充足？有无扩充的余地？

3. 财务管理部门

企业的各项营销活动都需要相应的财务支持。财务部门为每一项活动做收支预算，这样才能确保所有活动都是为了产出而合理规划的。一般而言，对企业财务能力的评价可以通过回答以下问题完成：

（1）利润来源的分布如何？有无提高投资收益率的规划？

（2）有没有筹措短期资金和长期资金的能力？渠道如何？

（3）是否具备一个严密的现金管理系统？

（4）是否建立了有效的成本控制系统？

（5）是否有一个高效和适宜的成本核算系统？

4. 研究与开发管理部门

市场人员获取的市场需求信息、新产品开发以及消费者对产品在功能、外观等方面的要求能否实现，都有赖于研究与开发部门的努力。对于企业研究与开发能力的评价可以通过回答以下问题完成：

（1）各类研究与开发人员的数量、构成、知识结构如何？

（2）科研人员的能力如何？是否开发过新产品？

（3）研究试验设备的数量、构成及装备程度如何？

（4）研究经费是否充足？能否满足市场不断变化的需要？

（5）研究与开发的组织管理能力如何？

5. 营销管理部门

除了以上介绍的企业其他部门的辅助之外，企业营销部门自身具备较强的实力才能顺利完成营销相关的各项工作。对营销部门的能力评价可通过回答以下问题完成。

（1）企业的营销人员是否充足？素质如何？能否有效开展营销工作？

（2）企业搜集市场信息的能力如何？能否对顾客的需求有充分的了解？

（3）企业是否具备开拓新市场的能力？

（4）本企业能否为顾客提供满意的售前售后服务？

二、行业环境

企业的行业环境是与企业经营和市场营销活动息息相关的，对其具有直接影响的企业外部环境的各个主体，包括：供应商、营销中间商、顾客、竞争者以及企业的其他利益相关者，如图 3-6 所示。

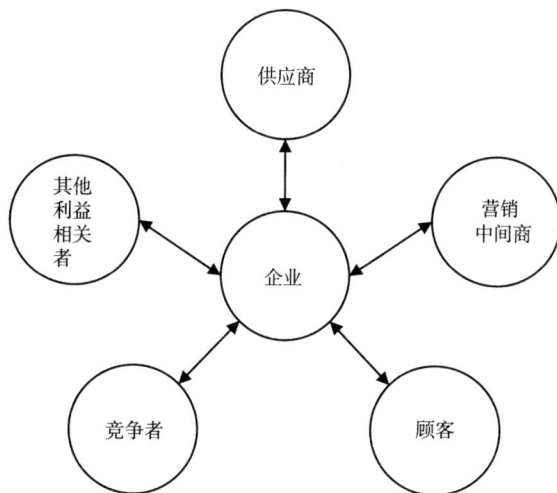

图 3-6　行业环境

供应商和营销中间商都属于企业产品供应链上的成员，共同被称为营销渠道企业，如图 3-7 所示。

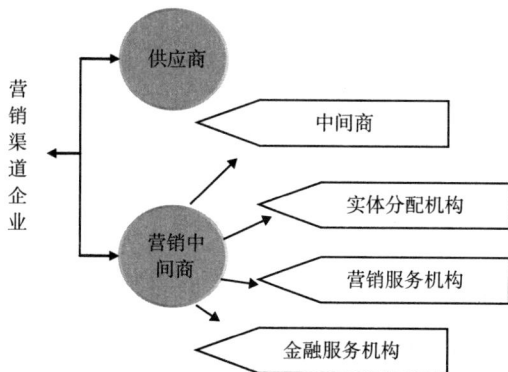

图 3-7　营销渠道企业

1. 供应商

供应商是向企业及其竞争者供应原材料、部件、能源、劳动力等资源的企业和个人，包括原材料、零部件、设备、能源、劳务、资金及其他用品。供应商对企业营销业务有直接影响。第一，其所供应的原材料价格会影响企业产品的成本、定价和利润。第二，其所提供的原材料的数量和质量会直接影响企业产品的数量和质量，进一步影响产品的销售量、利润及企业信誉。第三，供应商供给原材料的及时性和稳定性是企业营销活动顺利进行的前提。特别在原材料资源紧张时期，供应商供货的及时性和稳定性对企业能否按时交货起决定作用。

2. 营销中间商

营销中间商是协助企业推广、销售和分配产品给最终买主的那些企业。包括：中间商、实体分配机构、营销服务机构和金融服务机构等。

（1）中间商。中间商是协助企业寻找消费者或直接与消费者进行交易的商业组织和个人。包括：代理中间商和商人中间商。代理中间商不拥有商品的所有权，只协助达成交易、推销产品，如经纪人、代理人和制造商代表等。商人中间商指从事商品购销活动的人员，其对所经营的商品拥有所有权，包括批发商和零售商。对于没有自营营销渠道的企业来说，中间商对企业产品从生产领域成功流向消费领域有至关重要的影响。

（2）实体分配机构。实体分配机构是指帮助企业储存并把货物运送到目的地的专业组织。包括：包装、装载、运输、仓储、搬运、库存等相应业务的公司。它们的任务是弥合产品生产和消费在时间和空间上的断点，使市场营销渠道中的物流畅通无阻。

（3）营销服务机构。营销服务机构是指为企业提供各种营销服务的机构，包括调研公司、营销咨询公司、广告公司、传媒公司等。企业可以自己设立相应的机构，也可把业务交由相应的营销服务机构完成，一般根据企业或者业务的实际情况进行选择。

（4）金融服务机构。金融服务机构是指为企业提供各种金融服务的机构，包括银行、信贷公司、保险公司等，这些公司为企业提供融资或者分担货物的购销储运风险。

3. 顾客

顾客是企业的服务对象，包括组织、个人和家庭。企业与供应商和营销中间商保持密切的关系，其目的就是为了有效地向目标顾客提供产品和服务。为此，需要认真分析消费者的需求和特点。一般来说，根据购买者和购买目的可以将企业的目标客户分为以下几类：

（1）消费者市场。指为了个人消费而购买的个人和家庭。

（2）生产者市场。指为了通过加工生产而获取利润的个人和企业。

（3）中间商市场。指为了通过销售或者转卖来获取利润的批发商和零售商。

（4）政府市场。指为了实现和履行政府职责而进行购买的各级政府机构。

（5）国际市场。由国外的购买者构成，包括国外的消费者、生产者、中间商和政府机构等。

（6）非营利组织。指为了实现自己组织的目标而进行购买的不具营利性质的组织团体。

4. 竞争者

任何企业都不可能单独地服务某一消费市场，它们都会面对各种各样的竞争对手。与企业争夺同一目标顾客群的就是企业的竞争对手。根据产品的替代观念，菲利普·科特勒将竞争者分为四个层次：欲望竞争者、属类竞争者、产品形式竞争者、品牌竞争者。它们之间的关系如图 3-8 所示。

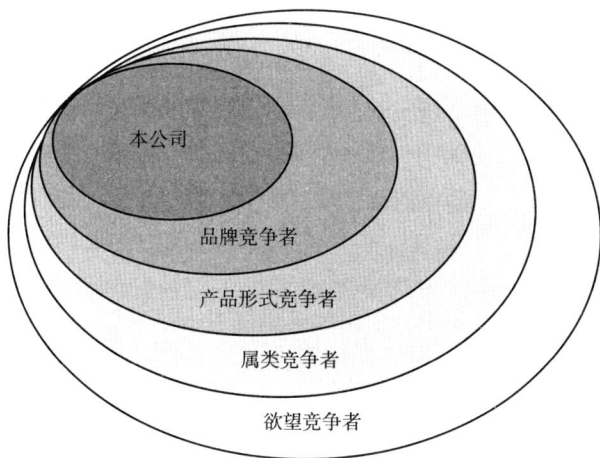

图 3-8　企业竞争者的四个层次

（1）欲望竞争者。指满足消费者不同欲望的竞争者。这一层次的竞争者实际上是对消费者购买力的竞争。比如，一个刚工作的年轻人攒了一笔钱，他可以选择分期付款买房，也可以选择买汽车，或者用在娱乐消费上。

（2）属类竞争者。企业若把所有制造能提供相同服务的产品的公司都作为竞争者，这就是属类竞争者。这一层次的竞争者实际上是以不同的产品类别满足消费者同一欲望。例如，在前面的选择中，消费者选择花钱用于娱乐，娱乐产品的类别有很多种，如电视、电脑等。消费者可以在这些产品类别中选择自己需要的。

（3）产品形式竞争者。指行业内各种形式产品生产者的竞争。例如，在前面的选择中，消费者选择了电脑，他还需要进一步决策是买笔记本电脑、平板电脑还是台式电脑。

（4）品牌竞争者。如果其他的公司与本公司有相同的顾客群，并且以相似的价格提供类似的产品和服务时，公司将其视为竞争者。例如前面的例子中，消费者选择了购买笔记本电脑，那他还需要最后决定购买哪个品牌的笔记本电脑。

5. 企业的其他利益相关者

企业的其他利益相关者是指对企业实现其市场营销目标的能力有实际或潜在影响

的群体。这类群体通常也被称为公众，主要包括：政府、媒介、融资公众、社团公众、社区公众、一般公众、内部公众。这些公众共同影响企业的市场营销活动，如图 3-9 所示。

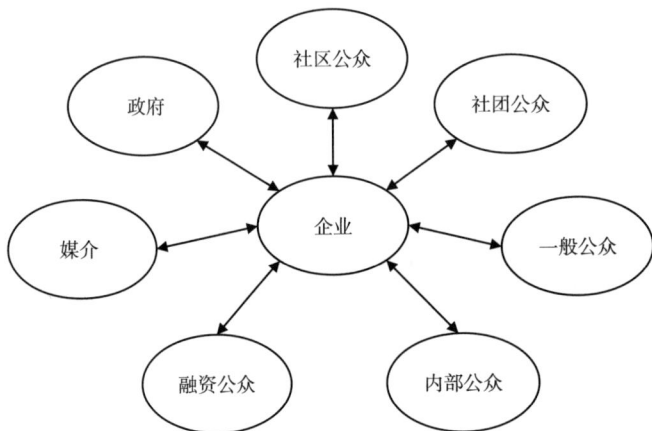

图 3-9　企业的其他利益相关者

（1）政府。指负责管理企业业务经营活动的有关政府机构。

（2）媒介。主要是指报纸、杂志、广播、电视、网络等大众传播媒体。

（3）融资公众。指影响企业融资能力的金融机构，如银行、投资公司、证券经纪公司、保险公司等。

（4）社团公众。包括保护消费者权益的组织、环保组织、动物保护协会等其他群众社团。

（5）社区公众。指企业所在地临近的居民和社区组织。

（6）一般公众。指上述公众外的企业外部公众。这类公众虽然没有正式的组织，但是企业的行为和形象会影响他们对企业的惠顾。

（7）内部公众。指企业内部的员工，包括高层、中层管理人员和一般职工。企业只有使内部公众满意，才能为消费者提供更满意的产品和服务。

延伸阅读

海底捞的幸福：先让员工满意，顾客才会满意

要想服务做得好，就需要员工首先乐意为顾客服务。从一开始，善待员工就是海底捞餐饮有限责任公司董事长张勇在内部管理中的一个导向。年轻时阅读过卢梭的《社会契约论》等书，平等、自由的观念早已在他心里留下深深的烙印，所以，张勇才会说："平等的意识将激发员工更大的工作热情，把海底捞当作自己的事业来做。"

用中国式管理来定义的话,张勇对员工的管理及对客户的服务均可谓之"人性化"。这个价值转移的过程简而述之,就是"企业对员工好——员工有干劲——员工对客户好——客户体验良好——忠诚顾客再次消费和口碑推广——企业获利"这样一个很简单的逻辑。其实,在西方服务营销理论中,早就有一个对应的概念"服务利润链"。

服务利润链是表明利润、顾客、员工、企业四者之间的关系并由若干链环组成的链。它可以形象地理解为一条将"盈利能力、客户忠诚度、员工满意度和忠诚度"与生产力之间联系起来的纽带,它是一条循环作用的闭合链,其中每一个环节的实施质量都将直接影响其后的环节,最终目标是使企业盈利。

通过服务利润链这一理论的指引,只要服务企业真正愿意站在一个长期发展的角度来进行运营,愿意在自己的员工身上花足够的工夫,给予员工足够的尊重、授权和引导,那么,只要做好了员工满意度这一环节,自然会带来客户满意和公司受益。海底捞考核一个店长或区域经理的标准只有两个,顾客满意度和员工满意度。而这样一个"没人对营业额负责"的企业,2009 年的营业收入却达到了 9 亿多元。

(资料来源:海底捞的幸福:先让员工满意,顾客才会满意.腾讯财经.http://finance.qq.com/a/20110114/003862.htm.)

第四节　环境分析与企业营销对策

一、环境威胁与市场机会

市场营销环境对企业营销活动的影响具有动态性、强制性和不可控性等特点。一般来说,企业营销管理者无法摆脱和控制营销环境的影响,只能主动适应营销环境的变化,即随机应变;也难以准确无误地预见市场营销环境未来的变化,但是可以通过设立预警系统,追踪不断变化的环境,及时改变策略。因此需要对环境可能带来的机会与潜在的威胁进行评价和分析。

1. 威胁分析

环境威胁是指环境中不利于企业营销的因素的发展趋势。对于环境可能存在的威胁进行分析,常用威胁分析矩阵。该矩阵通过对威胁出现概率的大小和影响程度的大小两个因素来评价威胁的等级,如图 3-10 所示。当威胁出现的概率大且影响程度也大时,威胁的等级为 Ⅰ 级;当威胁出现的概率小,但是影响程度大时,威胁的等级为 Ⅱ

级；当威胁出现的概率大，影响程度小的时候等级为Ⅲ级；当威胁出现的概率和影响程度都小的时候，威胁的等级为Ⅳ级。Ⅰ级威胁的严重程度最大，Ⅳ级威胁的严重程度最小。

影响程度 \ 出现概率	大	小
大	Ⅰ	Ⅱ
小	Ⅲ	Ⅳ

图 3-10　威胁分析矩阵

2. 机会分析

市场机会是指对企业营销活动富有利益空间和吸引力的领域。对于市场机会的分析，常用机会分析矩阵。该矩阵通过对机会吸引力的大小以及成功概率的大小两个因素来评价机会的等级，如图 3-11 所示。当机会的吸引力大，成功的概率也比较大，等级为Ⅰ级；当机会的吸引力大，成功的概率小，评价等级为Ⅱ级；当机会的吸引力小，成功的概率大，等级为Ⅲ级；当机会的吸引力和成功概率都小，等级为Ⅳ级。Ⅰ级的机会最好，Ⅳ级的机会最差。

吸引力 \ 成功概率	大	小
大	Ⅰ	Ⅱ
小	Ⅲ	Ⅳ

图 3-11　机会分析矩阵

3. 机会威胁的综合分析对策

将机会和威胁的评价状况放到同一个矩阵进行分析，可以得出四种类型的业务，如图 3-12 所示。

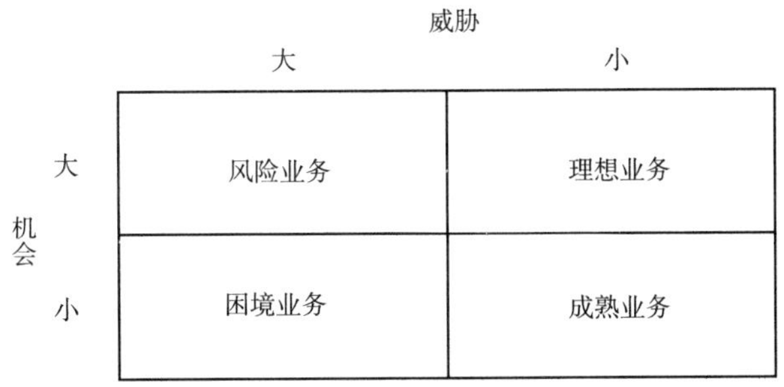

图 3-12 机会威胁综合分析矩阵

机会和威胁都大，称为风险业务，企业在开展此类业务的时候应该扬长避短；机会大且威胁小，称为理想业务，企业对这类业务应该抓住机会；机会和威胁都小，称为成熟业务，企业应将其作为常规业务；机会小威胁大，称为困境业务，这类业务企业应该趁早减少或者转移。

二、SWOT 分析法

前面对企业外部环境的影响和营销业务进行了分析，实际上，企业在进行营销活动时，还需要将自己的内部资源和能力因素所呈现出的优势和劣势也考虑其中。优势是指企业较之竞争对手在某些方面所具有的相对独特的、难以模仿的能力和资源。劣势是指企业较之竞争对手在某些方面的缺点和错误。分别将企业的优势和劣势以及环境的机会和威胁纳入一个矩阵进行分析的方法叫 SWOT 分析法。

SWOT 分析法是用来确定企业自身的竞争优势、竞争劣势、机会和威胁，从而将公司的战略与公司内部资源、外部环境有机地结合起来的一种科学的分析方法。具体的做法如图 3-13 所示。

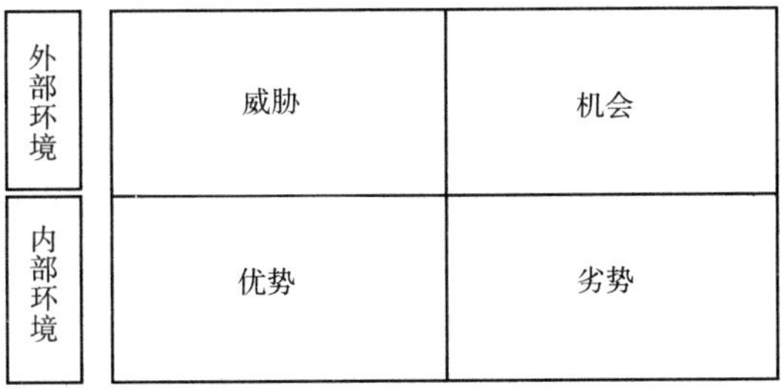

图 3-13 SWOT 分析法

例如，对一个石油企业进行 SWOT 分析之后得出的矩阵见表 3-1。

表 3-1　某石油企业 SWOT 分析矩阵

外部	机会 （1）转型发展与改革开放的机遇 （2）区域经济增长的支撑 （3）成品油零售市场的利润继续扩大 （4）成品油供需宽松 （5）"十二五"时期与"十三五"时期的跨越	威胁 （1）宏观经济增长速度趋缓的威胁 （2）成品油批发市场的利润将进一步萎缩 （3）环境问题与"三高"行业整治
内部	优势 （1）公司资本优势 （2）人员优势 （3）终端分布优势 （4）销售能力优势 （5）安全管理优势 （6）组织创新优势	劣势 （1）采购方面的劣势 （2）销售方面的劣势 （3）价格方面的劣势 （4）网点建设与招投标项目方面的劣势 （5）预算管理方面的劣势

本章小结

本章对企业的营销环境做了介绍。营销环境具有以下特点：客观性、差异性、多变性、相关性和复杂性。

企业的外部营销环境包括宏观环境和微观环境。宏观环境包括人口环境、政治法律环境、经济环境、自然资源环境、社会文化环境和科学技术环境，其对企业的经营和营销活动产生间接的潜在的作用和影响。微观营销环境指直接制约和影响企业营销活动的力量与因素，包括与企业有双向运作关系的个体、集团和组织，如企业内部营销部门之外的其他部门和企业外部的其他利益相关者、供应商、营销中间商、顾客和竞争者。

企业在制定战略计划和营销策略时，通常会综合自身所具有的优势和劣势，以及环境带来的机会与威胁进行分析，以期得到优化决策，这种方法被称为 SWOT 分析法。

思考题

（1）市场营销环境有哪些特点？

（2）试对纺织行业分析一下其外部的政治法律、经济、人口、社会文化、自然资源、科学技术环境会带来哪些机会和威胁？

（3）纺织行业企业的微观环境有哪些因素，他们如何对企业产生影响？

（4）试以一个具体的企业为例，对其进行 SWOT 分析。

案例讨论

易到用车举报滴滴和快的

2月16日，易到用车近日正式向中国商务部反垄断局（国务院反垄断委员会办公室）、国家发展和改革委员会价格监督检查和反垄断局（"国家发改委"）举报北京小桔科技有限公司（"滴滴"）和杭州快智科技有限公司（"快的"）的合并行为未按要求向有关部门申报、严重违反中国《反垄断法》，请求立案调查并禁止两家公司合并。

2月14日，滴滴、快的正式宣布合并。两家公司合并的消息一经发布，有关其涉嫌垄断的消息便不绝于耳。焦点集中在两家公司的合并是否合法及合并后是否构成垄断。两家公司就上述问题进行了辩解。易到用车认为，合并方之一快的在其官网2014年3月披露的信息显示：该公司司机账户流水达47.3亿元人民币，月均营收超千万元，仅此一项就远超相关法规规定的反垄断申报标准。两家公司未经申报而实施合并案件严重违法。两家合并后在相关市场上的市场份额超过90%，在事实上构成了在线打车行业的寡头垄断，将消灭和排除相关行业的市场竞争，严重损害中国广大消费者的利益。按照相关法规，两家的合并即使不构成反垄断申报的营业额门槛，商务部也应有权依法进行调查并禁止两家的合并。

易到用车相关负责人表示，两家公司在未合并前就展开了"烧钱大战"，在事实上支配了行业内的市场规则，一旦合并成功，无疑会绑架行业规则，排除和消灭市场竞争。此外，两家公司存在固定和变更相关市场交易价格以及交易条件的行为，这属于《反垄断法》对价格垄断协议的定义。两家公司绕过相关部门审核"私定终身"的做法，一旦造成事实上的垄断，将给国家反垄断部门埋下"不作为"的隐患，尤其是对广大消费者的利益造成严重损害。根据《反垄断法》，对于从事价格垄断协议行为的，国家发改委有权对两家公司处以最高2014年全年营业额10%的罚款以及禁止实施垄断协议。

（资料来源：易到用车举报滴滴和快的 . 新浪科技 . http://tech.sina.com. cn/i/2015-02-16/doc-ichmifpx8221458.shtml. ）

思考题：

（1）案例中涉及哪些主体？

（2）案例中的主体属于滴滴和快的的哪些外部环境，会对这两家企业产生什么影响？

关键术语

微观环境（microenvironment）　　宏观环境（macroenvironment）

自然资源环境（natural environment）　　经济环境（economic environment）

社会文化环境（cultural environment）　　科学技术环境（technology environment）

人口环境（population environment）

第四章

营销信息系统

【本章学习目标】

（1）理解营销信息系统的概念。
（2）掌握营销信息系统的各个组成部分。
（3）了解营销调研过程的流程。
（4）了解市场预测的各种方法。
（5）理解市场预测的目标和内容。

智能信息系统支撑起 600 亿元交易额

京东很重视被其称为生命线的信息系统的建设。信息流是京东的发动机，是引擎。每年六月是京东的庆祝月，是最便宜的时候，也是发放优惠券最多的时候。6.18 这一天，京东的交易量、流量都会达到高峰，是平时的 2～3 倍。特别有意思的活动是秒杀，就是在固定的时间，基本在一秒之内，一个产品放出来，0 元或者是 1 元可以抢到，但是对系统挑战很大。每年的 6.18 是考验京东信息系统、物流吞吐能力的好机会。一般来说，6.18 过了，京东的信息系统、物流系统，未来一年到下一次的 6.18 都可以平稳一些。

未来的京东由三大块构成，一块是 B2C，这块还有很大的空间，第二块是开放服务，京东不仅要把用户、流量、订单向第三方开放，同时要把仓储能力、仓储的生产能力、配送能力向全社会开放。第三，要在大数据的基础上，在积累 8 年用户行为以及交易的基础上做数据金融。

京东的信息系统从前端（下订单）到采购到仓库、配送、客服、售后，全部都是在线运行，京东的采购单都是通过系统自动下，采购的量是根据过去销量预测自动计算出来的。仓储人员检货时每个人拿一个 PDA，任务会自动地推到 PDA 上，他们的检货日记是自动给的。京东的人员出去的时候带什么货物，走什么线路，系统都帮他做好，每个配送员带一个一体机，这个一体机上有京东的信息系统，也是 POS 机，同时也有 GPS，所以大家能够看到每个订单配送的路径。

今年三月份的时候，京东做了引发组织结构的调整，从最初职能化的体系结构改变为事业部的组织结构，具体地说，第一，按照客户组织，比如说营销研发部的主要使命是把前端的网站、营销系统、零售系统、供应链系统和开放平台做好，硬件部门是针对订单的流程，从配送管理到客服到售后的管理过程。数据部负责资金流的整个系统。京东有三大战略，移动的战略，云计算的战略，以及大数据的战略，京东的大数据为其研发部提供了统一的大数据平台以及相关的工具，同时负责大数据的挖掘利用。移动方面，客户端装机量已经突破 6000 万，也有非常多的创新。应用架构部，当京东有几千人的时候，最担心的是低水平的重复建设，所以京东从这一块解决架构共享、开发共享的问题。首先，按照客户的结构很好地解决了业务部门的满意度问题，另外就是扁平化，扁平化更容易沟通，组织的效率也大大的提升了。

消费者在网页上看商品的时候，如果有疑问可以直接点开跟客服对话，这个客服有可能是真的人，有可能是机器人。通过跟踪用户的行为，可以建立一个用户的模型，包括性别、年龄、教育程度、职业，通过深度的挖掘，可以得到用户的属性，包括心理特征、兴趣爱好、行为特征，而这些京东可以广泛应用于电商的各个生产环节、各个应用系统。比如说个性化推荐，消费者在买东西的时候，本来只想买一个，但由于个性化推荐不知不觉买了很多，本来想花几十块的结果花了几千块。

"京东在 2012 年的交易额超过了 600 亿元，这些靠的是技术，靠的是我们的信息系统。"李大学说，"我们内部有一句话，即京东的信息系统就是京东的生命线。"

（资料来源：李大学.京东高级副总裁李大学：信息系统支撑起 600 亿元交易额.腾讯网.http://tech.qq.com/a/20130711/014965.htm.）

在现今的网络信息社会中，一个企业的信息系统对其发展有着至关重要的影响。本章首先介绍营销信息系统的内涵与构成；其次讨论市场调研的内容及流程；然后介绍市场预测的相关方法和内容。

第一节　营销信息系统的内涵与构成

营销信息系统（marketing information system，MIS），是由人员、机器和程序一起构成的集合体，通常来讲，营销信息系统由企业内部资料系统、市场营销情报系统、市场营销调研系统和市场营销分析系统组成。

企业通过市场营销信息系统收集相关信息，从中进行筛选和分析，经过评估后为管理人员提供适当、及时和准确的信息，这些信息将会为市场营销管理人员在改进市场营销计划、执行和控制工作时提供依据。

一、企业内部资料系统

企业内部资料系统（internal information system）的信息来自企业内部的财务会计、生产、销售等部门，是包括订单、销量、存货水平、费用、应收应付款、生产进度、现金流量等反映企业经营现状的信息系统。企业内部资料系统是企业决策者利用的最基本系统，通常定期提供信息，包括瞬时信息和动态信息，用于日常营销活动的计划、管理和控制，为企业进行科学的销售管理、存货管理和客户管理、提高销售服务水平、降低销售成本、缩短销售周期提供切实可行的依据。

内部资料系统可以提供销售信息进行销售管理。系统提供目标市场及总体市场上每天或某一时期的销售额、销售成本及价格、实际销售与销售目标的比例、本期与前期的销售额比例、销售损益情况等信息，以便及时发现销售中的问题，及时调整销售策略。

内部资料系统可以提供存货信息进行存货管理。系统提供各仓库的存货数量、出库量、入库量、运输路线及成本、缺货及调运情况等信息，以便合理安排生产、运输及补仓等。

内部资料系统可以提供客户信息进行客户管理。系统提供客户的基本情况、订货数量及变化情况、收付款的信用等，以便争取有利客户及更多订单。

企业应设计一个面向用户的内部资料系统，它需要向营销人员提供其想要的、实际需要的和可以经济地获得的信息。

二、市场营销情报系统

市场营销情报系统（marketing intelligence system）是营销部门人员用来了解有关外部环境发展趋势及变化的信息，包括关于消费者、竞争对手和市场发展趋势的可公开获得的信息的情报系统。借助该系统，将环境最新发展的信息传递给有关的管理人员。企业通过市场营销情报，可以了解消费者环境，评价和追踪竞争者行为，做好早期的预警，以此更好地制定企业的战略决策。在实际中，企业一般比较重视普查数据、企业统计数据及市场调研这三个方面。优质的市场营销情报可以帮助市场营销人员了解消费者如何谈论他们的品牌以及产品，一些公司还会令其情报人员混入普通顾客中，与其一同讨论本公司及其产品以获得更多的信息。

营销情报人员通常用以下四种方式对环境进行观察：无目的的观察——观察者心中无特定的目的，但希望通过广泛的观察来搜集自己感兴趣的信息；条件性观察——观察者心中有特定的目的，但只在一些基本上已认定的范围内非主动地搜集信息；非正式搜寻——营销情报人员为某个特定目的，在某一指定的范围内，做有限度而非系统性的信息搜集；正式搜寻——营销人员依据事前拟定好的计划、程序和方法，以确保获取特定的信息，或与解决某一特定问题有关的信息。

企业运用竞争者的情报来获得竞争者的动态和战略，包括新品上市或者新市场的开发及进入，还能够了解潜在的竞争优势及竞争弱势。通常这些情报可以从竞争对手公司内部的员工那里收集到，比如经理、工程师和销售人员等。企业还可以从竞争对手的供应商、中间商和客户处获得情报信息，或者通过信息咨询公司来购买信息。除此之外，对竞争对手的观察和研究也是很好的途径，包括从展会、订货会、广告等渠道了解竞争对手的信息，还可以从书籍、报刊、杂志、网络等处摘录竞争对手的有关信息。很多公司都有自己的出版物、广告和网页等，这些渠道在吸引顾客的同时，往往也会不经意地泄露一些有价值的情报。很多公司会把大量信息放于网站上以便吸引消费者、合作伙伴和供应商等，这会提供市场、战略、新产品、设施和其他一些有用信息。特别是在如今电子商务飞速发展的时代，网站已经成为竞争情报的宝贵来源。对于企业来讲，重要的是如何利用一些能够公开获得的信息，充分利用合法的情报来源来获得信息，而不应为了获得更多有价值的情报而违反法律或者挑战大众的道德准则。

　　要想提高所收集情报的质量和数量，企业就要做好信息的积累、处理和传递工作。首先，要训练和鼓励销售人员收集情报，并鼓励中间商及其他合作者向自己通报重要信息；第二，聘请专家收集营销情报，或向专业调查公司购买有关竞争对手、市场动向的情报；第三，参加各种展会，设专人查阅主要出版物、网站，并将各种信息归档、合理分类、及时更新。通过这些方法，及时取得并合理运用市场变化的最新信息，以期为管理者进行决策提供准确可靠的依据。

延伸阅读

数据将改变各行各业

　　对有些行业来说，大数据带来的好处仍模糊不清，但营销行业面临的情况稍微要清晰一些。营销人员利用关于目标受众的复杂数据集可能带来更有效的宣传和可衡量的竞争优势。可能正是因为如此，市场调研机构弗雷斯特研究公司（Forrester Research）最近的一份报告显示，超过三分之二的机构预计在未来一年将增加数据管理服务支出，41%的机构预计在未来一年会将支出增加5%～10%。

　　弗雷斯特负责人谢里尔·帕特克说："这与其说是大数据问题，不如说是正确数据问题。关键在于将数据转化为见解，然后据此推动业务发展。"

　　营销人员并不是定量研究方面的专家，总之不如数据科学家在行。然而，营销人员需要证明自己投资的每一美元都物有所值，同时确定数据驱动的品牌战略。数字营销涉及的渠道、平台以及受众群体都比以往任何时候要多。用于跟踪网络和社会趋势的分析工具在收集情报方面往往流于表面。有没有更好、更有组织、更有条理的方式来整合所有情报，以便更好地了解情况？

　　Rocket Fuel是一家位于加州雷德伍德城的创业公司，致力于借助人工智能确定在线广告投放，帮助营销人员使数据自动化，以获得最理想的广告投放，并使用预测算法为今后的营销活动提供数据。

　　Rocket Fuel首席营销官埃里克·波雷斯说："我们认为，借助机器并行处理远比单靠人的猜测来做决策要靠谱得多。"Rocket Fuel成立已经有5年时间，客户包括东芝公司（Toshiba）。东芝希望Rocket Fuel帮助提升其Kira超级本的销量。借助自己的平台，Rocket Fuel发现，商务旅行者和葡萄酒鉴赏家最有可能购买这款设备。通过针对上述人群发布定向广告，东芝的广告支出平均回报达到了8∶1——换言之，每花出1美元的广告费，就获得8美元的收入。"大数据不仅提供这些理解人类行为的诱人线索，"波雷斯说，"它还能转变营销人员对沟通和战略议题如何与自身目标与目的相结合这个问题的看法。"

　　AirPR是另一家致力于帮助营销人员改善成果的科技公司。这家位于旧金山的新创公司最近推出了名为"分析"（Analyst）的平台，使用机器统计分析来测算公关和营销投资的回报。AirPR 公司好比公关界的交友平台，它坚信自己能帮助营销人员理解公关活动的定量值，从而更快地排除无效的方案。这个平台的核心是 AirPR 创始人沙拉姆·法拉德嘎－梅塞所说的"公关智慧"。它是一种竞争力分析，将纽约泛欧证券交易所（NYSE Euronext）这样的大企业以及网站开发公司 Wix 这样的小公司分别与自身竞争者作比较，对比品牌知名度等因素。梅塞说："光有数据还不够。那些能透过现象看本质，分辨出哪些数据对决策至关重要的公司将帮助提升整个生态系统。"

弗雷斯特的帕特克经常与首席营销官们一起制定战略。帕特克表示，数据驱动型营销的一个好处在于使整个组织机构——而不光是营销团队——了解如何使用数据来赢得客户、留住客户。帕特克说："数据帮助首席营销官们在高管桌赢得一席之地，真正使用非货币模型来参与业务探讨。但他们首先必须适应这一点。"

（资料来源：Courtney Subramanian. 市场营销进入大数据时代. 财富中文网. http:// www.fortunechina.com/business/c/2014-03/27/content_198915.htm）

三、市场营销调研系统

市场营销调研系统是针对企业某一时期内出现的问题，或制定某项决策和计划的需要，而对市场营销环境和市场需求进行观察、实验和调研，并对调研结果进行收集、评估，进而传递给决策者的信息系统。通常会进行市场调查、消费者偏好测验、销售研究、广告评估等工作。研究部门的工作主要侧重于特定问题的解决，及针对某一特定问题收集原始数据并加以分析和研究，最终完成调查报告以供管理层制定决策参考。

营销调研系统的任务是：针对企业面临的明确具体的问题，对有关信息进行系统的收集、分析和评价，并对研究结果提出正式报告，供决策部门用于解决这一特定问题。企业可以临时组成一个调研小组来完成这种调研任务，也可以委托外部的专业调研公司来完成这种任务，而大公司一般会有常设机构或部门专门承担此项工作。

四、市场营销分析系统

市场营销分析系统也称营销决策支持系统，是通过对内部资料系统、营销情报系统和市场营销调研系统所提供的信息资料进行科学分析和研究，为决策者提供量化的分析结论，从而提出各种决策建议，以便决策者参考和选择的系统。这个系统由统计分析模型和市场营销模型两个部分组成，第一部分是借助各种统计方法对所输入的市场信息进行分析的统计库；第二部分是专门用于协助企业决策者选择最佳的市场营销策略的模型库。

市场营销分析系统具有以下重要职能：搜寻与汇集各种市场信息资料；对所汇集的资料进行整理、分类、编辑与总结；进行各种指标的计算、比较、综合；编制资料索引并加以储存，以便需要时查找；检查输入的各种信息的准确性；将各种经过处理的信息迅速准确地传递给有关人员，以便及时调整企业的经营决策。

一个成熟有效的市场营销分析系统应该能够具有以下功能：能够向各级管理人员提供从事工作所必需的一切信息；能够对信息进行选择，以便各级管理人员获得其能够且必须采取行动的相关信息；须在管理人员能够且应采取行动的时间提供相关信息；能够按要求提供任何形式的分析、数据和信息；能够提供最新的、易于相关管理人员了解和接收的相关信息。

第二节　市场营销调研

在一些情况下，企业通过市场营销情报并不能获得其所需要的有价值的信息，这时便需要进行有针对性的市场营销调研，为企业进行下一步的营销活动和决策提供支持。比如，有的企业希望对其网站进行重新设计，但是对于如何设计以及消费者的反应并没有确切的答案，那么，企业便需要进行有针对性的市场调研，来解决这一难题。

市场营销调研（marketing research）是针对企业面临的具体问题，系统地收集、分析和评价相关信息，并对研究结果提出正式报告，以供决策部门解决这一特定问题。营销调研系统与内部资料系统和营销情报系统的区别在于其针对性很强。市场营销调研是为解决特定的具体问题而从事信息的收集、整理、分析。企业在营销决策过程中，经常需要对某个特定问题或机会进行重点研究。如开发某种新产品之前，或遇到了强有力的竞争对手，抑或要对广告效果进行研究等。而对这些市场问题的研究，无论是内部资料系统还是情报系统都难以胜任。

对于一些较大型的公司来说，他们通常都有自己的调研部门，在市场营销调研项目上与市场营销经理进行合作，比如宝洁、通用等大型公司。除此之外，还有一些公司会选择雇佣外部调研专家或公司与企业管理者共同商讨去解决一些市场营销问题。还有一些公司会选择购买外部调研公司或咨询公司的数据，来进行分析研究，以解决市场营销问题。在实际操作中，企业会根据自身规模与实力以及实际问题的操作性，来选择合适的策略。

对于特定问题的决策，企业可以通过市场营销调研获得相关信息，从而支持相关决策的制定，但这一过程也在一定程度上增加了成本。企业是否需要进行市场调研，可以通过市场调研价值的分析来做决定。当通过市场营销调研所带来的利润大于调研费用时，市场营销调研是有利可图的，否则就没有进行调研的必要。市场调研可行性的分析，是通过对企业在不进行市场调研时可能取得的最大期望利润、市场情况完全确定的理想状态下企业的最大期望利润和市场调研费用进行分析比较来进行的。同时还需要考虑市场上各种不可控因素的影响以及本企业的调研水平来进行决策。

市场调研的范围主要包括市场环境调查、市场需求调查、产品状况研究、产品价格研究、销售渠道研究、广告及促销状况研究和企业形象研究等。

（1）市场环境调查是影响市场需求和企业营销的重要因素，主要包括一些政策法规的变化，如产业发展、财政、金融和贸易方面的法律法规和政策变化。除此之外还涉及宏观环境的影响，如经济、科技、人口和社会风尚等的变化。

（2）市场需求调查包括市场需求总量、各细分市场及目标市场需求调研和市场份额及其变化的调研等。

（3）产品状况研究包括产品的研究和产品服务的研究，如产品所处的生命周期阶段、消费者对产品各种性能的要求及偏好、产品规格及包装的要求等。

（4）产品价格研究包括产品成本及比价、价格与供求关系研究和定价效果的调查等。

（5）销售渠道研究包括企业现有销售渠道的组成状况及库存状况、各环节的价格折扣及促销状况、各经销商的相关服务和渠道调整的可行性分析等。

（6）广告及促销状况研究包括广告及促销主体、客体、媒体、受众及效果的相关研究。

（7）企业形象研究包括企业理念形象研究、企业行为形象研究和企业视觉传递形象研究等。

进行市场营销调研，首先要确定问题以及调研目标，之后要根据目标制定调研计划，然后执行计划并分析数据，最后根据调研结果完成调研报告。具体流程如图4-1所示。

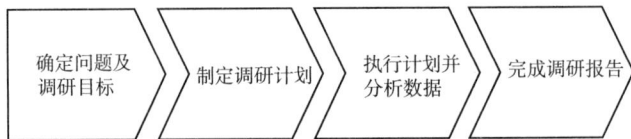

图 4-1 市场营销调研流程图

一、确定问题及调研目标

市场调研是问题导向的，所以问题的提出是市场调研的第一步，也是后续市场调研的指针和基础。在确定问题时，应充分考虑研究的目的、有关背景、所需信息及其在决策中的用途。管理者最需要了解什么是决策需要的信息，而市场营销调研者最了解如何获得相关信息，两方面人员需要仔细确定调研问题，从而确定调研目标。

市场营销的目标通常有三种，探索性调研（exploratory research）、描述性调研（descriptive research）和因果性调研（causal research）：

（1）探索性调研一般是在调研专题的内容与性质不太明确时，为了解问题的性质，确定调研的方向与范围而进行的搜集初步资料的调查，通过这种调研，可以了解情况、发现问题，从而得到关于调研项目的某些假定或新设想，以供进一步调查研究。

（2）描述性调研是指对所面临的不同因素、不同方面现状的调查研究，其资料数据的采集和记录，着重于客观事实的静态描述。大多数的市场营销调研都属于描述性调研。描述性调研可以说明某些现象或变量之间的相互关联，但要说明某个变量是否引起或决定着其他变量的变化，就会用到因果关系调研。

（3）因果关系调研的目的是找出关联现象或变量之间的因果关系。在因果性调研中，一般要解释的关系是某种因素对销售额的影响，比如预期的价格、包装、广告花费等。

二、制定调研计划

调研计划应该以书面形式呈现，且应包含拟解决的管理问题和调研目标，打算获得的信息，调研结果将如何帮助管理层制定决策，调研成本分析等内容。

当调研问题和目标确立之后，便需正确制定调研计划以收集所需信息。根据决策者的需求，相关数据可以分为原始数据（primary data）和二手数据（secondary data）。企业需将大量时间和精力放在收集数据上，因为充足的原始数据是得到正确市场调研结果的基础。

二手数据是现已存在的为其他目标而收集的数据。大多数场合中，市场营销调研用到的数据都是二手数据，因此如何正确选择二手数据是非常重要的问题。市场营销调研人员应注意利用现有信息来源收集数据，包括企业信息系统、经销商、代理商、政府出版物、行业出版物以及外部信息和咨询机构。企业可以从很多商业数据服务机构和政府获得数据来源，很多行业协会和新闻媒体都提供免费的信息，这些可以从网络获得。而网络数据的搜集可以通过网络引擎进行，但也可能由于巨大的数据和无用信息造成干扰。随着云时代的来临，基于多平台的大量数据和大数据技术吸引了越来越多的关注。除了可免费获得的数据外，企业还可以向付费商业网站购买相关信息和数据。

通常对于可获得的二手数据，并不是拿来即用的，需要进行甄别和评价。因为二手数据是在不同目的和不同条件下收集得来的，其适用性受到时间、空间及事件特点等方面的约束和限制，因此二手数据通常不能直接进行利用。对于二手数据的审查和评估要注意其公正性、相关性、准确性和及时性，即数据是客观的收集和报告的，数据是适合选定调研目标的、数据是可靠收集和报告的、数据是较新的且适合当前问题的。

（一）原始数据收集

当现有二手数据不足以支持调研活动的进行时，原始数据收集便显得尤为必要。原始数据是为特殊目标而专门收集的数据，通常有观察法、实验法、调查法和专家估计法四种。

1. 观察法

观察法（observational research）是通过观察正在进行的某一特定营销过程来解决某一营销调研问题的方法。调查人员常常观察消费者行为来探寻那些不可能通过简单的询问顾客问题便可获得的消费者信息。观察法可以获得人们不愿意或者不能提供的信息，有时候观察法是获得所需信息的唯一方法。观察法相对比较客观，能够反映问题，但这种方法很难获得被观察者的内在信息，比如感觉、态度、心理状态、购买动机和私下的行为等。因此在使用观察法的同时，调研人员还经常采用其他数据收集方法进行。像传统的定量研究方法是根据实验假设，寻求经过精确定义的产品或战略问题的答案。而观察法可以获得一些用传统的问卷法和访谈法无法获得的各种细节，可以获得新鲜的顾客和市场信息，因此观察法最适用于探索性调研。

2. 实验法

实验法（experimental research）是为了试验特定营销刺激对顾客行为的影响，将选定的刺激措施引入被控制的环境中，进而系统地改变刺激程度，测定被实验者反应的方法。实验法通常适用于因果关系调研。在试验中，通常会排除或控制没有研究意义的因素，从而认定观察到的现象是选定刺激所导致的。市场营销调研活动通常是以人群为调研对象进行的，但市场营销调研活动与自然科学的实验活动的科学性本质相同。

3. 调查法

调查法（survey research）是收集原始数据最常用的方法，通常用于调查消费者的认知、态度、偏好购买行为，因此最适用于描述性调研。调查法可以获得更为广泛的数据，对许多市场营销问题的研究都具有实用性，一般通过电话、邮寄、个人访谈或网络方式进行。但调查法也会带来一些问题。有时候被调查者会因为各种原因拒绝回答问题，比如因为时间原因和隐私原因等。有时候被调查者可能会提供不真实的信息，这就会干扰信息的真实度，从而影响调研的进行。因此调查法要尽量能够客观捕捉被调查者的真实信息。

4. 专家评估法

专家评估法（expert evaluation）是采用专家估计的数据作为参考的方法。当企业没有足够时间进行严谨的调查，或者即便采用科学研究法也无法获得合适的数据时，便可采用这一方法。其最大的优点在于，能够在缺乏足够的统计数据和原始资料的情况下，做出定量估计。但专家评估法的准确程度有一定的局限性，主要取决于专家的阅历经验以及知识丰富的广度和深度。因此在调研时，要求参加评价的专家对评价的系统具有较高的学术水平和丰富的实践经验。专家评估法使用简单、直观性强，但其理论性和系统性尚有欠缺，有时难以保证评价结果的客观性和准确性。

（二）获得信息的渠道

获得信息的渠道有多种，包括邮寄、个人访谈、电话、网络等。

1.邮寄调查

邮寄调查（mail questionnaire）是将问卷寄给事先选择好的调查对象，被调查者完成问卷后用随问卷一起寄给被调查者的回寄信封寄回。调查者与被调查者之间没有语言交流，这种方式在网络时代之前被广泛采用。邮寄调查的优点是调查成本低、被调查者自由度大，但不确定性较高，回收率通常较低，这将影响调查的代表性。再者由于缺乏调查者的指导，被调查者可能出现自我偏差，对调查结果产生影响。

2.个人访谈

个人访谈（personal interviewing）是访问员持调查问卷与被访者在同一地点面对面进行信息收集的一种方法，可以通过入户访问、拦截访问和约访的方式来进行。

（1）入户访问通常在被访者家中或较为安定的环境中进行，不易受外界干扰。通常在访问开始后，被访者都能较为耐心地完成访问，很少有中途不配合的情况。在访问中，质量也易于控制，便于进行深度访问。这种方式适于研究内容较为复杂的调查项目，访问员可以借助辅助用品如样品、照片等来实现。综合来说，入户访问的成本相对较高，而且拒访率较高。很多人不愿接受不速之客的来访，特别是在城市中人们出于安全的考虑，很多住宅都采用封闭式管理，因此这种访问方式实现的困难程度日趋增加。有些访谈也可通过小组访谈的方式进行，通常会在主持人的引导下，讨论一种产品、服务或组织。主持人鼓励轻松自由的讨论氛围，希望小组成员之间的互动会带来实际的感觉和想法，主持人在整个访谈进行中会确保谈论不偏离主题，所以也叫焦点小组访谈法（focus group interviewing）。现在，小组调研人员还可以利用现代互联网通讯技术与市场营销管理者进行联系，现场指导焦点小组访谈的进行。为了获得更为真实的访谈效果，一些调研人员还会将环境设置得更为舒适以帮助被调研者放松、展露更真实的反应。

（2）拦截访问是在特定场所拦截访问对象，对符合条件的人进行面对面的访问。一般选择在商业街、娱乐场所、住宅小区等地点，选择合适的访问对象进行访问。拦截访问的优点是效率较高、成本相对较低、质量易于控制，但是由于流动性较大，所以回访较难。

（3）约访是指采用甄别问卷，在街头拦截选取符合条件的样本，由引导员带领到指定地点座谈访问的一种方式。通常会给予被访者一些报酬或奖金以补偿对被访者的打扰。约谈方式既可以克服入户访问选取样本困难的不足，也可以克服拦截访问被访者的回访难以控制的不足。

3.电话访问

电话访问（telephone interviewing）是选取一个被访者的样本，在某个场所或专门的电话访问间，在固定时间段拨打电话收集数据的方式，在现场由督导人员进行管理。

现在很多网站的客户服务会选择这种方式进行，网络供应商等也会采用这种方式来收集数据。电话访问的反馈速度快、问卷长度短、花费较低，但在电话访问中不能进行有形产品的测试，而且访问时间不能过长，不便问到一些私人问题，否则容易引起被访者的不满，因此不能询问较为复杂的内容，有一定的局限性。另外，调查人员的谈话方式、提问方法以及其他因素都会影响被调查者的回答。在如今社会中，由于越来越多的电话促销以及诈骗电话的骚扰，人们对于陌生电话越来越警觉，很多手机APP能够显示来电方的特点甚至拦截骚扰电话，因此潜在的被调查者越来越多地会挂断访问者的电话拒绝访问的进行。

4. 网上市场调研

网上市场调研（online marketing research）是通过网络进行调查、收集数据的调研方式，特别是现在互联网高速发展的时代，市场调研活动的方式也产生了巨大的变化。网上调研的方式非常之多，企业可以根据自身情况选择合适的方式进行。一些企业利用电子邮件、网页链接或网页视窗来邀请人们回答问题，一些企业会提供一定的奖金来吸引人们进行调查。企业可以利用信息技术，跟踪记录消费者的购物行为、网络浏览习惯等。

网络调查研究在新时代中的应用率急速提高，这得益于网络技术的迅速发展和人们观念的改变。传统的调研方式应答率普遍下降，同时调研成本也越来越高，而网络调研具有传统调研方法无法比拟的优势，体现在速度和成本两方面。调研人员可以通过网络如电子邮件、网页等方式把调查问卷迅速发放给被调查者，而这些被调查者能在几乎同时接收到信息，并通过相同的方式将回答好的数据传回。对于这样的方式而言，被调查者的数量对于成本的影响可以忽略不计，因为几份邮件和几万份邮件的成本没有显著差异。

除此之外，企业还可以在网上创立讨论小组进行定期反馈和现场讨论，也可以进行网上实验。如今也经常采用定性的网络调研方法，比如网络焦点小组等。这一方式是基于网络技术的焦点小组调研方式，网络将不同区域的人们联系在一起，只要筹备人员计划好讨论流程，这个焦点小组便可顺利进行。网上焦点小组可以通过网上聊天室讨论和网上留言板等方式进行，小组主持人要进行监督，同时保持小组讨论围绕主题进行，网络方式由于是较隐蔽的方式，被调查者通常能够较真实地反映其感受，这样小组讨论能够获得更多、更深的信息和数据。但是在虚拟世界中，缺少传统方式中可观察到的视觉、身体语言和人际互动，可能会限制被调查者的表现力。再者，网络调研方式很难接触到各个阶层的人，导致被调查者的选择较受局限。

（三）调查问卷设计

在收集原始数据时，通常可以利用问卷和仪器进行调查。调查问卷（questionnaire）由被调查者需要回答的一组问题构成。由于其灵活性，形式非常多样，迄今为止调查问卷仍是收集原始资料最常用的工具，可进行封闭性问题的调查，也可进行开放性问题的调查。在大规模发放调查问卷进行调查之前，研究人员需要仔细设计调查问卷，并对问卷进行测试和调整，之后才可以进行大规模的发放。问卷中问题的格式、词序和问题的顺序都会影响问卷的回答效果。

封闭性问题（closed-end questions）是调查者提供所有选项，被调查者在其中选择适合自己的选项，这种方法比较容易进行解释和统计，有多选和单选的形式。

开放性问题（open-end questions）允许被调查者用自己的话来回答问题，这种形式能够获得更多的想法。开放性问题在探索性调研中较多使用，因为调研者更想知道被调研者的想法。

进行问卷设计需要注意问题的描述不会给回答者任何暗示也不会导致偏差，要注意避免假设性的问题，避免问题的备选答案有重叠。

仪器也是一种在调研时会用到的调研方式，但通常较少使用。一些企业利用仪器来观察消费者的行为，还有一些企业利用仪器测量人们的身体反应。这些仪器能够捕捉被调查者最真实的反应。科技的进步会带来各种新科技设备在调研上的应用。

三、执行计划并分析数据

经过调研目标的确定和调研计划的制定后，便可以进行计划的实施。在这一过程中，调研人员收集、加工并分析数据。相关数据的收集可以通过本企业完成，也可通过代理公司完成。调研人员在调研过程中应该注意跟踪和监督，以确保调研按计划实施。

对于数据的加工和分析，调研人员还应该注意分离出重要的信息和发现，这些将是调研工作的重点和难点。其次，还要把收集到的数据转化为可以分析的形式。常用的分析过程涉及到很多统计方法，比如均值、中位数、标准差、方差等描述性的统计值。对于一些较大的定量调研活动，还会涉及到相关分析、回归分析、方差分析、因素分析等统计方法。

四、根据调研结果完成调研报告

在调研活动的最后，需要撰写调研报告。对于调研报告，调研者要注意不要用数字和各种统计结果来展示给管理者，这样的报告不是一份有效的报告。调研者应该将通过调研获得的重要发现和对决策有用的信息展示给管理者。两部分人员之间的讨论能够促使这项工作的完成。通常一份完整的报告应该囊括以下基本信息和内容：调研问题和目标，主要背景信息，调研方法及评价，以表格或统计图展示调研结果，调研结果的文字摘要和调研结论及建议。

最后，在市场营销调研中要注意公共政策和伦理问题。滥用市场营销调研可能会伤害消费者。市场营销调研中有可能引起公共政策和道德问题的，主要是侵犯消费者隐私和滥用调研结果。

延伸阅读

三分之二消费者个人信息被泄露

网络带来方便快捷的同时，个人信息泄露也成为不可忽视的问题。中消协日前发布的《2014年度消费者个人信息网络安全报告》显示，网络针对消费者个人信息"窃取"和"非法使用"的黑色产业链呈现爆发性增长态势，消费者因个人信息泄露造成的经济损失数目惊人。三分之二的消费者在接受调查时透露个人信息曾被泄露，六成被调查者认为，服务商暗自收集是个人信息泄露的最主要途径。

长常宇指出，近年来个人信息泄露事件频发，对网民造成了金融资产和个人信息安全等多方面危害。

专家为此呼吁应尽快建立个人信息保护标准规制，规范行业企业对消费者个人信息的采集和使用，通过有效的技术手段提升消费者个人信息数据库安全，从源头上斩断伸向消费者个人信息的"黑手"。

去年年底至今年年初，中消协联合360互联网安全中心发起了"网民个人信息保护状况调查"，调查结果显示，消费者对于互联网个人信息保护现状满意度低，将近六成的消费者选择非常不满意和不满意。

三分之二的消费者在接受调查时明确表示，过去一年内个人信息曾被泄露或窃取，有33.14%的受访者称，曾遭受过经济损失和人身伤害。

报告总结指出，不法分子非法获取消费者个人信息的形式主要包括无良商家盗卖、网络数据窃取、木马病毒攻击、钓鱼网站诈骗、二手手机泄露和新型黑客技术窃取等。中消协表示，一些掌握大量用户个人信息的商业机构由于管理不善，内部员工盗卖信息的事件时有发生。

中消协指出，我国未有统一、有效的法律制度作为保障也是不可忽视的因素，有必要尽快推动个人信息保护立法。

调查报告认为，要解决消费者个人信息泄露和滥用的"顽疾"，最终还应回归法治轨道。应明确网络服务商的企业责任，明确互联网企业应承担的社会责任。制定颁布统一的《个人信息保护法》，对个人隐私权全面保护。

（资料来源：三分之二消费者个人信息被泄露．京华网．http://epaper.jinghua.cn/html/2015-03/15/content_177016.htm）

第三节　市场预测

市场预测（market forecast）指在一定的营销环境和营销费用下估计市场的需求。在市场调查的基础上，利用科学的市场预测方法和技术，预测未来一定时期内市场供求趋势和影响市场营销因素的变化。市场预测的目的在于最大限度地减少不确定性对预测对象的影响，是引导社会生产、满足市场需要的重要手段；是企业制定经营战略、探索营销策略的依据；是提高管理水平、提高经济效益的基础。市场预测具有局限性，由于受到知识、经验、时间、条件等多方面因素的限制，市场预测不可能做到完全准确，预测值不可能与实际值绝对一致。

市场预测的范围非常广泛，例如市场潜力预测和企业需求预测。

（1）市场潜力（market potential）是指在既定的市场环境下，产业的营销支出达到极致时，市场需求所能达到的极限。最大市场需求对应于最高营销费用时的市场需求，在这时即便扩大营销力量也不会对市场产生刺激从而产生更大的需求。

（2）企业需求（company demand）是指企业在一定时间内，在各种不同公司营销活动的程度下，企业的市场需求占有率的估计值。企业的市场占有率与其产品、服务、价格、营销沟通和竞争对手等情况有很大的关系。企业得出公司的需求水平之后，便可选择与之协调的营销活动水平。

进行市场预测，一般要经过三个阶段，即环境预测、行业预测和企业销售预测：

（1）环境预测是通过分析通货膨胀、失业、利率、消费者支出和储蓄、企业投资、政府开支、净出口和其他因素，做出对国民生产总值的预测。根据环境预测，再结合其他环境特征进行行业预测和企业销售预测。

（2）行业预测是对某一行业市场和消费的现状分析和发展前景预测等，为相关行业人士提供参考。

（3）企业销售预测是指与计划水平的市场营销力量相对应的一定水平的销售额，是根据企业确定的市场营销计划和假定的市场营销环境确定的企业销售额的估计水平。企业销售预测并不决定营销程度与内容，只是在假设的营销支出计划下的结果。

一、市场预测的种类

企业的销售表现为一定商品、一定地区、一定时间和一定需求特性的销售量。根据经营管理的需要，市场预测分为商品层次、空间层次、时间层次和需求特性层次。

（1）商品层次的预测有很多类型，包括单项商品预测、同类商品预测、分消费对象的商品预测和商品总量预测。

①单项商品预测是对某种品牌、质量、规格、款式等具体商品的市场需求预测，主要研究某一特定商品的需求情况。

②同类商品预测是对符合特定条件的某一类商品按其不同特征进行市场需求预测，一般按用途分为食品类、服装类、日用品类等。

③分消费对象的商品预测，一种是按某一消费对象需要的不同商品进行预测，一种是按不同消费对象所需要的某种商品的不同特征进行预测。

④商品总量预测是对消费者所需的各种商品总量进行预测，主要为制定调整供需平衡关系的决策提供依据。

（2）市场预测的空间层次可分为国际市场预测、全国性市场预测、地区性市场预测、当地市场预测和行业或企业市场占有率预测。市场占有率预测是指在未来某时期内的一定市场范围内，对本企业的商品销售量或销售额占市场销售总量或销售总额的比例的变动趋势进行预测。市场占有率能够反映一个行业或一个企业经营效益水平，能够使行业或企业更加客观地了解其市场竞争地位，从而正确地规划发展目标、制定经营策略。

（3）市场预测的时间层次主要分为短期预测、近期预测、中期预测和长期预测四大类。企业应根据其在市场中所处的地位和预测目的进行适当选择，宏观经济管理部门比较侧重于中长期预测，中下层管理部门比较侧重于短期和近期预测，高层管理部门比较侧重于近、中、长期预测。

（4）市场由某种产品的实际消费者和潜在消费者构成，市场预测的需求特性层次主要包括潜在市场、有效市场、目标市场和渗透市场。

①潜在市场（potential market）是指那些对某种商品存在一定兴趣的顾客，他们是商品最大的销售市场，但并不是每个顾客都有能力支付该商品或者有渠道购买该商品。

②有效市场（available market）是指对产品有兴趣并有能力支付或有渠道接近产品或服务的消费者市场。对于某些市场所提供的产品，公司或政府机构会限定其仅能供给某些特定群体。

③目标市场（target market）是指在合格的有效市场中，企业需要追求的那部分市场。

④渗透市场（penetrated market）是指正在购买该公司产品的消费群体。

二、市场预测的步骤

市场预测的步骤一般为：明确预测目标、收集资料、分析判断、建立预测模型、做出预测。

（1）明确预测目标是进行市场预测的第一步，由于预测目的不同，预测内容和所需资料及方法都会有所不同。预测目标包括预测范围、预测领域和时间的要求。首先要明确预测的商品层次、空间层次和时间层次，其次要明确预测的精度要求。在目标分析的过程中，要多收集资料，选择合适的预测方法。通常可以将预测的总体目标进行逐层分解，从而明确对象的边界范围和预测目标的主题结构，在实际的分析预测过程中还可以进行不断的调整。

（2）收集资料是进行市场预测中比较重要的一个阶段。所需的资料基本分为两大类，一类是关于预测对象本身的历史和现实的资料，一类是影响预测对象发展过程的各种因素的历史和现实的资料。在实际操作中，资料的收集要注意广泛性和适用性。收集的资料不便利用的话，不仅浪费人力、物力、财力，还可能会对预测工作造成影响。对于收集到的资料还应做到整理和加工，筛掉与预测关系不大的资料。

（3）分析判断是对资料进行综合分析，并经过判断、推理、概括，由事物的现象深入本质，并根据需要选择合适的预测方法。通常是预测人员根据其现有知识储备和经验积累对现有信息进行分析。主要的分析判断内容大概有三方面内容：分析观察期内市场影响因素同市场需求量的依存关系，分析预测期的产供销关系，分析当前的消费心理、消费倾向及其发展变化趋势。

（4）建立预测模型时要考虑三个方面的因素，如预测目标、预测商品本身的特点和预测时现有的条件和基础。模型的建立要尽量实用，在达到预测要求的情况下，模型越简单越好。

（5）最后根据预测目标和收集到的资料，使用预测模型进行预测。

三、市场预测的内容

市场预测的内容非常广泛，有宏观和微观两大类，主要包括市场需求预测、市场供应预测、产品生命周期预测、企业生产能力预测和企业财务及环境意外事件的预测等。国家宏观管理部门进行的预测是宏观市场预测，主要研究社会商品购买力和商品供给量的平衡问题，分析商品供求的大致组成及变动趋势，预测各种商品的市场需求量和供给量。企业方面进行的是微观市场预测，但必须以宏观市场预测为前提来进行。

（1）市场需求预测是通过对消费者的购买心理和消费习惯的分析，以及国民收入水平和分配政策的研究，在一定地理区域和时期内，基于一定的营销环境和方案，预测社会的市场总消费。企业的营销预测主要有总市场潜量、地区市场潜量、实际销售额和市场份额等。

①总市场潜量是在一定时期内，在一定的行业营销努力水平和环境条件下，一个行业全部公司所能产生的最大销量。其计算公式为：

总市场潜量 = 潜在购买者人数 × 单个购买者平均购买数量 × 单位商品价格

②地区市场潜量是企业在某一区域范围内的营销预测，通常需要预测不同省份、

地区和城市的市场潜量。如果企业可以获得全部潜在购买者的详细资料清单和他们将购买什么商品的可靠估计，可以用市场组合法。而在实际中，通常会采用多因素指数法。多因素指数法是对每个因素赋予一定的权重，同时考虑一些其他因素如竞争者在当地市场上的经营水平、促销成本、季节因素和当地市场特性等来调整市场潜量。

③实际销售额和市场份额对企业来说是比较重要的数据，行业协会经常会收集和公布总的行业销售额，企业可以利用这个数据来估算自己在本行业内的绩效。除此之外，企业还需估算竞争对手的销售额。市场份额反映了企业在本行业中的竞争地位，企业在行业中的地位不同，其市场份额也不同。根据企业的市场份额和产品生命周期所处的阶段，企业可以制定合适的营销策略。

（2）市场供应是指在一定时期内可以投放市场以供出售的商品资源。市场供应预测是对进入市场的商品资源总量及其构成和各种具体商品市场可供量的变化趋势的预测。

（3）产品生命周期预测主要从销量、获利能力的变化进行分析，研究产品的需要和利润随时间变化的趋势，这个过程受到价格、经济发展水平、市场竞争和供需平衡等多个因素的影响。产品生命周期预测有利于企业根据产品不同生命周期的阶段做出正确的经营决策和计划，减少产品积压，能够促进新产品的研发，扩大产品市场。

（4）企业生产能力包括研发能力、营运能力和销售能力。其中企业生产能力预测主要从销售能力方面进行，它受到多种因素的共同影响。消费结构、国民经济、经济体制、流通渠道、交通条件、销售形式等的变化都会对企业的销售能力产生影响。

（5）企业财务及环境意外事件的预测对企业的经营也起着重要的影响作用。企业财务预测是对未来一定时期内企业经营活动所取得的收益和劳动成本进行预测，它能够为企业经营决策提供财务方面的科学依据。另外，企业经营环境的巨大波动会对企业造成巨大的影响。因此预测环境的变化，能够促进企业发展并抓住有利于企业发展的机会，尽量避开对企业经营发展不利的环境，在经营过程中能够进行动态的调整。这其中包括一些重大政策的发布、新科技成果的应用、自然灾害等方面的因素。

四、市场预测的方法

市场预测按方法和性质分为定性预测和定量预测。定性预测是凭人们的直觉和经验对市场的未来发展前景做出估计。定量预测是利用统计方法和数学模型对未来所进行的预测。

（一）定性分析预测法

定性分析预测法，主要是根据有关专家对市场情况的了解和对市场未来发展变化的估计，依靠专家的经验和他们的主观经验判断能力以及综合分析问题的能力，对市场未来的情况从数量上做出预测。定性分析预测法应用起来比较灵活方便；所花费的人力、物力、财力比较节省；所需时间比较短，时效性较强。它特别适用于缺少历史资料的市场现象的预测，如对投放市场的新产品的未来需求量进行预测等。定性分析预测法有集合意见法、市场调研法、德尔菲法和类比法四种。

1. 集合意见法

当对购买者进行询问的方式不可行时，企业可能会通过询问销售人员来估计未来的销量。集合意见法是指企业根据市场预测的目的和要求，向企业内部或外部的有关专家提供一定的背景材料，请他们就市场未来的发展变化进行判断。一些企业倾向于向销售人员征询建议，而大多数企业对销售人员的估计销售额会进行修正和调整，因为销售人员可能比较悲观或者乐观，可能会为了让公司设定一个较低的销售配额而做出较低的销售估计。如果想得到更贴切的销量估计，企业可以为销售人员提供一些帮助或奖励，比如提供营销计划的信息、过去的销售预测与实际销售的对比等资料。销售人员对销售预测的参与可以激发销售人员的信心，刺激他们达到销售目标，而且销售人员处于销售工作的最前沿，比其他人员更加了解销售的发展趋势。

2. 市场调研法

当企业无法获得良好的专家协助时，直接用市场调研法（marketing research）进行预测也是可行的。这种方法更适用于对新产品的销售额或对原产品在新渠道、新区域的销售额的预测。

3. 德尔菲法

德尔菲法（Delphi method）是20世纪40年代末由兰德公司创立的，也称专家小组法。这种方法是采用征询意见表，利用通信方式，向一个专家小组进行调查，将专家小组的判断预测加以集中，利用集体的智慧对市场现象的未来做出预测。这些专家包括经销商、分销商、供应商、营销顾问和贸易协会。德尔菲法在对专家意见进行调查时，采用"背靠背"的形式，这就克服了在专家会议法中经常发生的，各专家可能不能充分发表意见，权威人物的个人意见往往左右其他人的意见等情况。

4. 类比法

类比法也叫比较类推法，是指由一类事物所具有的某种属性，可以推测与其类似的事物也应具有这种属性的推理方法。其结论必须由实验来检验，类比对象间共有的属性越多，则类比结论的可靠性就越大。

（二）定量分析预测法

定量分析预测法包括时间序列分析法（移动平均法、指数平滑法和趋势延伸法）和因果分析法（回归分析法和经济计量模型法）。

1. 移动平均法

移动平均法是用一组最近的实际数据值来预测未来一期或几期内公司产品的需求量、公司产能等的常用方法。移动平均法适用于近期预测。当产品需求既不快速增长也不快速下降，且不存在季节性因素时，移动平均法能有效地消除预测中的随机波动。移动平均法根据预测时使用的各元素的权重不同，可以分为简单移动平均法和加权移动平均法。

2. 指数平滑法

指数平滑法是将历史统计数据中的随机因素加以过滤，消除统计数据的起伏波动状况，使不规则的线型大致规则化，以便把握事物发展的主流，突出事物发展的方向和趋势。指数平滑法源于移动平均法，是一种特殊的加权平均预测法。

3. 趋势延伸法

趋势延伸法是根据市场发展的连续资料，寻求市场发展与时间之间的长期趋势变动规律，用恰当方法找出长期变动趋势增长规律的函数表达式，据此预测市场未来发展的可能水平。

4. 回归分析法

回归分析法是利用回归分析方法，根据一个或一组自变量的变动情况预测与其有相关关系的某随机变量的未来值。

5. 经济计量模型法

经济计量模型，是表示经济现象及其主要因素之间数量关系的方程式。经济计量模型主要有经济变量、参数以及随机误差三大要素。经济变量是反映经济变动情况的量，分为自变量和因变量。参数是用以求出其他变量的常数。随机误差是指那些很难预知的随机产生的差错，以及经济资料在统计、整理和综合过程中所出现的差错。

各种预测方法的适用性见表 4-1。

表 4-1　预测方法的适用性

预测方法			适用性			
			近期	短期	中期	长期
定性分析法		集合意见法	√		√	
		市场调研法	√	√	√	
		德尔菲法			√	√
		类比法			√	√
定量分析法	时间序列分析法	移动平均法	√	√		
		指数平滑法	√	√		
		趋势延伸法	√		√	
	因果分析法	回归分析法	√		√	√
		经济计量模型法	√		√	√

最后根据预测方法和预测模型，推测预测目标的可能水平和发展趋势，做出分析和评价并得出最终结论。这主要有两类，一类是利用预测模型推测或计算出预测值，一类是判断评价预测值的合理性，最后确定预测结论。预测的误差必须控制在合理的范围内，评价预测精度有利于了解预测方法的良好程度，并探索改善预测方法的可能以提高预测精度。

延伸阅读

算法可以帮风险投资家做出更好的投资决策吗?

哈姆布雷特于 1968 年创立了自己的投资银行。说到按计算结果进行投资,大家可能不会首先想到他,但近来他确实在采用这种方法。哈姆布雷特是风投公司 WR Hambrecht Ventures 的合伙人,后者隶属于专门从事 IPO 的投资银行 WR Hambrecht and Company。他和常务董事托马斯·瑟斯顿紧密合作,创立了一种投资策略,把预测模型和克雷顿·克里斯滕森的颠覆性创新理论合二为一。瑟斯顿曾在英特尔担任业务开发经理,还是 Growth Science 的创始人,这是一家由三名成员组成的公司。瑟斯顿说,这是一家营利性智囊机构,"其科研工作及其开发的工具都围绕着一个问题,那就是怎样才能更好地预测初创公司、新产品或者收购计划等创新活动能否存活下来,还是会以失败告终?"Growth Science 采用专有数据库、数据采集方法以及算法在数据统计领域进行创新,以此计算业务模式和新技术获得成功的可能性。哈姆布雷特和瑟斯顿的合作方式非常有针对性——WR Hambrecht Ventures 投资的所有公司都通过了 Growth Science 的预先检验。瑟斯顿解释说:"在这个过程中,所有环节都没有人的主观性参与,我们通过各种算法,最终得出肯定或否定的结果。"

这些结果取决于很多因素,但瑟斯顿不愿意进行详细说明。不过,他把这些因素分为两类,一类在初创公司内部,另一类来自外部。瑟斯顿说:"我们发现,来自初创公司本身的预测因素只有 20% 左右(比如团队),另外 80% 则是初创公司以外的东西",比如市场、消费者、竞争者、技术趋势和时机等。他们还把这种测算方法设计为动态模式,而非静态。瑟斯顿指出:"我们更关心事物可能出现的变化,而不是目前的情况如何。"

(资料来源:Kirk Kardashian. 算法可以帮风险投资家做出更好的投资决策吗? 财富中文网 . http://www.fortunechina.com/investing/c/2015−08/10/ content_245457.htm)

思考题

(1)什么是原始数据? 怎样获得原始数据进行调研?

(2)问卷调查的设计需要注意什么问题? 以某一公司进行市场调研的问卷为例分析。

(3)市场营销的目标有哪三种?

(4)市场调研的流程是什么? 以某一公司进行市场调研为例进行说明。

(5)收集原始数据时通常会用调查法进行,调查法有哪些形式?

(6)什么是二手数据?

(7)时间序列预测分析法有哪些? 分别适用于哪些形式的预测?

(8)市场预测的流程是什么? 每一步的工作都有哪些?

![案例讨论]

微信的会员制营销

互联网及社交网络应用的发展，为消费者搜索与分享信息提供了重要手段。艾瑞网最新数据显示，截至 2014 年 8 月，PC 端社交服务月度覆盖人数为 4.7 亿人，同比增长 10.7%，环比增长 0.8%。在总体网民当中的渗透率为 92.6%。社交网络平台利用人们注册身份的真实性，将线下的关系网复制到线上，利用这些关系网传播信息更具有真实性，对于任何想要吸引消费者的企业来说，了解社交网络变得极为重要。目前的社交网络正在涵盖以人类社交为核心的所有网络服务形式，成为了互联网发展的一个重要部分。目前社交网络在世界各地均有知名的网站分布，如欧美的 Facebook、Bebo、Xing、Myspace，亚洲的 Mixi、开心网、人人网等等。2013 年，全球社交网络的普及率为 17.3%，2014 年将达到 20.4%，社交网络的登录人数多达全球互联网用户的三分之二，超过了电子邮件，成为全球第四大受欢迎的互联网服务。

微信会员制这种营销模式最早是腾讯微生活这个团队尝试做 O2O 闭环时推出的，类似于大众点评的电子会员卡模式，商家可以直接将会员后台以一个公众账号的形式搭建在微信平台上，也可以将传统的会员管理后台与微信公众账号进行对接，方便用户在微信中使用会员卡的功能，像招商银行用户就可在微信中绑定信用卡。

在微信 5.0 发布后，新增的微信支付功能进一步扩大了微信会员制的想象空间。例如，你挑选了一家餐厅，可以通过微信查看是否需要排队等号，如果需要可以远程排号，然后根据该餐厅公众账号推送的菜单点菜，并在微信内进行支付，其消费自动享受会员的优惠待遇，消费积分自动到账，除去就餐之外的所有环节全部在微信上完成。如果企业愿意，可以在就餐结束后推送就餐反馈调查，帮助企业提升服务品质。这就是许多企业和创业者都在追求的所谓 O2O 闭环，这个闭环之所以重要，是因为其可以沉淀用户数据，分析企业经营情况，提升企业服务水平。

江边城外是一家烤鱼店，在全国各地都拥有分店，其会员系统就建立在微信上，使用微信可以直接申请会员卡，每次消费的积分计入该卡，下次可以直接抵扣，还可以在会员卡中储值用于消费。这些信息都可以在微信中查看，此外还可以查看优惠信息、门店信息和菜品信息。该系统目前并不完善，还在建设中。

微信会员卡模式与大众点评会员卡模式不同的主要是会员管理。以前的电子会员卡只是传统会员的电子化，并没有附加价值，也没有提供短信群发之外的会员服务渠道，而微信公众账号可以实现这一点。微信公众账号的后台可以对用户进行分组管理，可以分组群发信息，可以根据用户回复进行信息拉取，可以自定义菜单，这些手段都让微信会员卡有了更多的应用场景和生命力，微信对于商家和用户双方都提供优质的服务。

除了餐饮服务等线下企业外，还有线上会员制的案例。某个明星有营销微信号，关注就可以成为其粉丝，但这个时候你还不是其会员。添加关注之后会收到一条欢迎图文消息，点开后是一个网页，与一般的图文消息打开后完全不同，这是一个定制化的页面，有8个方框菜单栏，包含参与其活动以及相关新闻、音乐、书籍、语音定制、会员区等菜单，每一个菜单都可以点击进入相应的页面。非会员也可以查看会员讨论区的部分内容但无法发言。用户选择成为会员需要进行微信支付。会员是有时限的，不会永久有效。根据需要选择后进行支付，即可成为会员，享受更多服务，例如优先报名明星见面活动、查看明星私房照等。

（资料来源：张新友，徐辉，苏欣.微信的会员制营销案例［J］.通信企业管理.2014.6）

思考题：

（1）结合案例，讨论微信等社交网络如何利用营销信息系统来吸引消费者？

（2）案例中，消费者根据该餐厅公众账号推送的菜单点菜，并在微信内进行支付，其消费自动享受会员的优惠待遇，消费积分自动到账。如果企业愿意，可以在就餐结束后推送就餐反馈调查，帮助企业提升服务品质。结合本章内容，讨论企业这一过程的营销活动对营销信息系统有何意义？

本章小结

营销信息系统是由人员、机器和程序一起构成的集合体，通常来讲，营销信息系统由企业内部资料系统、市场营销情报系统、市场营销调研系统和市场营销分析系统组成。企业通过市场营销信息系统收集相关信息，从中进行筛选和分析，经过评估后为管理人员提供适当、及时和准确的信息，而这些信息将会为市场营销管理人员在改进市场营销计划、执行和控制工作时提供依据。

在一些情况下，企业通过市场营销情报并不能获得其所需要的有价值的信息，这时便需要进行有针对性的市场营销调研，为企业进行下一步的营销活动和决策提供支持。市场营销调研是针对企业面临的具体问题，系统地收集、分析和评价相关信息，并对研究结果提出正式报告，以供决策部门解决这一特定问题。进行市场营销调研，首先要确定问题以及调研目标，之后要根据目标制定调研计划，然后执行计划并分析数据，最后根据调研结果完成调研报告。

在市场调查的基础上，利用科学的市场预测方法和技术，预测未来一定时期内市场供求趋势和影响市场营销因素的变化就是市场预测。根据经营管理的需要，市场预测分为商品层次、空间层次、时间层次和需求特性层次。市场预测的步骤一般如下：明确预测目标、收集资料、分析判断、建立预测模型、做出预测。市场预测按方法和性质分为定性预测和定量预测。定性预测是凭人们的直觉和经验对市场的未来发展前景做出估计。定量预测是利用统计方法和数学模型对未来所进行的预测。预测的误差必须控制在合理的范围内，评价预测精度有利于了解预测方法的良好程度。

关键术语

市场营销调研（marketing research）　　探索性调研（exploratory research）

描述性调研（descriptive research）　　因果性调研（causal research）

原始数据（primary data）　　二手数据（secondary data）

观察法（observational research）　　实验法（experimental research）

调查法（survey research）　　邮寄调查（mail questionnaire）

个人访谈（personal interviewing）　　电话访问（telephone interviewing）

市场预测（market forecast）　　企业销售预测（company sales forecast）

潜在市场（potential market）　　目标市场（target market）

移动平均法（moving average）　　指数平滑法（exponential smoothing）

趋势延伸法（trend extrapolation）　　回归分析法（regression analysis）

营销信息系统（marketing information system）

企业内部资料系统（internal information system）

市场营销情报系统（marketing intelligence system）

网上市场调研（online marketing research）

第五章

市场购买行为分析

【本章学习目标】

（1）了解市场的各种分类及特点。

（2）理解消费者市场及其特点。

（3）掌握消费者购买行为的影响因素。

（4）掌握消费者购买行为的类型。

（5）掌握消费者购买决策过程。

（6）理解组织市场及其特点。

（7）掌握组织购买行为的影响因素。

（8）掌握组织购买行为的类型。

（9）掌握组织者购买决策过程。

在线口碑对消费者购买行为的影响

近年来，随着计算机信息技术的迅猛发展，互联网的应用已经迅速普及到了中国人的工作、学习和生活中。人与人的信息传递不再受地理位置和时间的限制，人们可以在任何地方、任何时间进行方便快捷的信息交流和情感沟通。此外，人们几乎可以在互联网上找到所需要的任何信息，人们还可以发布信息供他人阅读。

在线口碑即是人们在互联网上进行交流的一种方式，人们通过在相关网站上发表自己对某种商品或服务的使用感受来为其他消费者提供参考信息。由于口碑的信息来源于消费者，相比于商家的广告宣传等更具有客观性，所以口碑的可信度和影响力是十分巨大的。在当今的网络时代，在线口碑可以被完整、长期地保存在网络上，因此，越来越多的消费者在购买商品前喜欢在网络上查看口碑信息来帮助自己做出购买决策，也有越来越多的消费者喜欢在使用完商品后将自己的心得体会上传到互联网上供其他消费者参考，由此商品的在线口碑迅速地发展并壮大了起来。

随着网络的不断多元化，在线口碑的表现形式也越发丰富多彩。目前比较流行的在线口碑主要有用户在线评论（如淘宝网、当当网等允许消费者上传自己对该产品的看法、意见和使用心得等）、网上论坛（如太平洋汽车论坛网，为广大汽车爱好者提供了在线交流的平台）、博客或微博（如新浪微博，广大消费者不但可以进行相互交流，还可以直接与各大品牌公司的微博进行互动）、电子邮件（比较传统的在线口碑）和通过一些即时通讯软件进行的在线口碑（如MSN、QQ和阿里旺旺，这些软件可以为用户提供一对一或多对多的文字、语音乃至视频的交流）等等。其中用户的在线评论形式最为丰富，其作为在线口碑的影响力最大，也是在线口碑中最主要和最重要的一部分。用户在线评论不仅存在于各大网络商城（如京东商城、淘宝网、凡客诚品等）、团购网站（如美团网、糯米网等），还存在于一些专门的在线评论网站（如大众点评网）。此外，用户在线评论会出现于门户网站上的一些板块。由以上在线评论的存在形式可以看出，在线评论与产品销售紧密相关，因而相对于其他在线口碑的交流形式，在线评论最能体现在线口碑的传播效果。相比于其他在线口碑的表现形式，在线评论具有独特的优点。

在线评论的情感特性反映了口碑的劝说作用。用户通过在线评论表达出自己对已使用的商品的使用感受和好恶态度，很多潜在消费者在阅读到这些在线评论后，由于与评论的发布人都是消费者，处于同一情景和立场之中，所以会对该产品产生同样或者类似的情感态度，从而影响其决定是否购买该商品。现以汽车为例加以说明：由于汽车属于高价商品，人们购买汽车前会对汽车的各方面性能进行全面评估。汽车的很多属性都受到广大潜在消费者的关注，比如汽车的外形、内饰、性能、售后、舒适度、油耗、动力、空间等。用户对汽车这些属性的评价也会对消费者做购买决策产生影响。

还有一些因素可能影响着汽车消费者的购买行为。比如汽车的价格对汽车销量存在一定的影响。不同汽车的价格反映了汽车的成本和汽车的品牌价值等。汽车的价格越高，有能力购买该汽车的消费者就越少，人们在购买高价汽车时会更加谨慎，因而高价汽车的销量会相对较少。

（资料来源：程小叶.汽车在线口碑对消费者购买行为影响的实证研究[D].哈尔滨工业大学.2012.）

本章首先介绍了市场类型及其特点；其次介绍了消费者市场的特点、购买行为的类型和影响因素，以及消费者的购买决策过程；然后介绍了组织市场及其特点，包括组织购买行为的类型及特点、相关影响因素和组织购买的决策过程。

第一节　市场类型及购买行为

一、现代市场的特点

市场是商品交换的场所，是不同生产者通过买卖方式实现产品相互转让的商品交换关系的总和，是某种商品或劳务的所有潜在购买者和现实购买者的需求总和。

市场 = 消费主体 × 购买力 × 购买欲望

现代市场是一切公开交易行为的集合，包括三个必不可少的要素：市场主体、市场客体、市场规则。市场的必要条件是具有能够满足消费者某种需求的一定量的商品或劳务，这是市场的物质基础，其次要具有一定量的由货币购买力所形成的有支付能力的需求，最后要有从事经营市场交换活动的人，包括生产者、经营者和消费者。

市场的作用在于能够为买卖双方提供商品信息，是实现和检验商品价值的场所，也是国家对整个国民经济进行宏观调控和管理的中心环节。简言之，市场具有的功能有统一联系功能、信息引导功能、市场调节功能、收入分配功能、优胜劣汰功能。市场的交易原则是自愿原则、平等原则、互利原则、商业道德。

现代市场的主要特征有统一、开放、竞争、有序。统一的市场，不仅使消费者在商品的价格、品种、服务上能有更多的选择，也使企业在购买生产要素和销售产品时有更好的选择。开放的市场，能使企业之间在更大的范围内和更高的层次上展开竞争与合作，促进经济发展。竞争的市场，竞争是指各经济主体为了维护和扩大自己的利益而采取的各种自我保护行为和扩张行为，努力在产品质量、价格、服务、品种等方面创造优势，充分的市场竞争，会使经济活动充满生机和活力。有序的市场，要完善行政执法、行业自律、舆论监督、群众参与相结合的市场监管体系，市场的有序性能保证了平等竞争和公平交易，保护了生产经营者和消费者的合法权益。

要培育统一开放和竞争有序的市场体系，必须努力促进市场主体的多元性、市场体系的开放性、市场交易的规范性，形成合理的价格机制，提高整个国民经济的市场化程度，具体要做到：促进各类市场平衡发展，打破地区部门分割封锁，建立市场价格形成机制，不断完善市场交易法规。

二、市场划分

市场是一个有机的整体并且几乎无处不在，根据不同的结构标准，可以对市场进行不同的分类，从不同的角度可以将市场分为不同的类型。

（1）按交易对象的最终用途可分为用于生活消费的消费资料市场和用于生产消费的生产资料市场。

（2）按交易对象是否具有物质实体可分为有形的货物市场与无形的服务市场。

（3）按交易对象的具体内容不同分为商品市场、技术市场、劳动力市场、金融市场、信息市场等。

（4）按人文标准可分为妇女市场、儿童市场、老年市场等。

（5）按市场状况可分为买方市场和卖方市场。

（6）按市场的地理位置或商品流通的区域可分为国内市场（包括北方市场、南方市场、沿海市场等）和国际市场（包括国别市场和区域市场）。

（7）按市场交易的时间，可以分为以商品实体为交易对象的现货交易市场，以标准化的成交合约为交易对象的期货交易市场，以协议价格买卖产品、有价证券、期货合约的权利为交易对象的期权交易市场。

（8）按购买者的购买目的和身份来划分，可分为消费者市场和组织市场。其中，组织市场是指工商企业为了进一步生产、加工、再销售、再分配的业务活动以及非盈利组织为履行职责而购买产品和服务所构成的市场，其中包括产业市场、中间商市场、政府市场。

（9）按市场竞争的程度可以分为完全竞争市场和不完全竞争市场。其中，不完全竞争市场又可以进一步细分为垄断竞争市场、寡头垄断市场、完全垄断市场。

延伸阅读

电商排队上市，京东阿里鼎定格局

随着2014年京东、阿里巴巴的相继上市，中国电子商务市场竞争格局基本成型。

电商平台捞快速钱的时代已经过去，未来的竞争将回归于务实和创新。5 月中国电商公司在海外资本市场十分引人注目。美国时间 5 月 23 日，京东商城登陆纳斯达克，开盘价 21.75 美元，较 19 美元的发行价上涨 14.5%，当日最高涨至 22.50 美元，若以收盘价计算，京东市值约 285 亿美元，在已上市的中国互联网公司中排名第三，仅次于腾讯和百度。京东招股书显示，刘强东本人持股比例为 18.8%，以此计算刘强东身价超过 60 亿美元。

2014 年 5 月 17 日凌晨，一家中国电商企业登陆美国纽交所，这就是 2013 年以 22.1% 的市场份额排名中国美妆电商领域第一的聚美优品。上市当天，聚美的开盘价为 27.25 美元，总市值达到 39.18 亿美元，均高于此前预估。IPO 前夕，聚美优品增加了发行股本，扩大了融资额度，最终融资额为 4.3 亿美元，比之前拟定的最高融资额高出 5000 万美元。上市后，聚美优品创始人兼 CEO 陈欧，将持有公司 50892198 股 B 类普通股，占股比例为 35.8%，投票权 75.8%；联合创始人戴雨森持有 B 类普通股 7912642 股，占股比例 5.6%，投票权 11.8%。陈欧凭借聚美优品上市成为赴美敲钟的最年轻 CEO，其个人财富一度超过 15 亿美元。

目前国内电商企业赴美上市仅有麦考林、当当网、兰亭集势、唯品会四家，而此次京东商城、聚美优品上市拉开了国内电商赴美上市的大幕，消息称阿里计划 8 月在纳斯达克上市，具体时间尚未公布，阿里上市后市值预估将达到 2000 亿美元的规模。同时从近期发布的数据来看，包括京东、当当、唯品会在内的主要电商营收都出现较好增长，京东 2013 年净营收 693.4 亿元，比 2012 年的 413.8 亿元增加了 67.6%。当当网 2014 年第一季度财报显示，当当网第一季度总营收近 2.8 亿美元，同比增长 30%；净利润达到 30 万美元。唯品会财报显示，2014 年第一季度营收 7.019 亿美元，比 2013 年同期的 3.107 亿美元增长 125.9%；这些数据表明 2014 年度中国电商已经渡过初期的野蛮生长阶段，集体步入良性发展期。

中国电子商务研究中心的报告显示，2013 年中国网络零售市场交易规模达 18851 亿元人民币，占到社会消费品零售额的 8.04%。约 60% 的网络消费取代了线下零售，其余的 40% 则是如果没有网购就不会发生的新增消费，这意味着网络销售市场具有很强的新增消费能力。而在美国、日本，其网络零售市场交易规模已占到社会消费品零售额的 40% ~ 50%，中国电子商务市场尚有较大的发展空间。随着京东、阿里的相继上市，中国电子商务市场竞争格局基本成型：根据国际市场对于垄断的定义，市场份额占据 20% 以上的企业称为寡头垄断企业或一级市场垄断企业，市场份额占据 50% 以上的称为超级垄断企业或二级市场垄断企业，京东正在努力靠向 20% 的一级市场垄断，并随着其与腾讯紧密合作，整合易讯和拍拍的业务，在微信银行卡应用中绑定入口频道，达到 20% 的份额指日可期。

阿里则一直徘徊在 50% 的二级市场垄断，当腾讯在移动购物领域打得阿里不能翻身的时候（现微信已经成为手机移动购物发展最快的平台，而阿里在移动端除了淘宝和天猫两个依托于原购物平台的 APP，没有其他的有效拓展，与美丽说和蘑菇街的并购也因为控制权的问题无法达成），阿里悄悄地将速卖通平台迅速做大，将跨境电商的市场份额收入囊中，或许电子商务才是阿里的本业基因。而剩下的市场份额将被唯品会、当当、亚马逊、聚美、乐蜂、好乐买等各类具有垂直属性的电商平台瓜分，其中唯品会将是市场重点关注的对象，整合了乐蜂的唯品会不但具有其上千万的忠实会员，同时它将特卖模式发挥到极致，唯品会已经成为淘宝、天猫大卖家处理库存和线下零售品牌接入电商的第一平台，唯品会的销售规模以每半年翻一番的速度快速增长（2014年3月4日，唯品会发布了截至12月31日的2013年第四季度及全年财报。正如事前不少分析师所预测的，唯品会实现了连续五个季度的持续盈利，净利润同比翻了三倍，市值超过百亿元）。笔者预测，2015年将是阿里、京东、唯品会的三足鼎立且混战的年代。

2014～2015是电商最好的时代，因为消费者已经成熟，80、90后成为消费的主力，而网络是他们的首选。但这也是最坏的时代，电商平台捞快速钱的时代已经过去，投机心理趋于平和，他们认识到互联网思维不仅仅是将货放在互联网上，同时是基于口碑和品牌的市场行为，电子商务回归于务实和创新。螺旋上升是事物发展的本质规律，中国电商市场虽然看似在转圈，实则在进步。

（资料来源：励辉旻.5月电商排队上市，京东阿里鼎定格局.财富中文网.http://www.fortunechina.com/column/c/2014-05/23/content_206676.htm）

第二节　消费者购买行为分析

消费者市场（consumer market）是指为了满足生活消费需要而购买商品和服务的一切个人和家庭。消费者市场是商品和服务的最终归宿，其他市场如产业市场、中间商市场等，虽然购买量很大，但最终还是为消费者服务。消费者的需求如按需求的起源分为生理性需要和社会性需要；按需求对象的性质分为物质需要和精神需要；按需求的层次分为生存需要、享受需要和发展需要；按需求的社会属性划分，可分为权力需要、交际需要和成就需要。

一、消费者市场的特点

消费者市场的需求有以下特点：

（1）无限扩展性。消费者的需求是无止境的，随着消费者收入的提高和科技的进步，消费者的需求也会不断发展。

（2）多层次性。由于时间、群体、社会地位、收入水平和文化修养等各个方面的差异，导致消费者的需求表现为多层次性。很多品牌或产品都将产品线分为高端产品线和中低端产品线，就是为了满足消费者多层次的需求。

（3）复杂多变性。消费者人数众多，由于各种因素的影响和制约，对不同商品或同类商品的不同品种、规格、式样、价格、服务等方面的需要差异非常大。

（4）可诱导性。大部分的消费者需求是在外部刺激诱导下产生的，比如新产品和新服务的出现、企业营销活动的影响、政策的引导等。

（5）伸缩性。消费者购买商品和服务的数量和种类，受购买力和价格的影响。消费者对于生活必需品的需求比较均衡且有一定的限度，所以弹性较小。对于一些非必需品，由于选择性强，所以消费需求的伸缩性就比较大。

（6）可替代性与相关性。可替代性是指消费者某一方面的需求可由多种商品来满足。相关性是指消费者对某一商品的需求会引起对相关商品的需求。

二、消费者购买行为的影响因素

影响消费者购买行为的因素有：文化因素、社会因素、个人因素、心理因素。这几方面的因素对消费者行为的影响程度不同。对消费者购买行为影响最深远的是文化方面的因素，其次是社会因素。消费者个人及其心理特征对消费者行为具有直接和决定性的影响。这些影响因素对消费者行为的影响和相互关系如图 5-1 所示。

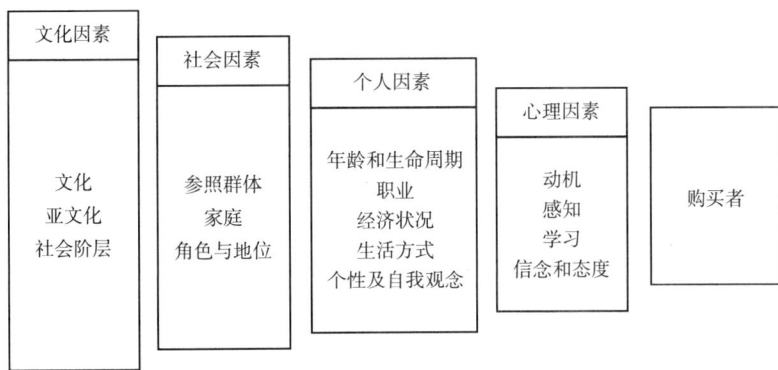

图 5-1　消费者购买行为的影响因素

（一）文化因素

文化因素包括对消费者行为起到影响作用的文化、亚文化和社会阶层等因素，是对消费者行为影响最广泛和深远的因素。

1. 文化

文化（culture）是指一定社会经过学习获得的、用以指导消费者行为的信念、价值观和习惯的总和。特定文化环境中的消费者有自己的文化习惯、价值观、认知和喜好等，这些观念对消费者购买行为有很大影响。比如欧洲人常被认为更喜欢出席艺术活动，美国人通常被认为更崇尚自由，德国人通常被认为更严谨。另外，文化不是一成不变的，它受到各种复杂因素的影响，从在漫长的时间长河来看，文化也是会发生变化的。

2. 亚文化

每种文化都由许多更细小的亚文化组成。亚文化（subculture）指有相同的生活经历和背景而具有共同价值体系的人群，包括民族、宗教团体、种族团体、地方团体等。许多亚文化形成了重要的细分市场，影响着厂商的产品设计和营销活动。例如美国有拉美裔、非裔、亚裔和老年消费者等亚文化市场。我国是个多民族国家，各民族都有自己的语言、风俗和习惯，这些会影响到消费者的购买行为。不同地区的经济水平、地理环境和风俗也会影响人们的消费行为。

3. 社会阶层

社会阶层（social class）是社会中按照某种层次排列、较同质且具有持久性的群体。在不同的社会形态下，社会阶层的划分依据是不同的。同一社会阶层的成员大多拥有相似的价值观、兴趣和行为，一个人所属的社会阶层也会影响其行为和态度。社会阶层不是由任何单一变量决定的，而是由职业、收入、财富、教育以及价值观综合决定的。不同社会阶层的消费者对产品和品牌有不同的需求和偏好，所以一个产品或服务不可能同时满足所有阶层的需求。有时候收入水平相同的消费者，由于社会阶层不同，其生活方式和消费行为会有显著差别。

延伸阅读

兰博基尼推出 SUV，迎合中国市场

中国的 SUV 市场持续火爆。现在，就连一向冷艳的超跑品牌兰博基尼也按捺不住，推出首款 SUV 车型 Urus。这款兼具锐利线条、加宽轮圈和赛车美感的 SUV 的命运，在很大程度上掌握在中国消费者的手中。

今夏早些时候，年销量只有几千辆，但单品价格高达几十万美元的意大利超级跑车品牌兰博基尼宣布将推出一款运动型多用途车。这款看上去棱角分明的概念车叫 Urus，曾于 2012 年在北京首次亮相。它的外形拥有兰博基尼汽车固有的花花公子风格：锐利的线条、加宽的轮圈、赛车的美感。其规格让一众博客大为惊叹：它拥有 600 马力引擎，尽管车高不够突出（还不到 6 英尺），但离地净高却相当可观。

在 20 世纪 80 年代，兰博基尼曾经尝试过推出一款流行的 SUV，即类似于悍马的 LM002，不过最终失败了。这一次兰博基尼卷土重来，显得信心满满。公司表示，SUV 的销量将会促使兰博基尼的销量在一夜之间翻番，达到一年 6000 辆，并让这家以品种单调著称的公司变得多元化。他们认为：那些拥有兰博基尼超级跑车，可能会在需要更多空间时驾驶其他公司豪华 SUV 的客户，现在可以把 SUV 升级成为拥有同样意大利风格的兰博基尼产品。

2018 年开售后，大量 Urus 可能会出现在曼哈顿、洛杉矶或莫斯科的街头。不过，这款 SUV 最大的潜在市场还是中国。中国消费者的鉴赏力正在以前所未有的方式推动，甚至影响到奢侈品制造商的决策，汽车制造商更是首当其冲。

尽管中国经济已经开始放缓，但透过这款兰博基尼 SUV，我们有机会一窥那些依赖中国提升业绩的行业的真实状况。唱衰中国经济的人没有注意到的是，中国消费者的支出正在提高，这就是为什么出现在报刊头条的中国 GDP 增长速度其实并没有表面上那么糟。例如，中国国家统计局的数据显示，今年上半年消费者服务行业增长了近 8.5%，而工业产值只增长了 6.1%。如今，服务业占中国 50% 的 GDP，虽然低于美国的 80%，却仍有增长之势。中国消费者的购买力正在变得更加强劲。

正是出于这一背景，跨国公司纷纷开始迎合中国消费者的品位，从电子产品（苹果公司首席执行官蒂姆·库克承认，中国是苹果推出金色款 iPhone 和金色款苹果手表的重要原因）到食品（可口可乐在中国推出的美汁源果粒橙迅速引起轰动，可能将走出中国市场），再到汽车，不一而足。

兰博基尼表示，该公司推出这款 SUV 的原因很简单，那就是 SUV 目前太火爆了。该公司首席执行官史蒂芬·温克尔曼在本月接受汽车新闻网站 Autoblog 采访时表示："在全球范围内，SUV 领域仍在快速发展。"

现在提问：全球最大的汽车市场是哪里？答案是中国。那么中国发展最快的汽车领域是什么？答案是 SUV。

所以温克尔曼可以更直接地说："中国是我们继美国之后的第二大市场，他们爱上了 SUV，我们不敢错失这个机会。"

中国喜爱 SUV 及其代表的一切——马路上的崇高地位，掌控力量的感觉，驶出城市、爬上山坡的无拘无束。在今年第一季度，中国几乎一半的新上牌车辆是 SUV。中国如今是全球最大的 SUV 市场。中国汽车工业协会的数据显示，去年全国的 SUV 销量增长近 30%，而轿车销量只增长了约 10%。有趣的是，也有传闻称，豪华 SUV 不如豪华轿车那样招摇——中国政府轰轰烈烈的反腐运动也给 SUV 营造了发展良机。

保时捷就是这种新思维的典范。在北京和上海的富有社区，保时捷卡宴随处可见。去年，保时捷卡宴在华销量几乎占其总销量的三分之一，中国轻松地成为这款豪华 SUV 的最大市场。卡宴的热销也推动保时捷在中国的整体销量提升了 25%。去年保时捷在中国的整体销量只比美国少了不到 100 辆。

在中国，保时捷卡宴的销售取得了巨大的成功。不过随着中国富豪数量不断增长，中国政府持续推进针对炫耀性消费的反腐运动，保时捷适时推出了另一种更廉价的选择。2014 年，保时捷推出了 Macan SUV，装备了可供选择的四缸发动机，这是保时捷 20 年来第一次这么做。Macan 在中国的售价几乎只有卡宴的一半，部分原因是降低了汽车排量的税费。研究机构 IHS 表示，Macan 上市不到一年就在中国卖出了 9374 辆，超过了其他任何国家。IHS 还预计该款车型在 2015 年的销量将达到 29376 辆。

保时捷并非唯一调整产品线以符合中国需求的汽车制造商。宝马和奔驰也推出了更小款式的 SUV。与此同时，重新设计船型林肯大陆 SUV 时，福特一心想的是中国市场。在今年接受《洛杉矶时报》采访时，一位福特副总裁表示："这不是为美国市场开发的车型，我们看重它在中国的表现。汽车的后排座椅设计优先考虑了中国消费者的需求。"

（资料来源：Scott Cendrowski. 兰博基尼推出 SUV，迎合中国市场. 财富中文网. http://www.fortunechina.com/business/c/2015-08-26/content_24634 8.htm）

（二）社会因素

消费者行为受到的社会因素方面的影响包括参照群体、家庭、角色与地位。

1. 参照群体

参照群体（reference group）是指那些直接或间接影响人的看法和行为的群体，分为直接参照群体和间接参照群体。直接参照群体分为首要群体和次要群体。首要群体是指与消费者经常直接接触的群体。次要群体是指对其成员影响不经常的群体。间接参照群体是指影响消费者的非成员群体，分为向往群体和厌恶群体。向往群体是消费者想要加入的群体。人们总会羡慕一些人或群体，希望能够加入到这一群体中去，这一群体的喜好会影响人们的喜好，因此人们的消费行为会受到这一群体的影响。厌恶群体是指消费者讨厌的群体。消费者不愿意与厌恶群体发生任何联系，因此对这一群体喜好的东西会尽量保持距离。在现代社会中，需要注意在线社交网络和口碑的影响。例如微博、微信等自媒体的影响正在迅速发展。参照群体对消费者购买行为的影响，表现在三个方面：参照群体向人们展示新的行为模式和生活方式；由于消费者有效仿其参照群体的愿望，因而消费者对某些事物的看法和对某些产品的态度也会受到参照群体的影响；参照群体促使消费者的行为趋于某种"一致化"，从而影响消费者对某些产品和品牌的选择。

2. 家庭

家庭是社会的细胞，是人类社会的一个基本组织单位，对人们的影响最深远最持久。人们的价值观、习惯、爱好、消费观等大多是在家庭的影响下形成的，因此家庭对消费者的购买行为有很重要的影响。但是其影响程度会受到国家和地区的影响。

3. 角色与地位

消费者在不同的群体中，承担不同的角色，具有不同的社会地位，因而产生不同的消费需要。

（三）个人因素

1. 年龄和生命周期阶段

人在不同年龄的消费欲望和兴趣不同，购买消费品的种类和消费行为也会有很大区别。例如消费者在单身阶段，求新意识强，消费观念时尚，乐于追求自我价值的实现，这时候消费者更乐于进行服饰、新产品以及旅游产品消费。当消费者结婚后，在小孩学龄阶段前，消费者的消费会更倾向于婴幼儿用品和学前教育产品。

2. 职业

职业也会影响消费者的消费行为和购买方式。营销人员应该根据消费者的职业特点设计营销策略。

3. 经济状况

经济因素主要包括商品价格、消费者收入和商品效用及经济环境等。

（1）商品价格是影响消费者购买行为最直接、最关键的因素，主要表现在三个方面，消费品的价格、消费品的预期价格、相关的其他消费品价格。消费品的价格较高，消费者的需求和购买便会减少，反之会增加。需求弹性大的商品，如果价格变化大的话消费者的购买行为会随价格而变化。需求弹性小的商品，如果价格变化大的话，则消费者的购买行为变化较小。另外消费者对特定的消费品有预期的心理，一般都有一个预期的心理价位，这会影响消费者的购买行为。除此之外，其他替代品或相关产品的价格也会影响消费者的购买行为。

（2）消费者收入是决定消费者购买行为的重要因素。不同层次的收入水平决定不同层次的需求和倾向。遵循的是"最大边际效用"原则，即希望根据有限的收入和信息，通过购买使自己获得最大的满足。经济状况会影响消费者对产品的选择和对价格的反应。经济状况包括消费者的可支配收入、储蓄与个人资产、举债能力和对消费与储蓄的态度。

（3）商品效用是指消费者消费该商品所获得的满意程度。消费者的购买行为是一种理智行为，他们总会在预算允许的范围内做出最合理的购买决策。消费者总会在自己收入范围之内尽量考虑以最合理的方式安排开支，最大限度地满足自己的需求。

（4）经济环境也会影响消费者的消费行为。在经济环境良好的时候，人们倾向于加大消费，而在经济环境不佳时，很多人倾向于缩减不必要的开支。

4. 生活方式

生活方式是个人行为、兴趣、思想方面所表现出的生活模式。生活方式影响着消费者的购买行为和购买决策。例如崇尚小资生活的白领会更倾向于精致的产品和服务。

5. 个性及自我观念

个性是导致一个人对客观环境做出一贯、持久反应的明显心理特征。它表现在一个人的气质、性格、能力和兴趣等方面。自我观念是消费者个体对自身一切的知觉、了解和感受的总和。人们通过自我观念形成他们对自己身份的认识，从而产生习惯性行为。品牌也有个性之分，很多知名品牌都有自己独特的个性，而消费者更倾向于购买与自己个性和自我观念相一致的产品。

（四）心理因素

心理因素的影响涉及消费者购买活动的各个方面和整个过程，主要包括动机、感知、学习、信念和态度。

1. 动机

动机（motivation）是指消费者潜意识里的一种心理活动，它能够及时引导人们去探求满足自己需要的目标。西格蒙德·弗洛伊德（Sigmund Freud）的动机形成理论在营销学上有重要的意义，他指出了消费者行为同时受到心理和产品两方面因素所激励，如某些产品的外形，可引起消费者的某些情感和联想，从而促成购买行为。阿伯拉罕·马斯洛（Abraham Maslow）的需求层次理论阐明了人类的需求是分层次排列的，从最迫切的需求到最不紧迫的需求，分别是生理需求、安全需求、社会需求、尊重需求和自我实现的需求。人们总是会先满足对自己最重要的需求，当这种需求满足时便不再是一种激励因素，然后才会考虑次要需求的满足。

2. 感知

感知（perception）是人们通过收集、整理并解释信息，形成有意义的世界观的过程。感觉包括视觉、听觉、嗅觉、触觉和味觉，由于选择性关注、选择性曲解和选择性记忆这三种认知过程的存在，每个人接受、组织和解释这些感官信息的方式都不相同。选择性关注（selective attention）是指人们常常忽略其接触到的大多数信息，这意味着营销人员需要尽力吸引消费者的注意。选择性曲解（selective distortion）是指人们倾向于选择符合自己意愿的方式理解信息。选择性记忆（selective retention）是指人们常常会忘记自己接触过的大多数信息，只会记住那些符合自己态度和信念的信息。因此营销人员需要不断地向市场发送消息，以确保消费者能够正确接收并记住。

3. 学习

消费者在购买和使用商品的实践中，逐步获得知识、积累经验，并根据经验调整购买行为的过程，称为学习。比较普遍的是"刺激—反应（S—R）"模式。这种理论认为，人的学习过程包含五种连续作用的因素：驱策力、刺激物、提示物（诱因）、反应和强化。

4. 信念和态度

消费者在购买和使用商品的过程中形成了信念和态度，这些信念和态度又反过来影响其购买行为。信念是人们对事物所持有的认识，有的信念建立在科学基础上，而有的信念建立在偏见的基础上。消费者在长期的学习和社会交往中形成了自己的态度。不同的信念可导致不同的态度，消费者的态度一旦形成则很难改变，企业应该设法改变设计和推销方法来适应消费者的态度，这比改变消费者容易得多。

（五）购买者

1. 购买行为模型

消费者每天都在制定购买决策，营销人员通过各种信息手段可以了解消费者的购买商品、购买地点、购买时间、购买数量等信息，但对于消费者为什么购买这个商品的问题却很难回答。消费者购买行为模型阐述了这一系列决策的过程，如图5-2所示。

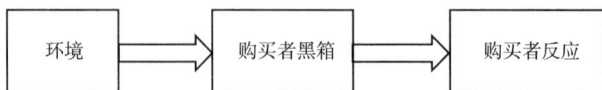

图 5-2 消费者购买行为模型

从消费者购买行为模型可以看出，环境因素的刺激进入购买者黑箱产生作用，这些因素包括产品、定价、渠道和促销构成的市场营销刺激，还包括经济、技术、社会、文化等购买者所处环境中的重要力量和其他刺激。这些环境因素进入购买者黑箱，并转化成一系列可以观察的购买者反应，如购买品牌和公司关系行为、买什么、什么时候买、在哪里买、买多少。在这个过程中，消费者的特征影响他对刺激的感知和反应，其次购买者的决策过程本身影响着购买者的行为。

2. 购买行为类型

消费者的购买行为会因购买不同产品或品牌而存在较大差异。消费者在购物时由于先前的经验、兴趣、风险的知觉、情景和自信心的不同，参与程度也存在差异。

根据消费者性格分析，可将消费者购买行为分为六种类型：习惯型、理智型、冲动型、经济型、情感型、不定型。

根据消费者购买产品的不同和消费者购物时的参与程度不同，可分为四种类型，分别是复杂的购买行为、寻求多样性的购买行为、降低失调的购买行为、习惯性的购买行为（图5-3）。

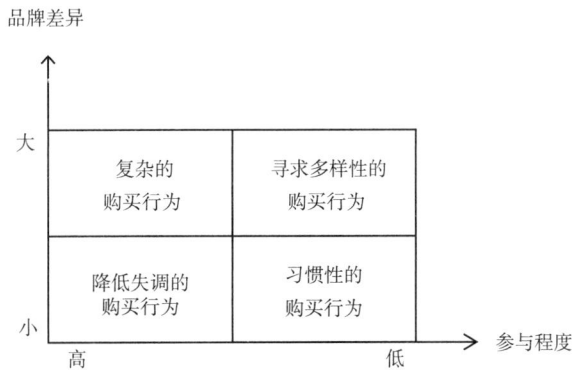

图 5-3　消费者购买行为类型

（1）复杂的购买行为。复杂的购买行为（complex buying behavior）是指购买价格高昂、购买频率低的、不熟悉的商品，会投入很大的精力和时间，需要经过复杂的了解与认知过程。通常如果消费者不了解产品的类型、性能，不了解品牌之间的差异，缺少购买、鉴别和使用这类产品的经验和知识，则需要花费大量的时间收集信息、学习相关知识并做出比较、鉴别和挑选等的购买努力。在这个购买行为过程中，消费者经历了一个学习的过程，首先对产品产生信念，之后逐渐转换成态度，并最终做出购买选择。

（2）寻求多样化的购买行为。寻求多样化的购买行为（variety-seeking buying behavior）是指消费者在购买某些价格不高但品牌差异显著的产品时，容易有很大的随意性，频繁更换品牌。在购买前不做充分评价，入手后再做评价，在下一次的购物时又转换其他品牌。转换的原因是想尝试新产品、寻求产品多样化，但并不是对原来购入的产品有不满之处。由于实际中各个品牌差别明显，新产品不断出现，消费者在重复购买时会不断更改花样。市场领导者会通过占据主要货架空间、不断补充货架商品和经常投放提示性广告来鼓励消费者的习惯性购物行为，比如可口可乐、宝洁等品牌会经常投放大规模的广告来提醒消费者。市场挑战者则通过一系列的措施比如提供低价、优惠、折扣、免费样品和倡导试用新鲜事物的广告，来鼓励寻求多样性的购买行为。

（3）降低失调的购买行为。降低失调的购买行为（dissonance-reducing buying behavior）是指消费者在购买产品时的介入度并不高，购买之后容易产生后悔、遗憾，并会设法消除这种不协调感。消费者对于选购品的购买，在购买后心理上会产生不平衡的失调感受，需要找出理由求得自我心理安慰。装饰材料、服装、家居和一些家电商品的购买属于这种类型的购买行为。为了降低和减轻这种不协调感，市场营销人员应注重售后沟通，提供能让消费者对品牌产生良好感觉的证据和支持。

（4）习惯性的购买行为。习惯性的购买行为（habitual buying behavior）是指在购买价格低廉、品牌差异性小的商品时，消费者的参与程度会很低，并且会形成购物习惯，如啤酒的购买等。对于这类商品的购买，消费者的参与度低，并没有对品牌进行广泛的研究，也没有对品牌特点进行评价，对于购买什么品牌也不重视，消费者选择这一品牌仅仅因为熟悉。在购买后，消费者对于商品无所谓，也很少对商品进行评论。消费者经常购买同一品牌，仅仅是出于习惯而不是强烈的品牌忠诚度。

3. 购买决策过程

消费者的购买过程一般要经过一个消费者从产生购买需要到最后完成购买的过程，进行决策的过程主要包括五个步骤：确认需要、搜集信息、评估可行方案、购买决策、购后行为。购买的过程，起始于购买行为发生之前，在购买行为发生之后还会产生影响。消费者每次购买都要经过五个步骤，但是在经常性的购买中，消费者会跳过或颠倒一些阶段。

（1）确认需要。确认需要（need recognition）是在购买过程中，消费者确认某个问题或某种需要。实际上是由于消费者意识到了未实现的需要。这个需要可能由内部刺激引起，也可能由外部刺激引起。通常消费者会以不同的方式认识到未实现的需要，一是当现有产品不完全使用或消费者缺少应该常备的东西时，会产生对产品的需求，一是当消费者听到或见到比当前产品更优越的产品的时候，可能会对新产品产生需求。

（2）搜集信息。搜集信息（information search）是在消费者产生了某种需要并引发购买动机后，如果他对这个产品不熟悉，通常就需要先搜集相关信息。信息来源主要包括个人信息、商业信息、公众信息、经验信息，但对不同产品和购买者而言，这些因素的影响并不相同。个人信息来源，如家庭、亲友、邻居和同事，是最有效的信息来源，具有判断或评价产品的作用。商业信息来源，如广告、包装、展销、经销商和销售服务人员等，消费者得到的大多数产品信息来自于商业渠道。公众信息来源，如大众传播媒体、消费者组织、各类评比活动等。经验信息来源，即消费者从使用过程中获得的体验。

（3）评估可行方案。评估可行方案（alternative evaluation）是在消费者搜集到各种信息之后，根据相关的因素去权衡商品的利弊，对商品进行分析、对比、评价，以求达到购买和使用该商品的效用最大化，最后做出自己的选择。不同消费者有不同的评价标准和方法，一般主要有分析产品的属性、建立属性等级、确定品牌信念、形成理想产品、做出最后评价。大多数消费者总是将实际产品与理想产品做比对，而偏好和购买意图虽然对购买行为有直接影响，但并不总是导致实际购买的原因。

（4）购买决策。购买决策（purchase decision）的主要内容包括为什么买、买什么、买多少、在哪里买、何时买、如何买。

①为什么买？即购买动机。消费者的购买动机是多种多样的。

②买什么？即确定购买对象。这是决策的核心和首要问题。决定购买目标不只是停留在一般类别上，而是要确定具体的对象及具体的内容，包括商品的名称、厂牌、商标、款式、规格和价格。

③买多少？即确定购买数量。购买数量一般取决于实际需要、支付能力及市场的供应情况。如果市场供应充裕，消费者既不急于买，买的数量也不会太多；如果市场供应紧张，即使目前不是急需或支付能力不足，也有可能购买甚至负债购买。

④在哪里买？即确定购买地点。购买地点是由多种因素决定的，如路途远近、可挑选的品种数量、价格以及服务态度等等。它既和消费者的惠顾动机有关，也和消费者的求廉动机、求速动机有关。

⑤何时买？即确定购买时间。这也是购买决策的重要内容，与主导购买动机的迫切性有关。在消费者的多种动机中，往往由需要强度高的动机来决定购买时间的先后缓急；同时，购买时间也和市场供应状况、营业时间、交通情况及消费者可供支配的空闲时间有关。

⑥如何买？即确定购买方式。消费者要决定是在网上购买，还是在实体店铺购买；是全款支付还是分期付款等。

消费者经过认真的判断和评估后，如果对某种产品产生了一定的偏好，便会做出购买决定。但购买决定并不等于购买，这中间还会受到他人态度和意外情况的影响。他人态度是指购买者之外的其他人的影响，意外情况比如事业、产品涨价、销售人员的态度等都会影响消费者的购买决策，甚至放弃购买。

（5）购后行为。在产品被消费者购买之后便进入购后行为（post-purchase behavior）阶段。营销人员应该注意消费者是否满意和他们的购后行为，还包括购买后的使用和垃圾处理、购买后评价、使用后再购买这几种行为。如果消费者将产品搁置一边几乎不怎么使用，那说明消费者对产品并不是很满意，那么消费者就不会向其他人口头传播这件产品。购买后的评价是指消费者在购买和使用产品后，基于购买前的产品期望和购买后的使用情况进行比较，形成满意度。这个购买满意度会直接影响到消费者是否会再次购买这个产品，也会影响到消费者对产品的传播。

对于市场出现的新产品，消费者采用新产品时会经过认知、兴趣、评价、试用、采用这五个阶段。认知是消费者虽然知道新产品但缺乏相关信息。兴趣是指消费者寻找新产品的相关信息。评价是指消费者考虑是否试用该新产品。试用是指消费者少量试用新产品，以改善对新产品价值的评价。采用是消费者决定全面或经常性地使用这个产品。新产品的营销人员应充分考虑消费者如何经历这几个阶段，从而促使消费者购买新产品。

第三节　组织购买行为分析

一、组织市场类型

组织市场（organizational market）是以某种组织为购买单位的购买者所构成的市场。买方是各种单位或团体，购买目的是为了实现本单位或团体的宗旨。组织市场涉及的销售金额和产品项目远大于消费者市场，因此组织市场的研究非常重要。

组织市场的购买行为是指各种正规组织机构确定其对产品和服务的需要，并在可供选择的品牌与供应商之间进行识别、评价和挑战的决策过程。组织市场是一种派生需求，组织机构购买产品是为了满足其顾客的需要。组织市场购买决策的过程是多人参与的。组织市场的购买行为过程会持续较长的时间。除了物质产品外，企业还必须为组织提供技术支持、人员培训、及时交货、信贷优惠等条件和服务。

组织市场分三种类型，产业市场、中间商市场、机构市场和政府市场。

（1）产业市场是指购买产品或服务用于制造其他产品或服务，然后销售或租赁给他人以获得利润的单位或个人。

（2）中间商市场也叫转卖者市场，是指购买产品用于转售或租赁以获得利润的单位和个人，包括批发商和零售商。

（3）机构市场是指一些机构购买商品和服务，用于组织政治、经济活动和满足社会公众的需要，多为非盈利组织。

（4）政府市场是指为了执行政府职能而购买或租用产品的各级政府和下属各部门。

二、产业市场

（一）产业市场购买决策参与者

产业市场购买决策参与者包括：使用者、影响者、购买者、信息控制者和决策者。

1. 使用者

使用者是企业中将会使用这个产品或服务的人，他们通常先提出购买建议，在购买行为中对确定产品的品种和规格起着重要的作用。

2. 影响者

影响者是企业外部和内部直接或间接影响购买决策的人，他们协助企业的决策者决定购买产品的品种和规格等，例如技术专家。

3. 购买者

购买者是指有资格选择供应商和协商购买条件的人，他们负责选择供应商并执行公司的购买意图和决定，其中也包括参加谈判的公司高级人员。

4. 信息控制者

信息控制者是指在企业外部和内部控制信息流的人员，例如代理商、技术人员和接待人员等。

5. 决策者

决策者是指在企业中有正式或非正式权力来做出购买决策的人。

通常来说正规的、较重要的购买活动会涉及全部人员，但并不是每个购买活动都需要全部人员来参与。

（二）产业市场的购买对象

产业市场的购买对象有生产装备、附属设备、零部件、原材料、初步加工的生产材料、消耗品和服务等。

（1）生产装备包括重型机械、设备、厂房建筑、大中型集成制造系统硬件等。

（2）附属设备指电动工具、叉车等设备，在购买时一次性支付能力强，决策参与者较少，购买者可选择范围广。

（3）零部件是许多完工产品的一个组成部分，其本身也是完工产品。如仪表、紧固件、外部设备等。

（4）原材料是指那些处于生产过程起点的源头产品，如农产品、海产品、森林资源、矿产资源、原木、原油等。

（5）初步加工的生产资料，即经过初步加工的产成品，并且还会被其他生产者作为生产资料的一类中间产品，如钢板、玻璃、焦炭、合成树脂等。

（6）消耗品一般分为两类：一类指维持企业日常经营所需要的不构成产成品实体的必备品，如维修用品、清洁用品、办公用品等；另一类指维持正常生产的易耗品，如润滑油、耐用品等。

（7）服务是产业市场购买的所有无形产品的总称。

产业市场与消费者市场具有一定的相似性，在这两种市场中都有人为满足某种需要而担任购买者、制定购买决策等。两种市场在市场结构与需求、购买单位性质、决策类型与决策过程和其他方面又存在差异。从组织市场结构与需求来看，组织市场的购买者数量少但是规模较大；企业购买者的需求衍生于最终消费者的需求；许多组织市场的需求缺乏弹性，组织市场对产品或服务的需求总量在短期内受价格波动的影响较小；组织市场的需求波动幅度相对于消费者市场需求来说大很多。从购买单位来看，企业采购涉及更多的购买参与者；企业购买涉及更专业的购买行为。从决策类型和决策过程看，企业购买者常面对更加复杂的购买决策；购买过程也更加正式；买卖双方的联系更加紧密，通常会建立长久的密切关系。

（三）产业购买者的行为类型

产业购买者的行为类型一般有三种，直接重购、修正重购和全新采购。

1. 直接重购

直接重购即企业的采购部门根据过去和许多供应商打交道的经验，从供应商名单中选择供货企业，并直接重新订购过去采购的同类产业用品。这时的购买行为是惯例化的，供应商名单里的供应商应该尽力保持产品质量和服务质量，以保证和提高客户满意度。而未在供应商名单中的企业要开拓新产品和满意的服务，力争加入供应商名单。

2. 修正重购

修正重购即企业的采购经理为了更好地完成采购工作任务，适当改变要采购的某些产业用品的规格、价格等条件或供应商。

3. 全新采购

全新采购即企业第一次采购某种产业用品。在直接重购情况下，产业购买者要做出的购买决策最少；而在全新采购情况下，产业购买者要做出的购买决策最多，通常要做出一系列的决策。包括产品规格、价格幅度、交货条件和时间、服务条件、支付条件、订购数量、可接受的供应商和挑选出来的供应商等。

（四）产业市场购买的交易模式

产业市场购买的交易模式有两种，即交易营销模式和关系营销模式。

（1）交易营销模式适合于一笔笔单项交易，其主要对象是着眼于当前和近期利益的客户。他们随时可能转向新的供应者而不受损失，农产品和矿产品市场上常见这类客户。

（2）关系营销模式在20世纪80年代后期盛行于欧美等地的发达国家。关系营销模式适合于销售技术性强、特色鲜明的产品。关系营销的对象是关心长远利益的客户，特别是那些全球性的大客户，营销人员应本着双方互利的目标密切注视和关心买方企业的极其关键人物的业务进展，在定价时视数量和促销作用等给予优惠，利益共享。经常通电话、上门问候、请客吃饭、提出有益的建议、帮助排忧解难等，是发展友谊的具体行为。

（五）影响产业购买者的因素

产业购买者在制定购买决策时会受到很多因素的影响，包括环境因素、组织因素、人际关系因素、个人因素。

1. 环境因素

环境因素，即一个企业的外部环境因素。诸如一个国家的经济前景、市场需求、技术发展变化、市场竞争、政治法律等情况。例如，如果经济前景不佳，市场需求不振，产业购买者就不会增加投资，甚至会减少投资，减少原材料采购量和库存量。

2. 组织因素

组织因素，即企业本身的因素，诸如企业的目标、政策、组织结构、系统等。显然，这些组织因素也会影响产业购买者的购买决策和购买行为。

3. 人际关系因素

企业的采购中心通常包括使用者、影响者、采购者、决定者和信息控制者，这五种成员都参与购买决策过程。这些参与者在企业中的地位、职权、说服力以及他们之间的关系是各不相同的，这种人际关系也会影响产业购买的购买决策和购买行为。

4. 个人因素

个人因素，即各个参与者的年龄、受教育程度、个性等个人特征会对其个人感知、动机和偏好等产生影响。这些个人的因素会影响各个参与者对要采购的产业用品和供应商的感觉、看法，从而影响购买决策和购买行为。

三、中间商市场

中间商市场的购买者由各类商品买卖的中介组织构成，包括批发商、零售商和各类经销商、代理商。他们以盈利为目的而转售商品或服务。他们的购买行为与生产企业的购买行为极为相似，具有以盈利为目的、需求派生性、专业性强和关系长期性的特点。

中间商市场与产业市场购买行为相比，最大的区别是购买对象：他们更多的是在购买消费品。例如，零售商购买的不是原材料或零部件，而是与普通消费者一样，是已经生产出来并且可以直接消费的成品。这一特点决定了零售采购不需要在机器设备方面有很大的投入，但却需要较大的商品库存。

中间商市场与产业市场在采购的过程上相同。中间商企业与生产企业一样都是法人，其商品采购属于法人采购，有着与生产企业一样的目标和限制性条件——购买目的不是自己消费而是赚取利润，因此需要对采购活动进行严格的管理，购买行为也要比普通消费者更为理智。

中间商市场的购买行为还表现出较强的选择性，即中间商代表消费者或其他购买者选择供应商，在进货时讲究商品合理搭配、花色品种齐全。

中间商市场的购买行为具有较大的需求价格弹性，即中间商对采购成本极为敏感，其需求量会随着商品价格的涨落而变化。

此外，中间商的进货时间和进货批量也较有规律。

四、机构市场和政府市场

1. 机构市场

机构市场（institutional market）包括学校、医院、监狱和其他在其领域内提供产品和服务的机构。这是一个需求广泛的市场，他们购买的产品和服务品种繁多，包括文具、制服、公共设施、保险等。机构依靠国家财政拨款支付各项开支，购买商品和服务，用于组织政治、经济活动和满足社会公众的需要。

2. 政府市场

政府市场（government market）是为满足各级政府部门包括各级行政机关的日常工作及公共消费需要而销售产品和服务的市场。

政府市场的主要特点有以下几点：

（1）需求受到较强的政策制约。国家的经济政策对政府消费的影响较大，财政紧缩时政府的需求会减少，反之会增加。

（2）需求计划性强。一国的政府开支会列入财政预算，各级政府购买产品的种类及数量等都会受到财政预算的约束，另外政府购买还需要制定购买计划、进行预算和审批。

（3）购买方式多样。政府机构购买商品的主要方式有公开招标竞购、议价合约选购和例行选购这三种。公开招标竞购是政府部门向社会公开招标从而择优购买商品和服务的方式。一般由政府的采购部门在媒体上刊登广告或发出信函，说明需要采购的商品或服务的名称、品种、规格、数量等的要求，邀请供应商在规定的期限内投标。之后由投标的供应商在规定期限内按规定填写标书，标明可供商品的名称、品种、规格、数量、交货日期、价格、付款方式等，密封后送达政府采购部门。最后政府采购部门在规定的日期开标，选择报价最低又符合政府要求的供应商为中标商。这种方式是各国政府普遍采用的一种购买方式，因为这种方式有利于形成规模优势、减少中间环节、节约成本，还能够利于政府进行廉政建设。议价合约选购是指政府采购机构和一个或几个供应商接触，经过谈判协商，最后只和其中一个符合条件的供应商签合同并进行交易。当政府采购业务更复杂、风险更大、竞争性较小的时候，这种购买方式更适合。例行选购是指政府部门对维持日常政务运行所需的办公用品、易耗物品和福利性用品等商品，向熟悉和有固定业务联系的供应商购买的方式。这种方式多是经常性的、常规性的连续购买，而交易的品种、规格、价格、付款方式等都相对稳定。

（4）购买需求受社会公众的监督。政府购买资金来源于财政拨款，社会公众有权对政府的购买活动进行监督，要求政府公正、廉洁。

（5）购买目标的多重性。政府在购买时除了考虑一般的经济方面因素之外，还会考虑政治性、军事性、社会性因素。出于这些因素的考虑，大多数政府采购倾向于购买本国企业的产品。除此之外，还特别会注意购买行为要避免影响到两国或多国之间的政治及外交关系，会注意对某些地区和产业的扶持等。

延伸阅读

中国政府采购将苹果、思科和英特尔拒之门外

中国的政府采购名单剔除了一些全球领先技术品牌，同时，数千种国产产品被纳入其中。有人认为，这是中国在西方的全面网络监控遭到披露后所采取的应对措施。也有人将此斥为保护主义，称其目的是防止国内科技行业受到竞争的冲击。损失最大的是美国网络设备制造商思科系统公司。路透社对官方数据的分析显示，2012年思科公司有60种产品进入了《中央政府采购名录》（以下简称《名录》），到2014年年底，这个数字变成了零。

智能手机与电脑制造商苹果公司、杀毒软件制造商迈克菲公司和网络及服务器软件公司思杰系统也受到了影响。《名录》覆盖了中央政府部门的常规支出。它所包含的产品数量在两年内增加了2000多种，总数几乎达到5000种，但新增的差不多都是国产商品。《名录》中的外国科技品牌总体减少了三分之一，而产品与信息安全有关的外国公司只剩下了一小半。

中央国家机关政府采购中心的一位官员表示，国内企业可能更受青睐的原因有很多，比如其数量众多，而且国内信息安全技术公司在质保方面也超过了海外竞争对手。

2013年年中，美国国家安全局前承包商爱德华·斯诺登曝光了美国政府的一些全球监控项目，其中多个项目都由国安局负责，并得到了电信公司和欧洲各国政府的协助。中国政府的采购行为也恰好在这个时候发生了变化。

对外经济贸易大学中国世界贸易组织研究院执行院长屠新泉表示："斯诺登事件确实让人担心，特别是对首脑人物来说。从某种意义上讲，美国政府对此负有一定责任；（中国的）顾虑则有一定的道理。"网络安全一直是中美关系的一大隐患，两国都指责对方有不当行为。上个月，美国科技行业团体致函中国政府部门，对后者的一些网络安全新规表达了不满。受部分新规定影响，为一些中国银行提供技术服务的美国公司不得不提供属于公司机密的源代码并使用中国的加密算法。《名录》详细列出了各类产品的品牌和型号。上文中提到的中央国家机关政府采购中心官员称，这份目录由财政部负责审批。《名录》不提供已采购产品的详细数量，对地方政府、国企以及采购审批自成一体的军队没有约束力。财政部方面拒绝立即就此发表评论。

思科发言人称："我们之前已经承认，地缘政治方面的顾虑已经对我们在某些新兴市场的业务产生了影响。"英特尔发言人指出，该公司频繁和中美各级政府进行对话，但未进一步说明详情。苹果公司拒绝发表评论。笔者尚未与思杰系统取得联系。业内

人士还认为，《名录》内容的变化还体现了一个更大的战略目标，那就是帮助中国科技企业在国内 IT 市场获得更多份额。科技行业研究机构 IDC 预计，2015 年，这个市场的规模将增长 11.4%，达到 4656 亿美元。

一位拒绝提及其姓名的西方科技公司高管称："毫无疑问，这个市场中的国企用户一直都很青睐本土产品。"该高管指出，斯诺登事件带来的安全顾虑只是一个借口。中国政府的真正目的在于培育国内科技行业，随后支持该行业进行海外扩张。该高管还认为，中国希望向消费型经济靠拢，而政府和企业购买本土技术对此应有所帮助。为这个大战略服务的政策措施包括要求外国公司和国内企业结为合作伙伴，参与技术转让，并以信息安全为由要求外国公司转让知识产权。

北京明朝万达科技有限公司为政府、国有银行和私营企业提供信息安全产品。该公司总裁王志海指出，中国的市场很公平，特别是和美国市场相比。作为全球最大的网络和通信设备制造商，华为无法在美国开展业务，原因是美国政府担心安全问题。他还说，中国国内企业也受到网络安全法规的约束，与美国公司别无二致。

专家认为，危险在于这样做可能让中国依赖于国内技术，而后者和国外市场龙头的技术相比仍有差距，并且更容易受到网络攻击。国内采购鼓励政策的部分受益者也认为，在安全领域，中国公司落后于外国竞争对手。王志海说："中国的信息安全程度仍远低于国际水平；对信息安全的理解也全面落后。"但和中国政府一样，王志海目光长远。"10 年或更长时间以后，我们就应该能够赶上国际水平了。"

（资料来源：Reuters. 中国政府采购将苹果、思科和英特尔拒之门外. 财富中文网. http://www.fortunechina.com/business/c/2015-02/28/content_237 247.htm. ）

五、网上购买

网上购买又叫电子采购、网络采购、E- 采购（E-procurement）。在网络飞速发展的时代，网络采购已经成为大多数公司采用的标准程序。网络采购带给采购者和供应商更多的改变和优势，通过网络采购方式，采购者可以方便地接触到更多的供应商，而且可以降低成本、加快订货进程和缩短交货期；对于供应商而言，他们可以在网络上联系客户，共同分享市场营销信息，提供客户支持服务并维持客户关系。企业除了在网络平台进行网上采购外，还可以建立自己的公司和采购网站来进行网络采购。但是网络采购会带来一些潜在的隐患，比如受到网络安全的威胁，因此企业必须加强这方面的投入。

六、组织购买过程

组织购买与消费者购买的过程不同，一般会经历八个阶段，如图 5-4 所示。组织购买过程的复杂程度，决定了其购买过程阶段的多少。对于全新采购来说，在这种复杂的情况下，要经历的购买过程的阶段最多，通常购买者会经历购买过程中的所有阶段。对于直接重购来说，这种购买行为最简单，购买过程需要经历的阶段也最少。而在修正重购的情况下，购买阶段会稍微多一些。

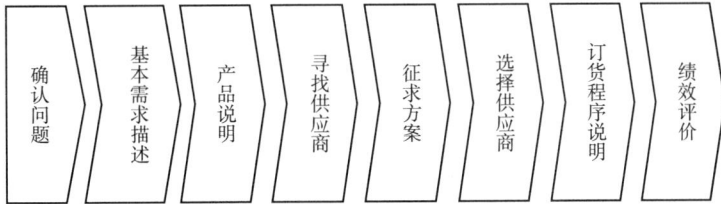

图 5-4　组织购买过程

1. 确认问题

确认问题（problem recognition）是内部或外部刺激的结果。当企业中的某个人认识到产生了某个问题或需要，而这个问题可以通过购买特定的产品或服务来满足，这样便会刺激产生购买行为。内部刺激可能需要添置新的生产设备和原材料，可能是更换机器零部件，可能是对当前供应商的产品或服务不满意，这些情况会刺激购买行为的发生。外部刺激可能是在展会或其他地方获得一些新的信息，而这些信息会给企业带来新的利益点或好的收益，或者发现了更物美价廉的产业用品，这些情况也会刺激购买行为的发生。

2. 基本需求描述

基本需求描述（general need description）是说明所需产品项目的特点和质量。在认识到基本需求后，购买者便需要开始准备这项工作。对于标准项目来说，这一过程比较简单。而对于复杂项目来说，购买者需要与工程师、使用者、咨询师等一同探讨来确定产品项目的种类、特征、数量、原材料、标准件等。在这个过程中可能需要对产品的可靠性、耐用性、价格和其他属性进行重要性排序。

3. 产品说明

购买者需要对所购产品项目的技术性能制定产品说明（product specification），包括产品的规格、型号等技术性能指标。在这个过程中常常需要工程师团队协助进行价值分析，这是一种降低成本的方法。通过对某一产品的价值分析，明确某产品可能产生的经济效益，从而为采购者选购产品提供帮助。同时销售者也可利用价值分析法，通过向购买者显示制造产品的更好的方法，可以将直接重购转化为新购，以争取新业务、寻找新客户。

4. 寻找供应商

下一个阶段便是寻找供应商（supplier search）。采购人员通常会查找工商企业名录以查找和物色服务水平高且周到、产品质量高、声誉好的供应商，还会通过网络搜索或者电话征询其他公司的推荐等多种方法来寻找合适的供应商。在这个过程中，购买者必须要对供应商进行深入的调查、了解、分析和比较后，才能确定所需原料、标准件及外协件的供应者。对原材料、标准件供应商，要从产品的质量、价格、信誉和售后服务等方面进行分析和比较。对于大批量的外协件供应商，还需要深入调查企业的生产技术检验水平和管理能力，进行综合分析和评价后，再做出决定。

5. 征求方案

征求方案（proposal solicitation）是指购买者会邀请一些符合资格要求的供应商提交方案，对于价值高、价格贵或复杂的产品和项目，还需他们提供详细书面方案或进行正式的展示。供应商的营销人员需要根据市场情况和方案征求者的要求进行调研、撰写和展示，力求全面形象地推销产品的优点和特性。

6. 选择供应商

选择供应商（supplier selection）是指采购中心常需列出理想的供应商属性及其重要性，包括产品和服务的质量、声誉、及时交货能力、技术能力和生产设备、付款结算方式、财务状况、地理位置、公司行为的规范性、沟通的诚实度和价格竞争力等，采购中心人员根据这些属性为供应商打分，并最终确定最佳供应商。在最终确定供应商之前，需要遴选出数个供应商，有时还需与供应商面谈从而争取更优惠的条件。企业可以选择一个供应商也可以选择多个供应商，通常很多企业倾向于选择数个供应商，一方面多个供应商之间的牵制使得企业不必受制于人，另一方面可以通过几个供应商的竞争促使其降低价格、改进服务质量。

7. 订货程序说明

订货程序说明（order routine specification）是指向选中的供应商订货，并列明相关条件，包括技术说明、所需数量、交货时间、退货政策和保证等条件。许多企业现在采用"一揽子合同"，即同某一供应商建立长期的供货关系，只要购买者需要购买时，供应商就会按原定的价格和条件及时供货。这对双方而言都是比较便利的方式，对采购者来说，减少了多次购买签约的麻烦和增加的费用，也减轻了库存压力。这个方式也是现在很多大型组织购买者采用的供应商管理库存（vendor-management inventory）模式，他们将订货和存货的责任转移给供应商，例如沃尔玛等一些大型零售商。对供应商而言，这种方式使得他们的产品有了固定销路，减轻了竞争的压力。

8. 绩效评价

绩效评价（performance review）是指在产品买入后，采购者还需及时向使用者了解其对产品的评价，考察各个供应商的履约情况，并根据了解和考察的结果，决定今后是继续与某个供应商合作还是剔除原有的供应商列表。而供应商在产品交付之后，还需加强追踪调查和售后服务，以赢得采购者的信任，保持长久的供求关系。

本章小结

市场是商品交换的场所，是不同生产者通过买卖方式实现产品相互转让的商品交换关系的总和，是某种商品或劳务的所有潜在购买者和现实购买者的需求总和。市场是一个有机的整体并且几乎无处不在，根据不同的结构标准，可以对市场进行不同的分类，从不同的角度可以将市场分为不同的类型。按照市场竞争的程度可以分为完全竞争市场和不完全竞争市场。不完全竞争市场又可以进一步细分为垄断竞争市场、寡头垄断市场、完全垄断市场。按购买者的购买目的和身份来划分，可分为消费者市场和组织市场。

消费者市场是指为了满足生活消费需要而购买商品和服务的一切个人和家庭。影响消费者购买行为的因素有：文化因素、社会因素、个人因素、心理因素。环境因素的刺激进入购买者黑箱产生作用，这些因素包括产品、定价、渠道和促销构成的市场营销刺激，还包括经济、技术、社会、文化等购买者所处环境中的重要力量和事件的其他刺激。这些环境因素进入购买者黑箱，并转化成一系列可以观察的购买者反应。根据消费者购买产品的不同和消费者购物时的参与程度不同，可分为四种类型，分别是复杂的购买行为、寻求多样性的购买行为、降低失调的购买行为、习惯性的购买行为。消费者的购买过程一般要经过一个消费者从产生购买需要到最后完成购买的过程，进行决策的过程主要包括五个步骤：确认需要、搜集信息、评估可行方案、购买决策、购后行为。

组织市场是指工商企业为了进一步生产、加工、再销售、再分配的业务活动以及非盈利组织为履行职责而购买产品和服务所构成的市场，其中包括产业市场、中间商市场、机构市场和政府市场。产业购买者的行为类型一般有三种，直接重购、修正重购和全新采购。产业购买者在制定购买决策时会受到很多因素的影响，包括环境因素、组织因素、人际关系因素、个人因素。组织购买与消费者购买的过程不同，一般会经历八个阶段，确认问题、基本需求描述、产品说明、寻找供应商、征求方案、选择供应商、订货程序说明、绩效评价等。机构市场包括学校、医院、监狱和其他在其领域内提供产品和服务的机构，这是一个需求广泛的市场。政府市场是为满足各级政府部门包括各级行政机关的日常工作及公共消费需要而销售产品和服务的市场。政府市场的主要特点是：需求受到较强的政策制约、需求计划性强、购买方式多样、购买需求受社会公众的监督、购买目标的多重性。政府机构购买商品的主要方式有公开招标竞购、议价合约选购和例行选购三种。

？ 思考题

（1）消费者市场的特点是什么，举例说明企业在营销中如何应对？

（2）购买者行为分析具体包括哪些方面？

（3）购买者决策过程的分析对企业营销有什么作用？

（4）消费者购买决策过程有哪些阶段？

（5）讨论如何进行电子产品购买者购买行为的分析？

（6）组织市场购买的主要方式有哪些？

（7）组织市场与消费者市场购买行为的区别是什么？

（8）机构和政府市场与产业市场的购买行为有什么区别？

（9）产业市场购买决策过程有哪些阶段？

案例讨论

上海市政府购买体育公共服务

国务院于 2012 年 7 月颁发《国家基本公共服务体系"十二五"规划》，规划中明确提出"在实践证明有效的领域积极推行政府购买、特许经营、合同委托、服务外包、土地出让协议等提供基本公共服务的方式"。

上海市经济体制改革与政治体制改革均走在全国前列，居民的公民意识较强，体育公共服务需求旺盛。在这种前提下，上海市政府积极探索体育公共服务供给渠道，将政府购买引入体育领域并展开局部探索与实践。政府购买体育公共服务以市场参与的方式将竞争引入服务供给领域，充分调动各类社会服务机构的积极性，达到了优化资源配置的目的，同时降低了政府体育公共服务供给成本，提高了服务质量。

静安区位于上海市中心，周围与多个区相邻。静安区经济发展快，截至 2013 年区内户籍人口达到 29.61 万，居民的公民意识较强，对公共服务需求旺盛。在这种形势下，静安区社会组织发展迅速。"静安是上海中心城区社会组织密集度最高的一个区，据统计，该区每万人有社会组织 14 个，是上海平均数的 2 倍，全国平均数的 4 倍。"在 2013 年，"上海静安区活跃着 421 家社会组织，它们承接了政府购买的 226 个项目，涉及资金 4835 万元"。"截至 2014 年 6 月，区内共有社区公共运动场 3 处，社区健身点 173 处，百姓健身房 4 个，楼宇健身室 10 个。794 名社会体育指导员、304 个健身团队活跃在全区各街道社区和商务楼宇。"

根据区内社会组织多、领域广的特点，静安区政府以枢纽制管理为原则，在政府授权的前提下，强调联合型社会组织的作用，形成了独具特色的"1+5+X"枢纽型社会组织管理机制。在"1+5+X"的管理机制中，"1"指静安区社会组织联合会；"5"是静安寺社会组织联合会、南京西路社会组织联合会、江宁路社会组织联合会、曹家渡社会组织联合会、石门二路社会组织联合会；"X"是指各行业的社会组织联合会。

2008 年 1 月，"曹家渡公益服务社"转制成为"上海静安公益场所管理服务中心"。上海静安公益场所管理服务中心的性质是民办非企业单位，其主要业务范围为公益场所设备、设施以及社区生活服务的管理。上海静安公益场所管理服务中心在完成静安区部分中小学体育场馆对外开放的政府购买项目之后，现在主要负责曹家渡街道社区笼式足球场免费向市民开放的政府购买项目。

上海市自 2004 年便着手开展"人人运动，学会游泳"活动，并将具体的活动精神与任务下达各区。杨浦区教育局和体育局把"人人运动，学会游泳"活动渗透到学校日常教学当中，将游泳作为初中一年级学生的普修课。杨浦区中学生"人人运动，学会游泳"活动于 10 月、11 月两个月开展，杨浦区教育局、体育局将游泳服务的提供定向委托给区内软硬件较好、资质齐全的市东高级中学游泳馆、同济一附中游泳馆、中原游泳馆、二军大游泳馆、健翔游泳馆，他们负责区内 39 所中学，共 5000 余名中学生的游泳培训课程。学生的游泳课程每学期共 10 节，在 5 个星期内完成。前 9 节为学习和训练，第 10 节课进行 25 米的达标测验，合格的学生由游泳馆统一颁发上海市游泳合格证书。

杨浦区体育局、教育局在购买游泳服务的过程中，基本按照"政府承担、定向委托、合同管理、评估兑现"的模式进行。政府部门是游泳服务的购买者，承担服务购买的全部费用，包括游泳门票费用、教练课时费用以及游泳健身体检卡费用等；按照就近原则与区域平衡原则，直接提供定向委托给区内有资质的游泳馆，保证学生上课的安全、方便、有效；政府部门与各游泳馆签订合同，明确规定游泳服务的具体内容、形式以及价格，并在具体操作过程中依照合同规定进行管理；在游泳服务结束后，对学生学习游泳的效果进行考评，依照考评结果进行评级并支付游泳馆相关费用。

2014 年 2 月，上海市体育局在"管办分离、简政放权"原则的指导下，发布《上海市民体育大联赛正式承办单位采购公告》，对 2014 年上海市市民体育大联赛正式项目的承办单位采取公开招标竞标。上海市体育局对 2014 年市民体育大联赛项目承办单位的服务购买采用契约化购买模式，将竞争引入政府购买过程，采取公开方式鼓励社会组织参与政府购买的竞标。为保证政府购买过程中的规范化，上海市体育局委托上海申权招标咨询有限公司为整个招标的代理机构。

上海市体育局在这次的政府购买中，根据具体比赛项目的不同，采取"单一来源采购"和"竞争性谈判"两种招投标方式。经过两个月的招投标工作，市体育局最终与 30 家社会体育组织签约，他们负责 2014 年市民体育大联赛正式项目和申报项目的承办工作。此次竞标成功的社会组织有市足球协会、市篮球协会、市排球协会、市乒乓球协会、市羽毛球协会、市网球协会、市游泳协会、市龙舟协会、市船艇协会、市登山协会、市体育舞蹈协会、市健美操协会、市排舞协会、市跆拳道协会、市台球协会、市桥牌协会、市围棋协会、市象棋协会、市木兰拳协会、市轮滑协会、市射箭协会、市钓鱼协会、市练功十八法协会、市门球协会、市风筝协会、市飞镖协会。

上海市体育局在政府购买的过程中采取竞标性模式，将竞争引入政府购买过程，做到了公平、公正、公开。投标、竞标的方式取得了良好的社会效应，充分调动了各类社会体育组织的积极性，也促进了社会体育组织专业化的发展。政府购买的方式将市民体育大联赛这一群众性体育活动，在政府牵头的前提下回归社会，极大地拓宽了群众体育的参与程度。

（资料来源：江龙.上海市政府购买体育公共服务模式研究 [D].东华大学.2014.）

讨论题：

（1）结合案例，讨论政府购买的形式有哪些？

（2）政府购买的优势是什么？

（3）对比政府购买形式，讨论组织购买形式的特点。

关键术语

消费者市场（consumer market）　　组织市场（organizational market）

社会阶层（social class）　　参照群体（reference groups）

动机（motivation）　　感知（perception）

选择性关注（selective attention）　　选择性曲解（selective distortion）

选择性记忆（selective retention）　　购买决策（purchase decision）

政府市场（government market）　　机构市场（institutional market）

完全垄断市场（perfect monopoly market）　　寡头垄断市场（oligopoly market）

垄断竞争市场（monopolistic competition market）

完全竞争市场（perfectly competitive market）

复杂的购买行为（complex buying behavior）

降低失调的购买行为（dissonance-reducing buying behavior）

习惯性的购买行为（habitual buying behavior）

寻求多样化的购买行为（variety-seeking buying behavior）

第六章

目标营销

【本章学习目标】

（1）掌握目标营销的步骤。

（2）理解市场细分的概念以及市场细分的客观基础。

（3）掌握各种细分变量。

（4）能够进行目标市场以及目标策略的选择。

（5）掌握差别化的方法，以及正确的差别化的特征。

（6）掌握市场定位的策略。

如家快捷酒店

2001 年，携程网（Ctrip.com）创始人季琦注意到一位网友抱怨预订酒店的价格太贵。于是，他对携程网上订房的数据作了分析，发现中国遍布星级酒店，但在高档和低档之间，缺乏价格经济既干净又能让人信任的酒店，而这在中国正有巨大的市场需求。由此他产生了创建一个经济型全国连锁酒店品牌的想法。2002 年，中国最大的酒店分销商（携程旅行服务公司）和中国资产最大的酒店集团（首都旅游国际酒店集团）战略合作创立了如家酒店连锁。

如家很快实现了高速跳跃式成长。2006 年 10 月，如家在美国纳斯达克市场挂牌上市并成为 2006 年度业绩最佳的上市公司。如家酒店入住率为 95%，位居中国经济型酒店第一位。在一个传统的酒店行业，如家为什么能取得如此显著的成功？

1. 准确定位

如家创始人季琦说："我们成功的根本原因在于市场定位准确，瞄准了酒店业的'真空'地带。"以建立酒店服务业的全国品牌为目标，如家酒店的定位是：干净、简洁、现代、经济、温馨。"一张舒服的床，热水，干净整洁的房间，温馨的环境，交通相对便利。"这意味着既要有明显的价格竞争力，又要提供创新的顾客价值。如家被形象地称为"二星级的价格，五星级的床"。

为避免因雷同而陷入同质竞争，如家塑造了新的价值曲线。根据顾客的实际需求，如家减弱或剔除了不必要的传统元素，如高档星级豪华的外表和公共空间，无所不包的服务，从而为顾客节省了成本。同时，如家创造了新的顾客价值。把经济型酒店从"临时住宿地"提升为"家的感觉"。很多人住酒店往往睡不香，如家提出"洁净似月，温馨如家"的经营理念，并在细节上为顾客营造家的温馨感觉。例如，床单和枕套不用传统的白色，改用碎花的；毛巾有两种不同颜色，便于顾客区别；墙壁也不再是白色或是暗色，而漆成温馨的淡粉色、黄色或者蓝色。

商务人士和年轻人外出最需要上网，为此如家提供五星级酒店才有的免费宽带上网服务。如家还推出了一个名为"书适如家"的活动，在客房里摆放供顾客免费阅读的图书，也可以随手购买。这项服务让很多人对如家好感倍增，一位网友在自己的博客里写道："在这一点上，如家超过了任何一家四星级酒店。"

2. 客户信息

捕获顾客是酒店盈利的关键。中国外出人口数量巨大，为如家提供了非常可观的市场空间的可能性，但信息能否传达及吸引潜在顾客是市场推广的一个"瓶颈"。如家充分利用和整合其原有的优势——携程网的客户信息和销售网络，建立关联的商务顾客数据库，十分便捷地将其信息有效送至潜在的目标顾客，由于其目标人群有高度的相关重合，使如家得以迅速得到大量的新顾客。然后再靠如家的品牌价值留住顾客和发展顾客关系。

3. 如家的商业模式

如家的商业模式是：好的品牌定位—初步业绩—引入风险投资—业务扩张—更好的业绩—获得更多资本—品牌更强。引入外部风险投资，实现快速铺网、互动滚动发展是如家的发展战略。

中国地理空间大，能否快速扩张布点是另一个关键。而这需要大量的资本。如家凭出色的业绩成功争取到美国的风险投资，并很快实现了上市目标。为了业绩优秀，如家创造了"租用硬件"的方案，即一部分酒店是租用后改建，这样既压缩了扩张成本，又实现了快速抢占有利的酒店位置这一重要部署。严格的成本控制是经济型酒店的根本。例如，如家的人员配备只有同等规模高星级酒店的1/4；客房客用品的成本控制在每间2.6元／夜。

（资料来源：如家快捷酒店案例分析 . 三亿文库 . http://3y.uu456.com/bp-d19dd90090c69ec3d5bb7520-1.html.）

消费需求各不相同，而且差异极大，加之消费者人数众多，分布广泛，这就决定了几乎每个企业，都不能满足所有顾客的互有差异的全部需求。这不仅是由于资源的限制，而且也是为了追求效率。因此，企业要取得竞争优势，就必须识别能够有效服务的细分市场，基于目标营销的要求制定相应的营销策略。

目标市场营销能够帮助企业更好地识别市场营销机会，从而为每个目标市场提供适销对路的产品。企业通过调整产品价格、销售渠道和各项沟通活动，能有效地进入目标市场，因此可以将营销努力集中到最有可能使之满意的购买者身上。

目标市场营销分为三个步骤，即市场细分（market segmentation）、目标市场选择（market targeting）和市场定位（market positioning）。第一步是市场细分，即确定细分标准，根据标准细分市场，并且勾画出每个细分子市场的轮廓；第二步是选择目标市场，评估每个细分子市场的潜力，根据企业自有资源选择目标细分子市场；第三步是具体的产品定位，即根据目标市场的要求，为产品和营销组合确定一个有竞争力的、与众不同的位置的行为。

第一节 市场细分

在多数情况下，市场细分是目标营销的基础与前提，市场细分有利于企业发现新的市场机会，掌握目标市场的特点，确定有效的营销组合策略，从而增强企业竞争力，提高企业效益。

一、市场细分的概念

市场细分就是以消费需求的某些特征或变量为依据，区分具有不同需求的顾客群体。市场细分以后所形成的具有相同需求的顾客群体称为细分子市场，在同类产品市场上，同一细分市场的顾客需求具有较多的共同性，不同的细分市场之间的需求具有较多的差异性，企业应明确有多少细分市场及各细分市场的主要特征。

市场细分的客观基础是同一产品的消费需求的多样性。从需求状况角度考察，产品市场可以分为两类：同质市场与异质市场。凡顾客对产品的需求、欲望、购买行为以及对企业营销策略的反应等方面具有基本相同或极为相似的一致性，这种产品的市场就是同质市场。凡顾客对产品的各种属性的需求、欲望不相同，或者在购买行为、购买习惯等方面存在差异性，这类市场就是异质市场。因此，可以说，市场细分也就是把一个异质市场划分为若干个相对同质的细分市场。

二、市场细分的变量

依据一系列细分变量可以将整个市场划分为若干细分子市场，市场营销人员必须尝试采用不同的细分变量以找到划分市场结构的最好方法。通常先根据消费者的特征来细分市场，常用的变量有地理特征、人口特征、心理特征和行为特征，然后进一步观察这些细分市场是否具有不同的需求或市场反应，以判断细分过程是否有意义。

（一）地理细分

按照消费者所处的地理位置、自然环境来细分市场就是地理细分，具体变量包括国家、地区、城市、乡村、不同的气候带、不同的地形地貌等。地理细分之所以可行，主要由于不同地理环境的消费者对产品的需求有不同的偏好，对价格、销售渠道、促销努力有不同的反应；例如，泳衣、保暖内衣、羽绒服可以根据不同的气候带来细分市场，而依据城乡变量来细分是服装类产品常用的细分依据。利用地理细分，对企业构建销售渠道，组织仓储与运输等物流业务有重要意义。

地理变量易于识别与分析，是细分市场应首先考虑的重要依据，但是即使同处于某一地区的消费者的需求也存在明显差异，因此，还必须同时依据其他变量对市场进一步细分。

（二）人口细分

人口细分是按照年龄、性别、家庭人口、家庭类型、收入、职业、宗教、种族等人口变量对市场进行划分。人口变量是区分顾客群体最常见的基本要素。其一是由于消费者对产品的需求、偏好和使用率与人口变量密切相关；另一个原因是人口变量易于测量，可以根据人口普查数据，推算市场规模。即使目标市场不按照人口统计变量来描述，为了确定目标市场的规模和寻找有效途径进入该市场，也需要利用人口统计的有关结果。

1. 年龄

消费者的需求和购买量随年龄的增长而变化。一项服装消费调查资料表明，21～30岁的消费者服装消费量占总量的37%，31～40岁的消费量占25%，41～50岁的消费量占13%，51～60岁的消费量占8%，60岁以上消费者服装消费量极少。从人口比例和消费条件来看，我国中高档服装目标市场主要是青少年、青年和中年。

青少年市场越来越受瞩目，法国著名的服装品牌KOOKAI针对的就是处于叛逆期的少女。2000年美国青少年（12～19岁）消费总额1550亿美元，家庭25%～35%的支出是他们的消费，消费的方向大多数在服装方面，其次依次为娱乐、快餐、小食品和个人用品。

2. 性别

由于男女两性生理、心理的差异，对产品的需求存在天然的差异，所以性别一直是市场细分的依据。两性对颜色的偏好从孩童时期就表现不同，以色彩为例，男性喜欢青、绿系色彩，女性喜欢红、紫系色彩，按年龄、性别来划分，喜好顺序如下：

幼儿园以及小学低年级学生男：黄、绿、黑、红、橙、紫、青、白。

女：红、黄、绿、紫、黑、青、橙、白。

小学高年级以及中学生男：青、黄、绿、红、紫、黑、橙、白。

女：红、黄、紫、绿、青、黑、橙、白。

成人男：青、绿、红、橙、黄、白、黑、紫。

女：红、绿、紫、黑、青、白、黄、橙。

在购买服装时，除共同重视款式和品位以外，男性比女性更重视品牌和价格，而女性更重视质地、购物环境和服务态度、是否有赠品、打折或季节性折扣等。

3. 收入

收入是决定消费者购买能力的重要因素，经济收入的高低不同，使服装消费在质量、档次等方面存在明显差异。在我国，富豪型和部分富裕型家庭（个人）消费者追求名牌，穿着分场合，讲究配套，主要购买国内国际知名品牌，属高档消费群。部分富裕型、小康型、部分温饱型家庭（个人）消费者重视质量、款式、模仿名牌，要求价格适中，属中档消费群体。部分温饱型和贫困型家庭（个人）消费者注重实用，要求价格低廉，属低档消费群体。

事实上，大多数企业运用两种或两种以上的人口变量来细分市场。例如，一家成人服装公司要按人口因素进行市场细分，通过市场调查，发现影响当前服装销售量最为密切的人口变量有三个：性别、年龄、家庭人均收入。根据这三个变量进行组合，将整个市场细分成若干子市场，然后对每个子市场的营销价值和吸引力进行评价，最后，经过比较权衡，从中选择一个或几个最有利的子市场作为目标市场。"年轻，高收入"是许多服装品牌的目标消费者，从人口统计来看，他们年龄一般在 23 ~ 39 岁，收入较高，职业地位也高，居住在城市。从心理特征来看，他们一般喜好网球、旅游、爱好美食，追求时髦，乐于参加文化艺术活动。

（三）心理细分

即使消费者处于相同的人口细分市场，他们在心理特征上也有可能有极大的差异。为年轻人设计的款式新颖的服装，部分中老年人也乐于购买，是因为他们希望自己显得年轻，或者是这部分消费者心理比较年轻，因此，心理细分十分必要。

按心理特征细分市场时，可根据购买者的社会阶层、生活方式和个性特征将市场划分为不同的细分市场。

1. 社会阶层

消费者对服装的偏好会受到其所处社会阶层的深刻影响。POLO 衬衫是为上层社会中趋于保守的男士设计的，而真维斯则更多地在一般平民中穿着，布鲁克兄弟西服的目标市场是商界人士或有社会成就的男士。

2. 生活方式

生活方式对消费者的服装偏好影响不容忽视，他们购买的服装也反映了他们的生活方式，因此，服装企业越来越多地利用消费者的生活方式来细分市场。例如妇女服装制造商遵循杜邦公司的劝告，为"简朴的妇女"、"时髦的妇女"和"有男子气质的妇女"设计不同的服装，取得了较好的收效。李维斯服装、万宝路香烟在世界范围的成功，被归因为它们被作为美国价值观与生活方式的偶像。

3. 个性

个性是带有个人倾向的、本质的、比较稳定的心理特征的总和，包括兴趣、爱好、能力、气质、性格等因素。消费者的个性不同，对服装的态度、购买行为和接受新产品的能力不同。

企业根据个性来细分市场，赋予自己的产品与消费者个性相符合的品牌个性，借以取得消费者的认同。耐克公司设计与其运动产品的内涵相一致的品牌个性：成功、竞争、决策、有趣、获胜等，这些特征正是体育爱好者（耐克产品的消费者）所具有的或希望具有的个性特征。

（四）行为细分

行为细分就是根据购买者对产品的认知、态度、使用状况和反应，将市场划分为若干顾客群。

1. 时机

根据购买者形成需要、购买产品或使用产品的时机，可以进行细分。时机细分可以帮助公司拓宽产品的使用范围。例如休闲装以前一直在工作之余的休闲时间穿着，现在已经进入到工作场所。另外各种节日，也是购买服装服饰类产品的重要时机，例如父亲节领带销量激增等。除了与产品有关的具体时机外，企业还可以考虑一些人人生历程的重大事件，看其中是否具有本公司产品能够满足的需求，这些时机包括结婚、分居、离婚、购房、伤病、职业变动、退休、家庭成员去世等。

2. 追求的利益

根据购买者从产品中追求的不同利益来划分消费群体，是一种极为有效的细分方法。华歌尔对亚洲女士穿着紧身衣进行了调查，发现她们追求的利益主要有：视觉上更娇柔、形体更美等，但不同国家的妇女穿着这类服装的理由又各不相同。东京和雅加达的妇女追求的是在视觉上显得更娇柔；而对于首尔和曼谷的妇女来说，促使他们购买的动机是穿在自己身上显得很漂亮（表6-1）。

表 6-1　亚洲妇女穿紧身衣的原因

城市	穿上后显得娇柔（%）	能体现体形美（%）	我穿着它就是好（%）	我对自己的体形很自信（%）	显得性感（%）	我关心男士如何看我（%）
北京	53.7	68.3	48.6	31.7	17.1	22.0
首尔	33.3	20.0	46.7	13.3	13.3	0.0
东京	52.2	47.8	17.4	4.3	13.0	4.3
台北	30.0	25.0	40.0	45.0	20.0	5.0
香港	43.8	68.8	31.3	12.5	6.3	12.5
曼谷	28.6	14.3	50.0	50.0	35.7	0.0
新加坡	62.5	43.8	56.3	37.5	25.0	12.5
雅加达	66.7	33.3	33.3	44.4	22.2	0.0

3. 品牌忠诚程度

根据消费者对品牌偏好的程度可将消费者分为四类，第一类是绝对忠诚者，指任何时候只购买一种品牌的消费者；第二类是不坚定的忠诚者，指同时忠诚于两个或三个品牌的消费者；第三类是转移型，指从偏爱一种品牌转移到偏爱另一种品牌的消费者；第四类是易变者，不对任何品牌表示忠诚的消费者。

任何市场都是由不同数量的上述四种消费者构成，通过分析市场上消费者对自己品牌的忠诚程度，可以收集到大量有用的信息。分析绝对忠诚的消费者信息，可以帮助企业检验自己的目标市场策略，巩固市场份额；分析不坚定型消费者，企业可以明确自己主要的竞争对手，并依此制定相应的竞争策略；通过对放弃自己品牌的消费者进行分析，可以了解企业自身的营销弱点，从而加以改正。如果易变型消费者增多，企业可以通过加大促销力度来吸引他们。

三、有效的市场细分的条件

细分市场的方法很多，并不是所有的方法都有效，成功的市场细分应具备以下四个特征：

（1）可测量性：即不仅细分市场的轮廓明晰，可以描述，而且其规模、购买潜力可以衡量，这样企业可以分配适量的资源来开发这一市场。

（2）可盈利性：指细分市场规模足够大，有足够的利润吸引企业加入。

（3）可进入性：企业不但具有足够资源为细分市场服务，而且能够利用恰当的沟通方式，将营销信息及时、快速、经济地传递给该细分市场，以及构建恰当的销售渠道，使消费者能够便捷地购买到产品。

（4）可区分性：细分市场之间的差异是可以识别的，并且各细分子市场对企业的营销方案具有不同的购买反应。

延伸阅读

产品细分：宝洁推出低价新品，对抗经济衰退

1. 低价？是的。降价？没有

2009 年 7 月，宝洁高管明确表示，因汇率变动，一些市场的产品价格会有所下降，但实际上仍将高于衰退之前的水平。摩迪表示，宝洁 2010 年第三财季的业绩显示，产品降价总额达 2 亿美元。这证明了宝洁的计划：停止对已有品牌降价，转而推出全新的低价品牌，以吸引那些买不起宝洁较高价产品的消费者。

宝洁新任首席执行官麦睿博（Bob McDonald）启动了上述计划，以期通过更低的价格扩大宝洁的消费群体。麦睿博随即又调整了已有产品的价格，以分别满足高端和低端市场的需求。利伯曼表示，过去好几年里，宝洁一直在努力实现这一战略，如今只不过是在麦睿博的领导下成为了现实。

2. 为什么 Tide Naturals 比传统汰渍便宜

为了与联合利华（Unilever）、高露洁棕榄（Colgate-Palmolive）等公司争夺印度与中国等新兴市场，宝洁推出了生产成本低于传统汰渍（Tide）产品的 Tide Naturals，其售价也相应较低。如此将产品线细分，使得宝洁能够吸引那些低收入消费者，从而提高销售量，持续扩大公司规模。

事实上，宝洁的策略与过去几十年汽车公司、电脑制造商和名牌服装生产商的做

法如出一辙：以不同的价格推出不同品牌的产品，这样无论消费者能否买得起公司的顶级产品，都有机会购买公司的产品。

3. 市场分层不再仅仅为了诱导消费者购买高端产品

摩根大通（JPMorgan Chase）分析师约翰·福奇尔（John Faucher）近来在致投资者的信中写道："吸引更多消费者的不只是营销学术语。宝洁需要拓展产品组合，以吸引低收入人群。宝洁未来仍然可能引导消费者购买高价产品，但价格门槛将大大降低。"事实上，产品细分不只是为了使消费者成长为高端产品购买者，因为有些消费者或许永远只能买得起那些低端产品。

除了 Tide Naturals，宝洁推出的低端产品还包括欧洲市场的低价帮宝适（Pampers）纸尿裤、中国市场的朵朵（Naturella）卫生巾、拉美市场的口腔护理用品以及印度市场的吉列（Gillette）剃须用品。

（资料来源：Melanie Lindner. 产品细分：宝洁推出低价新品，对抗经济衰退. 财富中文网. http://www.fortunechina.com/business/c/2010-05/13/Conte nt_35456.htm.）

第二节　目标市场选择战略

企业在进行了市场细分之后，面临着众多的子市场，面临着不同的营销机会。现在企业要做的就是评价各细分子市场，确定具体的一个或者几个子市场作为目标市场，并制定相应的营销策略。

一、评价细分市场

企业对不同的细分市场进行评价时，应考虑三个要素：细分市场的规模和发展前景、细分市场结构的吸引力、企业的目标与资源。

1. 细分市场的规模和发展前景

企业首先应该明确：潜在的细分市场是否具备适度的规模和发展特征。适度规模是个相对概念，是与企业的资源相适应的程度，考察细分市场的发展前景就是进行动态分析，估计细分市场发展方向以及规模的变化，是否有助于企业销售额与利润的不断增长。

2. 细分市场结构的吸引力

决定某个市场或细分市场长期在利润吸引力方面存在五种力量：同行业的竞争、

新加入者的威胁、替代产品的威胁、购买者讨价还价的能力与供应商讨价还价的能力。

（1）同行业的竞争。考察细分市场内部目前是否存在其他企业，如果细分市场内已经存在众多实力雄厚的或侵略性的竞争对手，那么该市场不具吸引力。

（2）新加入者的威胁。考察该细分市场的进入壁垒，也就是新的竞争对手是否很容易进入该细分市场。如果新的竞争对手加入后能提高市场的生产能力，增加大量的生产资源，并能迅速扩大市场份额，那么该细分市场就没有吸引力。最具有吸引力的细分市场的进入壁垒很高，而退出壁垒很低，这时，市场外的企业难以进入市场，而市场内经营不佳的企业容易退出，防止出现恶性竞争的局面。

（3）替代产品的威胁。当市场存在现实的或潜在替代品的时候，就会失去吸引力。

（4）购买者讨价还价的能力。如果细分市场上的购买者具有很强的或不断提高的讨价还价能力，则该细分市场的吸引力不高。购买者会压低价格，或要求更高的产品质量或服务，结果销售者的利益受损。

（5）供应商讨价还价的能力。如果企业的供应商能够提高产品的价格或降低供应的数量，则该市场不具有吸引力。

3. 企业的目标与资源

除细分市场的结构具有吸引力以外，其规模与前景应与企业的目标与资源相适应。当细分市场符合企业的目标时，还必须考虑自己是否具有足够的能力与资源，保证在细分市场上取得成功。

延伸阅读

廉价 iPhone 能带给苹果多少利润

电信分析师们坚信，除非苹果（Apple）推出一款廉价手机，否则它将错失全球数十亿尚未购买智能手机的潜在顾客。

但是，正如本尼迪克特·埃文斯上周三在《关于廉价版 iPhone》（Note on cheap iPhones）一文中所述的那样，所谓一部"廉价智能手机"怎么定义，人们的看法并不相同。他把智能手机市场细分为四个价格区间：

（1）0 ~ 100 美元区间：目前这一市场的主导者包括一些鲜为人知的公司。它们使用联发科技（Mediatek）、展讯通信（Spreadtrum）等公司的成品芯片。虽然此类智能手机运行安卓系统（Android），使用 3G 技术，但是它们的内存通常只有 256 兆，导致用户体验极为糟糕。制造工艺和屏幕也乏善可陈。

（2）100 ~ 200 美元区间：在这个价格区间，开始出现一些知名品牌公司的身影，包括诺基亚 Lumia520、小米科技（Xiaomi）的红米手机和摩托罗拉的 MotorolaX，这些手机均能提供无可挑剔的用户体验。我把这些手机比喻为汽车中的丰田（Toyota）或大众（VW）：你清楚你开的不是宝马（BMW）或宾利（Bentley），但它们整体上挑不出什么毛病，甚至部分产品非常棒。

（3）200～450美元区间，中端手机。

（4）450～500美元及以上价格区间，高端手机。

事实上，还有超高端市场细分。

埃文斯指出，当人们提到，苹果会错失仍在使用功能型手机的那部分顾客时，其实他们指的是第一个市场价格区间。

"这个市场包括200美元以下的个人电脑，商品利润率极低，用户体验也很差。"他指出，"就连三星（Samsung）也不会真正进军这一市场。"

第二、第三个价格区间的市场则另当别论。埃文斯认为，苹果如今可以轻而易举地推出250～350美元的iPhone，哪怕是乔布斯也会引以为豪的。问题在于，这在财务上值不值。

埃文斯对财务数据进行了分析。分析显示，250美元iPhone将引发轰动，年销量可达4000万部，毛利润可达20亿美元。但是，把对苹果高端手机市场份额不可避免地内部蚕食因素考虑在内，250美元iPhone对苹果毛利润的贡献率只有5%。从盈利角度而言，300美元iPhone将是表现最优秀的产品；但它对苹果毛利润的贡献率也只有7%。

埃文斯得出结论：这并不意味着不值得发展廉价版产品，特别是考虑到它能强化iOS生态系统和削弱安卓系统。

问题的关键在于，选择权在苹果手上。它只要想，就可以随时推出廉价iPhone。

（资料来源：Philip Elmer-DeWitt. 廉价iPhone能带给苹果多少利润. 财富中文网. http://www.fortunechina.com/column/c/2014-08/12/content_216555. htm. ）

二、选择目标市场

评价不同的细分市场后，企业应决定进入哪些细分市场，即目标市场选择。企业有五种模式可供考虑：

1. 单一市场集中化

单一市场集中化（single-segment concentration）即企业只选择一个细分市场，这是一种最简单的模式。例如，某服装生产厂商只生产高档儿童服装，通过集中化模式，企业能更清楚地了解细分市场的需求，从而树立良好的信誉，在细分市场上建立牢固的市场地位。同时，企业通过生产、销售和促销的专业化分工，提高了经济效益。但是，该模式的风险较大，一旦该细分市场萎缩，或者竞争对手侵入，企业的生存就会受到威胁，如图6-1所示。

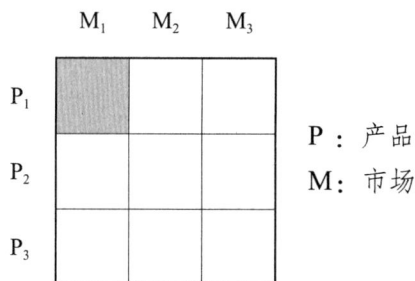

图 6-1　单一市场集中化

2. 选择性专业化

选择性专业化（selective specialization）指公司有选择地进入几个不同的细分市场，其中每个细分市场都具有盈利潜力和良好的市场结构，且符合企业的目标和资源水平。这些细分市场之间很少有联系，但企业在每个市场上均可盈利。这种模式能分散企业的风险，即使其中一个细分市场丧失了吸引力，企业仍然可以在其他细分市场上继续盈利，如图 6-2 所示。

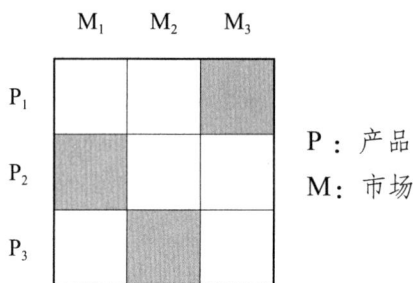

图 6-2　选择性专业化

3. 产品专业化

产品专业化（product specialization）指企业同时为几个细分市场生产和销售一种产品。例如，某运动鞋生产企业，同时为男性成人消费者、女性成人消费者和儿童消费者生产运动鞋。产品专业化的优点在于企业专注于某一种或某一类产品的生产，有利于形成生产和技术上的优势，在该领域树立形象。局限性在于一旦出现替代产品时，企业面临经营滑坡的危险，如图 6-3 所示。

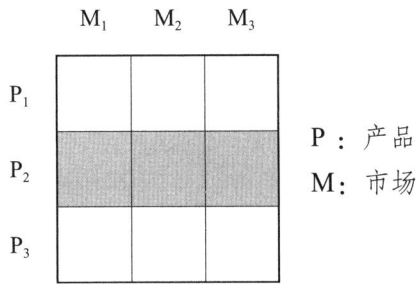

图 6-3 产品专业化

P：产品
M：市场

4.市场专业化

市场专业化（market specialization）指企业集中满足某一特定顾客群体的各种需求。例如，某高档时装企业，目标顾客是高收入妇女，该企业不仅生产时装，还为这一目标顾客生产化妆品、箱包、香水、首饰等产品。市场专业化可以使企业深入了解顾客的需求情况，并且各类产品在销售渠道、促销方面资源共享。但是由于集中于某一类顾客，当这类顾客需求下降时，企业会遇到收益下降的风险，如图 6-4 所示。

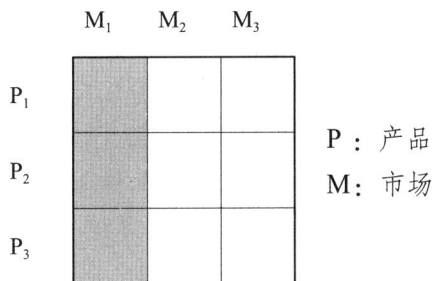

P：产品
M：市场

图 6-4 市场专业化

5.市场全面化

市场全面化（full market coverage）指企业决定全方位进入各个细分市场，为所有顾客群提供他们需要的性能不同的系列产品。只有实力雄厚的大型企业选用该种模式，才能获得较好效果，如图 6-5 所示。

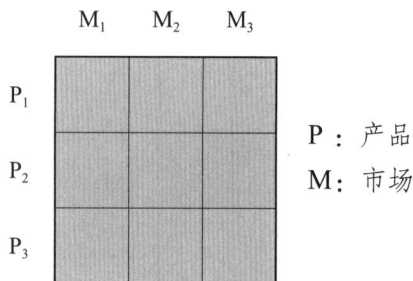

图 6-5 市场全面化

三、目标市场策略

企业选择涵盖市场的方式不同，营销策略也不同，有三种策略可供选择：无差异营销、差异性营销、集中性营销：

1.无差异营销

无差异营销（undifferentiated marketing）指企业只推出单一的标准化产品，运用一种营销组合试图吸引尽可能多的消费者。这种目标市场策略的特点是强调购买者需求的共性，忽略其个性，把整个市场看作一个大的目标市场。

无差异营销的理论依据是成本的经济性。它被称做制造业中标准化生产和大批量生产在营销方面的化身。狭窄的生产线可以降低生产、存货和运输成本，无差异营销还可以节省营销成本：无须进行市场细分，也相应减少了市场调研、产品研制、制定多种营销方案的费用，无差异的广告则可以缩减广告成本。

一般说来，这种目标市场策略适用于同质市场，以及广泛需求的、能够大量生产、大量销售的产品，采用这一策略的企业一般具有大规模的单一生产线，拥有广泛的销售渠道，并能开展强有力的促销活动，能进行大量的统一的沟通活动，在消费者心目中树立卓越的形象。但是服装的选购品特性，决定了服装企业不适合采用无差异的营销策略，尤其在市场竞争激烈的今天。

2.差异性营销

差异性营销（differentiated marketing）指企业针对不同的细分市场，设计、生产或经营不同的产品，采取不同的营销组合，分别满足不同消费者群的需要。差异性营销是市场竞争日益激烈的必然产物，采用这种目标营销策略，进行的是小批量、多品种生产，具有很大的优越性。一方面，针对性的营销活动能够分别满足不同顾客群的需要，提高产品的竞争力，有利于企业扩大销售；另一方面，企业在数个细分市场上都能取得较好的营销效果，就能树立良好的市场形象，提高顾客的信赖程度和购买频率。

差异性营销通常可以比无差异营销获得更高的销售额，但是公司的经营成本也会上升，如产品的改造成本、生产成本、管理成本、库存成本和促销成本都会相应增加。针对这一特点，企业在采用差异性营销策略之前，应该认真评价目标市场的需求是否确实可靠，增加的销售量所带来的利润增长是否大于增加的成本支出，另外企业还要防止市场划分得过细。

3. 集中性营销

集中性营销（concentrating marketing）指企业只选择一个或少数几个细分市场作为目标市场，实行专业化的生产与销售，集中资源服务于该市场，以获得优势地位。集中性营销与前面两个营销策略不同，无差异营销和差异性营销是把整个市场看作目标市场，着眼于为整个市场服务，而集中性营销只把整个市场的一部分看作目标市场，它所追求的不是在较大市场上占据较小的份额，而是在较小的市场上占有较大份额，在具体的做法上，不是把企业力量分散在整个市场上，而是集中优势力量，生产某种独特的产品对某个细分市场采取密集营销。例如，某女职业装生产企业将白领妇女作为目标市场，集中企业资源专门设计生产适合收入较高的职业妇女穿着的、高雅大方的服装，取得了较好的销售业绩，树立了较高的品牌声誉。

采用集中营销的优点在于：由于企业集中所有资源为某一个或少数几个细分市场服务，企业能够深入了解细分市场的需求状况，便于企业发挥自己的优势，更好地满足目标顾客的需求，提高企业的知名度，建立独特的竞争优势。另外企业在生产和营销上实行专业化，可以提高经营效率，节省生产成本和营销费用。但是，这种策略的风险较大，由于目标市场狭小，一旦市场发生变化，如消费者的兴趣改变、强大的竞争者进入、经济环境变化，企业有可能陷入困境。

四、选择目标市场战略的条件

在实践中，企业究竟要选择哪种目标营销策略，必须从本企业的资源出发，并充分考虑产品性质、市场性质等方面的情况。

1. 企业资源

如果企业资源雄厚、生产能力充分、技术力量和设备能力强、供应条件优越、组织管理水平较高，就可以采用差异性营销策略。如果企业资源有限，无力将整个市场作为自己的目标市场，则宜采用集中性营销策略，争取在某一细分市场上获得优势地位。

2. 产品的类似性

根据企业经营的是同质产品还是异质产品而选择不同的目标市场策略。如果是同质产品，或者差异性较小的产品，可以采用无差异营销策略。对于异质产品，如服装，因为消费者的需求差异和选择性大，企业应采用差异性或集中性营销策略。

3. 市场的同质性

根据市场的同质性和异质性的差别来选择目标营销策略。消费者的需求、偏好及其特点十分接近，即同质市场，企业可以采取无差异营销策略。如果消费者的需求、偏好各不相同，即异质市场，企业应该采取差异性或集中性目标市场策略。

4.产品生命周期

根据产品在其生命周期中所处的阶段不同而变换目标市场策略。处于介绍期和成长期前期的新产品，竞争者少，产品品种比较单一，可以采用无差异市场策略，以便探测市场需求和潜在顾客的情况。当产品进入成长后期或成熟期，竞争加剧，企业应采取差异性市场策略，以便开拓新的市场，扩大销售。当产品进入衰退期时，就应该考虑采用集中性目标市场策略，以便集中资源于少数有利可图的细分市场，维持和延长产品的生命周期。

5.市场竞争状况

根据市场竞争程度和竞争对手的市场策略选择目标市场策略。如果竞争对手是一个强有力的企业，则企业应该考虑采用差异性营销策略或集中性营销策略，以便在一个或几个细分市场上取得优势，如果对手资源有限，企业可以考虑采用无差异目标市场策略。

第三节　市场定位策略

一、市场定位的含义

定位一词最先是由两位广告经理艾·里斯和杰·特劳特提出并带动流行的，他们在《广告攻心战略——品牌定位》中对定位有独特论述，里斯和特劳特认为：定位是以产品为出发点，如一种商品、一项服务、一家公司、一所机构甚至一个人，但定位对象不是产品，而是针对潜在顾客的思想，就是说，要为产品在消费者的大脑中确定一个合适的位置。

其实，定位既可以始于产品，也可始于消费者。发现消费者存在未满足的需求，根据自己企业的资源状况，生产出满足这部分需求的产品，也是定位的一种情况。因此，定位是指公司设计出自己的产品和形象，从而在目标顾客的心中确定与众不同的有价值的地位。品牌定位是勾画出品牌形象和所提供价值的行为，从而使目标市场的消费者理解并认识某品牌的特征。

品牌定位是市场细分和差异营销的具体表现，是卖方市场向买方市场转移的必然要求，一种品牌很难在满足思想稳定的中下层人士需要的同时，又能引起老练而理智的中上层人士的兴趣，必须差别化以满足不同特定市场的需要。企业资源客源都有限，应挤进重点市场并集中力量在自己的目标市场上，而不是把市场看成整板一块。企业应该取其有利可图且自己实力相对强劲的一块，集中加强营销活动。

二、差别化的方法

企业要建立与众不同的市场定位，必须突出企业与竞争对手之间的差异性，主要有四种基本的途径：产品、服务、人员或形象：

1. 产品差别化

产品差别化（product differentiation）有助于企业依据为顾客创造的附加价值来提高产品价格。企业可以通过以下途径来突出产品的差别化：

（1）产品档次。产品档次一般分为高、中、低三种，企业必须根据目标细分市场决定产品档次。服装企业必须时刻明确自己产品的档次，否则可能陷入经营困境。

（2）产品创新。首先在行业中推出有价值的新产品是参与竞争的有效手段。主要有两类做法：企业改造现有产品，使其性能优于竞争对手；或者开发出全新的产品，虽然这样要承担更大风险，但是一旦成功，就可以获得更高的收益。

不断创新体现时代感的产品在竞争中能够长盛不衰。创立于1908年伦敦的立酷派（LEE COOPER）牛仔裤是世界上最著名的服装品牌之一，是欧洲牛仔裤厂商的领头羊。近百年来，该品牌不断赋予布料和色彩时代动感变化，设计风格不断创新，不仅抵制住了来自美国的最大的牛仔品牌李维斯的冲击，而且也保持了其在欧洲的领先地位。

不同的年代，LEE COOPER 不断创新，适应时代的要求。

40 年代：自由无拘束。

50 年代：叛逆性。

60 年代：轻松时髦。

70 年代：豪放粗犷。

80 年代：新潮下的标新立异。

90 年代：反璞归真。

正是由于内部不断创新，使 LEE COOPER 牛仔裤在全世界70多个国家拥有7.5亿消费者，还因开创了将女性牛仔裤拉链从侧面改为中间，对服饰界做出了划时代的贡献。LEE COOPER 品牌也由于这许多的创新而保持了旺盛的生命力。

（3）产品特点、样式设计。产品要有鲜明的特色和独具的价值。特点是企业有效的竞争工具，可以使本企业的产品区别于竞争对手的产品。对于服装产品来说，就是产品的设计风格方面有鲜明的特色，并符合消费者的审美标准，顺应时代潮流。样式是产品给予购买者的视觉效果和感受，不同的样式和设计给顾客以截然不同的心理感受。优秀的样式，可以引起顾客的共鸣，使顾客产生偏好。一些服装企业突出设计因素，因而获得成功。

2. 服务差别化

在市场竞争日益激烈的今天，服务差别化（services differentiation）中，服务的增加与服务的质量成为企业区别于竞争对手的有利工具。区别服务水平的主要因素有送货、安装、顾客培训、咨询服务等。

高效率的物流系统可以加快企业的供货速度。许多品牌厂商，已采用快速反应系统，使其供应商、制造厂、分销中心和零售网点形成网络，使公司的储存和销售成本大为降低，同时提高了顾客服务水平。这样的公司具有有效的存货运作系统，其员工和车辆可以为所有分店配送足够的产品，使产品在高度竞争的环境里保持新鲜感和吸引力。

为顾客提供咨询服务可以增强企业的竞争力。米利肯公司的咨询服务为其开拓销售市场创造了条件。向工业洗衣房出售车间用的抹布是米利肯的重要业务，这些抹布与竞争者提供的抹布基本一样，但价格却高出很多，即使如此，米利肯的市场份额依然最大，为什么？答案就在于米利肯持续不断地向顾客提供良好的咨询服务，从而使商品特性淡化。米利肯对其客户的推销员进行培训；向他们提供有关市场前景和促销的信息；提供计算机订货和运费优惠系统；替顾客做市场调研；支持车间卫生条件的改进；将自己的推销人员借给客户，参与客户的行动小组。洗衣房十分乐意出高价购买米利肯公司的抹布，因为上述服务可以增加他们的盈利。

3. 人员差别化

人员差别化（personnel differentiation）中，企业可以通过雇佣、培训比竞争对手更优秀的员工，来赢得竞争优势。训练有素的员工应能体现六个特征：

（1）胜任：员工具备必需的技能和知识。

（2）礼貌：员工对顾客的态度友好，充满敬意，能为顾客着想。

（3）可信：员工值得企业信赖。

（4）可靠：员工能自始至终准确地提供服务。

（5）反应敏捷：员工能对顾客的需要和有关问题迅速做出反应。

（6）善于交流：员工能尽力去理解顾客，并能准确地与顾客沟通。

4. 形象差别化

形象是公众对企业或产品的看法，即使其他竞争因素相同，由于企业的形象不同，顾客也会做出不同的反应。通过形象差别化（image differentiation），企业或产品可以形成不同的个性，供消费者识别。形成个性的工具有名称、标识、标语、环境、赞助活动等，可以帮助企业创造出期望的产品（企业）形象。企业在形象设计中追求一定的产品特性，并通过信息传播途径来确定产品的主要优点和市场定位。形象设计必须具有情感动力，能在购买者心中引起震撼。现在，越来越多的服装企业通过 CI 战略来设计并传播鲜明的形象。

CI 是 corporate identity 的缩写，其中文意思是企业识别系统或企业形象体系，就是运用统一的视觉设计来传达企业特有的经营理念和活力，从而提升和突出统一企业形象，使企业形成自己内在独特的个性，最终增强企业整体竞争能力。

CI 由三部分组成：MI（mind identity）理念识别，指将企业经营方针、经营宗旨、行为准则、精神标准等予以明确的规范。BI（behavior identity）行为识别，指将企业组织制度、管理方式、教育训练、社会公益活动、营销活动等行为方式结合理念识别予以明确和规范。VI（visual identity）视觉标识，是将企业理念、文化特质、服务内容、企业规范等抽象化语言，用可视的具体符号予以明确和规范。

CI 作为企业确立其完美形象的有效手段，其主要功能有三种。识别功能：CI 凭借系统地设计或改变企业形象，注入新鲜感，勾勒出企业新形象，这是 CI 最基本的功能。促销功能：在各种营销活动中贯彻体现有意识设计的产品品牌和企业形象特征，从而使营销活动更为有效。CI 一般将产品形象设计、企业形象设计与销售环境有机地统一起来，从而对消费者产生较强的号召力，起到促销的作用。凝聚作用：这是 CI 最深层的作用，CI 是在一定的企业理念、企业精神的基础上发展起来的精神的外化。同时，CI 帮助企业形成独特的企业文化和企业精神，从而起到凝聚企业员工共同价值观的作用。企业形象与品牌树立互为目的也互为手段。CI 的成功导入有利于品牌的树立、品牌内涵的演绎。CI 具有独特的标识性，统一的系统性，能有效保证企业经营理念的整体性，企业行为的统一性，企业形象的鲜明性正是创名牌的重要因素。通过导入 CI，把企业名牌产品的文化含量和审美价值的内涵具体转化为市场视觉符号，形成对社会公众的直观和理念的诱导力，这必然会产生现实的市场效应和久远的市场反响。

三、选择正确的差别化

顾客有不同的需求，从而会被不同的产品所吸引，但并不是每种差别都有价值。每种差别都有可能增加企业的成本，同时增加顾客的利益，因此企业要精心选择每种区分自己和竞争对手的途径。一种差别化值得开发的前提是满足下列标准：

（1）重要性：该差别能向众多顾客提供具有高度价值的利益。

（2）独特性：其他竞争对手无法提供相似的差别，或者说企业提供的差别与众不同。

（3）优越性：要取得同等利益，该差别比其他方法要优越。

（4）沟通性：顾客可以了解到、看到这种差别。

（5）先发制人：该差别不会被竞争对手轻易模仿。

（6）可支付性：顾客有能力支付这种差别。

（7）盈利性：企业推出这种差别是有利可图的。

四、市场定位策略

在广告泛滥、信息爆炸的社会里，相似产品或服务很多，品牌如何定位以突出自己与众不同，通常有五种策略解决这一问题：

（1）加强定位策略。强化自己产品在消费者心目中现有的位置。如艾维斯（AVIS）公司在汽车出租业排在第二位，其强调：我们是亚军，我们更加努力。使消费者确信这是真实的，加强了品牌在消费者心目中的形象。

（2）空档定位策略。寻求尚未被竞争者占据的并为消费者所重视的市场位置，争取抓住机会占领它，又叫"寻找漏洞法"，即发现市场空隙并填补上。富绅衬衫市场定位就是采用这种方法。富绅牌衬衫是升信服装有限公司生产的，投产之前，该公司对市场进行调研，发现衬衫市场上的产品，一种是 10 ~ 30 元一件的低档产品，占大多数；一种是 150 元以上的高档产品。而国内消费者对服装要求正处于从低档向高档转移之中，对价格接受能力有限，该公司决定自己的品牌定位在中档，售价 70 元左右，但质量要超过 150 元一件的，鲜明的定位给消费者留下深刻的印象。

（3）比较定位法。即通过与竞争品牌的客观比较，来确定自己的市场定位。运用比较定位策略，一定要公正，否则会给消费者留下不实的印象，有时会成为一种诋毁行为，引起法律纠纷。因此运用时一定要慎重。

（4）争取第一位定位策略。即追求品牌成为本行业中领导者地位，市场占有率第一、销售量第一等等。有人作过调查：人们一般只能最多记住某一产品的七个品牌，第二位的公司销售量通常只有第一位的一半，第三位的公司销售量只有第二位的一半，而且处于第一位的知名度最高。人们总是容易记住第一名，人们知道世界上第一高峰，很少有人知道第二高峰，这也是为什么公司争取领先的原因，但只有一家公司可以获得规模领先的定位，对其他公司，重要的是在有价值的属性上赢得第一。例如，七喜在非可乐饮料排在第一。品牌定位就是要找出自己品牌所拥有的令人信服的某种重要的属性或利益。通过这种途径，不管其他品牌如何向消费者发起连珠炮的广告进攻，品牌都会在人们心目中留下深刻的印象。

（5）固定会员俱乐部策略。公司如果不能取得某种属性的第一，就可采用这种策略。比如说，本品牌是"十大真皮品牌"之一，本服装店是巴黎 23 家高级服装店之一。当然排在市场第一位的公司是不会采用这种策略的。

五、准确传播市场定位

市场定位是任何传播活动的基础，一个公司必须有深入的、结构清晰的市场定位，以使沟通人员向消费者传递明确一致的信息，而非自相矛盾、令人迷惑的信息。一个清晰、有效的定位应该对企业上下提供这样的指示：哪些经营活动与沟通可以支持与强化这一品牌，哪些将削弱与混淆这一品牌。

1. 在传播中保持定位的稳定

企业内部必须有一个人（营销经理）或一个团队对定位负责任，其任务就是创建一个强大、清晰、内涵丰富的市场定位，并确保实施营销计划的团体都必须理解这个定位。在不断丰富的沟通手段中确保品牌定位的一致。

品牌知名度不是一系列品牌创建努力的最终结果，任何提高知名度的活动都必须以品牌定位为航标。意大利的贝纳通公司证明了传递错误信息没有凸显品牌定位的活动是危险的。开始，贝纳通一直传递着一种和谐的形象，即年轻、多元文化、种族和谐以及世界和平，后来，贝纳通的艺术总监不顾贝纳通的品牌定位而发展他自己的广告风格。他创造了几种惊世骇俗的形象：一个屁股上印着"艾滋病阳性"的婴儿，修女与人接吻，死刑犯等等。尽管这些广告非常成功地引起了公众的注意，创立了产品的知名度，但与贝纳通已建立的定位冲突。这些活动并没有强化这一品牌，反而使目标消费者与零售商疏远了这个品牌，结果销售业绩平平，品牌受损。

其他可能的传播错误必须避免：

（1）不充分定位。购买者只对品牌有一个模糊的概念，没有真正意识到品牌的独特之处。

（2）过分定位。购买者对品牌形象的认识过于狭窄。

（3）混淆定位。购买者可能对品牌形象感到迷惑，原因是品牌特征太多，或者品牌定位太过频繁。

（4）可疑定位。购买者难以相信传播活动中对产品特征、价格等方面的宣传。

2. 谨慎进行重新定位

无论在市场上定位如何适宜，但后来公司可能不得不对其重新定位。

再定位之所以常常发生，主要原因有两个：

（1）在某一细分市场上，竞争者可能继公司品牌之后推出竞争者的品牌，从而削减了公司的份额。

（2）社会文化的变迁，消费者偏好转移，使公司原先定位的品牌需求减少。

其中第二个原因更为重要。当营销环境发生重大变化时，就需要对品牌重新定位。之所以对品牌重新定位而不创立新的品牌，是因为品牌一经确立，就获得了自身的既得价值。品牌的既得价值是指与品牌自身的名称、标识相关联的资产与负债的集合，这一理论的最早提出者是美国的 A·B·阿克，他说，品牌的既得价值是某一品牌附加于产品之上的附加价值，也就是常说的品牌资产价值。品牌资产与品牌名称、品牌标识物密切相连，如果品牌名称、标识发生变化，企业资产负债表的有关内容也要随之调整。由于品牌资产价值的存在，重新定位可以充分利用原有品牌的价值。

但对原来的品牌重新定位必须慎重。因为它可能会惹恼坚定的品牌忠诚者，也可能使品牌定位模糊，缺少品牌应有的个性，进而使品牌衰退。FILA（费拉）的教训就提供了一个典型的事例。

意大利著名的费拉运动休闲服公司产品品牌定位在高档上，在 20 世纪 70 年代靠网球明星博格大做广告，业务蒸蒸日上。自 20 世纪 80 年代博格挂拍后，公司发生严重困难，财政赤字达 6000 万美元。当时公司首脑做出错误决定——放弃品牌的高档形象，而定位于大众市场。这样一来，费拉产品就从体坛明星的宠物变为一般消费者的日常休闲服。由于市场定位的改变，费拉被迫与阿迪达斯、彪马和锐步等一般产品竞争，结果造成巨额亏损。几年后，公司上层根据市场情况重新定位——依靠明星重塑高档运动服形象。与德国网球名将贝克尔签订广告合同，每年付给贝克尔 180 万美元。自从贝克尔穿上费拉网球服，公司营业额直线上升，1989 年费拉营业额升至 1.7 亿美元。可以说，对服装企业而言，准确的定位是成败的关键。

所以，在做出重新定位的选择时，企业管理人员必须考虑两个因素。第一个因素是将品牌转移到另一个细分市场所需的费用，包括产品质量改变费用，包装费和广告费等，第二个因素是定位于新位置的品牌能获得多少收益。收益的大小取决于：偏好细分市场上消费者人数，这些人的平均购买率；在同一细分市场上竞争者的数量和实力；以及以该细分市场为目标市场所付出的代价。必须比较各种品牌重新定位方案所能产生的收益与费用，据此来选择重新定位的方案。

本章小结

目标市场营销是指识别出各个构成细分市场的顾客群，并为每个目标市场提供相应的产品和营销组合方案。今天，卖方正从大规模营销和产品差异性营销向目标市场营销过渡，因为后者更有助于识别市场机会，设计能赢得市场的产品和营销组合方案。

目标市场营销的关键步骤是市场细分、选择目标市场和产品定位。市场细分是指将整个市场划分为具有不同需求或反应的不同顾客群的行为。营销人员运用不同的细分变量来划分，以发现最佳的细分市场的机会。对于每一个细分市场，都要确定其顾客的特征轮廓。细分的有效性取决于细分市场是否具有可测量性、可盈利性、可进入性和可区分性。

卖方要选择最佳的细分市场作为服务对象。卖方首先必须评价每个细分市场的潜在利润，这个指标是细分市场的规模和发展前景、细分市场结构上的吸引力、公司目标和资源的综合函数。然后卖方要确定为之服务的细分市场的数目。卖方可以忽略细分市场之间的差异性（无差异营销），也可为几个细分市场分别制定不同的营销方案（差异性营销）或者只服务于一个或少数几个细分市场（集中性营销）。

定位是设计企业产品和形象的行为，以便目标市场能知道企业相对于竞争对手的地位。企业要树立与众不同的市场定位，必须突出企业与竞争对手的差异性，主要有四种途径：产品、服务、人员和形象。企业要运用一定的标准来选择最重要的差别，并采用一定的策略来强调这一差别：加强定位法、空档定位法、比较定位法、争取第一定位法和固定会员俱乐部法。同时，企业必须正确传播自己的定位，并谨慎进行重新定位。

思考题

（1）市场细分是否越细越好，为什么？试讨论市场细分的适当程度。

（2）如何判断某一市场细分是否有效？

（3）目标营销的策略有哪些？哪些因素影响企业目标营销策略的选择？

（4）举例说明企业市场定位的策略？

（5）为什么会发生重新定位的情况，重新定位应该如何进行？

（6）拜访一家公司，了解该公司形成产品定位的方式及其所依据的资料。

案例讨论

王老吉的重新定位

2006 年中国饮料市场的新类别——凉茶的整体销量约达 400 万吨，足以与可口可乐相比（2005 年可口可乐在中国内地的销量为 317 万吨）。同年，中国国务院将凉茶列为第一批"国家级非物质文化遗产"。中国凉茶新类别整体崛起的领跑者是红罐王老吉。

王老吉作为最著名的凉茶老字号，已有一百七八十年历史（起源于清朝道光年间）。凉茶是中国广东、广西地区的一种由中草药熬制，具有清热、祛湿、去火等功效的传统"药茶"。长期以来，凉茶都只局限于中国南方的区域市场，维持在小规模的、不温不火的销售状态。

2003 年开始，红罐王老吉一路飘红，创造出了爆炸式增长的市场奇迹，销售额从 2002 年的 1.8 亿元增至 2003 年的 6 亿元，2004 年突破 10 亿元，2005 年超过 20 亿元，2006 年达 35 亿元，2007 年达 50 亿元。4 年销售额增长了近 20 倍。

红罐王老吉是如何取得市场突破的呢？

1. 重新定位

红罐王老吉在消费者心中原有的定位是"药茶"。当成药服用，无须也不宜经常饮用，消费者有心理障碍且销量有限。从战略定位入手，将王老吉从"药茶"重新定位为"饮料"，明确红罐王老吉是一种功能饮料，改变了红罐王老吉的类别属性，为红罐王老吉从区域市场走向全国市场和挖掘潜在需求扫除了障碍。"预防上火的饮料"是红罐王老吉的品牌定位主张，由此而采用的广告口号是"怕上火，喝王老吉"。其独特的价值在于喝红罐王老吉能预防上火。

2. 老字号注入时尚新元素

在饮料行业中与其他饮料竞争，年轻人是重要的目标市场。红罐王老吉为了争取年轻消费者群，避免过时、老化、落伍的老字号形象，并与传统凉茶区分开来，采取了以注入品牌新元素为主导的策略，即利用时尚元素激活老字号。在第一阶段的广告宣传中，强调积极正面的宣传，以轻松、欢快、健康的形象出现，排除对症下药式的负面诉求和消极的品牌联想，从而把红罐王老吉塑造成时尚的传统产品。红罐王老吉的广告中，消费者无忧地尽情享受生活：煎炸、香辣美食、烧烤、通宵达旦看足球……伴随的是喝着"预防上火"的红罐王老吉。

3. 强势传播

新定位确定之后，首先以强势广告造成全国知名度和对渠道的支持。2003年短短几个月，集中一举投入4000多万元的广告，使影响和销量迅速提升。2003年11月，乘胜加大传播力度，投入巨资购买了中央电视台2004年黄金广告时段。王老吉历年的广告投入为：2002年1000万元，2003年4000万元，2004年1亿元，2005年1.5亿元，2006年2.5亿元，2007年4.2亿元。

红罐王老吉的传播焦点是"怕上火，喝王老吉"，尽量凸显王老吉是一种时尚的饮料。为更好地唤起消费者的需求，电视广告选用了消费者认为日常生活中最易上火的五个情景：吃火锅，通宵看球赛，吃油炸食品薯条，烧烤和夏日阳光浴，广告画面中人们在开心地享受上述活动的同时，纷纷畅饮红罐王老吉。结合时尚、动感十足的广告歌反复吟唱"不用害怕什么，尽情享受生活，怕上火，喝王老吉"，促使消费者在吃火锅、烧烤时，自然联想到红罐王老吉，从而促成消费和购买习惯。

在推广上，除了传统渠道的POP广告（point of purchase 销售点广告），配合餐饮新渠道的开拓，为餐饮渠道设计布置了大量的终端物料，如设计制作电子显示屏、灯笼等餐饮场所乐于接受的实用物品，免费赠送。在传播内容选择上，充分考虑终端广告应直接刺激消费者的购买欲望，将产品包装作为主要视觉元素，集中宣传一个信息——怕上火，喝王老吉。餐饮场所的现场提示，最有效地配合了电视广告。正是这种针对性的推广，消费者对红罐王老吉是什么、有什么用有了更强、更直观的认知。

4. 终端渠道

红罐王老吉销售额快速攀升的另一关键原因是整合营销，特别是深耕细作分销渠道和终端，在全国密布分销网络，实现了随处可买的铺货。在强化原有渠道的同时，积极发现和培育了新的渠道终端。其中，餐饮行业已成为红罐王老吉的重要销售、传播渠道之一。在维护原有销售渠道的基础上，加大力度开拓餐饮场所，在一批酒楼打造旗舰店的形象。由于在消费者的认知中，饮食是上火的一个重要原因，特别是辛辣、煎炸食品，因此重点选择四川、重庆、湖南、广东以及全国各地的湘菜馆、川菜馆、火锅店、烧烤场等。由于给商家提供了实惠，红罐王老吉迅速进入了大量的餐馆、酒楼、火锅店、卡拉OK厅等饮品终端，并成为终端主要的被推荐饮品，成为销售增长的重要源头。

在频频的促销活动中，选择重点的火锅店、酒楼作为"王老吉诚意合作店"，投入资金与它们共同进行节假日的促销活动。促销策划中注意强化品牌定位，与"怕上火，喝王老吉"相关联。例如，在"炎夏消暑王老吉，绿水青山任我行"的主题促销活动中，消费者刮卡刮出"炎夏消暑王老吉"的字样，即可获得当地避暑胜地门票两张，并可在当地度假村免费住宿两天。这样的促销活动，既促进了销售，又关联宣传了王老吉"预防上火"的品牌定位。

（资料来源：*汤理. 市场营销案例 [M]. 西南交通大学出版社.2010.*）

思考题：

（1）试分析红罐王老吉取得中国市场突破的原因。

（2）比对王老吉与可口可乐等其他饮料的定位，指出王老吉定位的成功之处。

（3）王老吉采取哪些策略使其定位广为传播，令人信服？

关键术语

市场细分（market segmentation）　　目标市场选择（market targeting）

市场定位（market positioning）　　选择性专业化（selective specialization）

产品专业化（product specialization）　　市场专业化（market specialization）

市场全面化（full market coverage）　　无差异营销（undifferentiated marketing）

差异性营销（differentiated marketing）　　产品差别化（product differentiation）

服务差别化（services differentiation）　　人员差别化（personnel differentiation）

形象差别化（image differentiation）

单一市场集中化（single-segment concentration）

第七章

产品策略

【本章学习目标】

（1）理解产品的整体概念及产品分类。

（2）掌握产品组合的相关概念。

（3）掌握产品线管理。

（4）理解品牌的含义、作用，熟悉品牌策略。

（5）了解产品包装的概念、作用及策略。

（6）理解新产品的内涵及新产品开发的程序。

（7）理解产品生命周期的概念、阶段及对应的营销策略。

| 引导案例 |

智能手环：明天很美好，今天很残酷

与所有前沿产业一样，智能手环正在掀起新一轮热潮。如今，这个尚显小众的行业涌入了上百家厂商，在59元至2599元价位，销售2000余款手环产品。其中绝大多数产品并未盈利——高端产品销量有限，低档产品利润微薄，这正是国内智能手环行业的写照。

朝阳产业一时的亏损并不能说明问题，出于开拓、培育和争夺市场的需要，"烧钱"变得不可避免。问题在于，这些投资是否能够带来长期价值？这个问题的答案，在于盈利模式。

盈利模式的本质，用两个字即可概括——需求。需求的层次，决定了公司盈利的维度。调查显示，中国消费者对于穿戴设备的功能偏好，从高到低依次为：运动健身、休闲娱乐、智能开关、医疗健康、远程控制。折射到智能手环行业，派生出两类不同的产品——运动手环和游戏手环。运动手环进入门槛较低，市场参与者众多，小米、华为、中兴、咕咚、乐跑等厂商扎堆在这一领域竞争，在"价格屠夫"小米的冲击下，行业生态向"价格战"方向演化；相比之下，游戏手环进入门槛较高，目前还处于拓荒时期，属于尚未被挖掘的蓝海，国内仅有主打体感游戏的豚鼠科技一名先行者。

运动健身、休闲娱乐均非刚需，或者说，智能手环并非满足这些需求的唯一产品，譬如运动手环的计步功能可以被手机软件或智能手表代替，因而无论运动手环，还是游戏手环，对于当今的中国大众消费者来说，充其量只是一种"可有可无"的补充性产品，尚未到必不可少的地步。

全球智能手环行业的领军者Fitbit在2014年销售1900万件产品，营收7.4亿美元，运营净利1.32亿美元，其中绝大多数是通过硬件销售取得的。除非具有高度的品牌溢价和突出的技术优势，这一商业模式在中国的市场环境下极难实现——相比"洋手环"动辄千元以上的定价，国产手环定价更为保守，虽然不乏"华为B2"这样1199元的高端产品，但200元以下的产品市场接受度最高，这也正是价格战最激烈的地带，这一档位的智能手环大多造价低廉，存在设计粗糙、功能单一、同质化严重等诸多问题，考虑到研发、模具、营销、人工、物流等前期成本，以及次品率问题，在销量无爆发式增长的情况下盈利并不容易。

号称"全球第一款体感手环"的豚鼠手环定价599元，这一定价的底气源于缺乏同类竞争对手，这也是其最大的一个优势，如果跑得足够快，或者没有追随者恶性竞争，目前在游戏手环这一细分市场占据先发优势的豚鼠科技，也许有可能成为国产手环厂商凭借硬件盈利的一个例外。

小米公司是另一个例外。智能手环作为其漫长产品线上的一枚棋子，战略意义大于产品本身。小米手环"低价竞争"的商业逻辑是，产品大规模销售不仅可以摊销硬件成本，并且有助于强化小米系统，增强用户黏性，手环本身盈利与否反在其次。

在我看来，智能手环的商业价值，取决于它们能在多大程度上与人体结合，成为人们日常生活不可缺少的刚需？目前看来，健康和游戏，最有可能成为解决这一问题的引爆点。

（1）运动手环的引爆点是健康：通过长期追踪、记录人体的各项指标，汇集人体健康数据，获知人体健康状况、预判疾病，不仅可以应用于健康医疗领域，还可为保险公司提供数据情报。

（2）游戏手环的引爆点是社交：借助游戏这一娱乐手段进行社交活动，便利性的提升极大拓展了传统体感游戏的应用场景，在游戏中积累的运动数据，同样也可成为绘制健康状况的基础。并且运动手环技术门槛较低，游戏手环可以集成其相应功能，实现游戏＋健康＋社交的融合。

当然，以上设想建立在硬件大规模销售和使用的基础上。要达成这一现实，低价策略是推动销量增长的利器，而相对轻松的游戏和社交则是吸引客户、增加用户黏性的捷径。

二流的公司卖硬件、一流的公司卖服务，或者称作解决方案。然而，一流的公司并非从天而降，常常是从二流公司成长起来的，优质的硬件产品是其服务的线索、依据和支点。

Fitbit 通过销售硬件实现大部分盈利，作为市场份额高达 68% 的领头羊，得益于庞大的硬件销量，它同样具备卖服务的潜质，譬如将硬件中储存的消费者的健康数据出售给保险公司盈利。

过硬的产品使得 Fitbit 具备了数据挖掘的可能性，这是一个自然而然的进化过程，中国智能手环行业试图跨越这一进程，用廉价产品吸引消费者，进而获知其各项数据，这种激进作风暗含了未知的风险——用廉价策略吸引的客户属于价格敏感人群，一方面，他们并非高质量客户，为后续服务买单的能力和意愿常常大打折扣；另一方面，他们十分容易被低价商品俘获，当更高性价比的产品和服务捆绑出现的时候，如何保证他们不"弃暗投明"？

2015 年 6 月，Fitbit 成功上市，搅动了智能手环行业的一池春水。这个行业未来或许将涌入更多的参与者，赢家上位、黑马崛起的同时，也不可避免地将出现大量炮灰，行业在试错中前进，唯一可以肯定的是，能否抓住用户最本质的需求，将成为通向光明的出路。

（资料来源：杜博奇. 智能手环：明天很美好，今天很残酷. 财富中文网. http://www.fortunechina.com/column/c/2015-06-25/content_242524.htm.）

营销计划始于如何形成一个产品来满足目标顾客的需要或欲望。公司是通过产品的销售得以生存和发展的，因此产品策略是企业营销战略和企业战略的关键组成部分。本章首先介绍了产品的概念和分类、产品质量、产品组合、产品线管理；其次讨论了品牌概念、品牌功能、品牌价值、品牌策略、包装的分类、包装的作用、包装的策略；

然后阐述了新产品含义及新产品开发；最后介绍了产品一般要经历的生命周期的四个阶段及各阶段相应的营销策略。

第一节　产品及产品组合

一、产品及其整体概念

从市场营销学的角度看，产品（product）是指能够提供给市场以满足需要和欲望的任何东西。产品在市场上包括实体商品、服务、体验、事件、人物、地点、财产、组织、信息和观念等。

在为市场提供产品时，营销者需要考虑五个产品层次（图7-1）。每个层次都增加了更多的顾客价值，它们构成了顾客价值层次（customer value hierarchy）。这五个层次的产品全方位地满足了顾客的全部需要，构成了整体产品概念。

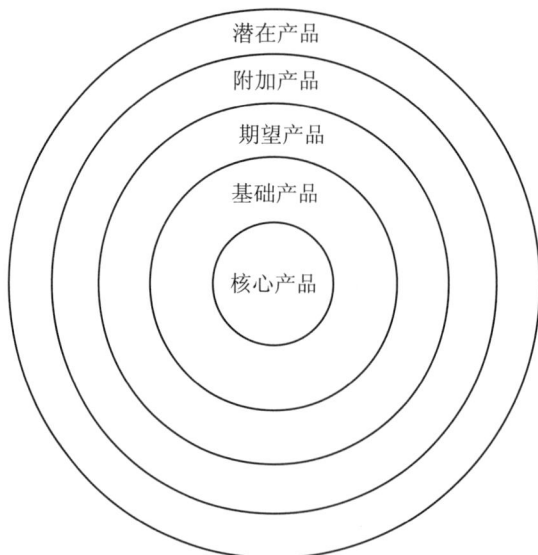

图 7-1　整体产品概念的五个层次

（1）最基本的层次是核心产品（core product），即顾客真正购买的基本效用和利益。在旅馆，夜宿旅客真正要购买的是休息与睡眠。营销者必须认识到自己是利益的提供者。

（2）第二层次是基础产品（basic product），即产品的基本形式。包括品质、式样、特征、商标及包装。如一个旅馆的房间应该包括床、浴室、毛巾、桌子、衣橱、厕所等。营销者必须将核心利益转化为基础产品。

（3）第三层次是期望产品（expected product），即购买者购买产品时通常希望和默认的一组属性和条件。例如，旅客期望干净的床、新的毛巾、台灯和相对的安静。由于大多数旅馆能满足这种最低的期望，所以，旅客通常没有什么偏好并且找更方便或更便宜的旅店留宿。在发展中国家，如印度和中国，竞争主要发生在期望产品层次。

（4）第四层次是附加产品（augmented product），即增加的服务和利益。在发达国家，品牌定位和竞争发生在附加产品层次。在附加产品层次上，差异化是比较重要的。附加产品使得营销人员必须重视购买者的整体消费系统（consumption system），即用户在获得、使用、修理和处理产品上的行为方法。很多竞争并不在于各家公司在其工厂中生产什么，而在于在工厂以外他们增加的形式，诸如包装、服务、广告、客户咨询、融资、送货安排、仓储以及人们所重视的其他价值。

（5）第五个层次是潜在产品（potential product），即该产品最终可能会实现的全部附加部分和将来会转换的部分。潜在产品指出了现有产品可能的演变趋势和前景。例如，彩色电视机有可能发展为计算机终端机。

延伸阅读

贴心服务——宝马停车预报功能

当人们苦苦寻找街边车位时，受影响的可不只是沮丧的司机们。

在人口密集的地区，司机们寻找车位时平均耗时 20 分钟，这也影响了城市的机动性。交通堵塞，公共运输速度缓慢，即便是行人也会因汽车和大巴挡住人行横道通行受阻。Frost & Sullivan 的一项分析显示，美国司机每年在寻找停车位方面平均要耗费 55 小时，给消费者和地方经济带来的时间和燃料损耗折合近 6 亿美元。

交通数据公司 Inrix 携手宝马在底特律车联网展会上发布了停车预报功能，它能帮助司机寻找宝贵的街头停车位。

在宝马车型中，这项停车预报功能名为 iPark，相关信息可在控制面板中显示。与谷歌地图中的交通应用相似，彩色横条标志着街头停车成功几率，按停车位充足情况从绿到红显示。面板中显示的信息还包括收费价格、停车和许可限制以及政策规定。如果路内车位没有了，司机将被引导至路外停车场。

目前，宝马等主要汽车生产商正在移动性项目上投入更多时间和资金，停车预报功能只是案例之一。各项新功能令驾驶和停车变得有趣，也让传统意义上拥有汽车的概念发生了一些改变。例如，自 2011 年以来，宝马集团就一直在研究如何减少人们寻找空闲车位的时间。第一批解决方案已于 2012 年投入使用，其中包括高级停车服务，即司机可以预约城市中的停车位。

得益于德国汽车公司戴姆勒旗下创新应用和谷歌地图的发展，出行时需要问路和转乘应用的消费者比以往有了更多选择。宝马与 Inrix 的合作解决了城市交通中一大难题，即抵达目的地后在哪儿停车，而不用在街区徒劳兜圈。

（资料来源：Kirsten Korosec. 贴心服务——宝马停车预报功能. 财富中文网. http://www.fortunechina.com/business/c/2015-06/08/content_241600.htm）

二、产品的分类

（一）按是否耐用和是否有形分类

产品按是否耐用和是否有形，可分为耐用品、非耐用品和服务产品。

（1）耐用品指在正常情况下可多次使用的有形物品。如冰箱、电视、床单、被套等。

（2）非耐用品指在正常情况下一次或几次使用就被消耗掉的有形物品。如啤酒、牙膏、洗发水等。

（3）服务产品指不具有实体，而以各种劳务形式表现出来的无形产品。如教育、法律咨询、理发等。

（二）按用途分类

产品按照用途，可分为消费品和工业品。消费品（consumer goods）指个人或家庭为了最终直接消费购买的产品，主要是用来满足个人的欲求或家庭的需要。例如，超级市场和餐厅购买蔬菜是为了制作能卖给顾客的生菜沙拉，此时蔬菜属于工业品；但家庭主妇在菜市场购买蔬菜是为了供家庭食用，此时蔬菜便属于消费品。而工业品（industrial goods）指组织购买产品的目的，是为了用来生产其他的产品或服务，或是为了再销售给消费者或其他组织。之所以要将同一种产品分为消费品和工业品，是因为其顾客的购买行为有所不同，因此营销策略也会有所差异。

1. 消费品

消费品可依其特性分成四种：便利品、选购品、特殊品及非渴求品。

（1）便利品（convenience goods）是指那些消费者经常购买、花在购买上的时间很短，而且不太愿意花费心思与精力去进行比较与选择的消费品。因此消费者常会定期地购买便利品，通常不会花费太多时间与精力来进行产品抉择，便利性是其主要考量因素。为了满足消费者所追求的便利性，便利品通常会有众多的零售点。便利商店所销售的产品中很多都是便利品，但并非便利商店所销售的产品全部都是便利品。

（2）选购品（shopping goods）是指消费者在购买时需要进行比较后，才会决定购买的商品。消费者通常会就品质和价格两方面进行比较。相较于便利品，选购品的单价通常比较昂贵，且销售的商店数目也较少。不过，选购品的商店会呈现同业集中的状态，以方便消费者进行选购，并且，政府在城市规划中也会注意此类问题并进行有效引导。例如，餐饮街、电脑城、家具城、建材城等就是同业集中的典型表现。

（3）特殊品（specialty goods）指产品因为具有某些特色及（或）独特品牌，而使消费者愿意特别费心去寻找和购买该品牌，而比较不愿以其他品牌代替。例如名牌的商品（LV 的包）或某些具有浓厚特色的商品（口味独特的餐厅）。特殊品的营销人员通常会运用能彰显其地位与独特性的广告，来维持产品的独特形象。由于顾客不愿接受替代品或替代品牌，因此比较愿意多花时间和精力去寻求该产品，所以特殊品的零售点通常也较少。例如，不少消费者愿意花很长时间在 LV 专卖店前排队等待入店消费。

（4）非渴求品（unsought goods）指消费者目前还不知道，或是知道而尚未有兴趣购买的产品。刚上市的产品往往就属于这一类，必须一直等到广告和渠道普及后，才开始引起消费者的注意与兴趣。另外，有些产品如保险产品和百科全书等，常需要借助积极的人员销售和高度说服性的广告，才能引发需求。

延伸阅读

奢侈品将在中国东山再起

这几年，随着中国中产阶层逐渐迷上高档时装和珠宝，来自法国、意大利和美国的众多奢侈品牌在中国发展得红红火火。

但这种销售热潮正在消减，近来多家西方奢侈品零售商发布的令人失望的业绩就是明证。尽管也有很多迹象表明，这种放缓只是暂时的。

据贝恩咨询公司统计，2014 年中国的奢侈品销售额比 2013 年下降了 1%，跌至 1150 亿元人民币。中国经济放缓以及政府打击贪污腐败和送礼之风对手表行业的影响尤其明显，也是奢侈品销量走低的主要原因所在。

法国奢侈品牌爱马仕表示，其腕表部门销售业绩 2014 年下滑了 11%，很大程度上受中国奢侈品市场萎缩影响。该公司预计，与近年平均水平相比，2015 年的整体增长将依然缓慢。普拉达 2014 年中国市场的销售业绩则下滑了 4%，预计今年奢侈品牌依旧面临艰难处境。

然而，以铂金包和丝巾等闻名的爱马仕一直在中国持续增设门店，就在几个月前，其在上海的新旗舰店——爱马仕之家开张。

这一切是为什么？因为有充分数据表明，当前中国的奢侈品销售只是遇到了一个"减速带"。

由花旗委托经济学人智库完成的一份新研究报告称，五年内，中国富人拥有的资产将是美国富人的两倍。该报告指出，到 2020 年，身家在 10 万到 200 万美元的中国人拥有的金融资产总额将达 53 万亿美元，而美国仅为 27 万亿美元。

也就是说，有很多人会想去普拉达、Gucci 和蒂芙尼店购物，以及购买昂贵的雅诗兰黛美妆产品。这些公司对此乐意之至。

刚着手在中国扩张业务的时装公司 Michael Kors 最近表示，其在华销售业绩"开始稳定下来"。这家公司的劲敌 Coach 则计划在中国新开几家门店，它最新一个季度的在华销售额增长了 13%。另外，尽管深受内地游客喜爱的蒂芙尼香港门店的假期销售数字未达到预期，但它依然在全速推进在华扩张计划。

其他一些非奢侈品牌的西方公司也准备在中国大展拳脚。拥有 Old Navy 等品牌的 Gap 公司计划今年在中国新开 40 家门店。拉尔夫·劳伦去年在中国实现了两位数的销售增长，眼下将中国视为其"最重要"的市场之一。

显然，对奢侈品牌和零售业高层来说，中国市场放缓只是一个暂时的变化。

雅诗兰黛首席执行官法布里吉奥·弗里达上个月说："中国高档美容产品市场仍保持着高单位数增长，我们看到这里遍布机会，可以进入更多的城市，建立新的门店和销售渠道，并推出更多品牌。"

（资料来源：Phil Wahba. 奢侈品将在中国东山再起. 财富中文网. http://www.fortunechina.com/business/c/2015-03-31/content_238722.htm.）

2. 工业品

工业品可分成六种：原物料、零组件、耗材、资本设备、辅助设备与商业服务。

（1）原物料（raw materials）。原物料是指一些加工层次很低的大自然产品，最后会变成制成品的一部分，例如农、林、渔、牧、矿等产品。

（2）零组件（parts）。零组件是指一些经过基本加工程序的产品，这些产品最终也会变成制成品的一部分，例如主机板、马达、紧固件等。

（3）耗材（supplies）。耗材是制造过程中所必须使用的一些消耗性产品，例如润滑油、铁钉、垫片等。

（4）资本设备（capital equipment）。资本设备是指一些单价高、购买频次低、参与购买决策的人数相当多的产品，大多数的资本设备是不可移动的，例如生产线、厂房、土地及高单价的机器设备等。

（5）辅助设备（subsidiary equipment）。辅助设备是指一些单价较低的生产设备，通常这些生产设备是可移动的，例如手工具、办公桌椅等。

（6）商业服务（business services）。商业服务是指为了维护组织运作而需要购买的一些服务，例如清洁的服务、记账的服务、法律的服务、企业管理顾问的服务、专利的服务，以及技术的服务等。

（三）按购买风险分类

产品按购买风险可以区分为搜寻品、经验品、信赖品。除了工业品与消费品的区分方法之外，产品还可依顾客购买时所冒风险程度的高低分为以下三种：

（1）搜寻品（search goods）。搜寻品是指在消费者实际进行购买决策之前，也就是说，消费者在掏出钱实际购买之前，便可以区分品质好坏的产品，例如衣服、家具等。

（2）经验品（experience goods）。经验品是消费者必须实际购买该产品并使用过后，才会知道产品品质好坏的产品，例如电影要看了才知道好不好看，牛肉面要吃了才知道好不好吃。

（3）信赖品（credence goods）。信赖品是指消费者在购买并使用过该产品后，仍然不知道品质好坏的产品，例如修车服务、医疗服务等。往往很多车子虽然表面上修好了，但可能根本的问题没有解决，因此经过一段时间又坏了。很多的医疗服务可能隐含着潜在的风险或副作用，但病患可能并没有被充分告知，因此只能信赖医生的判断。

通常信赖品的产品购买风险最高，而搜寻品最低。一般而言，无形的服务比较接近信赖品，而实体产品则比较接近搜寻品。

三、产品质量

产品质量就是产品在使用时能成功地满足用户需要的程度。产品质量可以从属性、性能、可靠性、持久性、审美、适用性、符合要求等方面进行评价，但顾客是质量的关键感知者。产品质量影响顾客的购买决策，而顾客的购买决策决定着组织的命运。

很多企业实施全面质量管理（TQM）来有效地改进质量。TQM是一种在整个组织范围内通过持续改善递送产品或服务所涉及的各种业务过程来满足顾客需求的行动。与只有在缺陷发生时才改正不同，实施TQM的组织训练和鼓励员工不断探索更高效的方法，努力做到从一开始就避免缺陷和问题发生，这使企业以更低的成本生产出更优质的产品。由于对质量的重视程度日益提高，全球已有70多个国家采用了ISO9000质量体系，用标准化的方法来评价供应商的质量体系。

四、产品组合

一般情况下，企业经营不止一种产品，当企业经营多种产品时，就有产品组合问题。企业需要考虑应该经营多少产品，应该经营哪些产品，应该淘汰哪些产品，产品之间应该有怎样的关系。

产品组合（product mix）是指某一特定销售商所能提供给消费者的一整套产品和项目。一个产品组合由多种产品线组成。每条产品线内包含若干个产品项目。产品线（product line）是指一群相关的产品，这些产品可能有相似的功能，或是卖给同一顾客群，或是生产程序相同，或是通过相同的渠道销售，或是在同一价格范围内的产品。至于应该使用什么准则作为产品线划分的标准，则应视各个标准在营销策略上的重要性而定。

产品项目（product unit）是指某一特定品种、规格、型号、质量和价格的产品。产品项目是构成产品线和产品组合的基本元素。

富安娜公司的产品组合

以下是富安娜公司的部分产品组合：

表7-1 富安娜公司产品组合

产品组合的宽度		
套件系列	芯类系列	家居系列
提绣套件 中性套件 婚庆套件 印花套件 儿童套件	夏被 冬被 二合一被 草本枕 慢回弹枕 乳胶枕 化纤枕 羽绒枕 蚕丝枕	毛浴巾 毛毯 抱枕坐垫 床垫 家居包 家居服 家居鞋 凉席

（产品线的长度）

（资料来源：根据富安娜公司官方网站资料整理。）

产品组合可以从宽度、长度、深度、关联度四个方面来描述。表7-1为富安娜公司的产品组合。

（1）产品组合的宽度。指公司具有多少条不同的产品线。表中列出了富安娜公司的套件系列、芯类系列、家居系列共3条产品线。

（2）产品组合的长度。指其产品组合中的产品项目总数。表中的产品项目总数为22个。

（3）产品组合的深度。指产品线中的每一产品有多少品种。例如，二合一被有3种款式，其深度为3；婚庆套件有5种款式，其深度为5。

（4）产品组合的关联度。指各条产品线在最终用途、生产条件、分销渠道或其他方面相互关联的程度。

产品组合的四个方面使公司可以采用四种方法发展业务。公司可以增加新的产品线，以扩大产品组合的宽度。公司也可以延长现有的产品线。此外，公司可以更多地增加每一种产品的品种，以增加产品组合的深度。最后，公司可以推出有较强一致性的产品线。

产品组合的宽度、长度、深度、关联度在企业发展战略、竞争战略和营销战略上有重要意义。增加产品组合的宽度，即增加产品线或产品大类，意味着企业扩大经营范围，实行多元化发展战略。这可以充分发挥企业的特长，使企业的资源、技术得到充分利用，还可以减少经营风险。增加产品组合的长度和深度，即增加产品项目，意味着企业在产品款式、品种、规格和品牌等方面的改变和多样化。这可以满足更多消费者的需求和偏好，吸引更多的消费者购买企业产品。增加产品组合的关联度，意味着企业各个产品大类在最终使用、生产条件、分销渠道等方面的关系更加密切。这可以使企业在分散经营风险的同时，获得协同效应和成本的降低。

五、产品线的管理

1. 产品线延伸

当公司决定增加新产品到现有的产品线，以扩大其产品线的经营范围，增加竞争力时，公司会进行产品线延伸。产品线延伸（line stretching）是指公司将产品线扩展至其他经营范围。通常产品线的延伸方式有三种：

（1）向下延伸。公司的产品线向市场较低价位或较低品质的产品范围延伸。例如原本高价位的机械表厂另外开发较低价位的石英表市场。

（2）向上延伸。公司的产品线向上延伸至高价位与高品质的产品范围。例如日系汽车纷纷在原有平价汽车的基础上，再开发高级车来攻入高价位汽车市场。

（3）双向延伸。同时进行向上延伸与向下延伸。例如假日饭店采取双向延伸，向下延伸至平价酒店，向上延伸的产品则是高档酒店。

2. 产品线填补

产品线填补（line filling）是在现有的产品线范围内，增加更多产品项目，以提升该产品线的完整性。如此一来，可以增加其竞争优势、利用剩余产能、提升公司声誉，且能降低竞争者进入的可能性。不过，采用产品线填补决策时必须注意：若是填补不当，则会造成产品相互蚕食的状态。蚕食是指当产品线或产品家族加入一项新产品时，因顾客只是从公司旧有的产品转移至新产品，因此会造成旧有产品的销售下降，对于全部产品的总销售量并没有太大助益。

3. 产品线缩减

产品线缩减（line pruning）通常是因为产品线扩张过度所致。产品线如果扩张过度，可能会造成利润的侵蚀、营销的资源不当分配或是产品的过时。以下是产品线扩张过度可能产生的弊病：

（1）有些产品线中的产品因为本身销售量太低，或是市场被同一产品线的其他产品所侵蚀，因此无法贡献利润。

（2）经常导致资源被成长迟缓的产品所占用，造成生产或是营销资源的不当分配。

（3）当产品线有新产品出现，或是竞争者推出了新产品，公司的某些旧产品可能成为过时商品。

缩减产品线后，管理者就不会浪费资源在表现不佳的产品上，可以将资源集中于最重要的产品。因为有较充裕的财力及人力，新的产品可以有较好的机会成功上市。例如：IBM 将其 PC 部门以高于市价的价格卖给中国第一大 PC 制造厂联想电脑；德州仪器也将其视为非核心事业的笔记本电脑部门卖给想扩大笔记本电脑市场占有率的宏碁集团。

4. 产品线调整

产品线调整（line adjusting）指产品线内产品项目的更新。由于市场环境的变化、消费者偏好转移，以及竞争压力等因素，产品线必须定时更新调整。如此才能掌握市场的先机。若一味沉浸在过去成功的产品线，而忽略了更新，很容易招致失败。例如，家乐福定期检查其店内各项商品的销售情况，据此调整产品线。

第二节　品牌与包装策略

一、品牌策略

（一）品牌的概念

美国市场营销协会（AMA）在 1960 年出版的《营销术语辞典》上把品牌（brand）定义为：用以识别一个或一群产品或劳务的名称、术语、象征、记号或设计及其组合，以和其他竞争者的产品和劳务相区别。

品牌由品牌名称和品牌标志组成。品牌名称是指品牌中可以用言语称呼的部分，如 IBM、联想都是著名电脑的品牌名称；品牌标志是品牌中不能用言语称呼但可以被识别的部分，如符号、图案、色彩等。例如，可口可乐以红色作为品牌的部分标志，百事可乐则以蓝色作为品牌的部分标志。

商标是企业在政府有关主管部门注册登记的品牌或品牌的一部分。企业注册成功便获得商标专有权，受法律保护，其他任何组织和个人都不得仿效使用。因此，商标是一个法律名词，是经过合法注册的产品名称、标志、图案和设计等；而品牌则是一个商业术语，没有经过合法注册，不受法律保护。

（二）品牌的功能

1. 识别功能

即把品牌作为区分的标志。这是一个品牌最基本的条件。品牌命名、设计、包装等可以突出品牌的个性，经注册的品牌同时还受法律的保护成为享有专用权的商标。此外，品牌所提供的识别功能不仅仅依靠它的标志或名称，更依赖它提供的核心价值。

2. 信息浓缩功能

即把品牌作为沟通的代码。品牌把各种象征符号合并到一起，最终使消费者在众多产品类别信息中搜索出特定产品的信息，实现购买行为。

3. 安全功能

即把品牌作为承诺和保证。以品牌提供的特征和利益为基础，满足消费者的需要和欲求，谋求与消费者建立长久的、强劲的关系，博得他们长期的偏好与忠诚。

4. 价值功能

即品牌作为一种无形资产的作用。品牌能提供给顾客比一般产品更多的价值或利益——功能和情感性利益，它产生于品牌与消费者的关系之中。顾客对品牌的忠诚说明品牌之中包含了产品功能价值外的其他无形价值——它能让企业获得一系列竞争优势，比如，消费者愿意为购买品牌而支付更多的钱，让企业能够抵御恶劣的市场环境、赢得分销渠道等。

（三）品牌价值

在今天，品牌已经成为企业的一种战略资产——品牌资产，它在市场竞争中发挥着巨大的威力。品牌资产的货币表现被称为品牌价值（brand value），它是对品牌作为一种资产和一种权益的价值量化，是通过专业评估、测算出来的某一品牌的全部有形资产和无形资产价值的总和。

延伸阅读

中国最具价值品牌

2015 年 6 月 16 日，北京，世界品牌实验室（World Brand Lab）主办的"世界品牌大会"上发布了 2015 年（第十二届）"中国 500 最具价值品牌"排行榜。表 7-2 为 2015 年中国 500 最具价值品牌前 10 名企业。

表 7-2　2015 年"中国 500 最具价值品牌"前 10 名

排名	品牌名称	品牌拥有机构	品牌价值（亿元）	主营行业
1	工商银行	中国工商银行股份有限公司	2615.76	金融
2	国家电网	国家电网公司	2508.18	能源
3	中国移动通信	中国移动通信集团公司	1862.55	通信服务
4	华为	华为技术有限公司	1825.96	信息技术
5	中国人寿	中国人寿保险（集团）公司	1822.72	金融
6	CCTV	中国中央电视台	1809.16	文化传媒
7	中化	中国中化集团公司	1516.56	能源
8	海尔	海尔集团	1475.59	家用电器
9	中国一汽	中国第一汽车集团公司	1362.79	汽车
10	中国石油	中国石油天然气集团公司	1352.17	石油

（资料来源：
2015 年"中国 500 最具价值品牌"揭晓．新华网广东频道．http://www.gd.xinhuanet.com/newscenter/2015-06/19/c_1115669368.htm）

（四）品牌策略

品牌策略涉及的方面较多，企业在制定品牌策略时可侧重选择以下几种策略：

1. 品牌化策略

品牌化策略即企业使用品牌与否的策略，包括使用品牌还是不使用品牌，以及品牌是否注册为商标。尽管品牌具有相当重要的作用，但是有些产品可以采取不使用品牌的策略，如直接供应给厂家的原料型产品，进入消费领域的低价值的普通产品，生产简单无差异性、选择性不大的产品，消费者习惯上不以品牌为购买依据的产品等。20 世纪 70 年代以后，一些企业对某些价值低的普通产品实行了"非品牌化"策略，即企业对某些产品不规定品牌名称和品牌标志，直接将产品在市场上销售，从而节省品牌化业务等方面的费用，降低了经营成本和价格，提高了市场竞争能力，扩大了产品销售。

当企业做出使用品牌的决策后，要进一步确定是否将品牌向有关机构注册登记，使品牌成为注册商标。企业的品牌注册成为商标后，便可以受到相应的法律保护，还可以用许可贸易的形式出售或转让商标的使用权，为企业带来更多的利润。

2. 品牌归属策略

企业在决定使用品牌后，应对使用谁的品牌问题做出决策，在品牌的选择与使用上可以有四种选择：

（1）使用生产者的品牌。生产者的品牌也叫制造商品牌、工业品牌。使用生产者的品牌是品牌策略中应用最广泛的一种选择，制造商品牌一直在零售行业中占统治地位，绝大多数制造商都创立了自己的品牌。生产者采用自己的品牌出售产品可建立企业的信誉和实施名牌战略，销售商使用生产者的品牌可节省宣传费用，便利地为消费者提供售后服务和保障。

（2）使用经销商的品牌。使用经销商的品牌是指产品在销售过程中不使用生产商的品牌，而采用经销商的品牌。经销商品牌也叫中间商品牌、商业品牌、私人品牌。在目前的国际市场上，一些实力超群的中间商都建立了自己的品牌，以树立良好的企业形象，利用顾客的信任和良好的商誉，增强对供货企业的控制，从而降低进货成本，提高市场竞争能力。

（3）使用特许品牌。对于实力较弱、产品的市场占有率较低和企业声誉尚待建立的生产企业来说，可以考虑利用特许形式使用其他制造商的品牌，以促进企业的产品销售，提高市场占有率。生产者可同其他品牌制造商签订品牌使用许可协议，在一定期限内支付给对方使用许可费，在自己生产的产品上使用对方已经创立的品牌名称或符号。

（4）使用共同品牌。共同品牌是指将两个已经创立的不同企业的品牌名称共同用在同一个产品上，如一汽—捷达汽车、索尼—爱立信手机等等。绝大多数共同建立品牌的情况是，由一个企业将获得特许的一家企业的著名品牌与自己的品牌合并后共同使用。

3. 品牌名称策略

如果企业决定其大部分或全部产品都使用自己的品牌，企业可供选择的品牌策略主要有以下三种：

（1）个别品牌策略。即企业决定其生产经营的各种不同产品分别使用不同品牌的策略。当企业的产品品种较多，生产条件、技术专长等在各种产品上又有较大差别时，采用这一策略较为有利。采用这种策略的优势在于企业可以分散风险。由于企业的品牌较多，当某种品牌的产品出现问题时，本企业的其他品牌产品不易受到牵连。采用这种策略的缺点主要是品牌业务的工作量较大，相关的费用较高，创立名牌需要付出更多的努力和较长的时间。

（2）家族品牌策略。如果企业生产经营多个不同种类的产品，各产品之间的相关性很低，可以采取对一类产品使用一个品牌的策略。采用这种策略可以避免不同大类的产品相互混淆，兼有个别品牌策略的优点，同时又在一定程度上弥补了个别品牌策略的不足。

（3）统一品牌策略。即企业生产经营的所有产品都使用一个品牌的策略。当企业现有产品在市场上具有较高声誉和知名度，市场占有率高，且本企业所有产品都具有相同的性质和质量时，可以采用这一策略。采用这种策略的优势在于企业可以节省品牌业务的管理费用，尤其是在新产品促销宣传方面，可以利用原有产品在人们心目中的品牌形象来节省促销费用，这样有利于建立顾客对新产品的忠诚和信任，借助原有品牌的声誉可以使新产品迅速占领市场，而且有利于扩大企业声誉，树立知名品牌的市场形象。

4. 品牌战略选择策略

企业通常有以下几种策略可以选择：

（1）产品线扩展。产品线扩展是指企业在同样的品牌名称下，在相同的产品种类中引进、增加新的项目内容的策略，如新形式、新口味、新成分和新包装等。这种做法成功率高，也有利于品牌的宣传和扩张，但是产品线扩展有一定的风险，容易使品牌失去原有的含义和意义。

（2）品牌延伸。品牌延伸是指企业利用现有的品牌名称来推出新项目的策略，如日本本田公司利用其品牌的知名度，相继推出了摩托车、海上发动机、助动车、割草机等产品。品牌延伸可以使新产品很快被消费者认识和接受，促使新产品尽快进入新的市场，同时也节约了新产品的市场推介费用。采用品牌延伸策略的风险在于，如果新产品质量不能保证或不符合消费者的需要，则有可能降低消费者对企业其他产品的信任度。

（3）合作品牌。合作品牌是指两个或更多的品牌在一个产品上联合起来的一种策略。每一种品牌的发起人都希望与另一个品牌结合，以强化消费者对其中一个产品的偏好或购买欲望，达到双赢的目的。如英特尔公司对消费者开展品牌宣传活动，使消费者逐渐认同了英特尔芯片的高品质特征，最终使一些主要电脑制造商如 IBM、戴尔等为了促进本公司个人电脑的销售，在对消费者进行宣传时特别强调本品牌内置英特尔芯片。

（4）多品牌策略。多品牌策略是指企业在同一类产品中建立两种或几种品牌的策略，目的是建立不同的产品特色以迎合不同的购买动机。这样，企业可以使产品向各个不同的市场部分渗透，促进企业销售总额的增长，如宝洁公司在市场销售9种不同品牌的洗衣粉。有时，企业在收购了某一竞争企业后继承了被收购企业的品牌名称，因为原竞争对手的品牌有一大批忠实的使用者，企业不想失去这些顾客。例如，宝马公司兼并了劳斯莱斯公司，保留了劳斯莱斯这一高贵的品牌。

（5）品牌再定位策略。当企业在现有品牌影响力逐渐丧失的情况下，可以创立一种新的品牌，进行重新定位；企业也可以通过收购来获取新产品种类中的新品牌。在做出重新定位选择时，企业必须考虑将品牌转移到另外一个细分市场的费用，包括产品广告宣传费用、包装费用、品牌管理费用等。如加多宝把凉茶重新定位成预防上火的饮料，把凉茶从一个药饮变成了饮料。

延伸阅读

从麦当劳到芭比：陷入困境的5个经典品牌

时代车轮滚滚前进，人们的消费习惯也在发生着变化。人们曾经认为以下这些经典品牌、企业和产品将长盛不衰，但现在它们都深陷困境。

这种命运的转变部分可归因于80后、90后有着不同的品位和价值观，但抛弃这些品牌的并非只有他们这一代人。随着社交媒体的兴起，如果一款产品呈现衰微之势或是跟不上时代潮流，这个消息很快就会传遍全国乃至全世界。

1. 麦当劳

麦当劳的销售额下跌幅度超过了预期，仅2015年第一季度就下跌近4亿美元。该公司日前宣布将关闭分布在日本、美国和中国的350家业绩不佳的门店。除此之外，麦当劳还面临着一系列其他困境。

至于麦当劳近年的生意何以如此惨淡，一个被经常提及的原因是，麦当劳的顾客们正在涌向他们认为更健康的快餐连锁品牌（比如Chipotle）。除此之外，近年来市场上涌现了一批高端的汉堡连锁店，如Shake Shack、Five Guys和Smashburger等等。不过现在看来，麦当劳的平价策略正在产生对经营不利的效果。

为了获得80后、90后的青睐，麦当劳尝试了不少办法。比如在今年1月，为了回应其销售额12年来首次下降这一局势，麦当劳推出了"全天早餐"，并于3月24日在全美24个城市开展了持续24小时的"欢乐日"活动。麦当劳也承认，该公司"亟须追随消费者的口味变化"。在澳大利亚，麦当劳试验性地开了一家名叫"悉尼之角"的新潮咖啡厅，同时开始在墨尔本提供定制的精美汉堡。该公司最近还公布了其扭转计划的一些细节，不过都没有打动投资人。

2. 芭比娃娃

近三年来，芭比娃娃的销量直线下降，2015年第一季度延续了这一趋势。根据全美零售协会发布的 Top Toy 调查报告，2014年11月，在电影《冰雪奇缘》的助推下，以这部电影为主题的玩具娃娃首次打败芭比，成为去年圣诞节赠送给女孩最多的玩具。

美泰公司在今年2月的纽约玩具展上表示，该公司即将推出78款新的芭比娃娃，着重呈现80后、90后看重的两个元素——高科技和多元化。比如，Hello Barbie 将是一款会说话的洋娃娃，还有一些新款芭比将以黑人、亚裔和其他少数族裔的形象出现。

3. 费雪

主打学龄前儿童市场的费雪公司，是另一家岌岌可危的玩具公司，其2014年的销售额下跌了13个百分点——不过今年第一季度的销售额又回升了3%。费雪玩具的受欢迎程度之所以明显下降，是因为已经为人父母的80后、90后大都住在城市，所以更喜欢尺寸更小，设计更简洁的玩具。此外目前瞄准学龄前儿童的玩具品牌也越来越多，比如像《冰雪奇缘》这种影视作品的衍生产品。

4. 卡夫芝士通心粉

这款经典芝士通心粉的高销售数字也不复存在。最近其销售额下跌了3%，而竞争对手 Annie 等公司的销售额则相应上涨了3%。

卡夫芝士通心粉销量受挫的原因和麦当劳一样，也是因为消费者开始寻求更健康、加工程序更少的产品。同时有些消费者也针对这款产品发起了倡议活动，要求该公司使用红辣椒、胭脂树萃和姜黄等天然原料。

卡夫最近透露称，该公司将于2016年1月前取消在美国销售的卡夫原味芝士通心粉中的人工合成色素，同时在明年年底前取消在加拿大销售的该产品的合成色素。卡夫公司已于2014年推出了不含合成色素的 Kraft Boxed Shapes 产品，并于今年取消了该产品中的人工防腐剂。

5. 健怡可乐

这款产品基本上已是无可救药了。由于近年来人人皆知含糖饮料与肥胖有关，碳酸饮料的销量已经持续十年下降，作为美国第三大碳酸饮料品牌的健怡可乐更是首当其冲。由于健怡可乐使用了甜味更浓重的阿斯巴甜，加之有研究表明健怡可乐也有可能导致体重增加，使得很多消费者认为它存在健康风险。上周三发布的销量数据表明，健怡可乐的销量比去年同期下降了6%。不过同期数据表明，可口可乐及其旗下其他碳酸饮料的销量上涨了1%——这也是9个季度以来的第一次上涨。

（资料来源：Colleen Kane. 从麦当劳到芭比：陷入困境的5个经典品牌. 财富中文网. http://www.fortunechina.com/business/c/2015-05/13/content_240355.htm. ）

二、包装策略

（一）包装的类型和作用

1.包装的类型

包装指为产品设计和生产容器或包扎物的行为。包装（package）可分为三种类型：第一种是产品的直接包装（产品的基本容器），如牙膏的软管。

第二种是中层包装或次要包装，这种包装是消费者使用时会丢弃的包装物。产品的直接包装和中层包装也被称为内包装和销售包装，在设计上不仅要考虑保护产品，而且要考虑介绍产品、便于使用、指导消费、美化产品、塑造产品形象、提高企业声誉、促进产品销售、增加产品附加值等问题。

第三种是装运包装，这是产品在储存、识别和运输时所必需的包装。

2.包装的作用

（1）容纳与保护产品。包装最明显的功能是容纳产品（例如沐浴露的包装能够容纳液状的沐浴露）。包装的另一个明显功能是保护产品，很多产品在制造厂商和消费者之间需要经过好几次的运送、储存和检查，包装可以保护产品免于毁坏、干燥、溢出、耗损、日晒、暑热、寒冷、虫害侵扰和其他不良情况（例如鸡蛋的包装便很注重产品的保护）。

（2）辨识与促销产品。包装本身能提供一些产品的信息，例如包装会列出产品成分、特色及品质标示的说明。除了有助于辨识产品外，包装还可以使公司的产品和竞争者的产品有所区别，也能够让消费者将新产品和公司其他的产品家族联想在一起。包装会使用设计、颜色、形状和材料来试图影响消费者的知觉和购买行为，因此包装又称为"沉默的推销员"，亦即包装也扮演推销的功能。雀巢公司曾作过试验，将同种咖啡分别盛于黄、红、绿色的杯中让人品尝，结果黄色杯中咖啡让人感觉味淡；绿色杯中咖啡让人感觉味酸；红色杯中咖啡让人感觉芳香味美。实验表明："甜味"容易联想到黄色、白色、粉红色，"酸味"容易联想到绿色，"苦味"容易联想到茶色、灰色和黑色，"咸味"容易联想到青色、蓝色等。由此，雀巢公司决定用红色罐包装咖啡，果然一上市备受消费者追捧。

（3）易于运送、储存、使用和其他功能。批发商和零售商都比较偏爱易于运送、储存及在货架上陈列的包装；他们也喜欢能够保护产品、防止毁损及延长产品在货架上寿命的包装。例如，很多营销人员会考虑货架空间，而设计易于上架的包装。消费者对于包装在便利方面的要求包括很多层面，例如：有些消费者希望有安全或防止小孩误食的包装（药瓶的防止误食设计）；而有些消费者则偏爱易于开启且可以重复开关的包装（饮料瓶的重复启闭设计）；也有些消费者喜欢可重复利用（小瓶水果酒的玻璃瓶，用完后可做玻璃杯使用，某些果汁饮料瓶可以做插花容器）或可随手丢弃的包装（锡箔纸袋的包装）。

此外，有些公司会使用包装来进行市场区隔，运用不同大小的包装分别吸引重度、中度及轻度的使用者（例如家庭号包装即是专为重度使用者所设计）。制造商、批发商和零售商也常偏好使用特定容量的包装来销售产品（例如便利商店的小包装和量贩店的大包装）。此外，通过包装的便利性还可以增加产品的效益、市场占有率及利润。

（二）标签

任何包装都必须包含一个绝对必要的部分，就是标签（label）。标签通常分为两种。

（1）说服性的标签。将标签的焦点集中在推广产品，例如强调产品的好处和功能，而提供信息的功能则属其次。

（2）信息性的标签。主要是设计来帮助消费者选择产品，并降低购买后的认知失调。这类标签提供了一些产品信息，例如：使用期限、成分、产地、规格、特征、使用方式、注意事项及品质等级。

（三）产品条码

产品条码在 1974 年首度被使用，一开始常用在诸如超级市场及大型量贩店等渠道的商品上，由于这些渠道的商品品项非常繁多，因此藉由条码可以更有效率地处理货品。因为这种数字码是由一连串的粗细线条所组成，所以被称为条码，一般藉由电脑光学扫描器来读码。条码上的资料包括品牌名称、包装大小及价格，它们可以帮助零售商快速而准确地记录顾客的购买行为、控制存货及追踪销售。另外，藉由条码也可以建立产品销售的资料库，作为以后产品管理分析的根据。

（四）产品包装策略

为产品进行包装时，从企业和顾客的角度出发，包装必须符合以下几个方面：能够表现出品牌的特点；传达富有感染力和说服力的信息；便利的产品运输和保护；便于家庭的存储；帮助产品的使用。

很多企业在包装中使用以下策略：

1. 类似包装策略

类似包装是企业所有产品在图案、色彩、形状、风格等方面均采用相同或相似的包装形式。采用这种策略可以降低包装成本，扩大企业影响，特别是在推出新产品时，可以利用企业的声誉，使顾客首先从包装上辨识出产品，从而使产品迅速占领市场。

2. 组合包装策略

组合包装是企业将若干有关联的产品，放在同一包装物中。如化妆品的组合包装、节日礼品盒包装等都属于这种包装策略。组合包装有利于企业推销产品，能促进消费者的购买，特别是在推销新产品时，企业可将其与老产品组合出售，创造条件使消费者接受、试用。

3. 附赠品包装策略

附赠品包装是企业在产品的包装物中附赠一些能引起消费者购买兴趣的物品，从而诱发顾客重复或多次购买，如在包装中附赠玩具、优惠券、小礼品等等。

4. 再使用包装策略

再使用包装是企业将包装物制造得比较精美，除包装产品的功能外，当产品使用完毕后，包装还可另做他用。如设计精美的酒瓶，可用做花瓶。这样，顾客可以得到一种额外的满足，从而激发其购买欲望。包装物在继续使用过程中，还起到广告宣传的作用，增加顾客重复购买的可能性。

5. 改变包装策略

改变包装则是企业在产品销量下降、市场声誉跌落时采取的改变产品包装的策略。首先改进产品的质量，同时适时地改变产品的包装形式，从而以新的产品形象出现在市场上，扭转产品在消费者心目中的不良印象，以高质量的产品、全新的包装恢复企业的声誉，重新占领市场。

📖 延伸阅读

包装是凶猛的容器

出色的产品包装，才是最有力的传播载体，不仅仅是容纳食物的口袋，更是竞争凶猛的容器。在产品口味同质化、产品种类极大丰富的今天，能够凭借包装吸引到消费者的尝试，可以说你已经成功了一大半。

2013 年和 2014 年，叶茂中相继为乌江集团设计了乌江榨菜和乌江海带丝的包装，分别用了京剧脸谱和海龙王作为载体。这两个元素全国老百姓都知道，而且既上得了台面，又非常接地气。乌江榨菜大家都很熟，看到新包装以后就会想"哦，这肯定是领导品牌、国民品牌"，京剧脸谱，而且一片红，很棒。乌江海带丝大家不熟，但是对海龙王熟，龙王本身就是海里的，海产品都归他管，他"代言"的海带丝还能有错？

在 2014 年 11 月的上海辣酱展览会上，一个叫"英潮"的辣酱品牌异军突起，吸引了很多经销商的目光，成为展会的 MVP，究其原因，就是形象载体所展现的气质抓住了大家的眼球和大脑。

辣酱市场的格局从来都是一枝独秀，群蛇并舞。老干妈遥遥领先，拥有着庞大的品牌势能和冲击力，而其他区域型品牌作为跟随者深耕渠道，占据了货架好大的牌面。

辣椒有什么特点？辣、凶、狠。谁符合这种气质，还被消费者所熟知？丛林之王——老虎。用虎头作为英潮的形象载体，并用黄色的包装区隔货架上的一片红。消费者第一眼就能识别出你的与众不同，接着会进入大脑的识别模式："老虎，好凶啊！这个辣椒品牌好凶啊！他家辣椒一定很凶，那么一定是很好的辣椒！"如果你是辣椒爱好者，形成了这样的想法，接下来还不乖乖掏钱吗？

（资料来源：叶茂中. 包装是凶猛的容器. 叶茂中的博客. http://blog.sina. com.cn/s/blog_496f70540102vmg2.html？ tj=1.）

第三节　新产品开发策略

一、新产品的定义和分类

市场营销中的新产品（new product）指能进入市场给消费者提供新的利益或新的效用而被消费者认可的产品。具体包括新发明产品、改进的产品、改型的产品和新的品牌。按产品研究开发过程，新产品分为全新产品、改进型产品、换代新产品、仿制新产品、市场再定位型新产品和降低成本型新产品。

1. 全新产品

指采用新原理、新技术、新材料，具有新结构、新功能的产品。这种新产品在全世界首先开发，能开创全新的市场，如计算机、摄像机、空调等产品最初上市时都属全新产品。全新产品的开发难度大，市场风险也大。

2. 改进型产品

即在原有老产品基础上进行改进，从而在结构、功能、品质、花色、款式及包装上具有新的特点、新的突破的产品。改进后的新产品能更好地满足消费者不断变化的需要。如环保、节能的电冰箱就是对传统电冰箱的改进。在原有基础上对老产品进行改进，有利于消费者迅速接受，开发资金少，失败的可能性相对小。

3. 换代新产品

即在原有产品的基础上部分采用新结构、新材料、新技术，使其性能有显著提高的产品。如黑白电视机发展到彩色电视机，又发展到数字电视机。

4. 仿制新产品

即企业仿制国内外已经研制生产出来的新产品。在新产品开发中，合法的仿制是不可能排除的。开发仿制新产品一般投入相对少、风险小，但对本企业也是一种突破。

5. 市场再定位型新产品

即以新的市场为目标市场的现有产品。如强生公司将婴儿洗发水重新定位，推向成人市场并取得了成功。

6. 降低成本型新产品

即以较低的成本提供同样性能的新产品。企业利用新技术、改进生产工艺或提高劳动生产率来降低原有产品的成本，但保持原有产品功能不变。

小狗电器的新产品

世界市场，但凡一流的品牌基本都是因为其产品一流。无论是乔布斯的苹果手机，还是飞利浦的剃须刀，这些品牌之所以大受欢迎就是因为其产品给用户带来了一流的产品体验。多年来，吸尘器领域的行业翘楚——小狗电器之所以能够获得成功，首先是因为其在互联网大潮下产品体验做得好，满足了用户需求，甚至超出了用户预期。

2008年，当用户为在装修完房屋后无法清理建筑粉尘而苦恼时，小狗推出了国内第一款能吸建筑粉尘的吸尘器 D-907。该产品改变了过去单靠过滤材质过滤灰尘的方法，首次采用多锥旋风过滤技术，利用离心力原理达到尘气分离，改写了家用吸尘器严禁吸建筑粉尘的历史，满足了用户需求，对小狗和行业来说都具有划时代意义。

2012年，当广大中国家庭用户为家庭面积狭小、普通吸尘器体积大、占空间、操作不方便而苦恼时，小狗电器推出了一款型号为 D-968 的吸尘器，在保障功能的前提下主打 mini 概念，机身占地面积仅为 iPad 般大小，重量也只有 2.23 公斤，可以用手掌轻松托起。由于这款产品的新颖设计，产品一经问世便引来了业界同行的大量目光，包括中国台湾、美国、日本等地的同行也纷纷效仿。

（资料来源：小狗电器借互联网华丽蜕变．阿里商业评论．http://www.aliresearch.com/blog/article/detail/id/20369.html？ spm=a2z07.1167520.0.0.4QRLx9.）

二、新产品开发过程

新产品开发过程是一个复杂的系统工程，需要营销、开发、生产等各部门的参与，而且风险较大，因此遵循科学的开发程序十分重要。新产品设计开发过程分为八个阶段：构思产生、构思筛选、概念发展和测试、制定营销战略、商业分析、产品实体开发、市场试销、商业化。

1. 构思产生

新产品构思来源于消费者未满足的需求，构思可来源于诸多方面：国外消费者和用户对现有产品的反应以及新的需求，公司技术人员以及经理人员，国外经销商和企业海外营销人员，国外科技情报，国外营销调研公司，国际竞争对手的产品启示，国际产品展览会、展销会、博览会，政府出版的行业指导手册等。企业必须与这些构思来源建立起沟通渠道。

2. 构思筛选

即采用适当的评价系统及科学的评价方法，对各种构思进行分析比较，从中把最有希望的设想挑选出来的过程。构思筛选包括两个步骤：首先，确定筛选标准。其次，确定筛选方法。合理的评价系统、评价标准和科学的评价方法对构思筛选十分重要。

3. 概念发展和测试

经过筛选后保留下来的产品构思还需要进一步发展成具体的产品概念。产品构思是从企业角度考虑希望提供给市场的可能的产品设想，产品概念则需要在产品构思的基础上，从消费者角度用文字、图形或模型对这种构思做详尽的描述。如一家食品加工厂产生了一个芝麻粉产品的构思，它可以转化为几种产品概念，通常需要回答三个问题：谁使用该产品？可以是婴儿、儿童或少年；该产品提供的主要利益是什么？可以是口味、营养或保健；何时使用该产品？可以在早餐、午餐、晚餐、夜宵时。

新产品开发人员先要对每一种产品概念进行测试、取舍。新产品概念测试主要是调查消费者对新产品概念的反应，测试内容如下：

（1）产品概念的可传播性和可信度。如果得分低，就必须对此概念进行修改。

（2）消费者对该产品的需求程度。

（3）该产品与现有产品的差距，差距越大，预期的消费者兴趣越高，反之，兴趣越低。

（4）消费者对该产品的认知价值，即相对于价值而言，价格是否合理。

（5）消费者的购买意图，即消费者是否会购买该产品。

（6）谁会购买此产品及购买频率。

4. 制定营销战略

营销战略计划包括三个部分：第一部分是描述目标市场规模、结构和行为，新产品在目标市场上的定位，市场占有率及头几年的销售额和利润目标等。第二部分是对新产品的价格策略、分销策略和第一年的营销预算进行规划。第三部分则描述预期的长期销售量和利润目标以及不同时期的市场营销组合。

5. 商业分析

商业分析主要是对新产品概念进行财务方面的分析，估计销售额、成本和利润。

（1）估计销售额。企业一般依据类似产品的销售情况、市场占有率等资料，并通过对目标市场的竞争状况进行深入分析，来估算新产品的销售额。根据新产品性质不同可分别估计各种销售额。对任何类型的新产品都必须估计首次销售额，对经常性购买的新产品则还需要估计重购销售额，以此来预测重复购买销售额。

（2）估计成本和利润。成本包括生产成本和市场营销成本，如果生产都在国内则生产成本较易预测，如果企业在国外生产，对成本的估算就会困难一些。由于新产品在各国市场的市场份额不同、市场营销计划不同、经营类型不同，所以市场营销费用在各国也不相同，这将增加国际营销人员对新产品成本和利润估算的难度，企业常常借助外国经销商和分公司的帮助来完成新产品的商业分析，具体估算方法既可以采用现金流量表进行分析预测，也可采用损益平衡模式进行估计分析。

6. 产品实体开发

产品实体开发是指新产品概念转化为新产品实体的过程，主要解决产品构思能否转化为在技术上和商业上可行的产品这一问题，通过对新产品实体的设计、试制、测试和鉴定来完成。新产品开发过程是对企业技术开发实力的考验，能否在规定的时间内、用既定的预算开发出预期的产品，是整个新产品开发过程中最关键的环节。

7. 市场试销

通过市场试销将产品投放到有代表性的国家或地区的小范围的目标市场进行试验，企业才能真正了解该新产品的国际市场销售前景。市场试销是对新产品的全面检验，可为新产品是否全面上市提供全面、系统的决策依据，也为新产品的改进和市场营销策略的完善提供了启示，但试销会使企业成本增加。由于产品试销一般要花费一年以上的时间，这会给竞争者提供可乘之机，而且试销成功并不意味着市场销售就一定成功，因为各国及各地区消费者的心理本身不易准确估计，同时由于竞争的复杂多变等因素影响，企业对试销结果的运用应考虑一个误差范围。

8. 商业化

如果新产品试销达到了预期的效果，企业就应该决定对新产品进行商业性投放。将新产品投放市场，企业会面临再次的巨额资金投入。一方面是批量生产产品所需要的生产设备及相应的设施投入，一般应把生产能力控制在所预测的销售额内，以防新产品销售收不回成本。另一个主要成本是市场营销费用，即在新产品的广告、促销等方面的费用。

三、新产品的采用与推广

（一）新产品的采用过程

新产品的采用过程是潜在消费者如何认识、试用和采用或拒绝新产品的过程。从潜在消费者发展到采用者要经历五个阶段，即知晓、兴趣、评价、试用、正式采用。营销人员应仔细研究各个阶段的不同特点，采取相应的营销策略，引导消费者尽快完成采用过程的中间阶段。最终成为新产品的采用者。

不同的潜在消费者对新产品的采用过程所花费的时间长短是不一样的，为此，可将新产品采用者分为五种类型：

（1）创新采用者。这些人被称为时尚的带头人，对新事物极为敏感，有较高的收入、社会地位和受教育程度，极富冒险精神，信息灵通。通常创新采用者占采用者总数的 2.5%。

（2）早期采用者。这类人不像创新采用者那样具有冒险精神，但他们常常会主动搜集有关新产品的信息，善于利用广泛的信息来源，其社会关系比晚期采用者更广泛，而且具有一定的意见领袖能力。他们占最终采用者的 13.5%，是新产品从首次投放阶段进入成长发展阶段的最重要动力。

（3）早期多数。他们考虑问题较为小心谨慎，常在创新采用者和早期采用者勇敢行动之时持观望态度，希望从他们那里获得经验和某些权威的支持，但同时他们也不甘落后，紧跟创新和早期采用者而成为新产品的采用者，这类人占总采用人数的34%，研究他们的消费心理、消费习惯对加速新产品扩散意义重大。

（4）晚期多数。这些人是对新事物持犹豫、怀疑态度的后来者，一定是在大多数人都采用新产品，并确信该产品值得消费后才决定采用。同时，他们比早期采用者更容易放弃创新产品，这类人占总采用人数的34%。

（5）落后者。新产品的最后采用者。他们对原有产品的钟情程度较深，是典型的守旧者，通常在新产品进入到成熟后期或步入衰退期才开始采用，这类人保持在16%。

（二）新产品的推广

市场新产品推广及普及过程的速度快慢和所需要的时间长短，是衡量该新产品是否成功的重要方面。营销者的目标是尽量缩短新产品普及过程的时间，加快新产品推广的速度。研究结果表明，影响新产品推广速度快慢的主要因素是目标市场消费者和新产品的特征。

1. 目标市场消费者

五种类型的新产品采用者价值导向的不同，导致他们对新产品采取不同的态度，对新产品的采用和推广速度快慢起着重要的作用。不同国家或地区的这五种类型的消费者由于所处文化环境的不同，经济发展水平的差异，接受新事物或新产品的速度和普及过程差异较大。创新精神强，接受新事物快的目标市场消费者将加快新产品的采用和推广。如美国由于历史短，本国文化的沉淀少，比其他有较长历史的民族更能接受新事物，历史文化悠久的民族接受新事物的速度则相对要慢。经济发展水平高的国家的消费者接受新事物一般要快于经济发展水平低的国家的消费者。

2. 新产品的特征

新产品的特征包括相对优势、相容性、复杂性、可试性及可传播性。

（1）新产品的相对优势。这是指新产品胜过它所替代或与之竞争的产品的程度，消费者感觉到的相对优势越多，产品被接受的过程就越短；反之，产品被接受的过程就越长。

（2）新产品的相容性。这是指产品与目标市场消费者价值观、消费偏好及行为模式等的一致程度，如果产品与现行的价值观不相容，推广过程将花较长的时间。

（3）新产品的复杂性。这是指新产品在认识或使用中相对困难的程度。产品越复杂，普及的时间越长，如个人计算机的使用较其他家用电器要复杂，故而需要较长的时间才能普及到家庭中去。

（4）新产品的可试性。这是指消费者在不需要承担风险的情况下，可试用产品的程度。可试性强的产品，其采用和推广的速度快。

（5）新产品的可传播性。这是指新产品的使用效果可被观察或向他人描述的程度，显然新产品的优点传播越容易，采用和推广的速度就越快。

第四节 产品的生命周期

一、产品生命周期的含义

产品从投入市场到退出市场的全过程称为产品生命周期（product life cycle），它分为导入期、成长期、成熟期和衰退期四个阶段。产品在不同生命周期阶段的市场占有率、销售额和利润额是不同的，必须针对产品生命周期的不同特点，采取相应的、适当的营销组合策略，以便延长产品生命周期，获取更多的利润额。大多数产品的生命周期如图7-2所示。

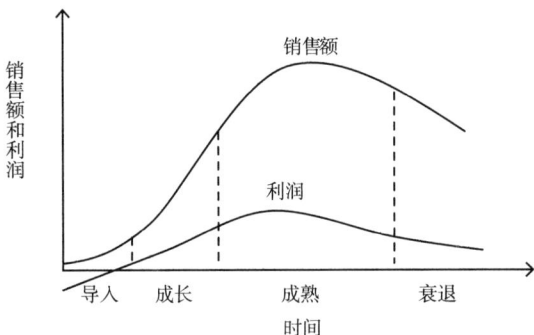

图7-2 典型的产品生命周期

二、产品生命周期各个阶段的特点及营销策略

由于产品生命周期各个阶段具有不同的特点，所以企业应该采取不同的营销策略。

1.产品导入期

产品导入期是经过研究开发、试销后正式投入市场的最初一段时期。该时期由于新产品投放市场，顾客对产品不了解，只有少数顾客追求新奇而可能购买，销售量很低。为了扩大销路，需要投入大量的促销费用宣传产品。另外，由于技术方面还不太成熟，产品生产批量小，生产成本高，销售额增长缓慢，企业利润微薄，甚至亏损。

在该阶段企业采取的策略主要有以下几种：

（1）快速掠取策略。采用高价格、高促销费用的方式推出新产品，以求迅速扩大产品销售额。

（2）缓慢掠取策略。采用高价格、低促销费用的方式推出新产品，以期获得更大利润。

（3）快速渗透策略。采用低价格、高促销费用的方式推出新产品，以期迅速打入市场。

（4）缓慢渗透策略。采用低价格、低促销费用的方式推出新产品，以期扩大市场，增加利润。

2.产品成长期

经过导入期以后，消费者对产品逐渐熟悉，销售量迅速增加，生产规模扩大，生产成本下降，促销费用减少了，利润增加比较快，有新的竞争者加入。

在该阶段企业采取的策略主要有以下几种：

（1）对产品进行改进。可以提高产品质量，改变产品款式，增加产品的新功能，以此强化产品特色，提高产品竞争力。

（2）进入新的细分市场。通过市场细分，寻找新的尚未满足的细分市场，满足其需要。

（3）适时降价以促销。在适当的时候以降价来促销。

（4）转移广告宣传的重点。把广告的重点由介绍新产品转移到提高产品知名度、建立产品新形象上来，以维系老顾客，吸引新顾客。

3.产品成熟期

由于产品销售量经过一段时期快速增长之后，开始缓慢增长，并逐渐达到最高峰，此时，生产批量达到最大，生产成本降到最低，产品利润达到最大，此后就缓慢回落。由于市场竞争激烈，促销费用增加，价格下降，产品利润呈下降趋势。

在该阶段企业营销目标是延长成熟期，以获取尽可能高的利润，企业采取的策略主要有以下几种：

（1）对市场进行改进。寻找产品的新用途、寻找新的细分市场、对产品重新定位，以此扩大市场。

（2）对产品进行改良。可以采取提高产品质量、增加产品功能、改良产品款式、改进产品服务质量，以维系老顾客，扩大产品销量。

（3）对营销组合策略进行改进。对营销组合策略应进行调整或进行新的组合，以延长产品成熟期。

4.产品衰退期

在产品成熟期的后期之后，产品的销售量由缓慢下降转为急剧下降，甚至出现产品积压；新产品代替老产品开始进入市场；价格竞争是主要竞争形式；企业盈利急剧减少，甚至为零；绝大多数消费者对产品的态度发生了改变。

在该阶段企业采取的策略主要有以下几种：

（1）收缩策略。大幅度降低促销投入，尽量减少销售和推销费用，以保证获得眼前的利润。

（2）维持策略。继续使用过去的策略，直至这种产品完全退出市场为止。

（3）集中策略。把企业的资源集中在最有利的细分市场和销售渠道上，将不获利的或亏损的其他细分市场放弃掉，以尽可能为企业创造利润。

（4）放弃策略。对无任何获利希望的产品，企业只有选择放弃策略。企业将所拥有的资源转而生产经营其他产品，以便获利。

三、产品生命周期理论的意义

产品生命周期是现代市场营销学里一个重要概念，对企业制定营销策略具有的指导意义，主要表现在如下几点：

1. 产品生命周期受技术进步、环境、管理和需求的影响

产品生命周期是一个抽象的概念，并不是一个很精确的概念，不同产品的生命周期长短各不相同，而且产品生命周期中的各个阶段的时间长短也不一致，主要受到四个因素的影响。

（1）技术进步因素的影响。如引进了更优良的新产品，是原产品的替代品，就会加速缩短原产品的生命周期。

（2）环境因素的影响。例如，中国政府规定，禁止生产和销售容积为9升以上的坐便器，加速了该产品生命周期的缩短。

（3）管理因素的影响。例如，企业是否愿意花钱开展促销活动，以延长产品生命周期。

（4）市场需求因素的影响。例如，消费者已经对某种产品不感兴趣了，就会加速缩短该产品的生命周期。

这四个因素中有一个因素发生变化，就会使产品生命周期发生改变。

2. 可以使用不同的营销策略来延长产品生命周期

每一种产品都有形式不同、时间不同的产品生命周期，这就为企业采取适当措施延长产品生命周期提供了依据。不同的企业可以根据市场上的实际情况，选择适合延长自身实际产品生命周期的策略，获取更多的经营利润。

3. 产品生命周期理论对企业的启示

一是企业必须持续地开发新产品，以便于企业长期生存，否则，原产品生命周期结束了，新产品还没有开发出来，企业就可能要垮台；二是产品生命周期阶段不同，应采取不同的营销策略，使企业获取尽可能多的利润；三是企业在规划产品组合时必须考虑产品生命周期长短搭配，以免产品组合出现各个产品都在同一个时间达到衰退期的现象，使企业面临巨大的经营风险。

![本章小结]

产品是指能够提供给市场以满足需要和欲望的任何东西。核心产品、基础产品、期望产品、附加产品、潜在产品构成了顾客价值层次，构成了整体产品概念。

产品按是否耐用和是否有形，可分为耐用品、非耐用品和服务产品。产品按照用途，可分为消费品和工业品。消费品可依其特性分成四种：便利品、选购品、特殊品及非渴求品。工业品可分成六种：原物料、零组件、耗材、资本设备、辅助设备与商业服务。依照购买风险区分为搜寻品、经验品、信赖品。

产品质量就是产品在使用时能成功地满足用户需要的程度。多数企业实施全面质量管理（TQM）来有效地改进质量。

产品组合是指某一特定销售商所能提供给消费者的一整套产品和项目。一个产品组合由多种产品线组成。每条产品线内包含若干个产品项目。产品组合可以从宽度、长度、深度、关联度四个方面来描述。产品线的管理包括产品线延伸、产品线填补、产品线缩减、产品线调整。

品牌是用以识别一个或一群产品或劳务的名称、术语、象征、记号或设计及其组合。品牌由品牌名称和品牌标志组成。商标是企业在政府有关主管部门注册登记的品牌或品牌的一部分。品牌具有识别功能、信息浓缩功能、安全功能、价值功能。

企业在制定品牌策略时可侧重制定以下几种策略：品牌化策略、品牌归属策略、品牌名称策略、品牌战略选择策略。

包装指为产品设计和生产容器或包扎物的行为。包装分为三种类型：直接包装、中层包装或次要包装、装运包装。包装的作用有：容纳与保护产品，辨识与促销产品，易于运送、储存、使用和其他功能。

企业常用的包装策略有：类似包装策略、组合包装策略、附赠品包装策略、再使用包装策略、改变包装策略。

新产品分为全新产品、改进型产品、换代新产品、仿制新产品、市场再定位型新产品和降低成本型新产品。新产品设计开发过程分为八个阶段：构思产生、构思筛选、概念发展和测试、制定营销战略、商业分析、产品实体开发、市场试销、商业化。

从潜在消费者发展到采用者要经历五个阶段，即知晓、兴趣、评价、试用、正式采用。不同的潜在消费者对新产品的采用过程所花费的时间长短是不一样的。影响新产品推广速度快慢的主要因素是目标市场消费者和新产品的特征。

产品从投入市场到退出市场的全过程称为产品生命周期，它分为导入期、成长期、成熟期和衰退期四个阶段。不同的产品生命周期应采用相应的营销策略。

思考题

（1）你如何理解产品概念的五个层次？以某一产品如笔记本电脑或酒店为例说明。

（2）什么是产品组合的宽度、长度、深度、关联度？以某一公司为例说明。

（3）了解并思考某一家企业的品牌策略，如国美电器、富安娜公司、联想公司。

（4）什么是产品生命周期？

（5）产品生命周期分哪几个阶段？在不同阶段对应的营销策略是什么？

（6）产品包装有哪些作用？对某一产品包装进行观察和了解，并评价其包装的效果。

（7）什么是新产品？

（8）新产品开发的程序是什么？

案例讨论

去日本买只马桶盖

到日本旅游，顺手抱一只电饭煲回来，已是流行了一阵子的"时尚"了，前些年在东京的秋叶原，满大街都是拎着电饭煲的中国游客。我一度对此颇为不解，"日本的电饭煲真的有那么神奇吗？"就在一个多月前，我去广东美的讲课，顺便参观了美的产品馆，它是全国最大的电饭煲制造商，我向陪同的张工程师请教了这个疑问。

工程师迟疑了三秒钟，然后实诚地告诉我，日本电饭煲的内胆在材料上有很大的创新，煮出来的米饭粒粒晶莹，不会黏糊，真的不错。"有时候我们去日本，领导也会悄悄地让我们拎一两只回来。"

"我们在材质上解决不了这个问题？"

"现在还没有找到办法。"

美的创办于1981年，从1993年开始生产电饭煲，它与日本三洋合作，引进模糊逻辑电脑电饭煲项目，逐渐成为国内市场的领先者。近些年来，随着市场占比的反转，竞争关系发生了微妙改变，日本公司对中国企业的技术输出变得越来越谨慎。"很多拥有新技术的家电产品，不但技术对中国企业封锁，甚至连产品也不外销，比如电饭煲就是这样。"

也就是说，很多年来，"中国制造"所推行的、用"市场换技术"的后发战略已经失效了。

这样的景象并不仅仅发生在电饭煲上，从这些天蓝狮子高管们的购物清单上就可以看出冰山下的事实：

很多人买了吹风机，据说采用了纳米水离子技术，有女生当场做吹头发试验，"吹过的半边头发果然蓬松顺滑，与往常不一样"；

很多人买了陶瓷菜刀，据说耐磨是普通钢的 60 倍，"切肉切菜那叫一个爽，用不到以前一半的力气，可以轻松地把东西切得整整齐齐了"；

很多人买了保温杯，不锈钢真空双层保温，杯胆超镜面电解加工，不容易附着污垢，杯盖有 LOCK 安全锁扣，使密封效果更佳，这家企业做保温杯快有一百年的历史了；

很多人买了电动牙刷，最新的一款采用了 LED 超声波技术，重量比德国的布朗轻一半，刷毛更柔顺，适合亚洲人口腔使用……

最让我吃惊的是，居然还有三个人买回了五只马桶盖。

这款马桶盖一点也不便宜，售价在 2000 元人民币左右，它有抗菌、可冲洗和座圈瞬间加热等功能，最大的"痛点"是，它适合在所有款式的马桶上安装使用，免税店的日本营业员用难掩喜悦的神情和拗口的汉语说："只要有中国游客团来，每天都会卖断货。"

过去二十多年里，我一直在制造界行走，我的企业家朋友中大半为制造业者，我眼睁睁地看他们"嚣张"了二十年，而今却终于陷入前所未见的痛苦和彷徨。

痛苦之一，是成本优势的丧失。"中国制造"所获得的成就，无论是国内市场还是国际市场，究其核心武器只有一项，那便是成本优势，我们拥有土地、人力、税收等优势，且对环境保护无须承担任何责任，因此形成了制造成本上的巨大优势。可如今，随着各项成本的抬升，性价比优势已薄如刀片；

痛苦之二，是渠道优势的瓦解。很多年来，本土企业发挥无所不用其极的营销本领，在辽阔的疆域内构筑了多层级的、金字塔式的销售网络。可如今，阿里巴巴、京东等电子商务平台把信息流和物流全数再造，渠道被彻底踩平，昔日的"营销金字塔"在一夜间灰飞烟灭；

痛苦之三，是"不变等死，变则找死"的转型恐惧。"转型升级"的危机警报，已在制造业拉响了很多年，然而，绝大多数的局中人都束手无策，近年来，一些金光闪闪的概念又如小飞侠般凭空而降，如智能硬件、3D 打印、机器人，还有什么"第四次工业革命"，这些新名词更让几乎所有 50 后、60 后企业家半懂不懂、面如死灰。

其实制造业有个非常朴素的哲学，那就是：

做电饭煲的，你能不能让煮出来的米饭粒粒晶莹不粘锅；

做吹风机的，你能不能让头发吹得干爽柔滑；

做菜刀的，你能不能让每一个主妇手起刀落，轻松省力；

做保温杯的，你能不能让每一个出行者在雪地中喝到一口热水；

做马桶盖的，你能不能让所有的屁股都洁净似玉，如沐春风。

从电饭煲到马桶盖，都归属于所谓的传统产业，但它们是否"日薄西山"、无利可图，完全取决于技术和理念的创新。在这个意义上，世上本无夕阳的产业，只有夕阳的企业和夕阳的人。

陷入困境的制造业者，与其求助于外，到陌生的战场上乱碰运气，倒不如自求突破，在熟悉的本业里，咬碎牙根，力求技术上的锐度创新，由量的扩展到质的突围，这正是"中国制造"的最后一公里。

我的这些在冲绳免税店里疯狂购物的、年轻的蓝狮子同事们，大概都算是中国当今的中产阶层，是理性消费的中坚，很难被忽悠，也不容易被广告打动，他们当然喜欢价廉物美的商品，不过同时更是"性能偏好者"，是一群愿意为新技术和新体验买单的人。这一类型消费者的集体出现，实则是制造业转型升级的转捩点。

"中国制造"的明天，并不在他处，而仅仅在于——能否做出打动人心的产品，让我们的中产家庭不必越洋去买马桶盖。

（资料来源：吴晓波．去日本买只马桶盖．第一财经网站．http://www.yicai.com/news/2015/01/4067314.html.）

思考题：

（1）很多人为什么去日本买马桶盖？

（2）去日本买马桶盖的案例给中国企业的产品生产什么样的启发？

关键术语

产品（product）　　　　　　　　服务（service）

顾客价值层次（customer value hierarchy）　　产品组合（product mix）

产品线（product line）　　　　　品牌（brand）

包装（package）　　　　　　　　新产品（new product）

产品生命周期（product life cycle）　　消费品（consumer goods）

工业品（industrial goods）　　　标签（label）

第八章
定价策略

【本章学习目标】

（1）理解什么是价格。

（2）掌握价格制定的程序。

（3）掌握定价的几种方法。

（4）理解新产品定价策略。

（5）理解产品组合定价策略。

（6）了解价格微调的几种策略。

（7）理解价格的升降及应对。

在线旅游"价格战"背后：10 多家平台倒下

随着旅游业的升温，越来越多的业者和资本流入在线旅游市场，以往十年难得一见的投融资举措，如今就好像每天都在发生的常规事件一样，甚至作为竞争对手的OTA（在线旅游代理商）之间都参股投资，比如携程和艺龙成为了"一家人"，携程同时投资了途牛和同程，锦江系则入股驴妈妈。

然而，这几年耗资数以亿元计的在线旅游价格战将不少中小型同业者逼向绝路，缺乏营销资本者自然被淘汰出局，同时，所谓新型的OTA也存在模式痛点和客户群规模过小等症结。

据市场不完全统计，近年来，成立仅4～5年的旅游网站至少关闭了10多个，这些网站有些曾经辉煌，有些始终藉藉无名，有些则被收购后销声匿迹。

1.2～4年"寿终正寝"

公开资料显示，一大批旅游网站成立于2011年或之后，可是4年间，10多家网站陆续关闭，包括旅付通、拒宅网、脚丫旅游网、找好玩、周五旅游网、徒步狗旅行、哪旅游网、果冻旅行、中国好导游、旅途求助、壹游出境网、步旅网等。这些网站大多成立于2011—2013年间，也就是说，它们的"寿命"仅仅只有2～4年。

在线旅游企业经历了一个过程，从2000年左右，初步崛起了携程和艺龙这类"先驱者"，在2004—2010年间，涌现出了一大批各式各样的OTA，比较有名的包括去哪儿、途牛、驴妈妈、同程等，此时OTA进入了比较辉煌的时代。进入2011年之后，OTA市场已经不如以往，艺龙的业务板块缩水且持续亏损、芒果网鲜少发声，市场竞争越来越激烈。

2.价格战下的牺牲品

近两年来，OTA之间为了争夺客源，应对市场竞争而价格战不断。从一开始的小打小闹，到酒店业者贴钱促销，之后直接演变成由在线旅游商自己贴钱促销，对折、送券还不够，同程等甚至推出1元景区门票，而OTA的补贴费用从数百万元飙升到数千万元，之后直接变成数亿元。从去年开始，数亿元价格战营销费用已经成为"基本款"，财大气粗的携程一年就投入逾10亿元进行价格战，驴妈妈、途牛等进行持续融资"输血"后再砸数亿元进行价格战。近期，刚获得万达注资的同程则直接发出千亿元红包促销。

价格战的高额成本让途牛、艺龙等业者巨额亏损，也让一直盈利的携程减少了利润。

这些背后有BAT（百度、阿里巴巴、腾讯）或者万达之类巨头支撑的在线旅游商都会因价格战而亏损或大幅减少利润，其他缺乏资金基础的中小型旅游网站就更难以立足。对于这些中小型旅游网站而言，不促销则失去市场份额，最终倒闭，但如果砸钱促销，很可能因难以负荷成本而倒闭得更快。价格战的确不健康，可是现在所有的业者几乎都骑虎难下，你不做促销，别家就会做，为了客源只能拼了。没有钱进行促销的中小型业者就被大型业者挤出了市场。

价格战得持续打，这就是一个"烧钱"的过程，最终就是看谁够实力"烧"到最后，而在此过程中，必会淘汰一批缺乏资金实力的中小同业者。

已关闭的 10 多家旅游网站中，只有 2～3 家在业内还有些知晓度，大部分都缺乏品牌知名度。这就意味着这些企业几乎没有什么预算来打品牌，更谈不上参与价格战，这种情况下它们自然会丧失客源，最终关闭。

当然，价格战并非淘汰一批在线旅游商的唯一原因。细分领域业务模式的痛点和客户群体过小都加速了上述中小型旅游网站的败走。

在上述关闭的 10 多家在线旅游商中，几乎每家都有自己独特的细分定位，比如拒宅网的功能是找伴儿出去玩；脚丫旅游网则是旅游线路的查找；周五旅游网是景区折扣门票；找好玩是周边旅游服务。这些特殊定位看着挺有概念，但仔细研究就会发现都有模式痛点。比如找伴儿出去玩，这与很多社交平台功能重复，如果仅仅是找伴儿根本就不需要拒宅网的存在。旅游线路的查找、周边旅游服务等都可以用搜索引擎或携程等替代，而周五旅游网的景区折扣门票更是比不过同程和驴妈妈的强大攻势。最关键的是，这些模式大多缺乏盈利点——找伴儿、线路查找、周边游旅游服务等都是免费使用的，这让企业几乎无法实现利润指标。

（根据以下资料来源整理：乐琰．在线旅游"价格战"背后：10 多家平台倒下．网易财经．http://money163.com/15/0730/02/AVO77T2L00253B0H.html．）

企业通过产品、渠道、促销在市场中为顾客创造价值，通过价格从所创造的价值中获取收益。在营销组合中，价格是能产生收入的因素，而产品、渠道、促销产生成本。价格也是最容易调整的营销组合因素，产品、渠道、促销的调整都要花费更多的时间。企业对产品的定价决定着收益的大小和盈利的多少。价格决策非常复杂困难，营销人员在作价格决策时必须考虑诸多因素——公司、顾客、竞争者、营销环境，价格决策必须与公司的营销战略、目标市场、品牌定位一致。但是，很多营销人员却忽视定价策略，在定价策略上花费时间太少。本章主要介绍了价格制定的程序、新产品定价策略、产品组合定价策略、价格微调的几种方法、提价和降价的启动及应对。

第一节　价格制定的程序

价格（price）是指在交换过程中，为获得一项商品或服务所付出的代价。习惯上，人们认为价格是用来交换商品或服务的货币数目。这是狭义的价格概念。广义的价格包括货币代价和非货币代价。货币代价（monetary sacrifice）是指为获取商品或服务所付出的经济上的支出；非货币代价（non-monetary sacrifice）是指非经济性的牺牲，包括时间的损失、精力的耗费及心理成本。例如，购买一件服装时，既需要支付货币，又要消耗时间、精力，还要花心思。

公司制定价格的程序分为六个步骤：

（1）选择定价目标。

（2）确定需求。

（3）估计成本。

（4）分析竞争者的成本、价格和产品。

（5）选择定价方法。

（6）选定最终价格。

一、选择定价目标

定价目标，是指企业通过定价策略所要达到的目的。确定定价目标是企业进行营销定价的前提。公司目标越明确，制定价格越容易。公司通过定价来追求四个主要目标。

1. 当期利润最大化

当期利润最大化的定价目标能使企业制定的价格产生最高的当期利润、现金流量或投资回报率，它以实现最大限度的当前营销利润或投资收益为定价目标。但过高的价格往往会导致市场需求减少。公司在强调当前的经营状况时，若不考虑其他营销组合因素、竞争对手的反应和对价格的法律限制，就会忽略长期效益。

2. 维持生存

公司在生产力过剩、竞争激烈、消费者需求改变时，会把维持生存作为其主要目标。只要产品的价格能够弥补可变成本和一些固定成本，就能够维持企业的生存。维持生存是一个短期目标，从长远看，公司必须学会怎样增加价值，否则将面临破产。

3. 最高市场占有率

市场占有率是指企业某种产品的销售量占市场同类产品销售量的比重。很多企业在开拓市场之初往往以扩大市场占有率为其先期目标，通常采取低价渗透策略，以吸引更多的消费者，使企业获得长期利润。以低价提高市场占有率需具备以下条件：市场对价格高度敏感，低价会推动市场成长；随着生产的积累，产品的生产成本和销售成本下降；低价可以阻止现实的和潜在的竞争。

4. 产品质量领先

有些高质量、高品位和地位的产品，其价格也比较高，同时让顾客感到容易接受。如星巴克咖啡、宝马汽车、劳力士手表等都将自己作为本行业的产品质量领先者，集质量、奢侈、高价于一体，并拥有一个稳定、忠诚的顾客群。

此外，组织还可能有其他的定价目标。企业的定价目标并不是单一的，而是综合的，通常有主要的定价目标，还有附属的定价目标。定价目标选定的合理与否关系到能否给企业带来最终的效益。

延伸阅读

谭木匠以"高价"体现品牌地位

价格与包装一样，能够体现品牌地位。谭木匠的定价策略是：

高价：谭木匠的梳子，最便宜的是18元，最贵的超过200元。通常黄杨木梳子的价格是38元。和我们在地摊或商店中看到的几元钱一把的梳子相比，价格的差距非常大。谭木匠的高价不仅使谭木匠获得了很高的毛利，而且也与其专卖店的销售方式和专卖店的地理位置相协调，还能传播出品牌定位的不同凡响。

统一定价：所有专卖店的价格是一样的。

不还价：一律按照标价出售，没有折扣，这符合专卖店经营的规律。

高价格与不还价，是一切高档次品牌或产品的共同特点，谭木匠通过价格策略向消费者传递的信息是：谭木匠的梳子与其他梳子存在很大区别，从而也启发了消费者的购物信心。

随着谭木匠的成功，市场上的跟风模仿者也越来越多。面对同质化的产品，消费者变得难以选择。在同行争打价格战时，谭木匠却专注于增加梳子的技术含量，开发出各种新颖的产品。比如，在结构设计方面，谭传华一改传统梳子只用一种材质、整块材料加工的模式，率先推出了"角木梳"，将高档木材和天然角质相结合，让整个梳体有天然的木材纹理，又有角质特有的保健功能。在工艺创新上，谭传华独创性地对每个梳齿进行手工打磨，然后再嵌入到梳体上，新制作的梳子齿体圆润，手感光滑，如同用了几十年的旧梳子，使用时的感觉非常舒服，很多顾客把玩之中爱不释手，带给用户的是不同的体验感受。

有时候并不是遥不可及才让人有幻觉，"有个性"、"有修养"、"比肩国际"的范儿也会让消费者浮想联翩，这种幻觉同样像迷幻剂一样能让消费者掏出更多的钱买更昂贵的单！

（资料来源：叶茂中.16 个营销关键词之八价格.叶茂中的博客.http://blog.sina.com.cn/s/blog_496f70540102e59b.html.）

二、确定需求

需求量是指在一特定时间内，在不同的价格下，顾客愿意购买的数量。每一种价格都将导致一定水平的需求，并由此对营销目标产生不同的效果。一般情况下，需求和价格是负相关的，即价格越高、需求越低，价格越低、需求越高，这就是需求法则。根据产品的价格与需求量的关系，可以得到该产品的需求曲线。需求曲线图中以数量为横轴，以价格为纵轴，可以显示价格变动和需求水平之间的关系。如果产品价格变化而需求变化不大，说明这种需求无弹性，如果需求变化相当大，则该需求是有弹性的。营销人员必须要知道当价格变动时，需求会有什么变化。

供给量是指在一个特定时间内，在不同价格下，供应厂商所愿意售出的产品数量。厂商欲销售的数量和产品的价格也密切相关。当价格愈高，欲销售的数量就会愈多；当价格愈低，欲销售的数量则会愈少，这就是供给法则。根据产品的价格与供给量的关系，可以得到该产品的供给曲线。供给曲线图以数量为横轴，以价格为纵轴，可以显示企业销售数量和产品价格的变动关系。

可以通过需求曲线与供给曲线共同预测价格和生产、消费的数量。需求曲线与供给曲线的交叉点称为均衡点（图 8-1）。当价格低于均衡点时，会产生供给短缺及需求过多的情况；当价格高于均衡点时，则会产生供给过剩及需求过少的情况；而在均衡点时，供需平衡，价格不会有上涨或下跌的压力；也就是说此均衡点决定了产品的价格。

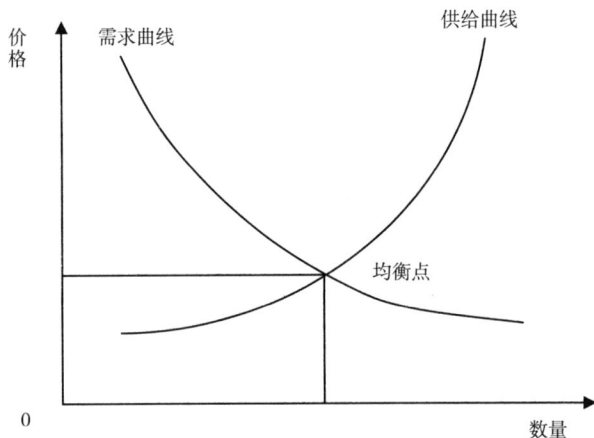

图 8-1　供需均衡点

三、估计成本

产品的实际价格会在价格的理论上限和下限之间变动。顾客的认知价值是价格的理论上限，成本是价格的下限，从长期来看，价格不应低于总成本，从短期来看，价格不应低于变动成本。如果顾客认为价格太高就不会购买，如果顾客的认知价值大于实际的价格，此时会产生顾客的价值盈余（customer surplus value），而实际的价格高于产品总成本的部分则为厂商的利润，即厂商的价值盈余（supplier surplus value）。

公司的成本有两种形式：固定成本和变动成本。固定成本（fixed cost）是在一定生产期间内，不随产量的变化而变化的成本。如租金、利息、行政人员的薪水等。变动成本（variable cost）是指在一定生产期间内，会随着产量变动而改变的成本。如原材料、包装等费用。总成本（total cost）是一定水平的生产所需的固定成本和变动成本的总和。总成本除以产品数就是平均总成本（average cost），即每一单位产品的成本。

企业定价的时候，要以成本为下限，考虑不同生产数量下的成本变化。

延伸阅读

美国制造成本已几乎追平中国

廉价的石油和天然气已经让美国制造业成本变得竞争力十足。据波士顿咨询公司估计，现在在美国制造商品的平均成本只比在中国高5%，比在欧洲各大经济体还要低10% ～ 20%。更令人震惊的是：该公司预计，到2018年，美国制造的成本将比中国便宜2% ～ 3%。

中美制造业的成本差距正在不断缩小，部分原因在于中国的工资水平正在上涨，而美国公司一直在以比许多国际竞争对手更快的速度提高生产效率。不过，其中最大的一个因素可能是，水力压裂技术极大地压低了美国钢铁、铝、造纸和石油化工等能源密集型产业所需的石油和天然气的价格。据波士顿咨询公司核算，美国的工业用电价格现在要比其他出口大国低30% ～ 50%。

（资料来源：Brian Dumaine. 美国制造成本已几乎追平中国 . 财富中文网 . http://www.fortunechina.com/business/c/2015-07-01/content_242961.htm）

四、分析竞争者的成本、价格和产品

企业要了解目标市场的竞争程度。如果所处的目标市场没有竞争者，企业就可以制定一个较高的价格，以获取高收益。如果目标市场的竞争对手比较少，企业也可能有较多的定价自由。在这种竞争条件下，各个竞争企业对其他企业的定价策略是非常敏感的，任何一个竞争企业调整价格都会立即影响其他竞争者的定价政策，因此，企业在制定价格时要密切注意其他竞争企业的反应与决策。同时，企业要了解竞争对手的规模和实力，以选择对自己有利的目标市场。另外，企业还要研究目标市场竞争对手提供产品的成本、质量、价格水平与定价策略等情况，以确定自己的价格。若两家企业的产品质量相同或类似，则价格也应大体一致；若本企业产品质量较高，则价格可定得高一些；反之，若本企业产品质量较低，则价格可定得低一些。

在很多市场上，价格的竞争是最主要的竞争。若企业没有足够的实力与竞争者展开价格战，可以利用非价格竞争优势，以达到占领市场的目的，如提高产品质量、提供优良的服务、增强产品的适应性等，这可以避开由于价格竞争引起对手的强烈报复反应。

延伸阅读

国内快递走出国门尚需 20 年：定价机制或将改革

国内快递企业已经开始向国际快递领域进行渗透，但不可否认的是，在服务方面与国际快递巨头相差甚远。

有业内人士表示，国内快递企业涉足国际快递并想有所作为，除了要在国内具备很强的品牌影响力、大量的资金和人才储备外，还需要遍布全球的网络运营体系，而这需要时间来运作。国际快递利润丰厚，和国内快递一样，做到一定市场规模之后，将获得不错的收益。但想与 DHL、联邦快递、UPS 分庭抗礼，大规模抢占我国国际快件业务量，可能还需要 20 年。目前，劳务成本普遍上涨了 1～2 倍，让国内快递企业的利润大幅度下降，已经呈现微利化和无利化的态势。国内快递企业在争抢市场份额大打价格战的时候，采取的是固定式定价机制，没有随成本变动和市场需求变动的空间。一旦遇到成本上涨，只能通过调价的方式解决，而这种调价总是被误认为涨价。

国际快递市场则采取折扣式的定价机制，与航空机票的定价机制相同，即快递的价格根据市场的需求及运营成本，通过价格折扣的方式进行调节，并且以燃油附加费的形式随着国际石油的价格变动进行调节。

很多业内人士均认为，折扣式的定价机制符合市场经济的规律与"游戏规则"，但在国内却无法推行。据了解，今年宅急送曾打算在国内某城市推行折扣式定价机制，但提议还未执行，就遭到部门负责人的一致反对，最终搁浅。

国内某知名快递企业负责人表示，目前国内快递公司承接国际快递仍采取固定式定价机制，EMS、顺丰尚未对定价机制进行改革，但随着越来越多的国内快递公司涉足国际快递领域，为了和国际接轨，快递定价机制的改革不可避免。

（资料来源：国内快递走出国门尚需 20 年：定价机制或将改革 . 阿里研究院 . http://www.aliresearch.com/blog/article/detail/id/16414.html.）

五、选择定价方法

（一）成本加成定价法

成本加成定价法（cost-plus pricing）是指在总成本的基础上，加上一定的利润加成，来确定产品价格。加成定价法包括完全成本加成定价和进价加成定价。完全成本加成定价为蔬菜、水果的定价所普遍采用，方法是首先确定单位变动成本，再加上平均分摊的固定成本组成单位产品成本，在此基础上加上一定的加成率（毛利率）形成销售价格。计算公式为：

$$P = C \times (1 + R)$$

式中：P 为商品售价；C 为单位产品成本；R 为成本加成率。

进价加成定价是零售业（百货商店、连锁零售店等）流行的一种做法。建筑公司提出的承包工程投标价格就是通过估算总项目成本，再加上一个能获利的标准加成而确定的。计算公式为：

$$P = C \div (1 - R)$$

式中：P 为商品售价；C 为单位产品成本或进货价格；R 为成本加成率。

以彩电为例，若一台彩电的变动成本与单位固定成本的总和即单位产品成本为4000元，企业期望销售额中有20%的利润加成，彩电的加成价格为：

$$P = 4000 \div (1 - 20\%) = 5000(元)$$

该生产商以5000元的价格将彩电卖给经销商，每台赚1000元。经销商将会再加成，如果他想从销售额中获得20%的利润，就会将每台售价定为6250元［即5000÷（1 − 20%）= 6250］。

成本加成定价法的优点有三个方面：第一，与需求相比，成本比较容易确定，所以根据成本决定价格可以大大简化企业的定价过程。在企业对国外市场上的需求和竞争因素了解不多的情况下，根据成本加成制定的价格，只要能卖得出去，就能保证企业正常经营，有利可图。第二，在同一行业中，所有企业如果都能采用这一定价方法，在加成相当的情况下，同类产品价格基本相差不大，价格竞争就会减到最低程度。第三，这一定价法对买卖双方都比较公平，即使买方需求强烈，卖方也不会随意涨价，获取额外的报酬，而是获取公平的投资报酬。

成本加成定价法的主要缺点有两个：一方面，由于中国劳动力成本低，在国际市场上，使用成本加成定价法时，使产品价格定得比较低，目标市场国政府比较倾向于认定为倾销，导致中国企业蒙受反倾销的损失。因此使用该法时，必须考虑这一因素。另一方面，该法没有考虑市场供求关系的变化对产品价格的影响。如果市场出现供大于求时，而企业对产品已经定了高价，那么产品就卖不出去；如果市场出现供不应求时，而企业已经定了低价，那么产品投资利润率未能及时提高，没有加快回收投资的速度，这两种情况都使企业产生了损失。

（二）目标收益定价法

目标收益定价法（target-return pricing）也叫目标利润定价法、投资收益率定价法。它是根据企业的总成本和计划的总销售量，加上按投资收益率制定的目标利润作为销售价格的定价方法。通用汽车公司使用目标收益定价法，把汽车价格定在使它的投资能取得 15%～20% 的投资收益。这种定价方法也被公用事业单位所使用。计算公式为：

$$P = (C + R) \div Q$$

式中：P 为目标收益价格；C 为总成本；R 为目标利润。

假定制造烤面包机的厂商的相关数据如下：变动成本 10 元，固定成本 300000 元，预计销售量 50000 台，烤面包机制造商在企业中投资 100 万元，想要制定能获得 20% 投资收益的价格，即 20 万元，下列公式可求出目标收益价格：

$$P = (10 \times 50000 + 300000 + 20\% \times 1000000) \div 50000 = 20(元/台)$$

目标收益定价法将产品价格和企业的投资活动联系起来，一方面强化了企业管理的计划性，另一方面能较好地实现投资回收计划。不足之处在于价格是根据估计的销售量计算的，而实际工作中，价格的高低反过来对销售量有很大的影响。销售量的预计是否准确，对最终市场状况有很大的影响。企业必须在价格与销售量之间寻求平衡，从而确保用所定价格来实现预期销售量的目标。

（三）认知价值定价法

认知价值定价法是企业根据消费者对产品的认知价值（perceived value）来制定价格的一种方法。很多公司用这种方法定价，它们认为，定价的关键，不是卖方的成本，而是购买者对价值的认识。公司利用其他营销组合因素如广告在消费者心中建立并加强认知价值。认知价值有很多因素构成，包括买方对于产品功用的预期、分销渠道、有保证的质量、顾客支持和其他软件方面的标准如供应商的声誉、可信度和声望。

（四）价值定价法

价值定价法（value pricing）即用相当低的价格出售高质量供应品，从而赢得忠诚的顾客。价值定价并非简单地在某一产品上的售价比竞争者低，它需要重新设计公司操作过程，以便真正地以低成本生产而不牺牲质量，用更低的售价来吸引大量关注价值的顾客参与购买。价值定价法的一个重要形式是天天低价，如沃尔玛的定价方法。

（五）通行价格定价法

通行价格定价法（going-rate pricing）指企业的价格主要基于竞争者价格。企业的价格可能与主要竞争者的价格相同，也可能高于竞争者或低于竞争者。在少数制造商控制市场的行业中，例如销售钢铁、纸张、化肥等商品，企业通常制定相同价格。

（六）拍卖式定价法

拍卖式定价法（auction-type pricing）有三种主要的拍卖形式和各自的报价过程：

1. 英国式拍卖（加价法）

这种方式有一个卖家和多个买家。在网站上，卖家出示一样商品，买家不断加价竞标直到达到最高价格。

2. 荷兰式拍卖（减价法）

这种方式有一个卖家和多个买家，或者一个买家和多个卖家。在一卖多买中，拍卖人宣布一个最高的价格然后逐渐降低价格直到出价人接受为止。在一买多卖中，买方宣布他想买的商品，多个卖方不断压低价格以寻求最后中标。

3. 封闭式投标拍卖

这种方法指企业与众多同行竞争者组成一个卖方集团，对同一个买主的公开招标进行竞价投标，密封报价，买方从诸多卖方报价中选择一个质量可靠、价格合理的投标者签订合同。

六、选定最终价格

上述定价方法可以缩小最终价格的范围。在选定最终价格时，公司必须考虑一些附加因素：

1. 其他营销因素对价格的影响

最终价格的制定必须考虑品牌质量和竞争者的广告宣传。有研究表明，相对价格、相对质量与相对广告之间存在以下关系：

（1）相对质量水平一般，但具有高广告预算的品牌能产生溢价。消费者愿意购买高价名牌产品而不是不知名的产品。

（2）具有相对的高质量水平和相对的高广告支出的品牌能定高价。反之，低质量品牌和低广告费用只能定低价。

（3）对市场领导者和对低成长产品来说，在产品生命周期的后续阶段，高价与高广告费用之间的正相关关系保持得最强烈。

2. 公司定价政策

有些公司建立价格部门来制定定价政策并对制定的价格做出决策。他们的目标是保证销售人员提供的价格对顾客是合情合理的，对公司也是有利可图的。

3. 收益风险分享

有些企业为产品质量做出了承诺，如果产品没有达到所承诺的质量，企业就要承担部分或全部的风险，在这种情况下，企业产品的定价比不作承诺的产品的定价要高，高收益与高风险相联系。

4. 价格对其他各方的影响

企业制定价格时还要考虑分销商、经销商、公司的推销人员、竞争者、供应商甚至政府对价格的反应。

第二节 定价策略

一、新产品定价策略

新产品上市的时候，由于消费者对产品不熟悉，因此企业定价的自由度很大。企业既可以采用撇脂定价策略把价格定得很高，又可以采用渗透定价策略把价格定得很低。究竟采取哪种定价策略，取决于企业的市场目标。

（一）市场撇脂定价

市场撇脂定价（market-skimming pricing）是指把产品的价格定得很高，远远高于成本，以求短期内攫取最大利润，尽早收回投资。例如 iPhone 在首次推出时价格是 599 美元，6 个月后苹果将 8GB 和 16GB 的 iPhone 分别降价为 399 美元和 499 美元，一年之内，再次分别降为 199 美元和 299 美元。用这种方法，苹果在各种细分市场获得了最大的收益。新产品刚刚推出时，市场上缺乏有力的竞争者，又由于是新产品，价格缺乏可比性，产品需求弹性小，而有些购买者可能主观上认为这类商品具有很高的价值。

撇脂定价策略的优点在于：

（1）便于快速收回投资。

（2）便于价格调整。由高价向下调整，顾客总是乐于接受。

（3）便于控制需求。给新产品定个较高的起始价，有助于企业把需求保持在企业生产能力的限度内。

具备以下条件，企业可以采取撇脂定价策略：

（1）市场有足够的购买者，需求缺乏弹性，即使把价格定得很高，市场需求也不会大量减少。

（2）高价使需求减少，单位产品的生产和营销成本增加，但不至于抵消高价所带来的利益。

（3）存在较高的行业进入壁垒，在高价情况下，企业在一定时间内仍能独家经营，其他竞争者难以进入。有专利保护或是有技术诀窍的产品尤其可以采用这样的定价策略。

（4）企业希望通过较高的产品价格树立高档产品的形象。

（5）企业的生产能力有限，通过高价限制消费者的需求量。

（二）市场渗透定价

市场渗透定价（market-penetration pricing）是指企业把新产品投入市场时价格定得相对较低，以吸引大量顾客迅速打开市场，短期内获得比较高的市场占有率，同时通过接近成本的定价，吓退其他打算进入该领域的竞争者的一种定价策略。

采用渗透定价，其优点是使产品迅速占领市场，并有效地阻碍新竞争者的进入。其缺点是低价不利于投资的尽快收回，也不利于日后提价，并有可能给顾客造成低价、低质的印象。

从营销实践看，企业采取渗透定价策略需具备以下条件：

（1）市场需求弹性大，顾客对价格比较敏感。

（2）生产该产品的规模经济效益明显。企业的生产成本和经营费用会随着销售量的增加而下降。

（3）低价必须有助于排斥竞争者，而且采取渗透定价的公司必须保持其低价定位。

（4）目标市场宏观营销环境必须是稳定的，企业有一个稳定的较长时间的投入产出期。

二、产品组合定价策略

1. 产品线定价

公司常常会开发产品线，而非单一的产品。产品线定价（product line pricing）中，管理者必须决定同一条产品线中不同产品的价格差距。确定同一产品线中不同产品之间的价格差距，应考虑不同产品之间的成本差异，更重要的是，应该反映顾客对不同产品属性的感知价值。

2. 备选产品定价

许多公司在销售与主要产品配套的备选产品或附加产品时，运用备选产品定价（optional-product pricing）。例如，顾客购买个人电脑时，往往可以选择各种处理器、硬盘、内存系统、软件、服务计划等。

3. 附属产品定价

出售必须与主要产品一起使用的附属产品时，公司会使用附属产品定价法（captive-product pricing）。公司常常对其主要产品（剃须刀、电子游戏机、打印机）低利定价，但在耗材上设定较高的利润率。例如，亚马逊以低利或无利的价格推出 kindle 电子书阅读器和平板电脑，是希望通过出售在该设备上使用的电子书、音乐、电影和其他内容来弥补这一亏损，并挣更多的钱。

4. 副产品定价

产品和服务的生产常常会产生副产品。如果这些副产品没有价值，而且处理成本很高，就会影响到主要产品的定价。公司运用副产品定价法（by-product pricing），为这些副产品找到一个市场，弥补储存和运输成本，从而使主要产品的价格更有竞争力。可口可乐为生产橙汁，每年都要购买和加工大量橙子。获得大量橙汁的同时，也留下许多果皮。可口可乐将他们变成了有价值的副产品。先提取精油装瓶出售，用于制作食品香精或家具清洁剂，余下的部分压制成小球卖作牲畜的饲料。可口可乐最近开发的可降解植物原料瓶子就包含了橙子皮和公司食品加工运营过程中产生的其他农作物副产品。

5. 一揽子定价

一揽子定价（product bundle pricing）是公司将几种产品组合在一起，以低于各项单品价格之和的价格出售。例如，餐厅中的套餐、化妆品中的套装。

第三节 价格的微调

企业制定出一种价格之后，会根据以下因素的变化情况做一些微调：地区需求和成本、市场细分要求、购买时机、订单数量、交货频率、保证、服务合同等因素。微调是一种短期做法，不会改变一般的价格水准。通过价格的微调，企业可以调整其在特定市场中的价格，获得优势，达成促销和定位的目标。价格的微调包括以下策略：

一、折扣或折让定价

企业为了鼓励顾客及早付清款项、大量购买或者淡季购买，可以酌情降低其基本价格，这种价格调整叫价格折让或折扣（discounts）。价格折让或折扣有如下几种情况：

1. 现金折扣

现金折扣（cash discounts）是一种主要的折扣形式。为了改善企业现金流状况，降低因为催收欠款而相应增加的成本和减少呆坏账的发生，企业根据不同购货者付款方式和付款时间的情况按原价格给予一定的折扣。例如，要求30天付清货款，若10天内付清，则给予2%的折扣。

2. 数量折扣

数量折扣（quantity discounts）是企业给那些大量购买某种产品的顾客的一种减价，以鼓励顾客购买更多的货物。

采用数量折扣，应该事先对以下三点做出准确判断：

（1）数量折扣能在多大程度上刺激用户从本企业购买而不再寻找其他卖主。

（2）数量折扣的金额高于多少才不会抵消大量销售而使企业降低的成本。

（3）在国际营销实践中，采取数量折扣还要注意特定国家的有关法规。

3. 功能折扣

功能折扣（functional discounts）又称交易折扣（trade discounts）。它是企业给渠道成员提供的一种价格折扣，促使他们愿意执行某种市场营销功能，如促销、市场调研、储存、售后服务等。

企业常常对处于不同渠道的中间商或者同一渠道中不同环节的中间商，按照他们在渠道中所发挥的功能、作用的不同，在交易时给予不同折扣，来达到充分发挥中间商潜在功能的目的，以取得渠道最佳使用效果。

4. 季节折扣

季节折扣（seasonal discounts）是企业给那些购买过季的商品或服务的顾客的一种价格折让，使企业的生产和销售在一年四季保持相对稳定。生产厂商利用这种折扣鼓励批发商、零售商提早进货，从而使自己获得资金和维持稳定的生产。例如某些产品在淡季打折销售。

5. 折让

折让（allowance）是企业为了促进消费者对购买的产品升级换代的一种促销折扣。企业可以把消费者在原来购买产品时所支付的价格折算成一定金额，当消费者在付款购买新产品时，在价格中扣除老产品的折价部分，让消费者获得优惠。

二、地理定价

企业在市场上销售产品，由于各目标市场距离原产地远近不同而带来了成本费用的差异，因而，企业需要对销售到不同地区甚至不同国家的产品制定出差异价格。地理定价的形式有如下几种：

1. 离岸价 FOB 与到岸价 CIF

FOB（free on board）的意思是原产地定价或离岸价。按照这种价格，生产企业负责将这种产品运到某种运输工具（如卡车、火车、船舶、飞机等）上之后，交货即告完成。此后从产地到目的地的一切风险和费用都由顾客承担。采用这种定价方法，与企业相邻的顾客负担的费用小，离企业远的顾客负担的费用大，这可能导致离得远的顾客不愿意购买这个企业的产品，而购买离他们近、费用低的企业的产品，使本企业失去地理位置较远的市场。

CIF（cost insurance and freight）的意思是包括成本、保险费和运费在内的价格条款，又称到岸价。与离岸价不同，按照到岸价格交易，出口企业要提供海外运输与保险。

2. 统一交货定价

统一交货定价和 FOB 原产地定价正好相反。它是企业对于卖给不同地区顾客的产品，都按照相同的产品价格加相同的费用（按平均费用计算）定价，保证企业的顾客都能以相同价格买到同一产品。这种策略便于企业的价格管理，有助于企业在广告宣传中保持价格的统一。很明显，这种策略有利于巩固和发展离企业远的目标市场的占有率，但对距离较近的部分市场显得有些不公平。

3. 区域定价

区域定价是指企业把销售市场划分为若干区域，对于不同区域的顾客，分别制定不同的地区价格。产品在同一地区的价格相同，在不同地区价格有差异，离得远的区域产品的价格略高一些。采用区域定价有利于企业在同一个大的市场区域内保持价格的一致，同时在不同的大区域之间体现价格差别。

三、心理定价

采用心理定价（psychological pricing）的公司认为，价格不仅具有经济意义，而且具有心理作用。例如，人们会认为高价的产品拥有高的质量。

1. 声望定价策略

声望定价策略是指企业利用消费者仰慕名牌商品或名牌经销商的心理，对商品制定较高的价格的方法。比如高级汽车、珠宝饰品等，消费者购买此类产品并非只看重其核心价值，而是为了得到其附加价值，能够表明身份地位或者在他人面前炫耀从而得到心理满足感。因此这类商品在定价时可以根据消费者的期望价值定出比同类产品高出数倍的价格。企业利用声望定价可以获取较多的利润。

使用声望定价必须考虑到以下两个方面的问题。一是声望定价产品面对的是少数人的市场，大部分人接受的是普通产品或者平均价格。因此企业采用声望定价时一定要先预测该定价所面对的目标市场的大小，是否足以支撑企业的规模产量或者符合企业的经营目标。二是采用声望定价的企业在产品线延伸或者品牌延伸时要非常谨慎，若延伸不当则会破坏企业或者品牌已经在消费者心中建立起来的声望。

2. 尾数定价策略

尾数定价策略就是利用消费者对数字认知的某种心理，在价格上故意添加零头，让消费者感觉到价格是低廉的，而且是经过精心计算的，从而会对定价有信任感。比如，99元，3999元。

3. 招徕定价

招徕定价是企业对部分产品制定比较低的价格以吸引消费者的注意，通过另外一些产品的高价来弥补低价产品的损失。消费者常常会根据这几种产品的低价产生企业所有商品价格都比较低的感觉，从而关注该企业其他产品，最终达到扩大销售的目的。

四、促销定价

促销定价（promotional pricing）是指暂时制定低于正常价格，甚至低于成本的价格，以促进产品的销售。

促销价格有多种形式，如简单地在正常价格的基础上提供折扣，来增加销售额和减少存货；运用特殊事件定价（special-event pricing），吸引更多的顾客。

促销定价有助于推动顾客尽快做出购买决策，但也可能带来负面影响，如引发行业内的价格战、消费者厌倦和价格困惑、消费者只等品牌打折和促销时才购买、品牌形象受损、利润降低等。因此企业必须平衡其短期销售激励和长期品牌建设。

五、细分市场定价

细分市场定价（segmented pricing）是指公司根据不同的顾客、产品和销售地点，调整其基础价格，以两种或更多种价格出售某种产品或服务，价格的差异并不以成本为基础。

细分市场定价有多种形式：

（1）顾客细分定价的情况下，不同的顾客为相同的产品或服务支付不同的价格。如铁路公司对学生收取较低的交通费。

（2）采用产品形式定价时，公司为不同版本或型号的产品制定不同的价格，但并非完全根据产品成本差异。例如飞机上的经济舱和商务舱的票价差异远大于二者之间的成本差异。

（3）位置定价指根据不同的销售地点，即使提供产品的成本一样，也收取不同的价格。例如有些剧院的前排座位票价会高一些，后排座位票价会低一些，但座位的成本并没有差异。

（4）时间定价是指产品的价格根据季节、月份、日期甚至小时而改变，如旅游景点门票的定价。

六、动态定价

动态定价（dynamic pricing）指持续调整价格，以适应个体消费者的需要和购买情境的特点。动态定价在网上特别普遍。从航空公司和酒店到运输队等各种服务都可以根据需求或成本的变动灵活改变价格，每天甚至每小时更新特定产品项目的定价。

七、国际定价

从事国际市场营销的公司大多数会为了适应当地市场条件和成本因素而调整价格。波音公司在所有国家和地区以同样的价格出售其喷气式飞机，这种情况在国际市场定价中很少出现。在母国价格比较便宜的产品在其他国家经常标着高价，这时成本起到很重要的作用。例如，一条李维斯牛仔裤在美国售价30美元，在东京售价63美元，在巴黎售价 88 美元。这种价格升级现象大多数情况下是因为在另一个国家有较高的销售成本，包括：运营成本、产品调整费用、运输和保险、进口关税和税收、汇率波动、实体分销等费用。

第四节　价格变动和应对

企业处在一个不断变化的市场环境之中，在竞争激烈的市场上要想生存和发展，就必须适时地进行价格变更，争取市场销售的主动地位。企业经常面临是否需要降价或提价的问题。

一、企业提价

1. 提价原因

当市场营销环境发生变化时，企业有时需要考虑提高价格，以获得预期或更大的利润。企业提价的原因主要有以下两个方面：

（1）成本提高。这是产品价格上涨的主要原因。在这种情况下，企业要获得预期利润，不得不提高产品的价格。

（2）企业产品供不应求。当产品不能满足消费者需求时，企业除了扩大生产量和销售量之外，所采取的策略通常是提价。

2. 提价方法

采取的提价方法包括直接提高价格和间接提高价格。后者包括减少或取消价格折扣、在价格不变的基础上缩小包装、减少服务项目、改变产品特性以降低成本等方式。

通常提价会引起消费者、中间商，甚至企业销售人员的不满，因此企业提价时应注意要尽量做到有规律地小幅度提价，不要大幅度提高价格，以避免引起顾客的反感。在涨价前应通知顾客，向他们说明提价的原因，使他们事先有所准备。

延伸阅读

供不应求罗汉果价格暴涨的背后

2014 年罗汉果收购已经结束，主产地桂林已无鲜果可收，鲜果收购价格创历史新高，预计干果的批发价格将上涨至大果 3 ~ 4 元 / 个，业内人士预测或将突破 5 元，大果零售价将上涨至 8～10 元 / 个。如此高的价格，仍然出现哄抢局面，业界人士分析有以下几大原因：

1. 栽种条件苛刻，产量无法大幅提高

罗汉果的栽种十分费工费心，该品喜阴凉、昼夜温差大、无霜期长的环境，不耐高温，高于 34℃时生长不良，15℃以下时植株停止生长，对气候要求极严，全国只有桂林桂北地区适宜其生长。种植罗汉果搭棚时要求棚高为 1.5～1.6 米。每年 3 月下旬～4 月上旬种植完毕，种植时应选择晴天，种植后须淋足定根水。成活后，每周一次施水肥。待藤蔓长至 1 米左右长时，摘除顶芽；待侧蔓达 15～20 个节位时，再次摘顶。待植株形成花苞时再适当施农家肥或复合肥，罗汉果授粉应在清晨 5～7 时，授粉时花粉不能落到雌花的柱头上。授粉后 60～75 天罗汉果成熟可采收，采收时用剪刀剪下，并立即把花柱与果柄剪平，以免碰伤压烂。然后把果实摊晾 10～20 天，待果皮转黄时按大小分级装箱。

2. 罗汉果干果产量同比下降 70%

罗汉果每亩可种 120 株，每株大约可结 100 个果。每年每人大约能种 6 亩左右的罗汉果，风调雨顺时人均种植罗汉果收入为每年 2.5 万～3 万元，除去成本，年收入最多为 1 万多元。但每年都有部分农户因为在品种选择、水肥管理、整形修剪、病虫害防治等环节上没有掌握好，而遭受经济损失甚至亏本，有能力外出的农民都选择进城务工，在罗汉果主要种植区域永福、百寿等地区也很难见到几个青壮年，只有技术好的种植户坚持种植。今年罗汉果货源大幅减少，干果产量不足去年的 30%。

3. 国际需求量激增，巨头公司订单翻倍

罗汉果的提取物甜苷，在国内外颇受欢迎，它是一种比蔗糖甜 300 倍的强甜物质，这种物质几乎不含热量，也不会增加人体的血糖量，具有治疗癌症功效，也是糖尿病、肥胖症等禁食糖病人最理想的甜味剂，世界很多生产企业正在研究开发利用罗汉果甜苷。美国可口可乐公司将提取罗汉果中的甜苷取代可口可乐饮料中的蔗糖成分，莱茵科技的罗汉果的采购量翻倍。美国宝洁公司已在世界多个国家注册了四十多项关于罗汉果甜苷的专利，国际市场对甜苷的需求量逐年增长，由 2004 年的 10 吨，到 2007 年已达 30 吨。

4. 中国雾霾频发，厂商哄抢罗汉果

近年来，中国大部分城市出现雾霾侵城的局面，且愈发严重，导致呼吸道、咽喉不适的人群激增，罗汉果作为清咽润肺的明星产品，在市场上颇受欢迎，许多厂商看中商机开始大量囤货、抢货，转手卖给药材商或者提取物厂家。

综上所述，罗汉果已被国际认可登上国际舞台，需求量越来越大，但是由于产地的单一性等各方面因素，产量无法提高，因此市场出现供不应求的情况。业界人士预测罗汉果的价格将会持续疯涨，罗汉果市场将再现太子参、三七、人参的暴涨神话。

（资料来源：供不应求罗汉果价格暴涨的背后．网易新闻．http://news.163.com/15/0121/12/AGG1395P00014Q4P.html.）

二、企业降价

企业降价的原因主要有以下三个方面：

（1）企业生产的产品供过于求，企业生产能力过剩，无法通过改进产品和加强销售等工作来扩大销售额。这时，企业就必须考虑降价。

（2）企业面临强大的竞争压力，尤其是当竞争者率先降价，导致企业市场占有率下降时，为保持企业的市场占有率，企业不得不降价。如受到比其产品质量更好、价格更低的竞争者的产品冲击，为阻止市场占有率下降，一些公司不得不降价销售产品。

（3）由于生产技术和管理水平的提高，企业产品成本费用下降，通过主动降价，可以提高企业的市场占有率，从而扩大销售额，增加利润。

降价虽然可以赢得更多的消费者，使企业销售额增加，但消费者常常有"低质低价"和"买涨不买降"的心理，所以要努力向消费者解释降价原因以获得消费者的理解。另外降价也极易引发价格战，对此企业要有足够的应对能力并制定周全的应对策略。

延伸阅读

不顾一切最早买苹果新产品的成本有多高

从历史数据来看，2000年开始，苹果主要消费类新品平均在两年零三个月以后开始降价，首次降价幅度平均为48%。而且作为最早下手的那批人，你不光要多花钱，还要承担产品不完善的成本。2000年以来苹果公司的主要新产品降价简史如下：

初代iPod。2001年10月上市，售价399美元，容量5GB。一年半以后进行了首次重大硬件更新，包括添加底座连接器；屏幕改善极大，而且没那么容易碎了；存储容量也增加一倍。售价降至299美元。

iPhone。如果说哪种苹果产品会让打算尽早入手的人三思的话，iPhone就是一个。容量8GB的iPhone于2007年6月底发售，零售价599美元。不到三个月价格就降至399美元。初代iPhone上市才一年多时间，苹果就推出了199美元的3G版iPhone，降价幅度达到66%。

Apple TV机顶盒。并不是所有苹果新产品的价格都会如此迅速地下降。Apple TV机顶盒就三年半没有降价。但当它开始降价时，一下子从2007年3月的299美元降到了2010年9月的99美元。

iPad。也许有人会说，iPad的价格没有太大的变化。问世四年多以来，iPad基本款售价仍是原来的499美元。不过，许多等待了两年半的消费者以329美元买下iPad mini后，都觉得这个选择很明智。销售预期已经显示，iPad mini才是大多数人实际上想要的。

那么结论是什么呢？分析了这些数据后，我发现从 2000 年开始，苹果主要消费类新产品首次大降价的平均幅度为 48%，平均时间是在产品发售两年零三个月以后。

（资料来源：Jacob Davidson. 不顾一切最早买苹果新产品的成本有多高. 财富中文网. http://www.fortunechina.com/business/c/2015-04/29/content_ 239813.htm. ）

三、对价格变化的反应

价格变化将受到顾客、竞争者、分销商、供应厂商甚至政府的注意并会引起相应的反应。

1. 顾客的反应

如果一种产品降价了，顾客可能会认为：这种产品将被最新型号替换；产品有某些缺点，销售情况不好了；这个企业在财务方面有些麻烦，可能继续经营不下去了；价格还会进一步下跌，等待观望是合算的；产品的质量已经下降。

如果一种产品涨价了，顾客可能会认为：产品质量好，产品很受市场欢迎等。

2. 竞争者的反应

如果企业要提价或降价，需要考虑竞争者的反应。在企业数量少、产品同质、买者信息灵通的地方，竞争者很可能会做出反应。

3. 公司对竞争者价格变化的反应

如果公司了解到一位竞争者削减了价格，会判断这一降价行为是否可能影响公司的销售额和利润。如果公司认为竞争者的降价行为对公司的市场份额和利润影响不大，就会维持原价，继续关注竞争者的价格。

如果公司认为竞争者的降价会损害公司的市场份额，它可以采取以下四种做法：

（1）降价。如果公司认为市场具有较高的价格敏感度，竞争者降价会抢走自己大量的市场份额，它可以也降低价格与竞争者针锋相对。

（2）提高顾客的感知价值。公司可以改善和加强沟通，强调产品的价值比低价竞争者高。

（3）改善质量并提高价格。公司可以改善产品质量并提高价格，使其品牌进入一个更高端的定位。

（4）建立低价的"战斗品牌"。即在产品线中增加一个价格较低的产品项目，或者另外推出一个低价位的品牌。如果竞争者降价威胁到的细分市场对价格高度敏感，而且对高质量不太在乎的话，就很有必要采用这种方法。

本章小结

本章主要介绍了价格制定的程序、新产品定价策略、产品组合定价策略、价格微调的几种方法、提价和降价的启动及应对。

价格是指在交换过程中，为获得一项商品或服务所付出的代价。人们认为价格是用来交换商品或服务的货币数目。这是狭义的价格概念。广义的价格包括货币代价和非货币代价。

公司制定价格的程序分为六个步骤：

（1）选择定价目标。

（2）确定需求。

（3）估计成本。

（4）分析竞争者的成本、价格和产品。

（5）选择定价方法。

（6）选定最终价格。

常用的定价方法包括：成本加成定价法、目标收益定价法、认知价值定价法、价值定价法、通行价格定价法、拍卖式定价法。

新产品上市的时候，企业可以采用撇脂定价策略或渗透定价策略。产品组合定价策略包括：产品线定价、备选产品定价、附属产品定价、副产品定价、一揽子定价。

价格的微调策略包括：折扣或折让定价、地理定价、心理定价、促销定价、细分市场定价、动态定价、国际定价。

企业经常面临是否需要降价或提价的问题，当降价或者提价之后，顾客、竞争者都可能产生一定的反应。面对竞争者的价格变动，企业要采取适宜的应对策略。

思考题

（1）什么是价格？

（2）价格制定的程序包括哪几个步骤？

（3）定价的方法有哪些？

（4）新产品如何定价？

（5）产品组合定价策略有哪些？

（6）价格微调的方法有哪些？

（7）在哪些情况下企业需要提价？在哪些情况下，企业需要降价？

（8）讨论超市常用的心理定价方法。

（9）调查一家企业，了解其给经销商的折扣、折让、返现的种类和金额。

（10）针对每种定价目标，各找出一家采用该定价目标的企业。

案例讨论

三星手机降价背后的数字

三星宣布，上市仅4个月的旗舰机S6在欧洲降价，32GB版本的S6，降价后为599欧元，32GB的曲面屏版本S6 Edge，降价后699欧元，两款旗舰手机都降价了100欧元。

同时，三星多款手机在中国也大幅降价，最高降幅达到1700元。其中，S6调整后的市场价格为4488元（G9200）和4288元（G9208），S6 Edge调整后的中国市场价格分别为5288元（32GB）和5888元（64GB），均降价800元；Note4调整后的中国市场价格分别为3999元（N9100/N9106）和3799元（N9108），降价1400元；Note4 Edge调整后的中国市场价格为4999元，直降1700元。

三星新款旗舰机大幅降价，背后的意图很明显——借此来提高销量，与近一段时间以来其出货量下跌、业绩不佳有很大关系。三星刚刚公布的Q2财报显示，三星Q2营收下滑7%至426亿美元，净利润下滑8%至49亿美元。其中，作为营收重头的手机业务部门，营业利润为23.69亿美元，为过去四个季度最高，但与去年同期相比下滑幅度高达38%。

1. 连续5个季度出货量下跌，净利不到苹果一半

财报公布的数据显示，三星从2014年Q2开始，手机的出货量就持续呈现同比下降的趋势，至今已经连续5个季度出货量同比下跌。从2014年Q2到2015年Q2的跌幅分别为4%、8%、11%、7%、2%。

从全球智能手机的出货情况来看，今年Q2全球智能手机出货量达到3.372亿部，同比2014年增长11.6%。全球的智能手机出货量仍在增长，但三星成为全球出货量排名前五的手机品牌中唯一一个出货价下跌的公司（数据来源于市场研究机构IDC）。

三星2015年第二季度出货量7320万部，同比下降2.3%。苹果出货量4750万部，同比增长35%。二者的手机出货量增幅出现鲜明的反差，这与苹果推出大屏iPhone不无关系。苹果出货量的大幅增长导致三星新产品也不能达到预期的销量，出现库存积压，因而只能选择通过降价来刺激手机销量。

目前，苹果的全球市场份额已达到14.1%，比三星21.7%仅低不到8个百分点。如果三星的市场策略仍然不做调整，面临的是被苹果迎头赶上，甚至是超越。

对比三星和苹果的财务数据，也可以看出三星与苹果的差距。三星Q2的净利润为49亿美元；苹果Q3的净利润为106.77亿美元。拥有更广泛业务的三星净利润还不到苹果的一半。

2. 中国贡献智能手机40%出货量，三星中国份额两年降近10个百分点

在智能手机市场的竞争中，中国已成为起举足轻重作用的市场。市场调研机构TrendForce发布的最新报告显示，2014年全球智能手机出货量达到了11.67亿部，相

比 2013 年增加了 25.9%，其中中国智能手机品牌出货量合计达到了 4.534 亿部，贡献了 40% 的份额。

另一项数据显示，2014 年中国智能手机市场出货量超过 4 亿部，同比增长近 20%。

众多手机品牌业绩的增长均受益于中国市场。苹果 Q3 财报显示，大中华区营收为 132.30 亿美元，比去年同期的 62.30 亿美元增长了 112%。

市场调研机构 TrendForce 发布的最新报告显示，在全球 10 大智能手机品牌中（按出货量算），有 6 家中国智能手机生产商上榜。

但相比之下，三星并未从仍在增长的中国市场得到实惠。据国内机构赛诺的统计，在中国市场，三星曾经雄踞榜首，市场占有率高达 20%。2013 年 5 月，市场研究公司 Canalys 公布的最新数据显示，三星以 20% 的市场份额排名第一。但目前三星的市场占有率仅在 10% 左右，两年已经跌去了近 10 个百分点。

3. 中国国产手机冲击三星，小米华为出货量占 1/3

三星在中国市场份额的下跌与国产手机的崛起有很大关系。如上文所述，在全球的高端市场，三星无法与苹果相匹敌。在中低端手机需求量更大的中国市场，三星遭受到来自小米、华为等中国本土智能手机品牌的冲击。

根据 HIS 科技（IHS Technology）的计算，2015 年二季度，小米手机所占的市场份额为 18%，华为手机的市场份额为 16%，ViVo 的市场份额为 10%。而苹果手机目前仅位列第三，占 12%。由于小米等一年来发起的猛烈攻势，三星手机所占的市场份额从第四下滑到了第五，仅为 9%。

小米和华为在中国的出货量已经超过 1/3，再加上 ViVo、魅族、OPPO、联想的出货量，中国本土智能手机的出货量已经占据了半壁江山。价格是影响出货量的主要因素，三星的旗舰机在中国的售价为小米、华为等国产品牌旗舰机售价的 2 倍。

在智能手机高端市场，苹果已经强势封顶，如果三星拿不出新的突破性技术和应用，就难以延续其高定价策略，不得不进入与国产一线厂商肉搏的境地中去。而在低端市场，三星的"高价低配"与国产手机"高配低价"的产品定价策略相比，变得更加突兀和不合时宜。

（资料来源：肖芳.三星手机降价背后的数字.网易财经.http://money.163.com/15/0805/11/B08K5RLL00253G87.html#from=biz_index.）

思考题：

（1）三星手机为什么要降价？

（2）三星手机降价能达到提高市场份额、提高利润的目标吗？

（3）三星手机如果要提高市场份额、提高利润，除了降价策略之外，还可以采用哪些策略？

关键术语

价格（price）

细分市场定价（segmented pricing）

平均总成本（average cost）

总成本（total cost）

一揽子定价（product bundle pricing）

成本加成定价法（cost-plus pricing）

心理定价（psychological pricing）

通行价格定价法（going-rate pricing）

拍卖式定价法（auction-type pricing）

目标收益定价法（target-return pricing）

市场撇脂定价（market-skimming pricing）

市场渗透定价（market-penetration pricing）

备选产品定价（optional-product pricing）

附属产品定价法（captive-product pricing）

固定成本（fixed cost）

变动成本（variable cost）

折扣（discounts）

动态定价（dynamic pricing）

产品线定价（product line pricing）

促销定价（promotional pricing）

认知价值（perceived value）

副产品定价法（by-product pricing）

第九章

分销策略

【本章学习目标】

（1）理解分销渠道的含义和职能。

（2）掌握分销渠道的结构。

（3）掌握分销渠道的设计与管理。

（4）了解零售商和批发商的基本类型。

（5）了解物流的规划与管理。

| 引导案例 |

优衣库闪离京东棋退一步或为把控渠道

2015年7月20日，优衣库与京东上演了"闪婚闪离"，让业内哗然。在高调运营三个月后，优衣库决定关闭京东旗舰店，与京东的合作将于7月底结束。

据《中国经营报》记者了解，优衣库的在华线上业务的销售额占其总销售额的5%～10%。而京东所占比例则更少。不过，有业内人士认为，优衣库退出京东，可能依旧对中国电商持有保留态度，害怕其像酒类等快消品一般，动摇了自身的渠道体系和价格体系。

1. 优衣库闪离京东

出于对"电商业务策略调整"的考虑，优衣库7月20日宣布，关闭其在京东商城上运营了仅3个月的官方旗舰店。

据了解，优衣库京东商城官方旗舰店自今年4月17日正式运营以来，一度赢得了消费者的好评，开店首月的销售额即超出预期目标两倍。然而，就在外界认为优衣库已在京东站稳脚跟之时，其却以"电商业务策略调整"为由匆匆关店，不免引发各种猜想。

对此，优衣库品牌所属的日本迅销集团的解释为：通过此期间的营业，发现对于此次合作仍存在许多需要进一步探讨和完善的方面，因此根据迅销集团对中国EC事业的战略调整，并取得京东的同意，决定先行终止目前的合作。

然而，3个月前合作发布会上的那些憧憬还在耳边。4月份，京东与优衣库签署协议高调宣布合作。根据合作协议，京东为优衣库开出了一系列协议，提供从仓储到配送全流程服务支持及覆盖PC端、移动端全渠道的运营支持。京东CEO刘强东特意为此次合作站台。不仅如此，协议中京东会在上海为优衣库开辟专属货仓，面向全国支持快捷高效的配送服务，特定区域为消费者提供6小时甚至更快捷的配送服务，后续双方还将尽快实现全国范围内入仓合作。

结束与京东的合作之后，优衣库品牌在中国的线上销售渠道只有其官方网站和天猫旗舰店两家，据优衣库方面透露，优衣库电商渠道销售额占总销售额的5%～10%。对于日后是否会与其他国内电商平台合作，迅销集团表示"目前还没有这方面的规划"。

对于优衣库关闭京东旗舰店的做法，有业内人士猜测，这可能意味着优衣库将不再重视线上渠道。对此，优衣库相关负责人予以了否认，其在接受记者采访时表示，京东旗舰店的关闭并不影响优衣库对线上渠道发展的重视和信心。

对此，易观智库分析师王小星在接受采访时指出，国外的制造企业对渠道的管理都非常严格，有时候宁愿不卖东西，也不愿意搅混渠道，搅乱价格体系，"特斯拉就是个例子"。

公开资料显示，2014 年 11 月 8 日，特斯拉发布微博称，为天猫顾客提供的 Model S 限量现车已经售罄，今后购买该车或预约试驾需要通过官网申请，特斯拉天猫旗舰店也将关闭。这样的表态意味着美国总部对于此次中国市场上的"双 11"乃至第三方渠道售车均持保留态度。

2. 中国电商之路有多远

结束了与京东之间的合作关系，优衣库的在华电商扩张之路依旧漫长。公开资料显示，优衣库（UNIQLO）是日本迅销集团（全球第四大服装零售企业）旗下的七大品牌之一，入华已有 13 年时间，2013 财年（2013 年 9 月至 2014 年 8 月）其大中华区全年度销售净额约为 107 亿元人民币，占迅销集团总销售额的比例约为 15%。

可以说，中国市场对优衣库来说，地位至关重要。迅销集团此前提出到 2020 财年要实现 5 万亿日元的销售目标（2013 财年约为 1.38 万亿日元），这一目标要想实现，自然离不开中国市场的销售翻番。

除了在华扩张线下店铺之外，电商的贡献也是优衣库浓墨重彩的一笔。虽然电商仅为其贡献了 5% ～ 10% 的销售额，但优衣库的天猫旗舰店表现非常抢眼。在去年的"双 11"网购战绩中，优衣库在阿里巴巴的销售额排行榜上，囊括了女装类第二和男装类第五的漂亮成绩。而优衣库的天猫官方旗舰店，在继去年"双 11"进入天猫全类目销售额 TOP10 后，今年再度位列天猫"双 11"销售额前十。

不过，优衣库在华电商计划依旧没有达到目标。在优衣库公司的计划中，希望电商渠道未来能贡献 20% ～ 30% 的业绩，但从目前的发展情况看，优衣库线上渠道还有很大发展空间。优衣库提供给《中国商报》的数据显示，到目前为止，优衣库线上渠道在总销售额中的占比仅为 5% ～ 10%。

"虽然电商未来会颠覆线下，但是优衣库目前依旧有 90% 的商品通过线下销售。"王小星认为，优衣库虽然有自己的电商策略，但是主要精力还是放在了线下门店中。而未来优衣库若想继续布局电商平台，也只能通过流量大的电商平台来做展开，"通过线下门店的选址，可以看出优衣库对于流量问题的重视"。

（资料来源：郭梦仪．优衣库闪离京东棋退一步或为把控渠道．中国经营报．http://www.cb.com.cn/companies/2015_0801/1146134.html）

分销策略是市场营销组合策略之一。它同产品策略、促销策略、定价策略一样，也是企业能否成功地将产品打入市场、扩大销售、实现企业经营目标的重要手段。分销渠道策略主要涉及分销渠道的职能与类型、分销渠道设计、分销渠道管理以及物流管理等内容。

第一节　分销渠道的内涵和结构

一、分销渠道的含义

在市场营销理论中，有两个与渠道有关的术语经常不加区分地交替使用，那就是分销渠道（distribution channel）和市场营销渠道（marketing channel）。菲利普·科特勒曾就这两个概念作过区分。

（1）分销渠道，是指某种产品和服务从生产者向消费者转移的过程中，取得这种产品和服务的所有权或帮助所有权转移的所有企业和个人。因此，分销渠道包括中间商（因为他们取得所有权）和代理中间商（因为他们帮助转移所有权），此外，它还包括处于渠道起点和终点的生产者和最终消费者或用户。但是，它不包括供应商、辅助商。

（2）市场营销渠道，是指配合或参与生产、分销和消费某一生产者的产品和服务的所有企业和个人。也就是说，营销渠道包括某种产品产供销过程中的所有有关企业和个人，如生产者、供应商、代理商、辅助商以及最终消费者或用户等。

二、分销渠道的职能

分销渠道的职能在于它是联结生产者和消费者或用户的桥梁和纽带。企业使用分销渠道是因为在市场经济条件下，生产者和消费者或用户之间存在空间分离、时间分离、所有权分离、供需数量差异以及供需品种差异等方面的矛盾。分销渠道的意义表现在它能够提高企业的工作效率，降低企业的交易成本。

从经济理论的观点来看，分销渠道的基本职能在于把自然界提供的不同原料根据消费者的需要转换成有价值的产品。分销渠道对产品从生产者（原料→产品）转移到消费者（产品→商品）所必须完成的工作加以组织，其目的在于调节生产与消费数量、品种、时间和地点等方面的矛盾。具体来说，分销渠道的主要职能有如下几种：

（1）收集信息。收集制定计划和进行交换所必需的信息。

（2）促销。对中间商或消费者进行说服性、教育性的沟通。

（3）接洽。寻找潜在中间商或者购买者并与其进行有效的沟通。

（4）配合。使所供产品符合购买者需要，包括制造、分等、装配、包装等过程。

（5）谈判。为了转移所供货物的所有权，而就其价格及有关条件达成最后协议的过程。

（6）物流。从事产品的运输、储存、配送，将产品从分销渠道上游流通到下游的过程。

（7）融资。为补偿分销成本而取得并支付相关资金，通常从第三方金融机构获得。

（8）风险承担。承担与渠道工作有关的全部风险。

（9）预订产品。通过分销渠道可以向供货商预订自己想要的产品。

（10）货物账款支付。实现流通货物账款的结算。

三、分销渠道的层次与宽度

（一）分销渠道的层次

分销渠道可根据其渠道层次的数目来分类。在产品从生产者转移到消费者的过程中，任何一个对产品拥有所有权或负有销售责任的机构，就叫一个渠道层次。由于生产者和消费者都参与了将产品及其所有权带到消费地点的工作，因此，他们都被列入每一渠道中。通常用中间机构的级数来表示渠道的长度。如图9-1所示。

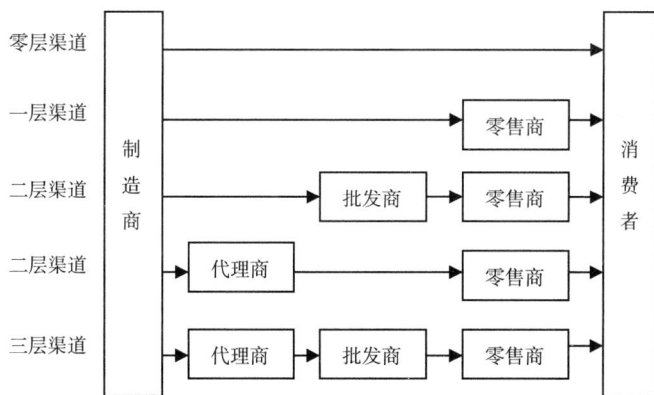

图9-1 消费品分销渠道

零层渠道通常叫直接分销渠道。直接分销渠道是指产品从生产者流向最终消费者的过程中不经过任何中间商转手的分销渠道。也就是说，生产者直接销售给最终的顾客。直接分销的方式包括上门推销、家庭展示会、邮购、电话营销、电视营销、网络营销和制造商自设商店等。

一层渠道含有一个销售中介机构。在消费者市场，这个中介机构通常是零售商；在产业市场，则可能是销售代理商。

二层渠道含有两个销售中介机构。在消费者市场，通常是批发商和零售商；在产业市场，则通常是销售代理商和零售商。

三层渠道含有三个销售中介机构。肉食类食品及包装类产品的制造商通常采用这种渠道分销其产品。在这类行业中，通常有一个专业批发商处于代理商和零售商之间，该专业批发商从代理商进货，再卖给零售商。

更高层次的分销渠道较少见。从生产者的观点来看，随着渠道层次的增多，控制渠道所需解决的问题也会增多。除此之外，有些学者还把零层渠道、一层渠道定义为短渠道，而将二层渠道、三层渠道或者三层以上的渠道定义为长渠道。

另外，从不同层次的渠道系统中可以发现，产品从生产出来到消费的过程有多种多样的途径和方式。除了伴随着产品从生产者到消费者的转移过程外，还伴有其他非物质形式的运动过程，如服务流等。

（二）分销渠道的宽度

分销渠道的宽度是指渠道的每个层次使用同种类型中间商数目的多少。它与企业的分销策略密切相关。这里的中间商包括：批发环节中的各种类型的代理商、批发商，零售环节中的各种类型的零售商。某种产品（如香烟）的制造商通过许多批发商、零售商将其产品推销到不同地区的广大消费者手中，这种产品的分销渠道较宽。反之，如果某种产品（如小汽车）制造商只通过很少的批发商、零售商推销其产品，或者在某一地区只授权一家批发商或零售商经销其产品，这种分销渠道较窄或很窄。企业的分销策略通常可分为三种，即密集分销、选择分销和独家分销。

（1）密集分销，是指制造商尽可能地通过许多负责任的、适当的批发商和零售商推销其产品。消费品中的便利品（如香烟、糖果、洗涤用品）和产业用品中的供应品（industrial supplies）（如企业用的办公文具）等，通常都采取密集分销，使广大消费者和用户都能随时随地买到这些日用品。

（2）选择分销，是指制造商在某一地区仅仅通过少数几个精心挑选的、最合适的中间商推销其产品。选择分销适用于所有产品。相对而言，消费品中的选购品（shopping goods）（如服装、鞋帽、电冰箱、电视、宾馆、航班服务、家具等）最适合采取选择分销。

（3）独家分销，是指制造商在某一地区仅选择一家中间商推销其产品，通常双方协商签订独家经销合同，规定经销商不得经营竞争者的产品，以便控制经销商的业务经营，调动其经营积极性，占领市场。在西方国家，汽车等特殊品通常采取独家经销。

分销渠道结构是很复杂的。有些分销渠道是"较长而宽"，有些分销渠道是"较短而窄"，有些分销渠道是"较长而窄"，有些分销渠道是"较短而宽"。

四、分销渠道的类型

构成分销渠道不同环节的企业和个人，叫渠道成员。按渠道成员结合的紧密程度，分销渠道还可以分为传统渠道系统和整合渠道系统两大类型，如图9-2所示。

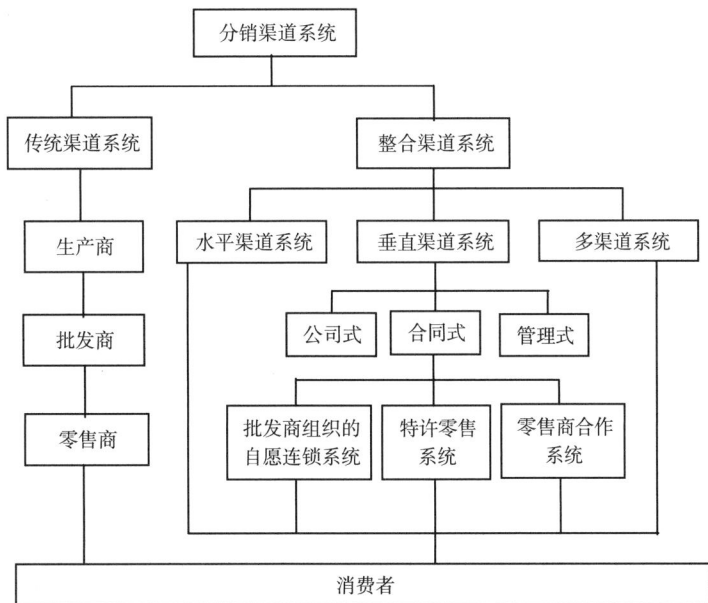

图 9-2 分销渠道的系统结构

（一）传统渠道系统

传统渠道系统是指由各自独立的生产商、批发商、零售商和消费者组成的分销渠道。传统渠道成员之间的系统结构是松散的。由于这种渠道的每一个成员均是独立的，它们往往各自为政，各行其是，都为追求自身利益的最大化而激烈竞争，甚至不惜牺牲整个渠道的利益。几乎没有一个成员能完全控制其他成员。随着市场环境的变迁，传统渠道正面临着严峻的挑战。

（二）整合渠道系统

整合渠道系统是营销渠道的新发展。为了取得较好的效果，许多公司希望渠道组织能够更好地协调行动，并因此加强了对渠道的掌控力度。整合渠道系统就是这一类渠道结构，它是指渠道成员通过一体化整合形成的分销渠道系统，也可以说是渠道成员间注重协作的结果。整合渠道系统主要包括：

1. 垂直渠道系统

垂直渠道系统由生产商、批发商和零售商纵向整合组成，由一个具有实力的渠道成员对渠道进行控制，其成员要么属于同一家公司，要么是被授予专卖特许权的成员，或者被有足够控制能力的企业所控制。该系统有三种主要形式：

（1）公司式。公司式即由一家公司拥有和管理若干工厂、批发机构和零售机构，控制渠道的若干层次，甚至整个分销渠道，综合经营生产、批发和零售业务。公司式垂直渠道系统又分为两类：一类是由大工业公司拥有和管理的，采取一体化经营方式；

另一类是由大型零售公司拥有和管理的，采取商工一体化方式。

（2）管理式。管理式即制造商和零售商共同协商管理销售业务，其业务涉及销售促进、库存管理、定价、商品陈列、购销活动等。例如，名牌产品制造商以其品牌、规模和管理经验优势，出面协调批发商、零售商的经营业务和政策，采取共同一致的行动。

（3）合同式。合同式即不同层次的独立的制造商和中间商，以合同为基础建立的联合渠道系统。例如，批发商组织的自愿连锁系统、零售商合作系统、特许零售系统等。

2. 水平渠道系统

水平渠道系统是由两家或两家以上的公司横向联合，共同开拓新的营销机会的分销渠道系统。这些公司或因资本、人力、生产技术、营销资源不足，无力单独开发市场，或因惧怕承担风险，或因与其他公司联合可实现最佳协同效益而组成共生联合的渠道系统。它们可实行暂时或永久的合作。这种系统可发挥群体作用，共担风险，以获取最佳效益。

3. 多渠道系统

多渠道系统即对同一或不同的细分市场，采用多条渠道的分销体系。大致有两种形式：一种是制造商通过两条以上的竞争性分销渠道销售同一商标的产品；另一种是制造商通过多条分销渠道销售不同商标的差异性产品。此外，还有一些公司通过同一产品在销售过程中的服务内容与方式的差异，形成多条渠道以满足不同顾客的需要。多渠道系统为制造商提供了三方面利益：扩大产品的市场覆盖面，降低渠道成本，更好地适应顾客要求。但该系统也容易造成渠道之间的冲突，给渠道控制和管理工作带来更大的难度。

第二节　分销渠道设计

一、影响分销渠道设计的因素

进行分销渠道设计、选择分销渠道需要考虑市场、产品、企业自身和环境等多方面因素。

（一）市场因素

选择分销渠道，首先要考虑目标市场的需求特点，了解市场规模大小、目标顾客是生产资料用户还是生活资料的消费者以及市场的竞争状况等。如日用消费品，市场规模大且分散，顾客购买量小，购买次数多，就应采取长渠道，以减少订货和运输的频率，从而降低流通费用。工业品市场一般采用短渠道。另外，企业可以根据自己的竞争目标采取不同的方式，一方面，可以参考竞争对手的渠道结构进行设计；另一方面，可以有意避开竞争对手常用的渠道，开辟新的渠道。

（二）产品因素

一般情况下，产品单位价值的大小与分销渠道的长短、宽窄成反比关系。例如，日用消费品单位价值越低，分销渠道就越长、越宽；而高档耐用消费品、工业品中的专用设备或成套机组，单位价值越高，分销渠道就越短、越窄。

对于时尚性强的产品，一般也采用短渠道，以避免由于时尚的变化引起产品过时，造成积压，如家具、时装、玩具等。

鲜活易腐产品应尽量减少中间环节，采取尽可能短的渠道，缩短流通时间，防止腐烂，如蔬菜、水果、鲜鱼、鲜肉等。对于不宜长途运输的易毁、易损性产品也应采取短渠道销售，以减少损耗，如包装不过关的易毁物品、冰箱等耐用消费品。

单位体积或重量大的产品，应采用少环节的短渠道，以减少流通的不便，如大型机械设备、工程泡沫塑料等。

技术复杂而又需要提供售前、售中、售后服务的产品，应采用直销渠道，以便于销售人员当面介绍产品，专门技术人员提供各种必要的技术服务，如服务器、操作系统等。

处于不同生命周期的产品，分销渠道也应不同。对于投入期的产品，企业应采取尽可能短的渠道（最好是直销），以便打开销路。而对于成熟期的产品，企业以间接渠道销售的居多，以便更多地占领市场。

对于季节性生产、全年性消费，或全年性生产、季节性消费的产品，在渠道的设计上应注意，季节性强的应采用稍长的渠道，以充分发挥中间商的作用，保持生产的连续性和供应的不断档。

产品组合的广度、深度和相关性对企业分销渠道的长短和宽窄均有影响，企业在设计渠道时也应加以考虑。

（三）企业自身因素

规模大、实力雄厚的大企业通常拥有经验丰富的销售队伍，因此多采用短渠道的销售模式；相反，一些实力不足的小企业往往需要通过中间商进行销售。声誉高的企业产品质量可靠，一般需要短渠道；而知名度低的企业则需要通过中间商的帮助，才能打开市场。当企业出于各方面的考虑，需要对分销渠道进行有效的控制时，不宜采取长、宽的渠道。

（四）环境因素

企业所处的环境因素不同时，分销渠道也应不同。例如，经济形势好时，企业选择渠道有较大的自由；经济萧条时，为了刺激需求，企业应力求以最经济的方式将产品传送到最终市场，采取较短的渠道，以减少流通环节带来的费用。

另外，企业在选择分销渠道时，也要考虑国家的有关政策和法规对商品流通的规定和限制。

在综合分析上述各方面因素的基础上，企业要比较采用各种渠道的费用和获利情况，找出最经济的分销渠道，以实现自己的营销目标。

二、分销渠道的设计

分销渠道的设计必须立足长远，因为一经形成，再想改变或替代原有的渠道是比较困难的，通常需要付出较大的代价，所以在设计渠道方案时，应谨慎从事，精心设计。渠道方案设计主要包括确定渠道模式、确定中间商数目和规定渠道成员间的权利和责任。

（一）确定渠道模式

生产企业在进行分销渠道设计时，首先要决定采取什么类型的渠道，是直销还是通过中间商销售。如果决定直销，就要选择是派人上门推销、采用自设店面销售，还是采用互联网销售，或是采用其他形式；如果企业是通过中间商销售，就要进行中间商层次的选择，首先考虑选择使用几层中间商，再考虑中间商的类型、规模及经营状况等。

一般企业在设计时，要把目前企业可以利用的渠道全部列出，然后综合各个方面的因素进行比较，找出最有利的渠道模式。

例如，一家生产车用空调机的企业，可供选择的渠道方案一般有：企业将空调机直接销售给汽车制造商，汽车制造商将其安装在汽车上，连车一同出售；企业将产品销售给不同的汽车经销商，汽车经销商在维修汽车时可用其更换；通过销售队伍或分销商将产品销售给汽车配件零售商；利用免费电话订购或邮寄渠道销售；利用互联网进行跨国界的网上销售；等等。

必须指出的是，当渠道费用、目标市场不同时，企业需要选择不同的渠道模式。例如，联合利华是最后进入印度尼西亚冰淇淋市场的，它的品牌是和路雪。联合利华没有利用现有的冰淇淋分销渠道，而是建立了一个新的销售代理网，其中大多数是家庭主妇，每个代理商配备了一台冰箱，送货员骑自行车不断补货，每个送货员只负责一小块地区以确保存货，这样，和路雪很快就成了印度尼西亚冰淇淋市场上一个强有力的竞争者。

（二）确定中间商数目

企业在决定分销渠道的宽窄时，应考虑影响分销渠道的各个因素，合理地确定中间商数目。

（三）规定渠道成员的权利和责任

为保证分销渠道的畅通，企业必须就价格政策、销售条件、市场区域划分、相互服务和责任等方面明确中间商的权利和责任。

（1）价格政策。这是指生产企业要制定中间商认为公平合理的价格折扣和价格目录。例如：生产企业针对中间商不同的销售量，给予不同的出厂价格。

（2）销售条件。这是指付款条件和生产企业的承诺。例如：企业对提早付款或按时付款的中间商给予现金折扣；对大量采购的中间商给予质量和价格下跌时的担保。

（3）市场区域划分。这是指生产企业给予经销商在一定地区范围内的特许经销权。如华北地区总代理、某市级独家经销、在半径三公里的范围内不开设第二家分店等。

（4）相互服务和责任。这主要指企业要求中间商提供市场情报、配合促销、保证服务水平，同时，企业向中间商提供技术支持、促销支持、人员培训等。

三、渠道评估

企业在设计出不同的分销方案后，要对可供选择的渠道方案进行评估，根据评估结果，选择最有利于实现企业长远营销目标的渠道方案。分析评估主要从三个方面进行：即经济性、可控性和适应性。

（一）经济性

主要考虑的是每一条渠道的销售额和成本的关系。既要考虑自销和利用中间商的销售量大小，又要比较二者的成本高低。一般而言，利用销售代理商的成本较企业自销的成本低，但是销售代理商的成本增加较快，当销售额增长超过一定水平时，利用代理商的成本会越来越高，如图 9-3 所示。

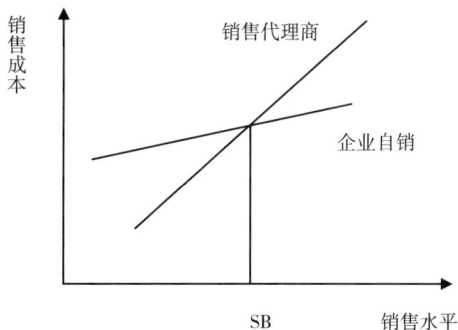

图 9-3　销售成本和销售水平的关系

在销售额低于 SB（SB 为均衡点，即销售量等于 SB 时，企业无论是利用销售代理商还是自销，其销售成本均相等）点时，应利用销售代理商，当销售额高于 SB 点时，企业自销更有利。因此，规模较小的企业或大企业在销售量较小的地区，利用销售代理商合适，当销售额达到一定水平后，则应建立自己的分销机构。

（二）可控性

可控性是指生产企业对分销渠道的控制程度。自销的控制程度最强。生产者和中间商的产销关系密切时，相互间有较强的约束条件，则可控性也较强，此时使用中间商会有利，因为他们比企业更熟悉市场。

（三）适应性

适应性是指渠道对生产企业和市场变化的适应程度。当生产企业和中间商签订合同后，企业在经营上的灵活性就会降低。因此，在灵活多变的市场上，生产企业就要寻求能获得最大控制的渠道结构和政策，力求提高渠道的适应性。例如，天津史克（TSK）通过中国传统的药品分销系统（三级批发）销售低价的药品，使产品分别渗透进了大、中、小城市和农村市场。同时，又配以西方式的销售网络推销其处方药品，参加研讨会和订货会，通过二级批发商销售。另外，它还向医院、药房、诊所推销与销售高价药品。

延伸阅读

雅芳迷途：专卖店与全直销模式左右摇摆

长达 6 年的海外贿赂调查后，化妆品直销商雅芳公司（AVON）日前终于宣布，已经与美国司法部及证券交易委员会（SEC）就联邦海外贿赂调查的和解条件达成了互谅，公司将支付 1.35 亿美元罚款和其他成本和解相关指控。

不过，面对业绩持续下滑的状况，卸下贿赂调查包袱的雅芳，未来的扭亏前景仍不容乐观。

由于销售额下滑，雅芳 2014 年第一财季亏损继续扩大。财报显示，该财季总收入下滑 11%，至 21.8 亿美元；净利润亏损 1.683 亿美元，合每股亏损 38 美分，上年同期亏损 1370 万美元，每股亏损 3 美分。不包括与行贿调查和其他项目有关的成本，持续经营业务每股收益 12 美分，上年同期为 26 美分。

在中国市场，自 2012 年年初，原任雅芳加拿大公司首席执行官的林展宏（John Lin）在"贿赂门"的漩涡中成为雅芳中国新任总经理。面对中国区业绩不断下滑的局面，林展宏强推"再造雅芳"的新政改革，决心放弃全直销模式，重拾专卖店零售业务。2013 年又通过调整零售渠道的全线产品建议零售价等方式，进军电商等，进一步对零售业务进行战略部署。

此次转型是雅芳自 1990 年进入中国后的第四次转型，在很长一段时间里，雅芳（中国）一直在零售专卖店和直销两种模式的纠结取舍中来回摇摆。

但林展宏推动的自救策略从业绩表现上来看，并未能改变现状。据雅芳公开的财报，雅芳（中国）2013 年前三季度营业收入与 2012 年同期相比分别下降 30%、27% 和 67%。

业内人士认为："雅芳在中国的每次战略摇摆，更多的是从公司自身的角度出发，其直销员业务队伍、专卖店店主等的利益没有被充分考虑，其实，雅芳在中国重建商业信誉和信任比战略调整更重要。"

（资料来源：刘琼.雅芳迷途：专卖店与全直销模式左右摇摆.第一财经日报. http://www.yicai.com/news/2014/05/3774513.html.）

第三节　分销渠道管理

在渠道方案确定之后，企业必须对渠道中的中间商进行选择、激励和评估，并随着营销环境的变化进行有效的调整和管理。

一、选择渠道成员

对于生产企业而言，必须确定一个合格的中间商应具备的条件，然后加以选择。对此，主要从以下几个方面进行分析：

1. 与目标市场的接近程度

这是确定中间商最基本的条件。主要包括：地理位置的接近，即中间商的店铺位置应接近生产企业目标顾客所在地；店客关系的接近，即生产企业的目标顾客经常光顾中间商的商店；经营优势的接近，中间商本身具有对生产企业的特定目标市场的吸引力和经营特色。例如，生产高档化妆品的企业，就要选择面向大中城市高层消费群体的中间商。

2. 财务状况

财务状况是最重要的考察条件之一。中间商的财务状况应良好，有偿付能力，甚至能预付货款或分担部分促销费用。

3. 经营目标和经营范围

中间商在经营中要有恰当的产品组合，并且在其经营业务中，应不包括竞争者的产品或其竞争产品对本企业不具有明显的竞争优势。

4. 市场占有率

中间商在市场上的覆盖率是否与生产企业的营销目标相一致。覆盖率小，达不到生产企业的预期目标；覆盖率太大，会影响其他中间商的利益，易出现销售网络的矛盾。

5. 推销能力

中间商应有一支高效的推销队伍，他们的工作效率直接影响到生产企业的销售结果。如果中间商是销售代理商，更应注重评估其销售人员的规模和素质。因为代理商主要靠销售人员与客户直接建立联系。

6. 储运能力

一般包括对中间商仓储能力、运输条件和储运管理水平的考察。当生产企业的产品需要冷藏，或生产企业希望中间商能更多地承担产品实体的储藏、运输任务时，对中间商的储运能力的考察就十分重要。

除此之外，还应考虑中间商的经营历史和经销绩效；中间商的声望与信誉；对生产企业的合作态度及经营积极性；中间商的未来发展预测等。

二、激励渠道成员

生产企业必须不断地激励渠道成员，了解中间商的需要和利益需求，向中间商提供必要的支持，使其最大限度地发挥销售积极性，出色地完成销售任务。一般可采取以下措施：

（1）向中间商提供物美价廉、适销对路的产品，从根本上为中间商创造良好的销售条件。

（2）利用定价技巧和策略，根据中间商的进货量、声誉和销售绩效等，分别给予不同的价格折扣和折让，与中间商合理地分配利润。

（3）提供促销支持，如负担广告费用、产品陈列、销售人员训练等。

（4）提供资金支持，中间商资金不足时可采用售后付款方式。

（5）信息沟通，及时向中间商提供市场情报，通报生产企业的生产情况，为中间商合理安排进货和销售提供依据。

（6）与中间商结成长期伙伴关系。

三、检查和评估渠道成员

生产企业应定期按一定的标准对中间商进行考察和评估。这些标准主要包括：销售本企业产品的情况、平均库存水平、销售服务情况、推销本企业产品的力度、促销的合作程度等。其中，销售本企业产品的情况最为重要。

经过对渠道成员的评估，对经营好的中间商给予奖励；对表现不好的中间商则要进行分析，帮其改进销售工作，必要时予以更换，以保证营销活动的正常进行。

四、调整渠道结构

企业为适应营销环境的变化，有时要根据经营目标的变化和渠道成员的情况，适时地对分销渠道进行调整。调整渠道主要有以下三种情况：

1. 增减渠道成员

增减渠道成员即决定增减渠道中的个别中间商。在调整时，既要考虑由于增加或减少某个中间商对企业盈利方面的直接影响，也要考虑到可能引起的间接反应，即渠道中其他成员的反应。例如，某卡车生产厂，发现有 5% 的经销商每年出售的卡车很少，而企业为这些经销商提供的服务费用超过了它们销售产品所获得的利润，为此，会考虑停止使用这 5% 的经销商。

2. 增减一条渠道

当企业发现营销环境变化较大，现有的渠道销售业绩不理想时，可以考虑在同一市场增加或减少一条渠道；或在不减少现有渠道的基础上，为把新产品打入市场，开辟新的分销渠道。

3. 调整整个渠道结构

这是企业调整渠道中工作量最大、涉及面最广、最困难的一种。例如：企业将间接渠道改为直接渠道，单一渠道改为多重渠道等，都是对渠道的整体调整。进行这种调整，企业应慎重并同时考虑营销组合中的其他因素。

无论是局部还是整体调整，都要分析和评价调整可能给分销渠道带来何种影响、给营销组合带来何种影响，以及给企业和中间商的利润带来何种影响，并据此进行合理的决策。

五、管理渠道冲突

不管渠道设计得如何精良，由于渠道中存在利益不同的主体，渠道冲突仍会存在，因此妥善地处理渠道冲突，对渠道进行有效的管理，是提高渠道效率的重要保证。

某些渠道冲突可能会对渠道建设产生某种促进作用，而大量的渠道冲突往往会令渠道失去和谐。企业应采取措施，确立渠道成员的共同目标，加强渠道成员之间的沟通与合作，提高分销商的售前、售中、售后服务能力。

六、窜货的管理

在分销渠道的建设与管理中，销售管理人员往往会遇到头痛的问题，就是窜货。窜货，又被称为倒货、冲货，是指经销商置经销协议和生产商长期利益于不顾而进行的产品跨地区销售，它是渠道冲突的一种典型的表现形式。

（一）窜货行为的类型

根据窜货的表现形式及其影响程度，可以把窜货分为以下几类：

1. 自然性窜货

自然性窜货是指经销商在获取正常利润的同时，无意中向自己辖区以外的市场倾销产品的行为。这种窜货在市场上是不可避免的，只要有市场的分割就会有此类窜货。

它主要表现为相邻地区的边界附近互相窜货，或是在流通型市场上，产品随物流走向而倾销到其他地区。这种形式的窜货，如果货量大，该区域的渠道价格体系就会受到影响，从而使渠道的利润下降，影响二级批发商的积极性，严重时可发展为二级批发商之间的恶性窜货。

2. 良性窜货

良性窜货是指企业在市场开发初期，有意或无意地选中了流通性较强的市场中的经销商，使其产品流向非常重要的经营区域或空白市场的现象。在市场开发初期，良性窜货对企业是有好处的，一方面，在空白市场上企业无须投入，就提高了知名度；另一方面，企业不但可以增加销售量，还可以节省运输成本。只是在具体操作中，由于良性窜货而形成的空白市场上的价格体系处于自然形态，因此企业在经营该市场区域时应对其再进行整合。

3. 恶性窜货

恶性窜货是指为获取利润，经销商蓄意向自己辖区以外的市场倾销产品的行为。经销商向辖区以外倾销产品最常用的方法是降价销售，主要是以低于厂家规定的价格向非辖区销货。恶性窜货给企业造成的危害是巨大的，它扰乱了企业整个经销商的价格体系，易引发价格战，降低渠道利润；使得经销商对产品失去信心，丧失积极性并最终放弃经销该企业的产品；混乱的价格体系将导致消费者对企业的产品、品牌失去信任与支持。

企业还必须警惕另一种更为恶劣的窜货现象，即经销商经销假冒伪劣产品。假冒伪劣产品以其超低的价格诱惑，使经销商铤而走险。经销商往往将假冒伪劣产品与正规渠道的产品混在一起销售，掠夺合法产品的市场份额，或者直接以低于市场价的价格进行倾销，打击了其他经销商对品牌的信心。

综上所述，不是所有的窜货都具有危害性，也不是所有的窜货现象都应及时加以制止。市场上有一句流行的话："没有窜货的销售不是红火的销售，大量窜货的销售是很危险的销售。"适度的窜货会形成一种热闹的销售局面，这样有利于提高产品的市场占有率和品牌知名度。但是，需要严加防范和坚决打击恶性窜货。

(二)窜货现象的成因分析

在我国目前的市场经济中，窜货具有必然性。其根本原因是，商品流通的本性是从低价区向高价区流动，从滞销区向畅销区流动。因此，同种商品只要价格存在地区差异，或者只要同种商品在不同地区的畅销程度不同，就必然产生地区间的流动。形成窜货的具体原因有以下几个方面：

1. 管理制度有漏洞

有些企业根本没有窜货方面的管理制度，对代理商、经销商以及业务员没有严格的规定，没有奖惩措施。待事情出现时无法可依。许多企业业务员的收入始终与销售业绩挂钩，于是有时为了多拿奖金，一些业务员或企业派驻代理商的业务代表，会鼓励代理商违规操作，向其他地区发货。

2. 管理监控不力

有些企业有了规章制度，但反应迟钝，或睁一只眼闭一只眼，有法不依。一些企业在销售过程中，患有"营销近视"，片面追求销售量，采取短期行为，对于窜货的重视不够，信息反馈不及时，不能及时发现窜货现象。

3. 激励措施有失偏颇

企业在激励经销商时往往不能采取措施将经销商的行为控制在合理的范围之内，如年终返利、高额回扣、特殊奖励、经销权等。企业针对渠道成员制定的种种激励措施，一般都会以经销商完成一定额度的销量为基准，经销商超额完成的越多，奖励越多，带来的利润越丰厚。为完成既定的销售量以获得高额奖励，许多经销商往往不顾一切地提高销售量，经销商之间也会窜货。

4. 代理选择不合适

这里有两层意思。一是对独家代理与多家代理商的选择不当。一般来说，厂家采取独家代理制比较容易掌控，可保证市场规范有序。然而，许多厂家受利益驱使而不顾市场规范，只要拿钱来买货，就可以成为在当地的经销商，这样就无法控制市场，企业的短期行为必然会导致产品的越区销售。二是对代理商或经销商的资格审查不严，使一些不合格的经销商滥竽充数，导致窜货。

5. 抛售处理品和滞销品

一些企业为了贪图小利，自食苦果。对积压货物不予退货，让经销商自行处理。经销商为了避开风险，置企业信誉和消费者利益于不顾，将积压的、过期的甚至变质的产品，拿到畅销的市场上出售，或者将区域市场内的滞销产品向其他区域市场窜货，还有不少经销商往往用畅销产品降价所形成的巨大销售力来带动不畅销产品的销售，从而形成窜货。

（三）窜货的整治

1. 归口管理，权责分明

企业分销渠道管理应该由一个部门负责。多头负责，令出多门，最容易导致市场的混乱。负责部门首先要制定一整套的管理规章制度，如代理商的资格审查，设立市场总监，建立巡视员工制度，建立严格的奖惩制度等。

2. 签订不窜货协议

制造商与各地经销商、代理商之间是平等的企业法人之间的关系，需要通过签订经销或代理合同来约束经销商的市场行为。在合同中要明确加入"禁止跨区销售"的条款及违反此条款的惩罚措施，或要求经销商或代理商缴纳保证金，将其销售活动严格限制在自己的市场区域范围之内。

3. 加强销售渠道管理

销售管理人员具有销售渠道管理的职责。规范渠道管理应做到：第一，积极主动，加强监控。特别要关注销售终端，关注零售市场；第二，信息渠道要畅通；第三，出了问题，严肃处理。

4. 外包装区域差异化

鉴别窜货的难题之一是如何确认货物本来应销往何地区。解决的办法是厂家对销往不同地区的产品可以在外包装上进行区别。主要措施有：第一，给予不同编码。大件商品如汽车、家电等都是一件商品一个编号，区分起来没问题。日用品可以采取批次编号，发往不同地区的产品外包装上印刷不同的条形码。第二，通过文字标识加以区分。如在外包装上印刷"专供××地区销售"。第三，采用不同颜色的商标。在不同地区，将同种产品的商标，在保持其他标识不变的情况下，采用不同的色彩加以区分。但这种方法要慎重使用，要作适当的宣传，以免为假冒产品打开方便之门。

5. 建立合理的差价体系

企业的价格政策要有利于防止窜货。第一，每一级代理的利润设置不可过高，也不可过低。第二，管好促销价。促销期间价格一般较低，经销商一般要货较多。经销商可能将其产品以低价销往非促销地区，或促销活动结束后低价销往别的地区形成窜货。所以应对促销时间和促销货品的数量严加控制。第三，价格政策要有一定的灵活性。要有调整的空间，否则对今后的市场运作不利。

6. 加强营销队伍的建设与管理

营销人员自身的素质对窜货管理至关重要。第一，严格人员的招聘、遴选和培训制度；第二，制定人才成长的各项政策，使各业务员人尽其才；第三，严格推销人员的考核，建立合理的薪酬制度。

第四节 零售与批发

中间商是企业分销渠道中的重要组成部分，对它们进行分析和研究，有利于帮助生产企业更好地运用分销渠道。在产品流通领域，中间商是零售商和批发商的统称。

一、零售业态与零售组织

零售（retail）是指将货物和服务直接出售给最终消费者用于生活消费的所有活动。零售商是指主要从事零售业务的组织和个人。零售商处于流通过程的终点，商品售出后，就离开流通领域进入了消费领域。

（一）商店零售

零售企业为满足目标顾客的不同消费需求，形成了不同的经营理念和经营方式，其表现形式主要有以下几种：

1. 百货商店

规模大，经营范围广，以经营高档、优质、时尚产品为主，并提供一系列的顾客服务。一般设于城市中心，装饰华丽，并且内部分部门管理，是高度组织化的企业。目前，这仍是一种主要的零售商业形式。

2. 专业商店

一般经营一类或几类商品，是专业化程度较高的零售店。其中一种形式是专门经营某一大类商品，如体育服装店、鞋店、保健用品店、婚纱店、床上用品店等。这种商店的商品花色品种比较齐全，拥有系列化产品，便于消费者选购，能提供较全面的销售服务。

3. 专卖店

专门经营或授权经营某个制造商品牌，以著名品牌、大众品牌为主，质优、高毛利，如杰克琼斯、美特斯邦威等服装专卖店。

4. 超级市场

这是一种大型、低成本、薄利多销和自动售货方式的大型零售组织。早期的超市以出售食品为主，兼售少量杂货。近年来超市向多元化、大型化发展，提高了企业的竞争能力。目前的超级市场营业面积大多在 1 万平方米以上，产品品种超过 1 万种。其经营的商品多属于中低档，价格较便宜。同时，许多超级市场也在改善设施，选择昂贵的地段，扩大停车场，精心设计建筑物外观和内部装修，延长营业时间等。

5. 便利商店

这是设在居民区附近的小型商店，主要经营便利品，经营品种不多，以小型日用品为主，价格较高，营业时间长（有的昼夜营业），节假日不休息，为顾客提供种种便利。例如，日本的"爸爸、妈妈店"，我国的"物美便利店"、24 小时服务的"夫妻便民店"等。实践证明，这种方式满足了人们既省时又方便的需要。便利店以其独有的方式发展着，并已扩展到"食品—汽油商店"，即在汽车加油站经营上百种产品，包括面包、牛奶、香烟、咖啡、糖果和饮料等，为方便顾客，可以使用加油的信用卡。

6. 折扣商店

毛利低、销量大，实行薄利多销，用低价销售标准商品。一般商店的偶尔打折和特卖并不能算是折扣商店。折扣商店必须具有的特征是：

①一贯保持低价。

②经营全国性的品牌而不是次品。

③强调自我服务。

④商店地处偏远地区但交通便利。

⑤设施简单以降低成本。

7. 仓库商店

这是一种无装饰、低价格、服务有限的销售方式。由折扣商店演变而来，一般设在偏僻、租金低的地段，仓库内既存货也销货。通常不提供送货上门，也不接受信用卡，主要经营食品、玩具、家具、电器等。由于存货占用资金较多，利润较低。

（二）无店铺零售

虽然大多数货物和服务是由商店销售的，但是无店铺零售却比商店零售发展得快，占全部消费者购买量的12%。并且据一些观察家预言，21世纪会有1/3的商品通过无店铺渠道销售。无店铺零售的主要形式有以下几个方面：

1. 直复营销

直复营销（direct marketing）使用多种广告媒体，使之相互作用于消费者，并通常需要消费者做出直接反应。如邮购零售，电话营销、电视营销，网上营销等。

（1）邮购零售分邮寄目录和直接邮购两种。邮寄目录是销售商按照选好的顾客名单邮寄订单、商品目录等；直接邮购是将信件、传单等广告分别寄给有关产品类别购买潜力大的顾客。该方式适合于书刊订户、保险业、新产品介绍等。

（2）电话、电视营销即使用电话、电视将产品直接推销给消费者，消费者通过免费电话订货。这种现代销售购物方式日益受到欢迎。随着现代通信技术的发展，美国、日本在20世纪90年代提出了修建"信息高速公路"的战略设想，未来的销售将更多通过"信息高速公路"直销。顾客可以通过显示屏对商品进行挑选、更换，甚至对商品的款式、色调、尺寸进行修改。因此，这是一种有广阔发展前景的直销方式。

（3）网上营销（online marketing）是利用互联网推销商品或服务的一种营销方式。随着Internet的迅速发展和普及推广，网上营销将会成为一种具有极大潜力的营销手段。

2. 直销

直销即推销人员采取挨户访问的方式推销产品。直销成本高，需支付雇用、训练、管理和激励推销人员的费用。我国1993年以来，广州、上海、北京、沈阳、西安等地纷纷成立了一些直销公司，但需要进一步规范化，严格管理。

3. 自动售货机销售

自动售货机销售是一种采用机器销货的方式，如自动售票机、自动取款机（ATM）等近几年在我国发展很快。适合于自动销货的大多数是周转快的名牌商品，而且限于单位价格低、体积小、重量轻、包装或容量标准化的商品。

4. 购物服务公司销售

这是一种专门接受某些顾客委托而进行的零售业务，为学校、医院、工会和政府机关等大型组织的员工服务。这一组织与若干个零售商签订合约，凡是组织成员向这些零售商购物，该商店都给予一定的折扣。

（三）零售组织形式

尽管许多零售组织拥有独立的所有权，但是越来越多的商店正在采取某种团体零售形式，以取代独立的各自为政的商店。零售组织主要有以下几种：

1. 连锁经营

这是一种商业组织形式和经营制度，是由在同一经营字号的总部统一领导下的若干个店铺或分支企业构成的联合体所进行的商业经营活动。一般来说，总部负责采购、配送，店铺负责销售，并通过企业形象的标准化、经营活动的专业化、管理方式的规范化及管理手段的现代化，使复杂的商业活动在职能分工的基础上，实现相对的简单化，从而实现规模效益。

2.消费合作社

这是指广大消费者入股创办的自主组织，其目的并不以盈利为主，而是减少中间商环节，保护消费者利益。

3.特许专卖组织

这是指特许人与接受特许专卖权者之间的契约式联合。特许专卖组织的基础是独特的产品、服务、经营方式、商标名称、专利或是特殊人已树立的良好声誉等。

二、零售环境与零售变革

我国改革开放以来，零售业发生了巨大变化，多种形式的现代零售网络初步形成。

1.零售营销环境

我国零售业营销环境的变化主要表现在以下三个方面：

（1）零售市场竞争趋向国际化。近年来，国外零售商纷纷进入我国零售市场，如"燕莎"、"家乐福"、"沃尔玛"等。

（2）购物环境趋向舒适幽雅。我国消费者收入近年来增长较快，消费者不仅要求商品高档化、服务优质化，而且还要求购买环境幽雅，很多超市、商场环境装饰别致，安装空调、扶手电梯等，为顾客创造良好的购物环境体验。

（3）零售市场空间不断拓宽。农村市场是我国零售市场拓展的主要潜在市场。

2.我国零售业的营销变革

近些年，我国零售业发生了如下主要变革：

（1）零售营销体制改革取得巨大进展。以市场为取向，我国零售业多种所有制并存、多种经营方式共同发展的格局逐步形成。

（2）零售组织向集团化、层次化、多元化发展。零售规模出现大、中、小三个层次；零售业态出现许多新形式，如超级市场、连锁店、精品店、直销店等。

（3）导入营销观念。"以顾客为中心的营销观念"被零售业所接受，如百货商店以优美购物环境吸引顾客，超级市场以自助服务、方便选购拓展市场，专卖店以专而全的产品形象来争取顾客等。

（4）零售营销方法不断革新。如开架销售、购买点广告、招贴、赠券、抽奖、免费样品等在零售商店都得到广泛应用。

"后百货时代"何去何从？

事实上，不仅是万达，很多购物中心也正在进行去百货化。

日前，有消息传出，晨曦百货将于2015年8月完全撤离知名的老牌购物中心北京东方新天地。其撤出的主要原因是，晨曦百货的品牌影响力对于东方新天地来说已经微乎其微，其承租能力与占用面积无法与最终收益成正比。据悉，晨曦百货撤离后，东方新天地计划将收回的区域进行切割租赁。

另外，尚泰百货曾与华润旗下万象城有三个门店的合作，但目前已全部停滞。而被视为购物中心标杆的北京朝阳大悦城早在几年前就终止了与日本永旺百货的合作。此后的天津大悦城经过各方评估后，最终没有引入百货业态。

中国商业地产联盟副会长兼秘书长王永平认为，从大环境来看，当前百货行业正处在低潮时期，十多年前百货受到专业市场和大卖场的冲击，现在是受到购物中心和电商的冲击。百货是过去几十年变化最小的行业，有点不思进取。

"去百货化的主要原因是传统百货业的商业模式及市场定位已经不适合当前的市场环境。"和君咨询合伙人王洪波说，传统百货业以销售扣点为主要盈利模式，同时入驻的主流商家多为二三线品牌，依靠商场人流来实现盈利；而电子商务全面普及之后，商品的对比变得随手可得，多数二三线品牌自身的说服力低于互联网品牌（实现线上线下一体化的品牌除外），销售变得困难，商场获利减少，人流也剧减，形成恶性循环。他认为，针对一线城市和一级商圈的购物中心来看，去百货化正在成为普遍趋势，但在二三线城市和二三级商圈百货业还有较强的生命力。

进入增长慢、成本高、盈利低的"后百货时代"的百货店该何去何从？

（资料来源：周丽."后百货时代"何去何从？.中国经营报.http://www.cb.com.cn/companies/2015_0801/1146130.html.）

三、跨国零售商在中国的策略

2002年以来，跨国零售商纷纷进入中国零售市场，给中国本土的零售业带来了直接而全面的刺激和体验，同时也对我国零售企业形成竞争威胁。

跨国零售商在中国的营销策略主要有：

（1）从东部向西部逐渐转移。

（2）多业态布局策略，如沃尔玛的购物广场、山姆会员商店、社区店、折扣店等。

（3）本土化策略。

（4）收购扩张策略。

（5）以市场换市场策略。

（6）零售倾销策略。

跨国零售商在中国运用了不同的经营模式，我国零售企业应加以学习、消化吸收，以形成有特色的零售业竞争模式。跨国零售巨头经营模式见表9-1。

表9-1　零售巨头中国模式比较

零售商	合作伙伴	空间布局	利润模式
家乐福	联手上市公司	遍地开花	从供货商处寻找利润
沃尔玛	合资非零售企业，意在回购	三边战略	物流优先
麦德龙	合资非零售企业	以华东地区为主，2002年确定四大区域	有限顾客的有限利润
欧尚	交叉持股，"捆绑"扩张	分片区（北京市、上海市、成都市）三点式布局	以配送中心辐射经营网络
普尔斯马特	"专有权"模式进入	抢占二、三线市场	会员制与折扣店

四、批发

批发（wholesale）是指将商品销售给为了转卖或者商业用途而进行购买的人或组织的活动。批发商是指从事批发业务的组织和个人。

（一）批发商的主要职能

（1）销售与促销职能。批发商通过自身销售人员的活动，可以使生产企业有效地接触众多的小客户，从而促进销售。

（2）仓储服务职能。批发商可以将货物储存到出售为止，从而可以降低供应商和顾客的存货成本与风险。

（3）融资功能。一方面，批发商利用商业信用工具，可向客户提供融资服务；另一方面，如果批发商能够提前订货或及时付款，也等于是为供应商提供融资服务。

（4）风险承担职能。批发商在分销过程中，由于拥有货物的所有权，因此，可以承担产品损坏和过失的风险。

（5）信息传递职能。批发商可以向供应商提供有关买主的市场信息，有助于供应商及时捕捉市场信息，生产和供应适销对路的产品。

（6）运输职能。批发商一般离零售商较近，可以快速地将产品送到顾客手中。

（7）管理咨询职能。批发商可以帮助零售商培训人员、建立会计系统和存货控制系统，从而提高零售商的经营效益。

（二）批发商的类型

按所有权关系和基本经营方式的不同，可以将批发商分为以下四种类型：

1.商业批发商

（1）完全职能批发商（完全服务批发商）。完全职能批发商提供诸如存货、推销队伍、顾客信贷、送货以及协助管理等服务。其中包括两类：批发中间商和工业分销商。批发中间商主要是向零售商销售，并提供广泛的服务。工业分销商主要向生产企业进行销售，提供的服务一般有：保持存货、提供信贷、交货以及协助产品维修、保养和日常的销售管理等。

（2）有限服务批发商。这类批发商向生产商和顾客提供的服务较少。有限服务批发商有以下几种类型：

①现购自运批发商。只经营有限的、周转快的产品，销售给小型零售商，收取现款，一般不负责送货。如农副产品批发市场大多是这种方式。

②卡车批发商。经营的产品多是鲜活易腐的，如面包、牛奶、快餐食品等，他们用卡车将产品运到超级市场、小杂货店、医院、餐馆、工厂自助食堂和旅馆进行巡回销售，并收取现金。

③承销批发商。这类批发商主要经营一些笨重的工业产品，如煤、木材和重型设备等。他们不负责产品的存货和运输，不经手产品，收到订单后，便和生产厂联系，由生产厂按照双方协议的条件和送货时间，直接将产品送给客户。承销批发商在收到订单后到产品送到客户手中这段时间内，拥有产品的所有权。

2. 经纪人和代理商

经纪人和代理商主要是为买卖双方提供方便，收取销售价的一定比例作为佣金。他们对商品没有所有权，只执行少数几项功能。经纪人和代理商一般都是专业化的，专门经营某一方面的业务。通过经纪人和代理商促进交易开拓市场，是现代营销的一种通用手段，会随着市场经济的发展越来越普遍。

3. 工业企业批发商

工业企业批发商是一种工业企业自营批发业务的批发组织形式，不通过独立批发商进行。生产者通过设立自己的销售分店和销售办事处，以改进其存货控制、销售和促销业务。

4. 其他批发商

在某些特定的经济领域，还存在着一些其他特殊类型的批发商。如农产品采购商、散装石油厂和油站、拍卖公司和拍卖行等。

第五节　物流策略

市场营销不仅意味着发掘并刺激消费者或用户的需求和欲望，而且还意味着适时、适地、适量地将商品提供给消费者或用户，从而满足其需求和欲望，为此要进行商品的仓储和运输，即进行物流管理。企业制定正确的物流策略，对于降低成本费用，增强竞争实力，提供优质服务，促进和便利顾客购买，提高企业效益具有重要的意义。

一、物流的含义与职能

由于生产者和消费者的分离，造成了生产与消费在时间上和空间上的背离，导致了社会生产与社会消费的矛盾。为解决这些矛盾，满足消费需要，必须在商品交换的同时，提供商品的时间效用和地点效用。于是，出现了与商品交换密切相关的物流概念。

所谓物流（logistics），是指通过有效地安排商品的仓储、管理和转移，使商品在需要的时间到达需要的地点的经营活动。物流的任务，涉及原料及最终产品从起点到最终使用点或消费点的实体移动的规划与执行，并在取得一定利润的前提下，满足顾客的需求。

物流的职能是将产品由其生产地转移到消费地，从而创造地点效用。物流作为市场营销的一部分，不仅包括产品的运输、保管、装卸、包装，而且还包括在开展这些活动的过程中所伴随的信息的传播。它以企业销售预测为开端，并以此为基础来规划生产水平和存货水平。

传统的物流以工厂为出发点，并通过有效措施，将产品送达消费者手中。而从市场营销观点来看，物流规划应先从市场开始考虑，并将获取的信息反馈到原料的需求者。企业首先应考虑目标消费者的位置以及他们对产品运送便利性的要求。其次，企业还必须知道其竞争者所提供的服务水平，然后设法赶上并超过竞争者。最后，企业要制定一个综合策略，其中包括仓库及工厂位置的选择、存货水平、运送方式，进而向目标顾客提供服务。

二、物流的目标

下面以系统论中的投入产出概念，阐述企业物流的目标问题：

（一）顾客服务的产出与投入

物流的一项基本产出，是向顾客提供的服务水平。顾客服务水平是用来吸引潜在顾客的有力武器。其基本内容包括：

（1）产品的可得性。

（2）订货及送货速度，包括普通订货速度和紧急订货速度。

（3）存货或缺货的比率。

（4）送货频率。

（5）送货可靠性，包括小心照护、轻拿轻放以及损坏补偿等。

（6）安装、试车及修理服务。

（7）运输工具及运输方式的选择。

（8）免费修理或分别计价。

企业一般根据竞争者的现行顾客服务水平来确定自己的顾客服务水平，因为如果自己所提供的服务水平低于目前普遍水平，往往有失去顾客的风险；而如果自己所提供的服务水平较高，则其他竞争者也会提高服务水平，这样每一个企业都面临着成本提高的威胁。

企业为了给顾客提供服务，必须承担某些费用，如运送、存货费用。由于许多企业通常对物流不实行集权式管理，同时也缺乏账目的记载，以致很难了解真实的全部成本。因此，为了评估物流的效率，企业应重视成本数据，并注意采取必要的审计手段。

在维持现有服务水平下，如果没有任何投入因素的重新组合能进一步降低物流成本，则现有物流系统就可以称为有效的物流系统。不少企业往往认为自己的物流系统已达到高效率水平，因为存货、仓储和运输单位的决策中心的经营状况良好，并且都能降低各自的成本。然而，如果仅能降低个别单位的成本，而各部门间却不能互相协调，那么总系统的物流成本还是不能降到最低限度。

（二）各职能部门之间的冲突情况

各种物流成本，常常互相影响。譬如，运输部经理比较喜欢用铁路运送方式来代替空运方式。这样虽然能降低运输费用，却使运送速度缓慢，资金周转迟缓，延缓了顾客的付款，并可能引起顾客购买其他竞争者的物品。装运部也常趋向于使用便宜的容器包装用品，以降低装运成本，但又会提高运送过程中的物品损坏率，从而影响企业的信誉。存货部比较喜欢减少存货，以降低总的存货成本，而这样做又往往引起缺货、订单延缓履行或装运成本提高等后果。由此可见，企业的各种物流活动具有高度的相关性，企业应从整个物流系统来考虑制定物流策略，而不应只着眼于各个职能部门。

（三）物流目标

一般来讲，企业往往将其物流目标确定为：对产品进行适时适地的传送，兼顾最佳顾客服务与最低配送成本。实际上，这个目标隐含着内在的矛盾。因为，最佳顾客服务要求最大的存货、足够的运力、充分的仓容，而所有这些都势必增加销售成本。最低的配送成本要求低廉的运费、少量的存货和仓容，而这又势必会降低服务水平。合理的物流目标，应是通过有效的选择，适当兼顾最佳顾客服务与最低配送成本。具体要求是：

（1）将各项物流费用视为一个整体。在致力于改善顾客服务的过程中，努力降低物流总成本，而不只是个别项目成本费用的增减。

（2）将全部市场营销活动视为一个整体。在各项市场营销活动中，都必须考虑到物流目标，联系其他活动的得失加以权衡，避免因孤立地处理某一具体营销业务而导致物流费用不适当地增加。

（3）善于权衡各项物流费用及其效果。为维持或提高顾客服务水平而增加的某些成本项目视为必需，而不能使消费者受益的成本费用则坚决压缩。

三、物流的规划与管理

每一个特定的物流系统都包括仓库数目、区位、规模、运输政策以及存货政策等构成的一组决策，因此，每一个可能的物流系统都隐含着一套总成本，可用数学公式表示如下：

$$D=T+FW+VW+S$$

式中：D 为物流系统总成本；T 为该系统的总运输成本；FW 为该系统的总固定仓储费用；VW 为该系统的总变动仓储费用；S 为因延迟分销所造成的销售损失的总机会成本。

在选择和设计物流系统时，要对各种系统的总成本加以检验，最后选择成本最小的物流系统。一般来讲，企业有以下几种选择：

（一）单一工厂，单一市场

大多数的制造商是单一工厂的企业，并且仅在一个市场上进行经营活动。这个市场可能是一个小城市，如小面包店、小印刷厂等，也可能仅限于一个地区，如地方性的酿酒厂。

这些单一工厂通常是设在所服务的市场的中央，这样可以节约运费。但是在某种情况下，工厂需设在离市场较远的地方，由此导致的高额运费可通过低廉的工地、劳动力、能源和原料成本抵消。将工厂设在靠近市场的地方还是设在易于取得资源的地方，必须根据相对的运输及加工成本来决定。当某些成本发生重大变化时，就会破坏工厂地址利益的平衡。因此，企业在对两个设厂地点进行选择时，不仅应审慎地估计目前各战略的成本，更需考虑到未来各战略的成本。

（二）单一工厂，多个市场

当一个工厂在几个市场内进行销售时，企业有几种物流战略可供选择。例如，在中国东南沿海地区有一家制造厂，起初，在广州、深圳开展经营活动，现拟开拓西北市场，可从以下四种战略中进行选择：从东南沿海工厂将产品直接运送至西北地区市场；运用整车货运方式将产品运送至西北地区仓库；将制成的零件运送至西北地区装配厂；在西北地区另建一个制造厂。下面，分别分析上述战略：

1.直接运送产品至顾客的战略

任何一个物流系统都必须考虑服务水平与成本这两项重要因素。直接运送战略似乎在服务及成本上都处于不利地位，因为直接运送比由当地的仓库送货至顾客要慢；再者，通常顾客的订购量很小，运送成本也较高。不过，直接运送是否真有这些缺点，还取决于其他因素。在某些情况下，自远地的工厂运送可能比在附近仓储再运送更经济合算。再者，零担（零担是相对于整车而言，对于零担和整车的划分，基本上是以能否装满一车作为区别）订货的直接运送成本虽高，但不一定多于当地存货的费用。因此，企业在决定是否采取直接运送战略时，必须考虑下述因素：该产品的特性（如单价、易腐性和季节性），运送成本，顾客订货多少与重量，地理位置与方向。

2.大批整车运送到靠近市场的仓库的战略

（1）仓库与直运比较。企业发现，将成品大批运送到西北地区的仓库，再从那里根据每一订单运送给顾客的方式，要比直接从东南沿海运送给顾客所用的费用少。这是因为整车运送与零担运送的费用率不同，前者要小于后者。除了节省运费，在市场地点设立仓库还可以比较及时地向顾客提供送货服务，因此，可以提高顾客的惠顾率。但是，建立地区仓库，企业必须承担从仓库运送达顾客的费用及仓储本身的费用。一般来说，增加地区仓储的最佳准则很简单，即增加新地区仓储所节约的运费与所能增加的顾客惠顾利益如大于建立仓储所增加的成本，那么就应在这一地区增设仓储。

（2）租赁仓库与自建仓库比较。这家企业面临的另一个决策问题是，该仓库应租赁还是自建。租赁的弹性较大，风险较小，因此在多数情况下比较有利。只有在市场规模很大而且市场需求稳定时，自建仓储才有意义。

（3）广泛仓库系统问题。广泛的仓库系统（即范围广大的仓库系统）也引出不少问题。一是企业如何确定最佳数目的仓储点；二是仓储点的最佳位置如何确定；三是不同地点应保持多少存货。这些问题可以通过计算机模拟技术或运筹学中的线性规划及非线性规划技术来解决。

3.将零件运到靠近市场的装配厂的战略

企业可以在西北地区成立一个装配分厂。因为整车运送单个零件，可以降低运费，并且运送中物品的价值不是很高（因为还没有加上装配的人工成本及其他相关费用）。

一般来讲，成立装配厂要比直接运送或建立地区性仓库更有利。不过，最后的决策仍有赖于对目前及未来成本的详细分析。建立装配分厂的好处是运费较低。此外，建立地区性工厂可提高该地区的推销员、经销商及社会公众对产品的信任，从而增加销售额。建立装配分厂的不利之处是，要增加资金成本和固定的维持费用。所以，企业在分析建立装配分厂方案时，必须考虑该地区未来销售量是否稳定以及数量是否会多到足以保证投入这些固定成本后仍有利可图。装配厂的投资不仅比仓库投资所需要的费用更大，而且所冒的风险也更大，这是由于装配厂比较专业化，难以开展有效的营销活动。

4.建立地区性制造厂的战略

企业可以在西北地区建立一个地区性工厂。这也是一般企业用来开拓距离较远的市场，并取得较大竞争利益的最后途径。然而，建立一个制造厂需要有详细的当地资料以供分析，这时应加以考虑的因素很多，如人力、能源、土地、运输等有关项目的成本，有关的法律与政治环境。其中最重要的因素之一，是该行业是否具有大规模生产的可能性。在需要大量投资的行业中，工厂规模必须足够大才能实现经济的生产成本。如果行业的单位生产成本能随着工厂规模的扩大而降低，则应设立一个足以供应整个地区销售所需要的工厂，其单位生产成本应最低。但是企业不能只顾生产成本，还必须考虑分销成本，因为在产品产量提高的情况下，其分销成本也可能提高。

（三）多个工厂，多个市场

企业还可通过由多个工厂及仓库组成的分销系统（而不依靠大规模的工厂）来节省生产成本费用。这些企业面临两个最佳化的任务：一是短期最佳化，即在既定工厂和仓库位置上，制定一系列由工厂到仓库的运输方案，使运输成本最低；二是长期最佳化，即从长远着眼决定新建工厂的数量与区位，使总分销成本最低。根据不少现代企业的管理经验，线性规划技术在短期最佳化方案的制定过程中，具有重要的应用价值。

四、物流现代化

物流现代化涵盖物流管理的多个环节，需要多种技术支撑，其中包括：条形码、电子货币、电子收款机、电子数据交换和电子标签等。

（1）条形码（bar code）技术是一项自动识别技术，是商品国际化的标志，也是实现物流自动化与商品管理自动化的基础。商品条形码分原印码和店内码两种。

（2）电子货币，包括信用卡（credit card）、储蓄存款卡（deposit card）、扣账卡（debit card）、现金卡（cash card）、IC卡等多种金融交易卡，不仅可以减少流动资金积压及大量资金的清点搬运，增加资金周转率，促进销售，而且通过计算机和信息通讯网络可以建立家庭银行（home banking），实现家庭购物（home shopping）。

（3）电子收款机（electronic cash register，简称ECR）要求极高的技术性能。首先必须稳定可靠，具备抗一般电器波动、抗干扰信号、抗恶劣环境的能力；运行中基本不出现故障或出现故障后能在不破坏数据的情况下及时排除；在网络或主机出现故障时，能独立运行；必须可接条码阅读器、磁卡刷卡器、电子秤等多种外设设备；必须具有现金、支票、信用卡等多种付款方式和零售、批发等多种交易方式；以及快速反应和处理能力等。

（4）电子数据交换（electronic data interchange，简称 EDI），按国际标准组织的定义，是"将商业或行政事务处理按照一个公认的标准，形成结构化的事务处理或文档数据格式，从计算机到计算机的电子传输方法"。简言之，就是按照商定的协议，将商业文件标准化和格式化，并通过计算机网络，在贸易伙伴的计算机的网络系统之间进行数据交换和自动处理。因而被称为"无纸贸易"或"电子契约社会"。在 EDI 的发展中，标准化是至关重要的前提条件。

（5）电子标签（射频识别，radio frequency identification，RFID）是一种非接触式的自动识别技术。它通过射频信号，自动识别目标对象并获取相关数据，识别工作无须人工干预。作为条形码的无线版本，RFID 技术具有条形码所不具备的防水、防磁、耐高温、使用寿命长、读取距离大、标签上数据可加密、存储数据容量更大、存储信息更改自如等优点，其应用将给物流业带来革命性变化。

五、物流职能的外包：第三方物流与第四方物流

随着现代企业生产经营方式的变革和市场外部条件的变化，第三方物流（third party logistics，3PL）这种形态开始引起人们的重视，并对此表现出极大兴趣。在西方发达国家，先进企业的物流模式开始向第三方甚至第四方物流转变。

第三方物流的概念源于管理学中的外包（out-sourcing），意指企业动态地配置自身和其他企业的功能和服务，利用外部的资源为内部的生产经营服务。将外包引入物流管理领域，产生了第三方物流的概念。它是指生产经营企业为集中精力搞好主业，把原来自己处理的物流活动以合同方式委托给专业物流服务企业，同时通过信息系统与物流服务企业保持密切联系，以达到对物流全程的管理和控制的一种物流运作与管理方式。因此第三方物流又叫合同制物流。提供第三方物流服务的企业，其前身一般是运输业、仓储业等从事物流活动及相关工作的行业。从事第三方物流的企业在委托方物流需求的推动下，从简单的存储、运输等单项活动转为提供全面的物流服务，其中包括物流活动的组织、协调和管理，设计建议最优物流方案，物流全程的信息搜集、管理等。目前，第三方物流的概念已广泛被西方流通行业所接受。

第四方物流（forth party logistics，4PL）是美国 Accenture 管理顾问公司首先在1996年提出的名词，并对 4PL 这个术语注册了商标。他们认为企业由 20 世纪 70 年代自行营运各项物流功能，到八九十年代把物流功能外包给 3PL 提供者的趋势，会继续发展为企业专注其核心事业，而把其在全球供应链上有关物流、现金流、商流、信息流的管理与技术服务，统筹外包给可以提供一站式整合服务的提供者。这种多元整合的服务不是单独一个 3PL 能力所及，必须结合 3PL（一个或多个）与管理顾问及科技咨询甚至金融服务等公司，整合这个服务联盟的主导者就是所谓的 4PL。依据

Accenture 的定义，第四方物流提供者会整合本身与其他组织之资源、能力与技术，来（为其客户）设计、建构其供应链并提供广泛的解决方案。

可见，第四方物流不仅仅对特定物流活动进行控制和管理，而且对整个物流过程提出策划方案，并通过电子商务将这个过程集成。它是比第三方物流更进一步的物流服务业态，是从整个供应链的角度出发，并作为整个供应链物流的解决方案。

延伸阅读

双十一巨额交易背后看电商 + 物流的聚合效应

1. 电商影响下的物流变化

截至 2014 年双十一当天 20 点整，交易额达到 473 亿元，又一次消费狂欢的纪录。

电商对物流快递领域的拉动非常明显，2014 年 10 月 20 日，我国快递年业务量首次突破 100 亿件，中国快递业务量从 0 到 10 亿件，用了 26 年时间；从 10 亿件到 100 亿件，仅用了 8 年时间……2013 年双十一快递量 1.52 亿，2014 年双十一快递量截至 20 点整已经突破 2.2 亿，双十一带来业务量高峰的同时也给快递企业带来大考，第一个容易让人联想到的就是快递爆仓。

然而 2013 年快递行业应对双十一已经相对成熟，爆仓已经不是普遍现象，客户体验已经有很大的提升，原因在于电商与物流已经默契融合：

（1）技术方面：物流预警，电子面单，商家信息交互联调，菜鸟统一指挥和推动，信息技术的支持测压。

（2）意识方面：不仅电商重视双十一，快递企业也有很高的重视度，非常关注自己在双十一阶段的表现。

（3）准备方面：卖家在备货方面都已基于数据，快递企业在车辆、仓库的准备，人员提前招募等方面，都和预计相差不远。

2. 阿里下一步的物流生态战略

商业的本质是人，而阿里巴巴生态中的核心就是终端消费者，围绕消费者的需求从阿里巴巴、淘宝、支付宝、天猫等衍生出了众多电商业态，然而相对于阿里巴巴成熟的电商生态，物流生态才刚刚开始，2013 年菜鸟启动，马云打造中国智能物流骨干网，菜鸟定则天下定，这显然是马云对阿里巴巴物流生态的重视。

菜鸟下一步，农村电商和大数据融合是重点。今年双十一当天阿里集团资深副总裁兼菜鸟首席运营官董文红在接受采访时说"通则不痛、痛则不通"，菜鸟是开放的平台，希望社会资源加入来共同解决问题，同时目前有合作伙伴日日顺 93% 全国用户到达率的支撑，菜鸟的触角可以直接到达中国最末端的用户，未来会继续融合线上交易与线下物流数据，依托大数据打造智能的物流生态体系，发力农村电商市场。

（资料来源：双十一巨额交易背后看电商 + 物流的聚合效应.第一财经网站. http://www.yicai.com/news/2014/11/4039478.html.）

分销策略是市场营销组合策略之一。它同产品策略、促销策略、定价策略一样，也是企业能否成功地将产品打入市场，扩大销售，实现企业经营目标的重要手段。

分销渠道是指某种产品和服务从生产者向消费者转移的过程中，取得这种产品和服务的所有权或帮助所有权转移的所有企业和个人。分销渠道的职能包括收集信息、促销、接洽、配合、谈判、物流、融资、风险承担、预订产品、货物账款支付等。分销渠道主要有传统渠道系统和整合渠道系统两种。

影响分销渠道设计的主要有市场、产品、企业自身和环境等多方面因素。渠道方案设计主要包括确定渠道模式、确定中间商数目和规定渠道成员间的权利和责任。

企业管理人员在进行分销渠道设计之后，还必须对渠道中的中间商进行选择、激励和评估，并随着营销环境的变化进行有效的调整和管理。窜货是指经销商置经销协议和生产商长期利益于不顾而进行的产品跨地区销售。企业应加强渠道管理和窜货的整治。

零售是指将货物和服务直接出售给最终消费者用于生活消费的所有活动。零售商的组织形式主要有商店零售商和无店铺零售商。最主要的零售商店类型有百货商店、专业商店、专卖店、超级市场、便利商店、折扣商店和仓库商店。无店铺零售包括直复营销、直销、自动售货机和购物服务公司销售。批发是指将商品销售给为了转卖或者商业用途而进行购买的人或组织的活动。批发商主要有商业批发商、经纪人和代理商、工业企业批发商以及其他批发商。

物流是指通过有效地安排商品的仓储、管理和转移，使商品在需要的时间到达需要的地点的经营活动。

（1）市场营销渠道与分销渠道有何区别？

（2）分销渠道主要有哪些类型？

（3）企业在设计自己的分销渠道时，应该考虑哪些因素？

（4）渠道管理中存在哪些主要问题？如何解决？

（5）如何正确处理渠道成员之间的利益冲突？

（6）物流的定义和职能是什么？

（7）选择你经常购物的三个零售商，以本章讲述的零售商的特征来进行分类。

（8）一个化妆品公司想要为一种新的低价位的化妆品设计营销渠道时，需要考虑哪些因素？

案例讨论

克莱斯勒 Jeep 销售渠道"生变"

全球第一大 SUV 品牌 Jeep 在华国产化进一步推进，继广汽菲亚特 2014 年 6 月投资 42 亿元在广州新建第二工厂落槌之后，Jeep 进口车渠道与国产车渠道的架构如何搭建这一敏感问题也终于得以解决。

广州汽车集团股份有限公司（下称"广汽集团"）联合菲亚特克莱斯勒汽车股份有限公司（下称"菲克集团"），2014 年 11 月 20 日在广州车展上共同发布进一步通过广汽菲亚特合资企业深化双方在中国合作的战略，其中包括克莱斯勒品牌的国产计划，以及将成立合资的销售公司等内容。

此前，广汽集团及菲克集团曾在克莱斯勒 Jeep 国产项目的选址、渠道等多方面存在分歧，但随着国内 SUV 市场大热以及越来越多车企抢食 SUV 市场，双方经过一番博弈之后相互做出让步，加快推进 Jeep 国产化项目。

值得注意的是，本次公布的内容中，Jeep 国产化渠道问题也终于揭开谜底。双方同意，将销售与生产职能分离，更好地为包括在广州建立第二个整车生产厂在内的整体国产计划的顺利实施共同提供支持和管理。因此，将成立合资的销售公司，负责 Jeep、菲亚特及克莱斯勒品牌所有国产车型和进口车型的销售管理、市场营销、产品规划和售后服务等职能。

作为框架协议的一部分，为保证 Jeep 在 SUV 细分市场的销量表现，以及菲亚特、克莱斯勒品牌在轿车领域的增长，双方将开始为拓展销售网络搭建基础。

在现有的两个经销商网络中，业绩表现优秀的经销商伙伴将成为未来 Jeep 品牌的 SUV 销售网络和菲亚特、克莱斯勒品牌轿车网络的中坚力量。

菲克集团亚太区总经理兼 Jeep 品牌亚太区负责人柯安哲表示："中国市场是菲克集团未来 5 年规划的重要战略市场，过去几年，克莱斯勒、Jeep、道奇品牌旗下进口车型与菲亚特国产车型在中国市场的出色表现，使得我们成为了在中国增长最快的品牌。新的国产计划将有利于加速我们的销量及市场占有率的增长，从而帮助我们实现菲克集团今年投资者大会上提出的到 2018 年中国市场销量达到 76 万辆的目标。"

至于为何不将 Jeep 销售权交给广汽菲亚特，也不交给克莱斯勒品牌原有进口商的销售渠道，而是重新打造一个新的销售网络，广汽集团一内部人士 11 月 20 日接受《第一财经日报》记者采访时称，随着外国品牌国产化步伐加快，此前往往一个品牌一个销售渠道的局面正发生改变，渠道整合正在兴起，否则将会造成一定销售网络的浪费，这是将成立合资的销售公司的原因之一。

而记者了解到，一些国外品牌车企在部分车型国产化之后，往往不愿意将进口车的渠道一起交给承担国产任务的合资公司，在一定程度上担心渠道权被合资公司的中方完全掌控，而国内的车企也不愿意将国产车的销售权交给国外品牌进口商掌控。为了让国产车和进口车的销售渠道统一协调，保持品牌的独立性，外国品牌车企越来越倾向于将生产和销售分离，合资双方另外成立一家销售公司来统一销售。英菲尼迪也是采取类似的模式，英菲尼迪首款国产车 Q50L 近日已下线，尽管研发制造等价值链前端由东风和日产合资公司东风日产来负责，但品牌、营销等则由前不久成立的东风英菲尼迪汽车有限公司来承担。

（资料来源：李溯婉.克莱斯勒 Jeep 销售渠道"生变".第一财经日报.http://www.yicai.com/news/2014/11/4043145.html）

思考题：

（1）为什么合资双方要另外成立一家销售公司？

（2）如何让国产车和进口车的销售渠道更好地统一协调？

关键术语

分销渠道（distribution channel）　　市场营销渠道（marketing channel）

供应品（industrial supplies）　　物流（logistics）

特殊品（specialty goods）　　直复营销（direct marketing）

零售（retail）　　批发（wholesale）

第三方物流（third party logistics，3PL）　　选购品（shopping goods）

第四方物流（forth party logistics，4PL）　　外包（out-sourcing）

第十章

促销策略

【本章学习目标】

（1）理解促销、促销组合的含义。

（2）了解整合营销传播与传统促销的区别。

（3）掌握人员推销的定义、特点、基本形式和人员推销的步骤、策略、技巧及其管理。

（4）掌握广告的含义、功能、广告决策的步骤以及广告促销策略。

（5）掌握销售促进的概念及实施过程。

（6）掌握公共关系的概念、特征以及实施步骤。

|引导案例|

火车票上打广告，23.2亿的潜在曝光量

"我们严正抗议在广告中插播电视剧"。这是广大网友对已经充斥着大量广告的生活提出的抗议，看着视频突然就会插播一段广告、玩着手机游戏突然又会跳出来一段广告、看看新闻还会有广告弹出，曾想也许火车票是唯一最纯洁的没有广告的地方了吧。但近日，北京车站开始全面启动新版火车票，票面经过调整"挪移"出了一个广告区域，该区域目前呈现的是"铁老大"宣传自家两大网站的广告语——"买票请到12306，发货请到95306"的字样。"广大网友会不会再次抗议"请不要在广告中插入乘车信息"呢？

广告潜力 =23.2亿的客流量

广告取广而告之之意，这就可以看出来广告到达率的决定性作用。一则广告普及度不高，群众看不到，那这则广告毫无疑问是失败的。

在火车票上印广告，这不单单是广告到达率高，还能收到切切实实的成效。据中国铁路总公司的统计，2014年中国铁路旅客发送量是23.2亿人，已连续两年增幅超过百分之十。随着中国铁路建设日益完善，这个数字必定还会上升。

可以说客流量有多大，广告潜力就有多大。23.2亿的客流量，人人手持一张车票，这就相当于给这23.2亿人每人发了一张小广告。并且，这还不同于我们平常在路边被硬塞进手里随手就会丢掉的小广告，火车票上的小广告，人们是会更加仔细地留意阅读的，这就决定了其极高的广告回报率。

现今，火车票上的广告还是"铁老大"的自我宣传，假以时日，这种广告形式逐渐被人们接受后，这块广告区域将会是人人觊觎的"宝藏"，会有越来越多的市场主体争抢这块"方寸之地"，其带来的经济效益不可估量。

（资料来源：程燕. 火车票上打广告，23.2亿的潜在曝光量，你忽视了吗？梅花网. http://www.meihua.info/a/63871.）

成功的市场营销活动，不仅需要制定适当的价格，选择合适的分销渠道向市场提供令消费者满意的产品，而且需要采取适当的方式进行促销。促销策略是四大营销策略之一。正确制定并合理运用促销策略是企业在市场竞争中赢得竞争优势的必要保证。

第一节　促销和促销组合

一、促销的含义

促销（promotion），是指企业通过人员和非人员的方式把产品和服务的有关信息传递给顾客，以激起顾客的购买欲望，影响和促成顾客购买行为的全部活动的总称。

在市场经济中，社会化的商品生产和商品流通决定了生产者、经营者与消费者之间存在着信息上的分离，企业生产和经营的商品和服务信息常常不为消费者所了解和熟悉，或者尽管消费者知晓商品的有关信息，但缺少购买的激情和冲动。这就需要企业通过对商品信息的专门设计，再通过一定的媒体形式传递给顾客，以增进顾客对商品的注意和了解，并激发起购买欲望，为顾客最终购买提供决策依据。因此，促销从本质上讲是一种信息的传播和沟通活动。

二、促销组合及其影响因素

促销的方式有直接促销和间接促销两种，又可分为人员推销、广告、公共关系和销售促进四种。由于各种促销方式都有其优点和缺点，在促销过程中，企业常常将多种促销方式同时并用。所谓促销组合（promotion mix），就是企业根据产品的特点和营销目标，综合各种影响因素，对各种促销方式的选择、编配和运用。促销组合是促销策略的前提，在促销组合的基础上，才能制定相应的促销策略。因此，促销策略也称促销组合策略。

促销策略从总的指导思想上可分为推式策略和拉式策略两类。推式策略，是企业运用人员推销的方式，把产品推向市场，即从生产企业推向中间商，再由中间商推给消费者。故也称人员推销策略。推式策略一般适合于单位价值较高的产品，性能复杂、需要做示范的产品，根据用户需求特点设计的产品，流通环节较少、流通渠道较短的产品，市场比较集中的产品等。拉式策略也称非人员推销策略，是指企业运用非人员推销方式把顾客拉过来，使其对本企业的产品产生需求，以扩大销售。对单位价值较低的日常用品，流通环节较多、流通渠道较长的产品，市场范围较广、市场需求较大的产品，常采用拉式策略。

促销组合和促销策略的制定，其影响因素较多，主要应考虑以下几个因素：

1. 促销目标

它是企业从事促销活动所要达到的目的。在企业营销的不同阶段，为适应市场营销活动的不断变化，要求有不同的促销目标。无目标的促销活动收不到理想的效果。因此，促销组合和促销策略的制定，要符合企业的促销目标，根据不同的促销目标，采用不同的促销组合和促销策略。

2. 产品因素

（1）产品的性质。不同性质的产品，购买者和购买目的都不相同，因此，对不同性质的产品必须采用不同的促销组合和促销策略。一般说来，在消费者市场，因市场范围广而更多地采用拉式策略，尤其以广告和销售促进形式促销为多；在生产者市场，因购买者购买批量较大，市场相对集中，则以人员推销为主要形式。

（2）产品的市场生命周期。促销目标在产品市场生命周期的不同阶段是不同的，这决定了在市场生命周期各阶段要相应选配不同的促销组合，采用不同的促销策略。以消费品为例，在投入期，促销目标主要是宣传介绍商品，以使顾客了解、认识商品，产生购买欲望。广告起到了向消费者、中间商宣传介绍商品的功效，因此，这一阶段以广告为主要促销形式，以销售促进和人员推销为辅助形式。在成长期，由于产品打开了销路，销量上升，同时也出现了竞争者，这时仍需加强广告宣传，但要注重宣传企业的产品特色，以增进顾客对本企业产品的购买兴趣，若能辅之以公关手段，会收到相得益彰之佳效。在成熟期，竞争者增多，促销活动以增进购买兴趣与偏爱为目标，广告的作用在于强调本产品与其他同类产品的细微差别。同时，要配合运用适当的销售促进方式。在衰退期，由于更新换代产品和新发明产品的出现，使原有产品的销量大幅度下降。为减少损失，促销费用不宜过大，促销活动宜针对老顾客，采用提示性广告，并辅之适当的销售促进和公关手段。

3. 市场条件

市场条件不同，促销组合与促销策略也有所不同。从市场地理范围大小看，若促销对象是小规模的本地市场，应以人员推销为主；而对广泛的全国甚至全球市场进行促销，则多采用广告形式。从市场类型看，消费者市场因消费者多而分散，多数靠广告等非人员推销形式；而对用户较少、批量购买、成交额较大的生产者市场，则主要采用人员推销形式。此外，在有竞争者的市场条件下，制定促销组合和促销策略还应考虑竞争者的促销形式和策略，要有针对性地不断变换自己的促销组合及促销策略。

4. 促销预算

企业开展促销活动，必然要支付一定的费用。费用是企业经营十分关心的问题，并且企业能够用于促销活动的费用总是有限的。因此，在满足促销目标的前提下，要做到效果好而费用省。企业确定的促销预算额应该是企业有能力负担的，并且是能够适应竞争需要的。为了避免盲目性，在确定促销预算额时，除了考虑营业额的多少外，还应考虑到促销目标的要求、产品市场生命周期等其他影响促销的因素。

三、促销的实施步骤

为了成功地把企业及产品的有关信息传递给目标受众，企业需要有步骤、分阶段地进行促销活动。

（一）确定目标受众

企业在促销开始时就要明确目标受众是谁，是潜在购买者还是正在使用者，是老人还是儿童，是男性还是女性，是高收入者还是低收入者。确定目标受众是促销的基础，它决定了企业传播信息应该说什么（信息内容），怎么说（信息结构和形式），什么时间说（信息发布时间），通过什么说（传播媒体）和由谁说（信息来源）。

（二）确定沟通目标

确定沟通目标就是确定沟通所希望得到的反应。沟通者应明确目标受众处于购买过程的哪个阶段，并将促使消费者进入下一个阶段作为沟通的目标。

消费者的购买过程一般包括六个阶段：

（1）知晓（awareness）。当目标受众还不了解产品时，促销的首要任务是引起注意并使其知晓。这时沟通的简单方法是反复重复企业或产品的名称。

（2）认识（knowledge）。当目标受众对企业和产品已经知晓但所知不多时，企业应将建立目标受众对企业或产品的清晰认识作为沟通目标。

（3）喜欢（liking）。当目标受众对企业或产品的感觉不深刻或印象不佳时，促销的目标是着重宣传企业或产品的特色和优势，使之产生好感。

（4）偏好（preference）。当目标受众已喜欢企业或产品，但没有特殊的偏好时，促销的目标是建立受众对本企业或产品的偏好，这是形成顾客忠诚的前提。这需要特别宣传企业或产品较其他同类企业或产品的优越性。

（5）确信（conviction）。如果目标受众对企业或产品已经形成偏好，但还没有发展到购买它的信念，这时促销的目标就是促使他们做出或强化购买决策，并确信这种决策是最佳决策。

（6）购买（purchase）。如果目标受众已决定购买但还没有立即购买时，促销的目标是促进购买行为的实现。

（三）设计促销信息

设计促销信息，需要解决四个问题：信息内容、信息结构、信息形式和信息来源。

1. 信息内容

信息内容是信息所要表达的主题，也被称为诉求。其目的是促使受众做出有利于企业的良好反应。一般有三种诉求方式：

（1）理性诉求（rational appeals）。针对受众的兴趣指出产品能够产生的功能效用及给购买者带来的利益。如洗衣粉宣传去污力强，空调宣传制冷效果好，冰箱突出保鲜等。一般工业品购买者对理性诉求的反应最为敏感，消费者特别在购买高价物品时也容易对质量、价格、性能等诉求做出反应。

（2）情感诉求（emotional appeals）。通过使受众产生正面或反面的情感，来激励其购买行为的一种诉求方式。如使用幽默、喜爱、欢乐等方法促进购买和消费，也可使用恐惧、羞耻等策略促使人们去做应该做的事（如刷牙、健康检查等）或停止做不该做的事（如吸烟、酗酒）等。

（3）道德诉求（moral appeals）。诉求于人们心目中的道德规范，促使人们分清是非，弃恶从善，如遵守交通规则，保护环境，尊老爱幼等。这种诉求方式特别适合用在企业的形象宣传中。

2. 信息结构

信息结构也就是信息的逻辑安排，主要解决三个问题：一是是否做出结论，即应提出明确结论还是由受众自己做出结论；二是单面论证还是双面论证，即只是宣传商品的优点还是既说优点也说不足；三是表达顺序，即沟通信息中把重要的论点放在开头还是结尾的问题。

3. 信息形式

信息形式的选择对信息的传播效果具有至关重要的作用。如在印刷广告中，传播者必须决定标题、文案、插图和色彩，以及信息的版面位置；通过广播媒体传达的信息，传播者要充分考虑音质、音色和语调；通过电视媒体传达的信息，传播者除要考虑广播媒体的因素外，还必须考虑仪表、服装、手势、发型等肢体语言因素；若信息经过产品及包装传达，则特别要注意包装的质地、气味、色彩和大小等因素。

4. 信息来源

由谁来传播信息对信息的传播效果具有重要影响。如果信息传播者本身是接受者信赖甚至崇拜的对象，受众就容易对信息产生注意和信赖。比如玩具公司请儿童教育专家推荐玩具，高露洁公司请牙科医生推荐牙膏，长岭冰箱厂请中科院院士推荐冰箱等，都是比较好的选择。

（四）选择信息沟通渠道

信息沟通渠道通常分为两类：人员沟通与非人员沟通。

1. 人员沟通渠道

人员沟通渠道是指涉及两个或更多的人的相互间的直接沟通。人员沟通可以是当面交流，也可以通过电话、信件甚至 QQ 网络聊天等方式进行。这是一种双向沟通，能立即得到对方的反馈，并能够与沟通对象进行情感渗透，因此效率较高。在产品昂贵、风险较大或不常购买及产品具有显著的社会地位标志时，人员的影响尤为重要。

人员沟通渠道可进一步分为倡导者渠道、专家渠道和社会渠道。倡导者渠道由企业的销售人员在目标市场上寻找顾客；专家渠道通过有一定专业知识和技能的人员的意见和行为影响目标顾客；社会渠道通过邻居、同事、朋友等影响目标顾客，从而形成一种口碑。在广告竞争日益激烈、广告的促销效果呈下降趋势的情况下，口碑营销成为企业越来越重视的一种促销方式。

2. 非人员沟通渠道

非人员沟通渠道指不经人员接触和交流而进行的一种信息沟通方式，是一种单向沟通方式。包括大众传播媒体、气氛和事件等。大众传播媒体面对广大的受众，传播范围广；气氛指设计良好的环境因素制造氛围，如商品陈列、POP广告、营业场所的布置等，促使消费者产生购买欲望并导致购买行动；事件指为了吸引受众注意而制造或利用的具有一定新闻价值的活动，如新闻发布会、展销会等。

（五）制定促销预算

促销预算是企业面临的最难做的营销决策之一。行业之间、企业之间的促销预算差别相当大。在化妆品行业，促销费用可能达到销售额的20%～30%，甚至30%～50%，而在机械制造行业中仅为10%～20%。

企业制定促销预算的方法有许多，常用的主要有以下几种：

（1）量力支出法。这是一种量力而行的预算方法，即企业以本身的支付能力为基础确定促销活动的费用。这种方法简单易行，但忽略了促销与销售量的因果关系，而且企业每年财力不一，从而促销预算也经常波动。

（2）销售额百分比法。即依照销售额的一定百分比来制定促销预算。如企业今年实现销售额100万元，如果将今年销售额的10%作为明年的促销费用，则明年的促销费用就为10万元。

（3）竞争对等法。主要根据竞争者的促销费用来确定企业自身的促销预算。

（4）目标任务法。企业首先确定促销目标，然后确定达到目标所要完成的任务，最后估算完成这些任务所需的费用，这种预算方法即为目标任务法。

（六）确定促销组合

企业在确定了促销总费用后，面临的重要问题就是如何将促销费用合理地分配于四种促销方式。四种促销方式各有优势和不足，既可以相互替代，更可以相互促进，相互补充。所以，许多企业都综合运用这四种方式达到既定目标。这使企业的促销活动更具有生动性和艺术性，当然也增加了企业设计营销组合的难度。企业在四种方式的选择上各有侧重。比如同是消费品企业，可口可乐主要依靠广告促销，而安利则主要通过人员推销。

四、整合营销传播

整合营销传播（integrated marketing communications，IMC）理论的先驱唐·舒尔茨（Don Shultz）认为，整合营销传播是针对顾客及其他受众而制定、实施、评估品牌传播计划的商业过程。在整合营销传播概念的指导下，公司会慎重整合和协调它的各种促销方式，来传递公司及其产品的清晰、一致、令人信服的信息。

相对于传统的促销策略而言，整合营销传播更强调交易互动性、传播分众性和效果可控性。

1. 交易互动性

传统的促销是单方面的：卖方拥有信息的优势，为使消费者了解对卖方有利的信息，卖方需要进行沟通。但现在，市场从以前的生产者主权市场转变为消费者主权市场。相对而言，消费者掌握了更多的对企业有价值的信息，这就要求企业不仅要向消费者传递有关自己产品和企业的信息，还要尽可能地获得消费者的有关信息。这一转变落实在企业的促销行为上，就要求企业不仅将促销看做是一个单方面的信息传递，更希望通过了解消费者的反应来获得对市场的更充分的认识。而消费者在促销中也就不再是被动的信息接受者，也可以根据自己的偏好来选择企业传递过来的信息，从而使当前的促销更强调卖方和买方之间的互动。

2. 传播分众性

大多数传统促销的信息沟通是通过大众传媒进行的，由于媒体传播的广泛性，使得促销不可避免地会出现与企业目标市场相比过于分散以致浪费的倾向。整合营销传播更强调分众。分众是与大众相对的一个概念，指的是在大众消费者中按一定的细分标准进行的人群划分。企业所选择的分众是与其目标市场相符的。在分众的要求下，企业促销会选择一些能够实现有效与分众沟通的媒体或形式，如有线电视、直邮广告、电话促销、网络广告等，有些分众促销甚至达到了定制促销即一对一促销的地步。

3. 效果可控性

传统促销的一个主要问题是促销的效果较难把握，尤其是广告，因为企业往往无法确切地知道有多少人接收到了自己所发布的广告信息和反馈情况。现在，技术的发展为促销克服这一问题提供了条件，也使得整合营销传播越来越强调效果的可测量性。例如，发布网络广告，就要及时统计每条广告被多少用户点击过，以及这些用户浏览这些广告的时间分布、地理分布情况等。广告主可以实时评估广告效果，进而审定其广告策略的合理性并进行相应调整，以及根据广告的有效访问量进行评估，并按效果付费。

因此，整合营销传播与传统促销中"以产品为中心"相比，更强调"以客户为中心"，它强调和客户多渠道沟通，建立起品牌关系。与传统营销4Ps（产品、价格、渠道、促销）相比，整合营销传播理论强调的是4C（顾客、成本、便利和沟通）。

延伸阅读

"光棍节"促销莫热过了头

被称为"光棍节"的"双十一"快到了，各路电商掀起促销大战，浓烈硝烟弥漫到实体店。据媒体昨日报道，8日下午，武汉光谷一家商场就推出"你脱光我免单"的营销活动，只穿内衣在店内购物的顾客可当场穿走一套价值不超过千元的衣服。现场排队参加该活动的有100余人，最终有100人获得免单。有人觉得新鲜，也有人觉得低俗。

其实，类似的"脱光免单"活动，几年前就在其他城市上演过，谈不上有什么新意。其之所以吸引人眼球，无非就是借用网络流行的"脱光"二字，敢于挑战人们的文明底线。就如下跪，本身没有什么技术含量，但因绝大多数人有人格尊严和羞耻之心，不肯轻易屈膝，因此街头偶尔有下跪者，就能引人围观。只是，以如此毫无创意、无技术含量而又有损公众良俗的营销手段来吸引人眼球、哗众取宠，实际上调戏了顾客的人格。或许商家自以为高明，实则折射出自己心态的浮躁、想象力的贫乏和社会责任感的缺失，确不可取。

当然，也有稍具新意的营销点子。据媒体报道，8日下午，在长沙天马学生公寓，有几名快递员按照《西游记》电视剧里师徒四人的打扮，或扛金箍棒，或骑白马，或挑担子，一路卖萌送快递包裹，连路边交警都被逗笑了。这一由电商策划的"双十一"活动，倒是让人想起快递员这一新兴职业的流行与电商生意的火爆，比起简单低俗的"脱光"炒作来，在形式和内容上都高了几个档次。

不过，这事仍让人有些疑惑：若说促销，一年365天，天天可做，为何线上、线下偏偏一股脑地瞄准了"光棍节"？尤其是电商，跟物流息息相关，大伙儿集中在短短几天内进行价格"血拼"，势必引诱大量的消费需求在短时间内爆发，大大增加物流压力和快递员的工作量，使其不堪重荷。据《北京青年报》前不久报道，北京快递员虽然月薪可上万元，却是个不折不扣的辛苦活，常常争分夺秒。碰到"双十一"，更会积压大量包裹无法及时送达，去年网购高峰期，还曾有快递员累死的个案发生。可以说，网络的"光棍节"购物狂欢，是建立在物流与快递员的"过劳"基础之上的，其背后隐藏有不人性、不文明的另一面，应该降点温了。

有业内专家分析，目前国内电商基本都是坚持高低价的促销策略，尤其是在"双十一"促销季中。所谓高低价促销，就是对于消费者敏感的商品的价格，比竞争对手更便宜，而其他商品则不然。另外，一些商家将几款性价比不同、价格不同的商品摆在一起，消费者买到的可能是价格更低的商品，但并非性价比最高的，由此零售商可赚取更多利润。面对这样的促销，消费者能否真得实惠，还须看自己的判断力与运气。与"脱光免单"的营销一样，商家的吸睛意图显然大于所谓的"让利"。

一个人暴饮暴食，虽能获一时口腹快感，但终究伤害身体；同理，商家短短几天内集体展开"秒杀"、"免单"之类的购物狂欢，虽能一时博得顾客如云，人气暴涨，却未必是健康、稳定的经营之道。近年来，国内电商"双十一"促销活动期限不断延长，由几年前的一天扩展到现在的半个来月，分流客源，这是不断成熟的标志。但跟黄金周出游一般，还需更多商家选择"错峰营销"和"天天平价"的营销策略，形成多渠道、多样化的竞争模式。而作为消费者，对于"双十一"促销，我们也应睁大双眼多点理性，不要在狂欢中忘了消费的本来目的。

（资料来源：袁云才."光棍节"促销莫热过了头.长沙新闻网.http://news.changsha.cn/h/7469/20141110/1964594.html.）

第二节 人员推销策略

一、人员推销的定义、特点和基本形式

（一）人员推销的定义

根据美国市场营销协会的定义，人员推销（personal selling）是指企业通过派出销售人员与一个或一个以上的潜在消费者通过交谈、作口头陈述的方式推销商品，促进和扩大销售的活动。推销主体、推销客体和推销对象构成推销活动的三个基本要素。商品的推销过程，就是推销员运用各种推销术，说服推销对象接受推销客体的过程。

（二）人员推销的特点

相对于其他促销形式，人员推销具有以下特点：

（1）注重人际关系，与顾客进行长期的情感交流。情感的交流与培养，必然使顾客产生惠顾动机，从而与企业建立稳定的购销关系。

（2）具有较强的灵活性。推销员可以根据各类顾客的特殊需求，设计有针对性的推销策略，容易诱发顾客的购买欲望，促成购买。

（3）具有较强的选择性。推销员在对顾客调查的基础上，可以直接针对潜在顾客进行推销，从而提高推销效果。

（4）及时促成购买。推销员在推销产品和劳务时，可以及时观察潜在顾客对产品和劳务的态度，并及时予以反馈，从而迎合潜在消费者的需要，及时促成购买。

（5）营销功能的多样性。推销员在推销商品过程中，承担着寻找客户、传递信息、销售产品、提供服务、收集信息、分配货源等多重功能，这是其他促销手段所没有的。

（三）人员推销的基本形式

（1）上门推销。上门推销是最常见的人员推销形式。它是由推销人员携带产品样品、说明书和订单等走访顾客，推销产品。这种推销形式可以针对顾客的需要提供有效的服务，方便顾客，故为顾客广泛认可和接受。

（2）柜台推销。又称门市，是指企业在适当地点设置固定门市，由营业员接待进入门市的顾客，推销产品。门市的营业员是广义的推销员。柜台推销与上门推销正好相反，它是等客上门式的推销方式。由于门市里的产品种类齐全，能满足顾客多方面的购买要求，为顾客提供较多的购买方便，并且可以保证产品完好无损，故顾客比较

乐于接受这种方式。

（3）会议推销。会议推销是指利用各种会议向与会人员宣传和介绍产品，进行推销活动。譬如，在订货会、交易会、展览会等会议上推销产品。这种推销形式接触面广、推销集中，可以同时向多个推销对象推销产品，成交额较大，推销效果较好。

二、人员推销的对象、步骤和任务

（一）人员推销的对象

（1）向消费者推销。这是指直接针对消费者的人员推销，这类推销在零售推销中所占比重虽然不大，却是推销力量中的一个重要部分，有其特殊的优点和作用。

（2）向生产者推销。这是指推销员向其他生产厂家推销产品，工业品生产厂家的推销员把本企业的产品作为生产资料，将其他生产厂家作为推销对象。

（3）向中间商推销。这是指推销员将中间商作为推销对象，把产品推销给批发商和零售商。

（二）人员推销的步骤

人员推销的基本步骤包括：

（1）推销准备阶段。为了保证推销任务的顺利完成，推销人员在开始工作之前，要进行充分的准备，具体内容包括掌握基本情况、设计推销路线、订立谈判原则、了解顾客特点、制定洽谈要点。

（2）推销实施阶段。这是推销人员的实质性工作阶段。推销人员从事推销面谈时往往要经过四个阶段，相应的也就有四种对策：

①吸引消费者的注意力。吸引消费者注意并使之产生良好的反应是全部推销活动顺利开展的前提。要引起注意，推销人员要处理好四个问题：首先，说好第一句话。其次，要用肯定的语气说话。再次，要抓住消费者关心的问题。最后，要拿出新招。

②诱导消费者的购买兴趣。诱导消费者兴趣的最好办法是做示范。通过面对面的示范表演，让消费者耳闻目睹，或让消费者自己进行试验，直接体会产品的性能、特点。如果产品不便携带，可通过间接示范办法，如出示鉴定书等，以激发其购买兴趣。

③激发购买欲望。消费者的购买兴趣来自企业的产品和对产品的宣传介绍。如果产品介绍能与消费者的需要相联系，就会激发购买欲望，形成购买动机。

④促成购买行为。促成购买行为的方法主要有：一是优点汇集法，即把消费者感兴趣的商品优点与从中可得到的利益汇集起来，在推销结束前，将其集中再现，促成其购买；二是假定法，即假定消费者已经购买，然后询问其所关心的问题，或谈及其使用商品的计划，以此促进购买；三是优惠法，即利用消费者追求实惠的心理，通过提供优惠条件，促使其立即购买；四是保证法，即通过售后服务保证，如包修、包换、定期检查等，克服消费者购买的心理障碍，促成购买行为的实现。

（3）跟踪服务阶段。这是指推销人员为已购买商品的消费者提供各种售后服务。

这是人员推销的最后环节，也是新的推销工作的起点。跟踪服务能加深消费者对企业和产品的信赖，促使重复购买，同时可获得各种反馈信息，为企业决策提供依据。

（三）人员推销的任务

人员推销的任务主要有以下几个方面：

（1）沟通。与现实的和潜在的顾客保持联系，及时将企业的产品及其他相关信息介绍给顾客，同时了解他们的需求，沟通产销信息，成为企业与顾客联系的桥梁。

（2）开拓。除了熟悉现有顾客的需求动向，还要尽力寻找新的目标市场，发现潜在顾客。寻求机会，探寻市场，创造需求，积聚更多的顾客资源，这是企业市场开拓的基础。

（3）销售。通过与顾客的直接接触，运用推销的艺术和技巧，达成交易。这是推销人员努力的最终成果，把企业的产品销售出去，实现企业的销售目标。

（4）服务。开展售前、售中、售后服务。代表企业向顾客提供其他服务，如业务咨询、技术性协助等服务。

三、人员推销的策略与技巧

（一）人员推销的策略

（1）试探性策略，亦称刺激—反应策略。就是在不了解客户需要的情况下，事先准备好要说的话，对客户进行试探。同时密切注意对方的反应，然后根据反应进行说明或宣传。

（2）针对性策略，亦称配合—成交策略。这种策略的特点，是事先基本了解客户的某些方面的需要，然后有针对性地进行说服，当讲到点子上引起客户共鸣时，就有可能促成交易。

（3）诱导性策略，也称诱发—满足策略。这是一种创造性推销，即首先设法引起客户需要，再说明所推销的这种服务或产品能较好地满足这种需要。这种策略要求推销人员有较高的推销技术，在"不知不觉"中成交。

（二）人员推销的技巧

1. 上门推销的技巧

（1）找好上门对象。可以通过商业性资料手册或公共广告媒体寻找重要线索，也可以到商场、门市部等商业网点寻找客户名称、地址、电话。

（2）做好上门推销前的准备工作，尤其对公司发展状况和产品、服务的内容材料要十分熟悉、充分了解并牢记，以便推销时有问必答；同时对客户的基本情况和要求应有一定的了解。

（3）要选好上门时间，以免吃"闭门羹"，可以采用电话、传真、电子邮件等手段事先交谈或传送文字资料给对方并预约面谈的时间、地点，也可以采用请熟人引见、名片开道、与对方有关人员交朋友等策略，赢得客户的欢迎。

（4）把握适当的成交时机。应善于体察顾客的情绪，在给客户留下好感和信任时，抓住时机发起"进攻"，争取签约成交。

2. 洽谈的技巧

首先注意自己的仪表和服饰打扮，给客户一个良好的印象；同时，言行举止要讲文明、懂礼貌、有修养，做到稳重而不呆板、活泼而不轻浮、谦逊而不自卑、直率而不鲁莽、敏捷而不冒失。

在开始洽谈时，推销人员应巧妙地把谈话转入正题，做到自然、轻松、适时。可采取以关心、赞誉、请教、炫耀、探讨等方式入题，顺利地提出洽谈的内容，以引起客户的注意和兴趣。在洽谈过程中，推销人员应谦虚谨言，注意让客户多说话，认真倾听，表示关注与兴趣，并做出积极的反应。遇到障碍时，要细心分析，耐心说服，排除疑虑，争取推销成功。在交谈中，语言要客观、全面，既要说明优点所在，也要如实反映缺点，切忌高谈阔论、"王婆卖瓜"，让客户反感或不信任。洽谈成功后，推销人员切忌匆忙离去，这样做，会让对方误以为上当受骗了，从而使客户反悔违约。应该用友好的态度和巧妙的方法祝贺客户做了笔好生意，并指导对方注意合约中的重要细节和其他一些注意事项。

3. 排除障碍的技巧

（1）排除客户异议障碍。若发现客户欲言又止，应主动少说话，直截了当地请对方充分发表意见，以自由问答的方式真诚地与客户交换意见。对于一时难以纠正的偏见，可将话题转移。对恶意的反对意见，可以"装聋扮哑"。

（2）排除价格障碍。当客户认为价格偏高时，应充分介绍和展示产品、服务的特色和价值，使客户感到"一分钱一分货"；对低价的看法，应介绍定价低的原因，让客户感到物美价廉。

（3）排除习惯势力障碍。实事求是地介绍客户不熟悉的产品或服务，并将其与他们已熟悉的产品或服务相比较，让客户乐于接受新的消费观念。

四、人员推销的管理

（一）推销人员的素质

（1）态度热忱，勇于进取。推销人员是企业的代表，有为企业推销产品的职责；同时又是顾客的顾问，有为顾客的购买活动当好参谋的义务。企业促销和顾客购买都离不开推销人员。因此，推销人员要具有高度的责任心和使命感，热爱本职工作，不辞辛苦，任劳任怨，敢于探索，积极进取，耐心服务，同顾客建立友谊，这样才能使推销工作获得成功。

（2）求知欲强，知识广博。广博的知识是推销人员做好推销工作的前提条件。较高素质的推销员必须有较强的上进心和求知欲，乐于学习各种知识。一般说来，推销员应具备的知识有以下几个方面：一是企业知识。要熟悉企业的历史及现状，包括本企业的规模及在同行业中的地位、企业的经营特点、经营方针、服务项目、定价方法、交货方式、付款条件和保管方法等，还要了解企业的发展方向。二是产品知识。要熟悉产品的性能、用途、价格、使用知识、保养方法以及竞争者的产品情况等。三是市场知识。要了解目标市场的供求状况及竞争者的有关情况，熟悉目标市场的环境，包括国家的有关政策、条例等。四是心理学知识。了解并运用心理学知识，来研究顾客心理变化和要求，以便采取相应的方法和技巧。

（3）文明礼貌，善于表达。在人员推销活动中，推销人员推销产品的同时也是在推销自己。这就要求推销人员要注意推销礼仪，讲究文明礼貌，仪表端庄，热情待人，举止适度，谦恭有礼，谈吐文雅，口齿伶俐，在说明主题的前提下，语言要诙谐、幽默，给顾客留下良好的印象，为推销获得成功创造条件。

（4）富于应变，技巧娴熟。市场环境因素多样且复杂，市场状况很不平稳。为实现促销目标，推销人员必须对各种变化反应灵敏，并有娴熟的推销技巧，能对变化万千的市场环境采用恰当的推销技巧。推销人员要能准确地了解顾客的有关情况，能为顾客着想，尽可能地解答顾客的疑难问题。并能恰当地选定推销对象；要善于说服顾客（对不同的顾客采取不同的技巧）；要善于选择适当的洽谈时机，掌握良好的成交机会，并善于把握易被他人忽视或不易发现的推销机会。

（二）推销人员的甄选与培训

1. 推销人员的甄选

甄选推销人员，不仅要对未从事推销工作的人员进行甄选，使其中品德端正、作风正派、工作责任心强、能胜任推销工作的人员走入推销人员的行列，还要对在岗的推销人员进行甄选，淘汰那些不适合推销工作的推销人员。

甄选推销人员的基本标准主要有以下四种：一是感召力，即善于从顾客角度考虑问题，并使顾客接受自己；二是自信力，让顾客感到自己的购买决策是正确的；三是挑战力，即具有视各种疑义、拒绝或障碍为挑战的心理；四是自我驱动力，即具有完成销售任务的强烈愿望。

甄选推销人员的途径有两种：一是从企业内部选拔，就是把本企业内德才兼备、热爱并适合推销工作的人选拔到推销部门工作；二是从企业外部招聘，即企业从大专院校的应届毕业生、其他企业或单位等群体中物色合格人选。

无论哪种来源途径，都应经过严格的考核，择优录用。甄选推销人员有多种方法，为准确地选出优秀的推销人才，应根据推销人员素质的要求，采用申报、笔试和面试相结合的方法。由报名者自己填写申请，借此掌握报名者的性别、年龄、受教育程度及工作经历等基本情况；通过笔试和面试可了解报名者的仪表风度、工作态度、知识广度和深度、语言表达能力、理解能力、分析能力、应变能力等。

2. 推销人员的培训

对当选的推销人员，还需经过培训才能上岗，使他们学习和掌握有关知识与技能。同时，每隔一段时间还要对在岗推销人员进行培训，使其了解企业的新产品、新的经营计划和新的市场营销策略，进一步提高素质。

培训推销人员的方法很多，常用的方法有三种：一是讲授培训。这是一种课堂教学培训方法。一般是通过举办短期培训班或进修等形式，由专家、教授和有丰富推销经验的优秀推销员来讲授基础理论和专业知识，介绍推销方法和技巧。二是模拟培训。它是受训人员亲自参与的有一定真实感的培训方法。具体做法是，由受训人员扮演推销人员向由专家教授或有经验的优秀推销员扮演的顾客进行推销，或由受训人员分析推销实例等。三是实践培训。实际上，这是一种岗位练兵。当选的推销人员直接上岗，与有经验的推销人员建立师徒关系，通过传、帮、带，使受训人员逐渐熟悉业务，成为合格的推销人员。

培训的内容，一般来说主要包括三部分：一是销售人员的心理素质和潜能培训。由于销售人员通常面对的是拒绝与挫折，因此，通过培训使销售人员永远充满自信和保持积极进取的心态显得尤为重要。二是基础知识方面的培训。通常包括企业知识、产品知识、市场知识、财务知识和政策法规知识等内容。能够将产品的特性迅速转化成客户的利益需求点，这是专业销售人员所必须具备的。三是专业销售技巧的培训。销售是一门专业的科学，主要包括有：销售前的准备技巧（了解推销区域、找出准客户、做好销售计划等）；接近客户的技巧（电话拜访客户、直接拜访客户、邮件拜访等）；进入销售主题的技巧；市场调查的技巧；询问与倾听的技巧；产品展示和说明的技巧；处理客户异议的技巧；如何撰写建议书的技巧以及最后如何达成交易的技巧等。

（三）推销人员的考核

1.推销人员绩效考核标准

推销人员绩效考核指标主要有以下两类：

（1）基于成果的考核。衡量工作结果的定量指标，能把个人和组织的目标有机结合起来，依据每个人所作的贡献来评价其绩效。具体指标主要有以下几个：

①销售计划完成率。指实际销售额或销售量占计划销售额或销售量的百分比。

②销售毛利率。指毛利占销售收入的百分比，也简称为毛利率，其中毛利是销售收入与销售成本的差额。

③销售费用率。指销售费用与营业收入的比率。它体现了企业为取得单位收入所花费的单位销售费用，或者销售费用占据了营业收入的多大比例。

④货款回收率。指本期回收的货款与本期应收货款的比率。

⑤客户访问率。指实际访问客户的数量或实际访问客户的次数与计划访问客户的数量或计划访问客户的次数的比率。

⑥访问成功率。指访问成功的个数和所有被访者个数的比率。

⑦顾客投诉次数。指考核期内顾客因为对企业产品质量或服务上的不满意，而提出的书面或口头上的异议、抗议、索赔和要求解决问题等行为的次数。

⑧培育新客户数量。指考核期内新培育、新开发的客户数量。

（2）基于行为的考核。衡量行为、表现与素质的岗位定性指标，与工作结果同样重要。

销售人员行为考核标准，具体指标主要有：

①执行遵守本单位各项工作制度、考勤制度、保密制度和其他公司规定的行为表现。

②履行本部门工作的行为表现。

③完成工作任务的行为表现。

④遵守国家法律法规、社会公德的行为表现。

⑤其他。

2. 推销人员考评的方法

一般来说主要有以下几种：

（1）横向比较法。把各个推销人员的销售业绩进行排队比较。这种比较方法只有在各地区市场潜量、工作量、竞争激烈程度、企业推销努力等没有差别或差别不大的情况下才有意义。当前的销售量并不是衡量推销员成就大小的唯一标准，管理部门应予以重视的是每个推销人员目前所创的纯利有多少。这就需要检查每位推销人员所出售的产品的销售收入和销售费用。更重要的是要考核顾客对推销人员服务的满意程度。

（2）纵向比较法。将推销人员现在的销售业绩与其过去的业绩进行比较。这种方法应能直接表明推销人员工作进展的程度。

（3）品质评价法。推销人员品质评价法的具体内容通常包括推销员对企业、产品、顾客、竞争者、销售区域职责的了解程度。推销员的个性特征如举止、仪表、言谈和气质等也可予以评价。销售管理部门还可对任何有关推销人员工作动机与依从上级的情况加以评价。销售经理还应查核推销人员是否熟悉和遵守有关法规。企业应把上述各方面的评价标准公之于众，使推销人员知道企业对他们的工作是如何评价的，从而努力改进自己的工作。

（4）对照表法。企业销售组织在对推销人员的实际销售能力、计划能力、洽谈成交能力等逐项进行考评时，要尽可能地做到公正客观，但在实际操作中还是有一定困难的。因为这些项目都是抽象的并且带有一定的主观性，要想客观地考评实在是有困难的。对这一问题美国营销专家普洛波斯特想出了一个解决办法即核评推销人员的计划能力。企业可以先制定几项表现计划能力的项目，然后要被考核的人对这些项目一一作是与否的回答，这样就可以得到比较具体、客观的考评结果。例如，在考核推销人员的计划能力时可以按照下列各项来考核：制定计划时是否时常参照过去的数据，制定计划时是否时常引进统计方法，制定计划时是否会把文字整理、分成条列式，制定计划时是否使用图表制定计量的目标，制定计划时是否把实现的手段加以详细分析。这种将推销人员的计划能力分成若干因素而让被考核人作是或否的回答的方法被称为普洛波斯特法。

（5）考评尺度法。考评尺度法是一种将各个业绩考评项目都给予具体衡量的尺度，管理人员依据平时对推销人员工作状况的观察对各考评项目一一打分，然后逐项汇总起来，所得总分就是该推销人员业绩考评的结果。

（6）多项目综合考评法。这是一种既简单又便于操作的考评推销人员业绩的方法。把被考核人员的考核因素分成工作的实绩、能力、服务态度等几大类，评语则不论好坏都分散在各大类中，在看过所有的评语后，认为某一评语下得很适当就在这项评语上打个具体分数。分数在这张表上也可以不表示出来，每个项目都散布着与分数无关的评语，所以考核人只有先看完全文，否则无法确定最适当的评语。多项目综合考评法可将推销人员业绩考评中人为的错误与偏差降低到最小程度。企业还可以对各考核因素分配不同的权重，依据加权分数汇总来决定推销人员业绩的名次。

3.推销人员考评资料收集的途径

一般来说主要有以下几种：

（1）推销人员的销售工作报告。包括销售活动计划和销售绩效报告两部分。

①销售活动计划。作为指导推销人员推销活动的日程安排，它可展示推销人员的区域推销计划和日常工作计划的科学性、合理性。

②销售绩效报告。反映了推销人员的工作实绩，据此了解销售情况、费用开支情况、业务流失情况、新业务拓展情况等许多推销绩效。

（2）企业销售记录。包括顾客记录、区域销售记录、销售费用支出的时间和数额等信息，是考评推销业绩的宝贵基础资料。

（3）顾客及社会公众的评价。通过对顾客投诉和顾客调查结果的分析，可以透视出不同的推销人员在完成工作时，其言行对企业整体形象的影响。

（4）企业内部员工的意见。指推销经理和其他非销售部门有关人员的意见及销售人员之间的意见，通过这些资料可以了解，有关推销人员的合作态度和领导才干等方面的信息。

（四）推销人员的奖励

奖励推销人员的方式主要有单纯薪金制、单纯佣金制和混合奖励制三种。

1.单纯薪金制

单纯薪金制亦称固定薪金制，是指在一定时间内，无论推销人员的销售业绩是多少，推销人员获得固定数额报酬的形式。具体说来就是"职务工资＋岗位工资＋工龄工资"。

2.单纯佣金制

单纯佣金制是指与一定期间的销售业绩直接相关的报酬形式，即按销售基准的一定比率获得佣金。单纯佣金制的具体形式又有单一佣金和多重佣金（累退制和累进制）、直接佣金和预提佣金之分。

3.混合奖励制

混合奖励制兼顾激励性和安全性的特点。当然，混合奖励制有效的关键在于薪金、佣金和分红的比率。一般来说，混合奖励中的薪金部分应大到足以吸引有潜力的推销人员；同时，佣金和分红部分足以大到刺激他们努力工作。混合奖励的常用形式有：

薪金＋佣金；薪金＋分红奖励；佣金＋分红奖励；薪金＋佣金＋分红奖励；薪金＋佣金＋分红奖励＋期权。

除了上述三种奖励形式以外，还有特别奖励，就是在正常奖励之外所给予的额外奖励，包括经济奖励和非经济奖励。非经济奖励包括给予荣誉、表扬记功、颁发奖章等。特别奖励的具体形式有业绩特别奖、销售竞赛奖等。

延伸阅读

高端卖场导购有何不一样？

贵阳市中心的娃娃国儿童百货，是一个两层楼的综合性百货商店，也是一个高端卖场。而这个卖场的对面，就是一个大型的批发市场，在价格上，批发市场更灵活更有优势，这对娃娃国卖场的定位就有了更明确的要求——既然是"高端"，那么从产品到服务都要一致"高端"，真真切切地服务好高端消费者，不容得些许疏忽。

詹木兰是能力多奶粉在娃娃国的导购，进入这个卖场已有8年，消费者都亲切地称她詹姐。最初得知自己将担当娃娃国卖场导购时，詹姐就感觉到一种荣誉和责任感。"这是我们公司的一个主力卖场，消费水平也高，所以对产品知识的理解和沟通技巧方面的要求也高，客户经常会带着一些尖锐的问题过来。"詹姐说，"这些消费者过来购物，也很享受购物的过程，所以我们要让消费者感受到五星级的服务。"

对于消费者来说，在这样一个大型百货卖场中的品牌专柜，不仅仅是一个销售柜台的角色，还在一定程度上承担着售后功能，类似于旗舰店的概念。所以消费者经常会提出一些关于产品的问题，在他们眼里，这里的回复更能代表"官方"。

能力多在娃娃国开设之初就进入卖场，主打原装进口高品质奶粉的能力多品牌，与卖场定位契合，加上品质一直以来都得到消费者的高度认可，尤其是在2008年三聚氰胺事件之后，在消费者心目中的地位进一步巩固，其在娃娃国整个卖场的奶粉销售冠军位置从未被撼动。现在推出第四代配方奶粉，产品的优势，让詹姐对销售更有信心了。

在卖场方面，根据詹姐的描述，虽然面对批发市场这样的分流业态，但娃娃国的客流并没有受到影响。"我们的消费人群不一样，我们的消费模式比较规范，高端的产品都聚集在这里。并且来这里消费，就应该享受高端的服务。"

"比如跟客户打招呼的方式，离客户三米之内就要露出8颗牙齿的微笑。"这种硬性的要求将服务水平量化，对消费体验也是一种保证。除此之外，还有更多人性化的技巧。"节日期间，宝宝生日，都会发短信。我们卖场很全面，宝宝游乐场啊，以及很多活动啊，我都会邀请客户来参加。"要时时刻刻让消费者有更尊贵的体验。

此外，詹姐不赞同生搬硬套，看重实战演练，而且善于总结。"在公司要求做客户回访之前，我就开始总结回访客户的资料，新老客户的资料，分别记在几个本子上面。"能力多会员服务体系的完善，也促成詹姐与消费者之间更有效的沟通。

高端客户人群除了对产品品质的严苛要求外，对于品牌所提供的精准式服务更有旺盛需求。詹姐也将依托能力多会员服务体系，为高端会员订制多样化的菜单式服务，真正成为家长们的育儿管家。

（资料来源：唐亚男 . 高端卖场导购有何不一样？［J］销售与市场 .2015.01.）

第三节　广告策略

一、广告的含义和功能

（一）广告的含义

广告（advertising）是广告主以付费的方式，通过一定的媒体有计划地向公众传递有关商品、劳务和其他信息，借以影响受众的态度，进而诱发或说服其采取购买行动的一种大众传播活动。

从以上定义可以看出，广告主要具有以下特点：

（1）广告是一种有计划、有目的的活动。

（2）广告的主体是广告主，客体是消费者或用户。

（3）广告的内容是商品或劳务的有关信息。

（4）广告的手段是借助广告媒体直接或间接传递信息。

（5）广告的目的是促进产品销售或树立良好的企业形象。

（二）广告的功能

在当代社会，广告既是一种重要的促销手段，又是一种重要的文化现象。广告对企业、对消费者和社会都具有重要作用。

1. 广告对企业的功能

（1）传播信息，沟通产销。广告对企业的首要功能是沟通产销关系。

（2）降低成本，促进销售。从绝对成本的角度看，广告的成本是高的。但如果从相对成本的角度看，因为广告的大众化程度高，广告的成本又是比较低的。比如可口可乐，每年的巨额广告费平均分摊到每一个顾客身上只有 0.3 美分，但如果用人员推销成本则需 60 美元。据统计，在发达国家，投入一元广告费，可收回 20 ~ 30 元的收益。

（3）塑造形象。广告是塑造企业形象的重要手段。

2. 广告对消费者的功能

（1）指导消费。消费者获取商品信息的来源主要有四种，即商业来源、公共来源、人际来源和个人来源。广告即是消费者最重要的商业来源。可以说，在现代社会，面对琳琅满目的商品，如果离开了广告，消费者将无所适从。

（2）刺激需求。广告的一个重要功能就是刺激消费者的购买欲望，促使消费者对商品产生强烈的购买冲动。广告刺激的需求包括初级需求（primary need）和选择性需求（selective need）。所谓初级需求，是指通过广告宣传，促使消费者产生对某类商品的需求，如对电脑、汽车等的需求；选择性需求是指通过广告宣传，促使消费者产生对特定品牌的商品的需求，如联想电脑、红旗汽车等，引导消费者认牌购买。

（3）培养消费观念。广告引导着消费潮流，促使消费者树立科学的消费观念。

3. 广告对社会的功能

（1）美化环境，丰富生活。路牌广告、POP广告、霓虹灯广告等，美化了城市形象，使都市的夜晚变得星光灿烂，绚丽多姿。因此，广告被称为现代城市的脸。优美的广告歌曲、绚丽的广告画面、精彩的广告词，无不给人以艺术的享受。

（2）影响意识形态，改变道德观念。据调查，一个美国人从出生到18岁在电视中看到广告的时间达1800多个小时，相当于一个短期大学所用的学时。所以，广告对社会的价值观念、文化传承都具有非常重要的影响。

二、广告促销方案的制定

对于广告在促销中的作用尽管存在争论，尽管中国的企业家对做不做广告表现得非常无奈，发出"不做广告是等死，做广告是找死"的感叹。但在市场上，中国企业对广告却始终情有独钟。这从中央电视台每年黄金时段的广告招标金额节节攀升中可见一斑。

显然，现代市场早已走出了"酒好不怕巷子深"的时代，当代企业所要考虑的并不是要不要做广告的问题，而是如何做出精品广告，从而赢得消费者对广告的信任的问题，这需要企业进行科学的广告决策。

企业的广告决策，一般包括五个重要的步骤，简称"5M"。

（一）确定广告目标

广告目标（mission）是企业通过广告活动要达到的目的，其实质就是要在特定的时间对特定的目标受众完成特定内容的信息传播，并获得目标受众的预期反应。

企业的广告目标取决于企业的整个营销目标。由于企业营销任务的多样性和复杂性，企业的广告目标也是多元化的。美国市场营销专家罗希尔·科利在《确定广告目标、衡量广告效果》一书中曾列举了52种不同的广告目标。

根据产品生命周期不同阶段中广告的作用和目标的不同，一般可以把广告的目标大致分为告知、劝说和提示三大类：

1. 告知性广告

告知性广告（information advertising）主要用于向市场推销新产品，介绍产品的新用途和新功能，宣传产品的价格变动，推广企业新增的服务，以及新企业开张等。告知性广告的主要目标是为了促使消费者产生初始需求。

2. 劝说性广告

在产品进入成长期、市场竞争比较激烈的时候，消费者的需求是选择性需求。此时企业广告的主要目标是促使消费者对本企业的产品产生偏好。具体包括，劝说顾客购买自己的产品，鼓励竞争对手的顾客转向自己，改变消费者对产品属性的认识，以及使顾客有心理准备乐于接受人员推销等。劝说性广告（persuasive advertising）一般通过现身说法、权威证明、比较等手法说服消费者。

3. 提示性广告

提示性广告（reminder advertising）是在产品的成熟期和衰退期使用的主要广告形式，其目的是提示顾客购买。比如提醒消费者购买本产品的地点，提醒人们在淡季时不要忘记该产品，提醒人们在面对众多新产品时不要忘了继续购买本产品等。

（二）制定广告预算

广告目标确定后，企业必须确定广告预算。广告预算是否合理对企业是一个至关重要的问题。预算太少，广告目标不能实现；预算太多，又造成浪费，有时甚至决定企业的命运。中央电视台曾经的标王如秦池、爱多的命运对此作了很好的注解。

确定广告预算的方法，主要有四种，即量力支出法、销售额百分比法、目标任务法和竞争对等法。

企业在确定广告预算时必须充分考虑以下因素：

（1）产品生命周期。产品在投放期和成长期前期的广告预算一般较高，在成熟期和衰退期的广告预算一般较低。

（2）市场占有率的高低。市场占有率越高，广告预算的绝对额越高，但人均广告费用却比较低；反之，市场占有率越低的产品，广告预算的绝对额也较低，但人均广告费并不低。

（3）竞争的激烈程度。广告预算的多少与竞争激烈程度的强弱成正比。

（4）广告频率的高低。广告频率的高低与广告预算的多少成正比。

（5）产品的差异性。高度同质性的产品，消费者不管购买哪家企业生产的都一样，广告的效果不明显，广告预算低；高度差异性的产品，因为具有一定的垄断性，不做广告也会取得较好的销售效果。而具有一定的差异性但这种差异又不足以达到垄断地位的产品，因为市场竞争激烈，广告预算反而应该比较多。

（三）确定广告信息

广告的效果并不主要取决于企业投入的广告经费，关键在于广告的主题和创意。广告主题决定广告表现的内容，广告创意决定广告表现的形式和风格。只有广告内容迎合目标受众的需求，广告表现具有独特性，广告才能引人注意，并给目标受众带来美好的联想，从而促进销售。

广告的信息决策一般包括三个步骤：

1. 确定广告的主题

广告主题是广告所要表达的中心思想。广告主题应当显示产品的主要优点和用途以吸引消费者。对于同一类商品，可以从不同角度提炼不同的广告主题，以满足不同消费者的需要和同一消费者的不同需要。

广告信息的产生，可以通过对顾客、中间商、有关专家甚至竞争对手的调查获得创意。西方的营销专家认为消费者购买商品时期望着从中获得四种不同的利益：理性的、感性的、社会的和自我实现的。产品使用者从用后效果的感受、使用中的感受和附加效用的感受等三种途径中实现这些满足。将上述四种利益和三种途径结合起来，就产生了 12 种不同的广告信息，从每一种广告信息中可以获得一个广告主题。在企业广告活动中，常用的广告主题主要有：快乐、方便、传统、健康、3B（宠物、小孩和美女）等。根据国外广告专家的调查结果，广告的主题主要有食欲、健康、快乐、名望、安全、经济等 44 种。

2. 广告信息的评估与选择

一个好的广告总是集中于一个中心的促销主题，而不必涉及太多的产品信息。"农夫山泉有点甜"，就以异常简洁的信息在受众中留下深刻的印象。如果广告信息过多过杂，消费者往往不知所云。

广告信息的载体就是广告文案。对广告文案的评价标准有许多，但一般要符合三点要求：

（1）具有吸引力。即广告信息首先要使人感兴趣，引人入胜。

（2）具有独特性。即广告信息要与众不同，独具特色，而不要人云亦云。

（3）具有可靠性。广告信息必须从实际出发，实事求是，而不要以偏概全，夸大其词，甚至无中生有。只有全面客观的广告传播，才能增加广告的可信度，才能持久地建立企业和产品的信誉。

3. 信息的表达

广告信息的效果不仅取决于"说什么"，更在于"怎么说"，即广告信息的表达。广告表现的手段包括语言手段和非语言手段。

语言在广告中的作用是其他任何手段所不及的，因为语言可以准确、精炼、完整、扼要地传达广告信息。如铁达时手表的"不在乎天长地久，只在乎曾经拥有"、统一润滑油的"多一份润滑，少一份摩擦"、中国移动通信公司的"我的地盘听我的"等，既简明扼要，又琅琅上口，都取得了意想不到的效果。

非语言手段就是语言以外的、可以传递信息的一切手段，主要包括构图、色彩、音响、体语等。

进行广告表现，要做到图文并茂，善于根据不同产品的不同广告定位，把语言手段和非语言手段有机地结合起来。

任何一个广告信息都可以用不同的表现风格加以表现。例如，生活片段，表现人们在日常生活中正在满意地使用某产品；生活方式，借助广告形象强调产品如何适应人们的某种生活方式；音乐，包括背景音乐和广告歌曲；幻想，针对本产品或其用途，设计出一种幻想意境；气氛，为产品制造可以引起某种联想的氛围，给人以暗示；人格化，创造一个人物或拟人化的形象来代表或象征某产品；专门技术，表现企业在生产某产品过程中的技术和专长；科学证据，借助于科学研究成果或调查证明，表现产品的优越之处；旁证，由值得信赖的权威人士推荐或普通用户的现身说法，以证明产品的功能和用途。

（四）选择广告媒体

广告表现的结果就是广告作品。广告作品只有通过恰当的广告媒体投放才能实现广告传播的目标。

广播、电视、报纸和杂志是传统的四大大众传播媒体，互联网被称为第五大大众媒体。除大众传播媒体以外，还有招牌、墙体等户外媒体，车身、车站等交通媒体，信函、传单等直接媒体等众多种类。

广告媒体的选择，主要依据下列因素进行：

1. 广告产品的特征

一般生产资料适合选择专业性的报纸、杂志、产品说明书；而生活资料则适合选择生动形象、感染力强的电视媒体和印刷精美的彩色杂志等媒体。

2. 目标市场的特征

（1）目标市场的范围。全国性市场适合选择全国性媒体，如中央电视台、经济日报等；区域性市场适合选择地区性媒体，如广州日报、广州电视台等。

（2）目标市场的地理区域。农村市场需要选择适合农民的媒体，如《南方农村报》等；城市市场则适合选择都市类媒体，如《南方都市报》等。

（3）目标市场的媒体习惯。每种媒体都有自己独特的定位，每类消费者也都有自己的媒体习惯。所以，媒体选择要有针对性。如针对中产阶级的广告，适合选择《新快报》等时尚类媒体。

3. 广告目标

以扩大市场销售额为目的的广告应选择时效性快、表现力强、针对性强的媒体；树立形象的广告则适合选择覆盖面广、有效期长的媒体。

4. 广告信息的特征

情感诉求的广告适合选择广播、电视等媒体；理性诉求的广告适合选择报纸、杂志等印刷类媒体。

5. 竞争对手的媒体使用情况

一般情况下，应尽可能避免与竞争对手选择同一种媒体，特别是同种媒体的同一时段或同一版面。如果中国移动和中国联通的广告登在同一种报纸的同一版面上，或者在电视的同一时段投放，效果就可能大打折扣。

6. 广告媒体的特征

各类广告媒体都有各自的广告适应性，如电视的优势是生动形象，时效性强，多手段传播，但不易保存，费用高；报纸价格便宜，易保存，但不生动等。选择广告媒体一定要对各类媒体的广告属性进行充分的把握。

7. 国家广告法规

广告法规关于广告媒体的规定是选择广告媒体的重要依据。

（五）评估广告效果

广告的效果主要体现在三方面，即广告的传播效果、广告的促销效果和广告的社会效果。广告的传播效果是前提和基础，广告的促销效果是广告效果的核心和关键，企业的广告活动也不能忽视对社会风气和价值观念的影响。

1. 广告传播效果的评估

传播效果的评估主要评估广告是否将信息有效地传递给目标受众。这种评估传播前和传播后都应进行。传播前，既可采用专家意见综合法，由专家对广告作品进行评定；也可以采用消费者评判法，聘请消费者对广告作品从吸引力、易读性、好感度、认知力、感染力和号召力等方面进行评分。传播后，可再邀请一些目标消费者，向他们了解对广告的阅读率或视听率，对广告的回忆状况等。

2. 广告促销效果的评估

促销效果是广告的核心效果。广告的促销效果，主要测定广告所引起的产品销售额及利润的变化状况。测定广告的促销效果，一般可以采用比较的方法。在其他影响销售的因素一定的情况下，比较广告后和广告前销售额的变化；或者其他条件基本相同的甲和乙两个地区，在甲地做广告而在乙地不做广告，然后比较销售额的差别，以此判断广告的促销效果等。

3. 广告社会效果的评估

社会效果的评估主要评定广告的合法性以及广告对社会文化和价值观念的影响。一般可以通过专家意见法和消费者评判法进行。

三、广告促销策略

（一）广告促销策略的含义

广告促销策略是在一般营销策略的基础上，利用各种推销手段，在广告中突出消费者能在购买的商品之外得到其他利益，从而促进销售的广告方法和手段。

（二）广告促销策略的运用和类型

广告既要告知消费者购买商品所能得到的好处，又要给予消费者更多的附加利益，以激发消费者对商品的兴趣，在短时间内收到即效性广告的效果，从而推动商品销售。

广告促销策略主要包括馈赠型、直接型、示范型和集中型。

1. 馈赠型广告促销策略

大致可分为赠券广告、赠品广告、免费试用广告三种。

（1）赠券广告。利用报刊向顾客赠送购物券。报刊登载商店赠券，赠券周围印有虚线，读者沿虚线将赠券剪下即可持券到商店购物。赠券广告的作用可概括为三个方面：薄利多销；提高商店和品牌知名度；赠券吸引顾客到商店来，从而带动其他商品的销售。

（2）赠品广告。将富有创新意识，与促销商品相关的广告小礼品，选择时机在较大范围内，赠送给消费者，从而引起轰动效应，促进商品销售。

（3）免费试用广告。将商品免费提供给消费者让其在公众场合试用，以促进商品宣传。

2. 直接型广告促销策略

大致可分为上门促销广告和邮递广告两种。

（1）上门促销广告。促销人员不在大众媒体或商店做广告，而是把商品直接送到消费者门口，当面向消费者作产品宣传，并给消费者一定的附加利益的促销方法。这种促销广告能及时回答消费者的问题，解除消费者的疑虑，直接推销产品。

（2）邮递广告。促销人员在促销期间将印有"××商品折价优惠"或"请君试用"等字样，并备有图案和价目表之类的印刷品广告，通过邮局直接寄到消费者家中或工作单位的促销方法。为了减少邮递促销广告的盲目性，企业平时要做经常性的资料收集工作，掌握消费者的姓名、地址和偏好，双方保持一定形式的联系，提高消费者对企业的信任感。

3. 示范型广告促销策略

大致可分为名人示范广告和现场表演示范广告两种。

（1）名人示范广告。让社会名人替商品做广告。例如，上海蓓英时装店有一天挂出两条特大号牛仔裤，打出"欢迎试穿，合身者本店免费奉赠以作纪念"的广告词，消息传出，观者如潮。当天下午两位巨人光顾，试穿结果恰好合身，老板欣然奉赠。这两位巨人并非别人，乃是我国篮坛名将穆铁柱和郑海霞。这个精心设计的名人示范广告，产生了轰动效应。

（2）现场表演示范广告。选择特定时间和地点，结合人们的生活习惯，突出商品的时尚功效，在公开场合示范表演。

4. 集中型广告促销策略

利用大型庆典活动、赞助公益事业、展销会、订货会、文娱活动等人群集中的场合进行广告宣传，就是集中型广告促销，其广告形式多种多样。

第四节　销售促进策略

一、销售促进的概念与特点

（一）销售促进的概念

销售促进（sales promotion），又称营业推广。这是指企业运用各种短期诱因鼓励消费者和中间商购买、经销（或代理）企业产品或服务的促销活动。销售促进也是构成促销组合的一个重要促销形式。由于市场竞争的激烈程度加剧、消费者对交易中的实惠的日益重视、广告媒体费用上升、企业经常面临短期销售压力等原因，销售促进受到企业越来越多的青睐。

（二）销售促进的特点

概括起来，销售促进有如下特点：

1. 销售促进的短期促销效果显著

在开展销售促进活动时，可选用的方式多种多样。一般来说，只要能选择合适的销售促进方式，就会很快地收到明显的增销效果，而不像广告和公共关系那样需要一个较长的时期才能见效。因此，销售促进适合于在一定时期内、一定任务下的短期性的促销活动中使用。

2. 销售促进是一种辅助性促销方式

人员推销、广告和公共关系都是常规性的促销方式，而多数销售促进方式则是非经常性的。正因为销售促进有贬低产品或品牌之意，使得它只能是一种辅助促销方式、补充方式。也就是说，使用销售促进方式开展促销活动，虽能在短期内取得明显的效果，但它一般不能经常使用，也不宜单独使用，常常配合其他促销方式使用。销售促进方式的运用能使与其配合的促销方式更好地发挥作用。

3. 销售促进具有两个互相矛盾的特征

一方面是强烈的呈现，似乎告诉顾客"机会难得、时不再来"，进而能打破消费者需求动机的衰变和购买行为的惰性。另一方面是产品或品牌贬低，销售促进的一些做法常使顾客认为卖者急于抛售，如果频繁使用或使用不当，顾客会怀疑产品的质量、价格，进而折损品牌形象。

二、销售促进的实施

企业进行销售促进活动，应重点做好以下工作：

（一）确定推广目标

企业在进行销售促进活动之前，必须确定明确的推广目标。推广目标因不同的推广对象而不同。对消费者来说，推广目标主要是促使他们更多地购买和消费产品，吸引消费者试用产品，吸引竞争品牌的消费者等。对中间商而言，推广目标主要是吸引中间商经销本企业的产品，进一步调动中间商经销产品的积极性，巩固中间商对本企业的忠诚度等。对推销员来说，推广目标就是激发推销员的推销热情，激励其寻找更多的潜在顾客。

（二）选择恰当的销售促进方式

1. 塑造适宜的商业氛围

商业氛围对于激发消费者的购买欲望具有极其重要的作用。因此，商店布局必须精心构思，使其具有一种适合目标消费者的氛围，从而使消费者乐于购买。

（1）营业场所设计。在当代，消费者购物的过程越来越成为一种休闲的过程。人们在忙碌之余逛逛商场，享受五光十色的商品所形成的色彩斑斓的世界，可以使疲惫的身心得到松弛和愉悦。因此，购物环境的好坏已经成为消费者是否光顾的重要条件。

优美的购物环境体现在视觉、听觉、嗅觉等多方面。当我们走进一家大型购物中心，富有特色的店堂布置，宽广宜人的购物空间，井井有条的商品陈列，轻松悦耳的音乐，总使我们流连忘返。一位女士这样描绘她心中的购物环境：空气像大自然一样清新，环境像五星级酒店一样优雅，购物像海边散步一样轻松……

（2）商品陈列设计。商品陈列既可以将商品的外观、性能、特征等信息迅速地传递给顾客，又能起到改善店容店貌、美化购物环境、刺激购买欲望的作用。

商品陈列设计要达到以下要求：

①引起顾客的注意和兴趣。

②具有亲和力。一般来说，所有商品应允许顾客自由接触、选择和观看。

③具有美感。独特的造型和色彩搭配容易给人以赏心悦目之感，从而激发顾客的购买欲望。

④传达的信息简单、明确，使顾客容易理解。

⑤丰富。丰富的陈列可以制造气势，也可以增加顾客的挑选余地。

商品陈列可以采用以下一些方法：

①便利型陈列。例如，少儿用品的陈列高度要控制在 1 ~ 1.4 米之内，以便少儿发现和拿取；而老人用品则不能放得太低，因为老人下蹲比较困难。

②集客型陈列。如百事可乐的售点展示往往以大型的产品堆头为主，各种各样的POP，还摆放譬如百事流行鞋、陆地滑板、个性腕表、背包等时尚用品，整个售点显

得时尚、个性，吸引消费者光顾其售点。

③档次提升型陈列。如服装厂商们巧妙地运用陈列背景、装修氛围、灯光的颜色与照射方向等展示手段，衬托出服装的档次来，使得顾客一见就心生喜爱。

④凸显卖点型陈列。这是一种为了强调产品独特卖点的售点展示方法，如宝洁公司的海飞丝洗发水在夏季促销中为了在其原有"去屑"的卖点上加以"清凉"的概念，在终端展示的方法上采用了用冰桶盛放海飞丝的方式，非常直观地给消费者"去屑又清凉"的感觉。

⑤热点比附型陈列。运用这种策略可以拉近品牌与热点事件的关系。如非典流行时期，许多书店将与防治非典有关的书籍进行集中陈列，并放在比较显要的位置。

2. 选择恰当的销售促进工具

企业可以根据市场类型、销售促进目标、竞争情况、国家政策以及各种推广工具的特点灵活选择推广工具。

（1）生产商对消费者的推广形式。如果企业以抵制竞争者的促销为推广目的，企业可设计一组降价的产品组合，以取得快速的防御性反应；如果企业的产品具有较强的竞争优势，企业促销的目的在于吸引消费者率先采用，则可以向消费者赠送样品或免费试用样品。

（2）零售商对消费者的推广形式。零售商促销的目的是吸引更多的顾客光临和购买。因此，促销工具的选择必须能够给顾客带来实惠。实惠就是吸引力。在推广中，零售商经常采用商品陈列和现场表演、折价券、特价包装、抽奖、游戏等推广形式。

（3）生产商对中间商的推广形式。生产商为了得到批发商和零售商的合作与支持，主要运用购买折扣、广告折让、商品陈列折让和经销奖励等方式进行推广。

（4）生产商对推销员的推广形式。生产商为了调动推销员的积极性，经常运用销售竞赛、销售红利、奖品等工具对推销员进行直接刺激。

3. 制定合理的销售促进方案

一个完整的销售促进方案必须包括以下内容：

（1）诱因的大小。即确定使企业成本/效益最佳的诱因规模。诱因规模太大，企业的促销成本就高；诱因规模太小，对消费者又缺少足够的吸引力。因此，营销人员必须认真考察销售和成本增加的相对比率，确定最合理的诱因规模。

（2）促销对象的范围。企业需要对促销对象的条件做出明确规定，比如赠送礼品，是赠送给每一个购买者还是只赠送给购买量达到一定要求的顾客等。

（3）促销媒体选择。即决定如何将促销方案告诉给促销对象。如果企业将要举行一次赠送礼品的推广活动的话，可以采用以下方式进行宣传：一是印制宣传单在街上派送；二是将宣传单放置在销售终端供顾客取阅；三是在报纸等大众媒体上做广告；四是邮寄给目标顾客等等。

（4）促销时机的选择。企业可以灵活地选择节假日、重大活动和事件等时机进行促销活动。

（5）确定推广期限。推广期限要恰当，不可太短或太长。根据西方营销专家的研究，比较理想的推广期限是 3 个星期左右。

（6）确定促销预算。一般有两种方式确定预算：一种是全面分析法。即营销者对各个推广方式进行选择，然后估算它们的总费用。一种是总促销预算百分比法。这种比例经常按经验确定，如奶粉的推广预算占总预算的 30% 左右，咖啡的推广预算占总预算的 40% 左右等。

4. 测试销售促进方案

为了保证推广的效果，企业在正式实施推广方案之前，必须对推广方案进行测试。测试的内容主要是推广诱因对消费者的效力、所选用的工具是否恰当、媒体选择是否恰当、顾客反应是否足够等。发现不恰当的部分，要及时进行调整。

5. 执行和控制销售促进方案

企业必须制定具体的实施方案。实施方案中应明确规定准备时间和实施时间。准备时间是指推出方案之前所需的时间，实施时间是从推广活动开始到 95% 的推广商品已到达消费者手中这一段时间。

6. 评估销售促进的效果

销售促进的效果体现了销售促进的目的。企业必须高度重视对推广效果的评价。评价推广效果，一般可以采用比较法（比较推广前后销售额的变动情况）、顾客调查法和实验法等方法进行。

延伸阅读

优衣库的陈列密语

优衣库是最为懂得扬长避短的品牌，毫不时尚的款式也被其成功塑造成了"快时尚"的代表。这其中店铺陈列的秘诀就能让国内品牌好好研究一番。

1. 入口陈列：扬长推爆款

先来看优衣库有什么优点。

优衣库的定位是平价时尚品牌，"平价"是其在快时尚品牌中最为突出的优势。在消费者端，优衣库有两种方法来塑造其平价的形象。

第一种是经常性地优惠促销，不仅在年节，平时优衣库也会推出各种"限时特优"来清理库存促进销售，同时不断强化平价定位。

第二种是提高商品性价比，通过面料、做工等消费者看得见的质量提升，隐性地降低消费者对其价格的敏感度，以达成平价印象。而无论是哪种情况，都需要配合一段时间的集中展示才能让消费者更充分地感知，换个方式讲，也就是我们常说的推"爆款"。

对于推爆款，入口位置是当之无愧的最重要部分，优衣库通常采用两种手段来进行：模特和展柜。

在优衣库的大型独立门店，通常会有一个模特矩阵。一群男女模特会身着主推款式，被放置在进门处。在模特附近，会有专门的展柜来进行爆款的展示。为了和优衣库的商品类型匹配，展柜上的爆款展示也并非通常服装品牌的一款一种颜色，而是会将所有颜色所有尺码都展示出来，顾客几乎不用走进店内就能先挑到适合自己的主推款。

而在比较小的商场门店，模特和展柜则被叠加到一起。模特通常被安放到展柜之上，站在高处非常显眼。如果主推商品不止一种，那么除了展柜上的商品外，展柜周围还会放置几个货架，把比较次要的商品在附近展示出来，以充分利用入口处的空间。

2. 全局陈列：避短遮货少

优衣库也有缺点。

常去优衣库的人都知道，优衣库每季的新品款式其实都不多。比如冬季大衣，可能只有两三款，卫衣只有一两款，在品类上和 ZARA、H&M 等根本没法比。这也和国产品牌的情形比较类似。那么优衣库是如何避免店内商品看起来过少的情况呢？

没错，这就是仓储式售卖的功劳——将所有尺码、颜色的商品全部摆放出来，给顾客一种商品非常丰富的感觉。

其实还有一点很容易被人忽略，那就是优衣库的卖场中货架很多，而且也很高。

这些货架通常都高过顾客不少，一方面当然是配合了仓储售卖的陈列系统，让顾客能轻松地自选尺码；另一方面，也遮挡了顾客的视线，不致直接穿透整个商店，不会一下子就发现款式较少的缺点。

3. 特殊陈列：突出功能优势

不得不提优衣库对功能型服饰的特殊陈列。

实用也是优衣库的卖点之一，功能型商品是其重点主打。对于这部分商品，优衣库会采用许多特殊陈列来放大其功能特点。

首先，功能型商品会集中布局，例如具有发热等功能的商品会被集中在一个货架上展示，而不分上装下装。除正反两个大面积展示区块外，货架的侧面也会安排展示帽子等饰品。顾客不必走远就可轻松选择全套发热产品。尽管缩短了购物路线，但对于功能型商品来说，顾客的选择很有目的性，缩短时间其实更贴心。

同时，门店还会安排配套的 POP 文案来提升功能感知。

（资料来源：张大伟. 优衣库的陈列密语［J］. 销售与市场.2015.01.）

第五节　公共关系策略

一、公共关系的概念和特征

（一）公共关系的定义

从营销的角度讲，公共关系（public relations）是企业利用各种传播手段，沟通内外部关系，塑造良好形象，为企业的生存和发展创造良好环境的经营管理艺术。

（二）公共关系的要素

公共关系的构成要素分别是社会组织、传播和公众，它们分别作为公共关系的主体、中介和客体相互依存。

社会组织是公共关系的主体，它是指执行一定社会职能、实现特定的社会目标，构成一个独立单位的社会群体。在营销中，公共关系的主体就是企业。

公众是公共关系的客体。公众是面临相同问题并对组织的生存和发展有着现实或潜在利益关系和影响力的个体、群体和社会组织的总和。企业在经营和管理中必须注意处理好与员工、顾客、媒体、社区、政府等各类公众的关系，为自己创造良好和谐的内外部环境。

社会组织与公众之间需要传播和沟通。传播是社会组织利用各种媒体，将信息或观点有计划地对公众进行交流的沟通过程。社会组织开展公关活动的过程实际上就是传播沟通过程。

（三）公共关系的特征

作为一种促销手段，公共关系与前述其他手段相比，具有自己的特点：

1. 注重长期效应

企业通过公关活动树立良好的社会形象，从而创造良好的社会环境。这是一个长期的过程。良好的企业形象也能为企业的经营和发展带来长期的促进效应。

2. 注重双向沟通

在公关活动中，企业一方面要把本身的信息向公众进行传播和解释，同时也要把公众的信息向企业进行传播和解释，使企业和公众在双向传播中形成和谐的关系。

3. 可信度较高

相对而言，大多数人认为公关报道比较客观，比企业的广告更加可信。

4.具有戏剧性

经过特别策划的公关事件，容易成为公众关注的焦点，可使企业和产品戏剧化，引人入胜。

二、公共关系的实施

公共关系活动需要经历以下步骤：

（一）确定公关目标

进行公共关系活动要有明确的目标。目标的确定是公共关系活动取得良好效果的前提条件。企业的公关目标因企业面临的环境和任务的不同而不同。一般来说，企业的公关目标主要有以下几类：

（1）新产品、新技术开发之中，要让公众有足够的了解。

（2）开辟新市场之前，要在新市场所在地的公众中宣传组织的声誉。

（3）转产其他产品时，要树立组织新形象，使之与新产品相适应。

（4）参加社会公益活动，增加公众对组织的了解和好感。

（5）开展社区公关，与组织所在地的公众沟通。

（6）本组织的产品或服务在社会上造成不良影响后，进行公共关系活动以挽回影响。

（7）创造一个良好的消费环境，在公众中普及同本组织有关的产品或服务的消费方式，等等。

（二）确定公关对象

公关对象的选择就是公众的选择。公关的对象决定于公关目标，不同的公关目标决定了公关传播对象的侧重点的不同。如果公关目标是提高消费者对本企业的信任度，毫无疑问，公关活动应该重点根据消费者的权利和利益要求进行。如果企业与社区关系出现摩擦，公关活动就应该主要针对社区公众进行。选择公关对象要注意两点：一是侧重点是相对的。企业在针对某类对象进行公关活动时不能忽视了与其他公众沟通；二是在某些时候（如企业出现重大危机等），企业必须加强与各类公关对象的沟通，以赢得各方面的理解和支持。

（三）选择公关方式

公共关系的方式是公共关系工作的方法系统。在不同的公关状态和公关目标下，企业必须选择不同的公关模式，以便有效地实现公共关系目标。一般来说，供企业选择的公关方式主要有以下两类：

1.战略性公关方式

下列五种公关方式，主要针对企业面临的不同环境和公关的不同任务，从整体上影响企业形象，属于战略性公关。

（1）建设性公关。主要适用于企业初创时期或新产品、新服务首次推出之时，主要功能是扩大知名度，树立良好的第一印象。

（2）维系性公关。适用于企业稳定发展之际，用以巩固良好企业形象的公关模式。

（3）进攻性公关。企业与环境发生摩擦冲突时所采用的一种公关模式，主要特点是主动。

（4）防御性公关。企业为防止自身公共关系失调而采取的一种公关模式，适用于企业与外部环境出现了不协调或摩擦苗头的时候，主要特点是防御与引导相结合。

（5）矫正性公关。企业遇到风险时采用的一种公关模式，适用于企业公共关系严重失调，企业形象严重受损的时候，主要特点是及时。

2.策略性公关方式

下列五种公关方式，属于策略性公关。

（1）宣传性公关。运用大众传播媒介和内部沟通方式开展宣传工作，树立良好企业形象的公共关系模式，分为内部宣传和外部宣传。

（2）交际性公关。通过人际交往开展公共关系的模式，目的是通过人与人的直接接触，进行感情上的联络。其方式是开展团体交际和个人交往。

（3）服务性公关。以提供优质服务为主要手段的公共关系活动模式，目的是以实际行动获得社会公众的了解和好评。这种方式最显著的特征在于实际的行动。

（4）社会性公关。利用举办各种社会性、公益性、赞助性活动开展公关，带有战略性特点，着眼于整体形象和长远利益。其方式有三种：一是以企业本身为中心开展的活动，如周年纪念等；二是以赞助社会福利事业为中心开展的活动；三是资助大众传播媒介举办的各种活动。

（5）征询性公关。以提供信息服务为主的公关模式，如市场调查、咨询业务、设立监督电话等。

（四）实施公关方案

实施公共关系方案的过程，就是把公关方案确定的内容变为现实的过程，是企业利用各种方式与各类公众进行沟通的过程。实施公关方案是企业公关活动的关键环节。再好的公关方案，如果没有实施，都只能是镜花水月，没有任何价值。

实施公关方案，需要做好以下工作：

1.做好实施前的准备

任何公共关系活动实施之前，都要做好充分的准备，这是保证公共关系实施成功的关键。公关准备工作主要包括公关实施人员的培训、公关实施的资源配备等方面。

2.消除沟通障碍，提高沟通的有效性

公关实施过程中可能会遇到由于语言、风俗习惯、观念和信仰的差异以及传播时机不当、组织机构臃肿等多方面因素形成的沟通障碍和突发事件的干扰。消除不良影响因素，是提高沟通效果的重要条件。

3.加强公关实施的控制

企业的公关实施如果缺乏有效的控制，就会产生偏差，从而影响到公关目标的实

现。公关实施中的控制主要包括对人力、物力、财力、时机、进程、质量、阶段性目标以及突发事件等方面的控制。公关实施中的控制一般包括制定控制标准、衡量实际绩效、将实际绩效与既定标准进行比较和采取纠偏措施四个环节。

（五）评估公关效果

公共关系评估，就是根据特定的标准，对公共关系计划、实施及效果进行衡量、检查、评价和估计，以判断其成效。需要说明的是，公共关系评估并不是在公关实施后才评估公关效果，而是贯穿于整个公关活动之中。

公共关系评估的内容包括：

1. 公共关系程序的评估

即对公共关系的调研过程、公关计划的制定过程和公关实施过程的合理性与效益性做出客观的评价。

2. 专项公共关系活动的评估

主要包括对企业日常公共关系活动效果的评估、企业单项公共关系活动（如联谊活动、庆典活动等）效果的评估、企业年度公共关系活动效果的评估等方面。

3. 公共关系状态的评估

企业的公共关系状态包括舆论状态和关系状态两个方面。企业需要从企业内部和企业外部两个角度对企业的舆论状态和关系状态两个方面进行评估。

延伸阅读

从"福喜门"看危机公关

2014年7月20日，记者通过暗访，曝光麦当劳、肯德基等公司的全球合作伙伴上海福喜公司，将大量过期半个月的鸡皮、鸡胸肉等原料，碾碎再加工；而将发绿、发臭的冷冻小牛排过期一年再加工。其工作人员甚至调侃："也吃不死人！"据悉，这些过期鸡肉原料被优先安排在中国使用。

福喜的食品安全门事件曝光之后，福喜集团的全球官网上"确保我们生产的产品达到或超过标准，无论是在芝加哥还是在上海制造"的口号，显得尤为刺目。一直以来，福喜集团很"牛"，不仅是因为规模大、历史久、设备好，更牛的是它通过了HACCP、ISO、GMP，乃至LEED等众多国际性行业标准认证。戴着这些认证的帽子，福喜在全球公关与广告中，总是显得自信十足，即使是在此次"上海福喜事件"的危机公关中，福喜集团7月21日发表声明说："福喜集团管理层相信，本次事件是一起个体事件。"在中国有关方面尚未进行全面调查的情况下，"个体事件"的措辞更像是一种外交辞令；更讽刺的是，这种修饰也令全球官网上的信誉旦旦灰飞烟灭，看起来福喜集团正在撇清与上海福喜的关系。上海福喜实际上正被抛入孤境。同时，福喜还不忘在声明中继续做广告：福喜集团首席执行官24日称，集团在全世界的工厂都严格遵守着最高的质量标准，并为在河南省拥有世界顶尖设备的全新工厂感到骄傲，这体现了福喜集团充足的自信和对中国市场的高度承诺。这些依然"信誉旦旦"的承诺，可能还需要重新考究与论证。

作为福喜采购方的肯德基，是食品安全问题的重度患者。2012年冬天爆发的速生鸡事件和2013年春天紧接着发生的禽流感将肯德基销售拖入了前所未有的泥潭。2013年第一季度百胜中国门店销售下滑20%。2014年年初，百胜餐饮集团副董事长苏敬轼本人参与拍摄了《我承诺》的宣传片，在楼宇电视里循环播放。肯德基门店随后展开了多方面革新。这对肯德基品牌口碑的回归产生了一定的正面影响。可是，本次福喜过期食品的曝光又让这个中国快餐市场的老大再次陷入恐慌。肯德基对"福喜食品过期事件"做出了与麦当劳雷同的回应声明：

（1）高度重视。

（2）立即停用并封存上海福喜提供的原料。

（3）我们一直注重食品安全。

（4）成立调查组，展开调查。

（5）绝不姑息，零容忍。

而这则公关声明中既没有道歉，也没有真诚沟通，更没有权威证实，坐等调查的解决方式只能让品牌信誉越来越恶化。

福喜和肯德基的做法，再次印证了一个真理，指望"危机公关"充当"消防员"的想法是天真的。越来越多的消费者开始对危机公关嗤之以鼻，原因在于它只是暂时平息了某种危机，甚至是敷衍、搪塞的代名词。而一旦危机公关过分出色而后续行动跟不上时，反而会使消费者更加愤怒和不满。综观以往危机公关成功或失败的企业案例，无不是考验了企业在"知"、"行"、"言"之间能否和谐、一致。福喜和肯德基在"行"与"言"方面存在着偏差，而在"知"的方面，两者都存在着不足。所以必须将危机公关的概念上升为危机管理，甚至是问题管理。只有真正从意识上重视，行为上尽力，危机公关才是水到渠成的事，它要做的只是沟通，让公关归位吧，不要让公关"把所有问题都自己扛"。

（资料来源：赵强.从"福喜门"看危机公关［J］.销售与市场.2014.09.）

本章小结

促销组合就是企业根据产品的特点和营销目标，综合各种影响因素，对广告、人员推销、销售促进与公共关系等促销方式的选择、编配和运用。影响促销组合的因素包括促销目标、产品的性质与市场生命周期、市场条件和促销预算。整合营销传播是针对顾客及其他受众而制定、实施、评估品牌传播计划的商业过程。相对于传统的促销策略而言，整合营销传播更强调交易互动性、传播分众性和效果可控性。

人员推销是指企业通过派出销售人员与一个或一个以上的潜在消费者通过交谈、

作口头陈述的方式推销商品，促进和扩大销售的活动。包括上门推销、柜台推销和会议推销三种基本形式。人员推销的步骤有推销准备、实施和跟踪服务三个阶段。其主要任务有沟通、开拓、销售和服务。

广告是广告主以付费的方式，通过一定的媒体有计划地向公众传递有关商品、劳务和其他信息，借以影响受众的态度，进而诱发或说服其采取购买行动的一种大众传播活动。企业的广告决策，一般包括确定广告目标、制定广告预算、确定广告信息、选择广告媒体以及评估广告效果等五个重要的步骤。

销售促进是指企业运用各种短期诱因鼓励消费者和中间商购买、经销（或代理）企业产品或服务的促销活动。

公共关系是企业利用各种传播手段，沟通内外部关系，塑造良好形象，为企业的生存和发展创造良好环境的经营管理艺术。其具有注重长期效应、注重双向沟通、可信度较高和具有戏剧性等特征。

思考题

（1）何谓促销组合？促销组合应该考虑哪些因素？

（2）什么是人员推销？其特点是什么？

（3）什么是广告？其功能有哪些？

（4）什么是销售促进？其方案必须包括哪些内容？

（5）什么是公共关系？它有哪些基本特征？公共关系活动方式有哪几种？

（6）什么是整合营销传播？其与传统营销的区别主要是什么？

（7）你们班级中的哪位同学可能会成为一个优秀的销售人员？为什么？

（8）假设你作为营销协调负责人，为红牛功能饮料在市场上推出的一个新品牌的产品设计促销计划。你会选择使用什么促销工具？请给出解释。

案例讨论

在线旅游火拼双十一：包下一座岛屿搞促销

作为各大电商每年吸金狂欢节，双十一也必然是OTA（在线旅游代理商）不能放过的商机。为了争夺客户，15元游欧洲、1元酒店、1元景区门票层出不穷，而贴现、买断和分期付款等成为OTA们玩转低价双十一的方式。

1. 用5亿现金砸大促

在酒店促销中，专注在线酒店预订的艺龙为迎接双十一脱光月，整月备了1万多间1元酒店。用户可在11月1日到11月30日期间任一天的11点，登录艺龙客户端抢购1元酒店。此外，艺龙还于10月底给移动客户端用户发放最少金额为30元的红包，用于双十一当天抢购。

同程旅游提供的双十一促销更多地集中在休闲游市场上，同程旅游所有的产品都是在 11 月 11 日当天预订，主要提供 500 家 1 元景点门票、200 家半价景点门票。

携程则联合全国 800 多家旅行社，在跟团游和自由行产品上，均推出了折扣秒杀活动和立减线路。总活动数达数百条，尤其是针对二三线城市的产品数和折扣力度都达到历年之最。秒杀价格基本在 5 折左右，比如海南三亚 5 日跟团游原价 1899 元，秒杀价 999 元；日本东京 5 日自由行原价 2951 元，秒杀价 1999 元；巴厘岛 6 日 4 晚自由行原价 4280 元，秒杀价 2999 元。优惠幅度最大的是"法国＋瑞士＋意大利 10 日跟团游"，原价 13999 元，秒杀价仅 15 元。

如此低价的 1 元酒店、15 元欧洲游究竟如何操作？

"其中的差价基本就是 OTA 自己贴钱，费用就当成是商家的促销成本支出。这个贴钱一定要，必须抓住双十一客源，因为你不争取，别家就会争取，届时客户黏性就是别家的了。"携程内部人士坦言。

而贴现的数字也是惊人的，记者在采访中了解到，为使促销活动效果最大化，此次艺龙双十一脱光月的总投入高达 5 亿元。而其他商家也不惜血本地砸钱火拼双十一。

2. 包下岛屿搞促销

比贴现促销更"凶猛"的当数买断模式。

刚更名的阿里巴巴旗下在线旅行平台"去啊"数据显示，众多旅行社、航空公司、旅行服务提供商正在为双十一"备战"，推出大量优惠机票和出国游产品，甚至有的旅行社还包下马尔代夫一个岛的酒店，静候中国游客。在"去啊"平台上，中青旅百变自由行旗舰店，为今年双十一的预订提前包下了马尔代夫吉哈德岛整个岛的酒店房间，从 11 月底一直持续到明年 5 月，备足产品来满足消费者的疯狂预订。欧洲游方面，同样是中青旅百变自由行旗舰店，包下了 1 月到 4 月国航自由行的全部机位。

"包机、包船或包岛屿说到底就是买断，这种模式优势是取得成本低，利润空间大，具有市场定价权，但因为是全部买断，因此万一销售不佳则存在一定风险。但在旺季或双十一这样的大商机面前，买断销售肯定有市场。"华美首席知识专家赵焕焱分析。

除了买断，预售和分期付款也成为 OTA 揽客的又一招。

"去啊"旅行平台今年双十一的主打产品 4999 和 5999 元美国游，已经在预售阶段售罄。卖家特别追加机位和酒店在双十一当天有少量推出。

"去啊"还在双十一推出分期购。美国、欧洲、马尔代夫、日本、韩国等全球的旅游产品均可使用分期的方式 0 首付购买，这是在线旅游行业首次大规模推出分期购产品，此前，一些银行曾推出过高端旅行产品的分期购服务，但对于在线旅游，大规模上线旅游产品分期购并不常见。

据了解，分期商品的首付均为 0 元，每期还款额度因所购商品价格和选择的分期月数而不同。比如多城出发到美国 / 加拿大自由行国际机票套餐产品，总价 4999 元，使用 0 首付 0 手续费 9 个月分期后，每个月还款 500 多元，去欧洲或马尔代夫，使用分期后每月还款千元左右，而韩国、新加坡、普吉岛等地区，则每月还款100～200元。

"不论是哪种方法，根本都是要揽客，尤其是抓住无线端客源，增加客户黏性。吝啬营销成本而不在双十一促销的话就等于将客源送给竞争对手。但价格战始终不是健康的方式，最终实力不够强的中小商家会不堪重负。"赵焕焱认为。

（资料来源：乐琰.在线旅游火拼双十一：包下一座岛屿搞促销.第一财经日报.http://www.yicai.com/news/2014/11/4038679.html.）

思考题：

（1）在线旅游在双十一促销时用了哪些方法？

（2）你如何看待促销中的价格战问题？

关键术语

促销（promotion）　　　　　　　　促销组合（promotion mix）

推式策略（push strategy）　　　　　拉式策略（pull strategy）

人员推销（personal selling）　　　　广告（advertising）

销售促进（sales promotion）　　　　公共关系（public relations）

整合营销传播（integrated marketing communications）

第十一章

竞争性营销战略

【本章学习目标】

（1）了解对竞争者分析的一般步骤。

（2）了解行业结构的几种类型及条件。

（3）掌握市场领先者战略。

（4）掌握市场挑战者战略。

（5）掌握市场追随者战略。

（6）掌握市场利基者战略。

微软与苹果的战争

　　微软与苹果都因为个人电脑的兴起而获得巨大成功，1975年世界上第一台个人计算机Altair横空出世，而在1976年由乔布斯和沃兹所共同创立的苹果公司就推出了Apple I，这是一款未被大量销售的试水产品。在1977年苹果获得了第一笔金额为92000美元的投资，推出的Apple II的销量高达数百万台，苹果后续还推出了Apple II的多个衍生型号。这是苹果公司真正意义上第一款畅销产品，Apple II成就了广义上的PC市场，开始有更多的厂商关注这一市场。苹果做出的努力迅速得到了回报，仅仅创立五年后公司就顺利上市，首日股票价格上涨近32%，公司市值为17.78亿美元。

　　微软最开始只是因为盖茨与他的高中同学开发了BASIC语言，这在PC销量快速增长的时代是不可或缺的，用户需要大量的软件来满足自己旺盛的需求，而事实上BASIC正是微软在初期的主要业务。在1980年苹果上市之际计算机巨头IBM进入PC市场，而在这之前苹果是这一市场的有力领导者，IBM认为自己应该表现得更有力来与苹果竞争，在这时候微软找到了IBM，为他们提供程序语言与操作系统，而微软的操作系统是花费5万美金从另一个开发者那里收购的，这就是之后为大家所熟知的Microsoft DOS操作系统。这次合作让微软的操作系统跟着IBM的PC产品走向世界，IBM在PC领域的巨大成功成就了微软，它成为PC操作系统事实标准的缔造者。

　　尽管苹果公司后续推出了Apple III、Lisa、Macintosh等多款产品，但是由于多种复杂原因都未获得彻底成功，在1985年乔布斯正式被苹果辞退。就在同年微软推出了新的Windows操作系统，这是当时继苹果之后的第二款拥有UI界面的系统，微软开始与除IBM之外越来越多的PC厂商合作，这些厂商包括惠普、戴尔、联想、宏碁、索尼等，此时，PC市场正式进入微软时代，除了Windows 3.X、Windows 95、Windows 98、Windows 2000、Windows XP、Windows 2008、Windows Vista、Windows 7这一系列功勋卓著的操作系统产品，微软还在企业办公、互动娱乐等多个领域占据了至关重要的位置，微软成为了世界上最大的软件公司，盖茨多次蝉联世界首富的宝座。

　　但是故事还没完，1996年财政并不算宽裕的苹果用4亿美元收购了NeXT，伴随着这家公司一起回归的还有乔布斯这位苹果的灵魂人物。乔布斯重掌苹果后发布了iBook、Mac mini、Mac OS X等一系列产品，这在当时并不算广义上的畅销产品，但至少让苹果公司走出了低迷阶段。真正的爆发是苹果在新千年（2000年）推出了一款数字音乐播放器iPod，它一举成为世界上最畅销的数字音乐播放器，配合苹果自己的iTunes音乐商店，这一产品的多个后续机型都获得了消费者的广泛欢迎，2007苹果宣布售出第一亿部iPod。

　　而更大的惊喜是苹果在2007年推出的手机iPhone，在这之前大家都对苹果手机嗤之以鼻，要知道苹果之前只是一个 PC 厂商，大不了还是一个制造 MP3 播放器的厂商。手机市场摩托罗拉、诺基亚、三星等传统厂商已经经营多年，很难让人相信苹果能在这一市场有太大的作为。但是苹果做到了，iPhone 现在已经成为全球追捧的数码 3C 新宠，每一次新产品发布都吸引了来自全球各地的目光。iPhone 的成功给苹果带来了大量周边产品，其中包括最成功的应用程序商店 AppStore，还包括现在最流行的平板电脑 iPad，它们都共同运行苹果专门为移动设备开发的 iOS 操作系统。产品广受欢迎让苹果重回世界顶端，在 2010 年 1 月 5 日苹果以 2220 亿美元市值超越了微软的 2190 亿美元。

但微软从来都不是一个可以被小看的对手，苹果推出了 iPod，微软推出了 Zune，这款数字播放器虽然未能成功，却给微软后续的移动产品留下了足够经验。索尼的 PS 游戏机广受欢迎，微软推出了 XBOX 成功占得一席之地，而 Kinect 体感装置更是获得众多消费者的喜爱。苹果的 iPhone 取得了巨大成功，微软也推出了自己的智能手机系统 Windows Phone 7，获得诺基亚倾力相助后至少可以三分天下。

（资料来源：微软与苹果的战争．http://www.williamlong.info/archives/ 2645.html.）

本章首先介绍了对竞争者分析的一般步骤，并根据营销者的地位对其类型进行划分；然后，分析了市场领导者、市场挑战者、市场追随者、市场利基者的特点和可以采取的市场竞争策略及条件；最后，对处在竞争中的企业提出了一个更重要的问题——保持盈利性的顾客关系。

第一节 竞争者分析

在市场的争夺战中，企业要想获得消费者的青睐和赢得市场，就要对竞争者进行分析，了解他们与自己相比有哪些特点，哪些优势和劣势，哪些是消费者所看中的，这样才能比竞争者更好地满足消费者的需求。一般来说，企业在对竞争者分析的时候需要经过如图 11-1 所示的步骤。

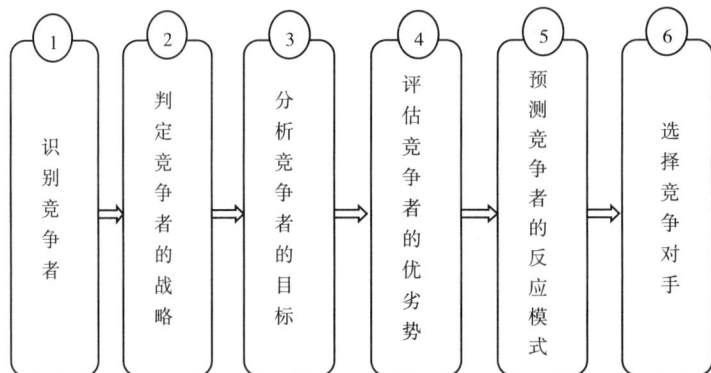

图 11-1 对竞争者分析的一般步骤

一、识别竞争者

1. 区分四种层次的竞争者

菲利普·科特勒根据产品替代观念将企业的竞争者分为四个层次：

（1）欲望竞争者，指满足消费者不同欲望的竞争者。

（2）类别竞争者，指以不同的产品类别满足消费者同一欲望的竞争者。

（3）行业竞争者，指行业内各种形式产品生产者的竞争。

（4）品牌竞争者，指与本公司有相同的顾客群，并且以相似的价格提供类似的产品和服务的竞争者。

这四个层次的竞争者中，与企业有最直接竞争的是品牌竞争者和行业竞争者。这两类竞争者都是同一个行业内部与企业产生竞争的竞争者。行业是一组提供一种或一类相类似的替代产品的公司。为此，我们需要了解一下行业结构类型。

2. 行业结构类型

根据行业内部的企业数量和产品的差异程度，可以将行业分为完全竞争市场、垄断竞争市场、寡头垄断市场和完全垄断市场四种，见表 11-1 所示。

表 11-1 行业结构类型

	1 个销售商	少数销售商	许多销售商
无差别产品	完全垄断	无差别寡头垄断	完全竞争
有差别产品		差别寡头垄断	垄断竞争

（1）完全竞争市场。指在一定地理范围内某一行业有许多卖主，且相互之间的产品或服务没有差别。这是一种竞争不受任何干扰和阻碍的市场结构。其必备条件为：

买主与卖主很多；产品同质；卖主进出行业自由，不存在任何限制；市场信息畅通。

（2）垄断竞争市场。指在一定地理范围内某一行业有许多卖主，且相互之间的产品或服务在质量、性能、款式和服务上有差别，顾客对某些品牌有特殊偏好，不同的卖主以产品的差异性吸引顾客展开竞争。这是一种竞争与垄断因素并存的市场结构。

其特征为：卖主很多；产品之间存在差别，导致了部分垄断的可能性；行业主要由众多中小企业组成，企业进出行业自由。

（3）寡头垄断市场。某一行业内有少数几家大公司提供产品，占据绝大部分市场。这种市场结构是一种竞争与垄断的混合物，在该市场上，几家大企业生产和销售了整个行业的极大部分产品。可分为两种形式：

①差别寡头垄断市场。这是由少数几家企业控制同一有差别产品的行业。例如，汽车、电脑、飞机等行业。

②无差别寡头垄断市场。这是由少数几家企业控制同一无差别产品的行业。例如，钢铁、铝、石油等行业。

（4）完全垄断市场。一定地理范围内某一行业只有一家公司提供产品或服务。完全垄断市场的假设条件有：市场上只有唯一一家企业生产和销售商品；该企业生产的商品没有任何接近的替代品；其他企业进入该行业都极为困难或不可能，所以垄断企业可以控制和操纵市场价格。

二、判定竞争者的战略

公司最直接的竞争者是那些处于同一行业采取同一战略群体的公司。因此企业通常需要对竞争者所属的战略群体做出判断，目的是要选择一个自己具有相对竞争优势的群体进入，并与群体内其他成员共同争夺同一市场。战略群体指在某特定行业内推行相同战略的一组公司。战略群体具有这样的特点：

（1）不同战略群体的进入与流动障碍不同。

（2）同一战略群体内的竞争最为激烈。

（3）不同战略群体之间存在现实或潜在的竞争。

当一个企业在进入一个行业前需要全面的分析这个行业内所存在的战略群体，可以从以下一些因素进行辨别：产品质量、纵向一体化、技术先进水平、地区范围、制造方法等。还有一些更详细的信息，包括：竞争者业务、营销、制造、研究与开发、财务和人力资源战略；产品质量，特色和组合；顾客服务；定价方针；分销覆盖面；销售员战略；广告和促销程序等。

三、分析竞争者的目标

在判定了主要的竞争者和他们的战略之后，还需要了解每个竞争者在市场上追求的目标是什么？每一个竞争者的行为推动力是什么？竞争者是否有进攻新的细分市场或开发新产品的意图？

竞争者战略目标不同，对竞争企业的行为敏感程度也就不同。例如有的企业以服务领先、质量领先为目标，其表现出来的营销行为一定不会参与价格战；有的企业以技术领先为目标，该企业就会不断地进行产品创新；有的企业以提高市场占有率为目标，该企业就经常会进行促销或者率先进行价格战。

通常认为所有竞争者都是最大限度地追求利润并相应地选择其行动，每一个竞争者并不是追求单一的目标，而是目标的组合。

四、评估竞争者的优劣势

每个竞争者的战略和目标能否达成，取决于其自身所具备的能力和资源能否与外部的环境相匹配。因此，需要对其优势和劣势进行分析评价。对于竞争者的优势和劣势的评价，可以分三步来进行：搜集信息、分析评价、定点赶超。

1. 搜集信息

收集每个竞争者最近在业务上的关键数据，包括：销量、市场份额、毛利、投资报酬率、现金流量、新投资、设备能力利用。信息的收集工作，可以通过向顾客、供应商和中间商进行第一手营销调研来增加对竞争者的了解，也可以通过二手资料、个人经历或传闻来了解有关竞争者的优势和劣势。

2. 分析评价

在对竞争对手的优势和劣势进行分析评价时，可以根据每个行业不同的特点选择若干关键因素进行评价。选择几家主要的竞争对手，请顾客对竞争对手在这些关键因素的表现方面进行打分，从而判断每个竞争对手的优势和劣势所在。如果竞争对手在某些方面的表现呈现明显弱势，那将可以作为企业进攻的关键点。

一般情况下，每个公司在分析其竞争者时，需要注意监控以下三个变量：

（1）市场份额。衡量竞争者在有关市场上所拥有的销售份额情况。

（2）心理份额。在回答"举出这个行业中你首先想到的一家公司"这一问题时，提名竞争者的顾客在全部顾客中所占的百分比。

（3）情感份额。在回答"举出你喜欢购买其产品的公司"这一问题时，提名竞争者的顾客在全部顾客中所占的百分比。

一般而言，在心理份额和情感份额方面稳步进取的公司最终将获得市场份额和利润。

3. 定点赶超

企业为了能改进其市场份额，就会针对最成功的竞争者开展定点赶超。定点赶超实际上就是针对竞争对手的优点，效仿并超越。具体步骤如下：

（1）确定定点赶超项目。

（2）确定衡量关键绩效的变量。

（3）确定最佳级别的竞争者。

（4）衡量最佳级别对手的绩效。

（5）衡量公司绩效。

（6）规定缩小差距的计划和行动。

（7）执行和检测结果。

五、预测竞争者的反应模式

在对市场竞争者的营销战略、营销目标和营销能力分析的基础上，可以进一步明确市场竞争者可能对营销活动中的种种问题做出什么样的反应。一般来说，竞争者面对市场竞争，会呈现如下类型：

（1）从容型竞争者。指对某些特定的攻击行为没有迅速反应或强烈反应。

（2）选择型竞争者。指只对某些类型的攻击做出反应，而对其他类型的攻击无动于衷。

（3）凶狠型竞争者。指对所有的攻击行为都做出迅速而强烈的反应。

（4）随机型竞争者。指对竞争攻击的反应具有随机性，有无反应和反应强弱无法根据其以往的情况加以预测。

通常，反应模式受到目标和优劣势的制约，受企业文化、企业价值观、营销观念等因素的影响。

六、选择竞争对手

1. 用客户价值分析竞争对手

在获取了详细的相关信息之后，企业需要确定适合自身的竞争战略，并选择在市场竞争之中，与哪些竞争对手抗衡，规避哪些竞争对手。具体的选择可以通过客户价值分析来进行。客户价值分析即目标顾客所要得到的利益和他们对企业和竞争对手所提供的产品的相对价值的认知。主要步骤如下：

（1）识别客户价值的主要属性。如客户需要获得产品的何种功能，需要企业有何种经营水平。

（2）用定量的方法评估不同属性和利益的重要性。让客户对所需求的不同属性按照其重要性进行排序。如果客户在属性重要性评价顺序上有分歧，则将其分为不同的细分市场。

（3）以各个属性的重要性为基础，对公司和竞争对手在不同顾客价值上的绩效进行评估。理想的状况是客户在排序重要的属性上对本企业的评价最高，在排序最不重要的属性上给公司的评价最低。

（4）考察一个具体细分市场中的顾客如何基于单个属性或利益评价本企业相对于

主要竞争对手的绩效。若本企业的产品在所有属性上都高于竞争对手，则企业可以适当制定较高的价格以获取更大利润，或者以相同的价格提高市场占有率。

（5）定期评估顾客价值。当外部环境发生变化时，客户的需求也会发生变化，因此，企业需要定期评估客户价值，确保企业常保优势地位。

2. 选择攻击的竞争对手

在选择竞争对手进行攻击的时候有以下一些分类：

（1）强竞争者与弱竞争者。大多数企业喜欢把目标瞄准实力较弱的竞争者，这种做法无须太多的时间和资源。但相应地，企业也不会有很大的成效。因此，企业也应当选择与一些实力强大的竞争者进行竞争。因为企业若想与实力强大的竞争者相抗衡，就必须在很多方面努力改进，这将增强企业整体实力，使企业长期受益；另外，再强的竞争者也有弱点，只要企业策略选择与实施得当就能体现企业的竞争实力。

（2）近竞争者和远竞争者。大多数企业都会与那些跟它们非常相似的竞争者竞争，但与此同时，企业应注意避免企图"摧毁"这些最接近的竞争者，因为企业"摧毁"了其最接近的竞争者，却有可能引来更多更难对付的竞争者。

（3）"好"竞争者与"坏"竞争者。竞争者的存在，有时会为企业带来一些好处，表现为：增加市场总容量；可以分担市场与产品开发的成本，并有助于推广新技术；可以为一些吸引力不大的细分市场服务或促使产品差异化；减少"反托拉斯"的风险，并增强企业与管理当局协商的能力。但并非所有的竞争者都会给企业带来益处。每个行业都有"好的"和"坏的"竞争者。好的竞争者遵守行业规则：他们希望一个公平、稳定、健康的竞争环境，制定合理的价格，推动他人降低成本，促进差异化，接受为他们规定的市场占有率和利润的合理界限。坏的竞争者会破坏行业规则：他们喜欢投机取巧，喜欢冒大风险，超额投资等。他们的存在打破了行业的平衡。所以，一个明智的企业经营者应当支持好的竞争者，攻击坏的竞争者。尽力使本行业成为由好的竞争者组成的健康行业。

七、市场竞争者分类

企业在选定竞争对手与之抗争之后，市场上就形成了相应的竞争格局。根据各个企业在目标市场上的地位和所起作用的不同，可以将竞争位置分为领先者、挑战者、追随者和利基者四类。

一般而言，市场领先者手中掌握40%的市场，该类企业的市场占有率最大；另外30%的市场掌握在挑战者手中，这类企业积极地使用高度侵占性战术，企图扩充其市场占有率；还有20%的市场掌握在市场追随者手中，这些企业只能力图维持其市场占有率，而不会扰乱市场竞争形势；其余10%的市场掌握在许多小企业手中，它们是拾遗补缺者，又被称为市场利基者，只能对不致引起大企业兴趣的狭小目标市场提供服务。下面的章节将进行详细介绍。

第二节 市场领先者战略

市场领先者是指在相关产品的市场上占有率最高的企业。一般来说，大多数行业都有一家企业被认为是市场领先者。它在价格变动、新产品开发、分销渠道的宽度和促销力量等方面处于主宰地位。它是市场竞争的先导者，也是其他企业挑战、效仿或回避的对象。由于市场领先者处于最显眼的领先者位置，其经常会受到市场上各方力量的挑战，企业想要维持其优势地位，应当采取强有力的行为，可以从三个方面进行：扩大整个市场的总需求，保持其现有的市场占有率，力争扩大其市场份额。

一、扩大总需求

由于市场领先者占有市场上巨大的份额，市场总需求量增大，市场领先者将会获益最大。领先者企业想要扩大整个市场的总需求，可以从以下三个方面着手：

1. 开发新用户

使那些尚未使用本行业产品的人开始使用，把潜在顾客转变为现实顾客。每类产品都有吸引新使用者的潜能，这些购买者可能因目前不知道此项产品，或因其价格不当或因其无法提供某种性能、型号而拒绝购买该产品。企业可以针对这些不同情况采取措施，解决潜在购买问题，将其转化为新的实际购买者。一个制造商可以使用三种战略找到新用户：

（1）市场渗透战略。即在现有的市场上，以现有的产品来吸引客户购买。比如说，化妆品的制造商可以说服不使用化妆品的女性使用化妆品。

（2）市场开发战略。即以现有的产品，开发新的细分市场。比如化妆品制造商可以说服男士使用洗面奶并进行面部护理。

（3）地理扩展战略。即以现有的产品在尚未使用本产品的地理区域进行推广销售。例如，国内化妆品企业把化妆品销售到其他国家去。

2. 开辟新用途

指发现并推广现有产品的新用途。比如，杜邦公司就是通过不断开发尼龙的新用途而实现市场扩张的。尼龙首先是用于制作降落伞的合成纤维，然后是作为制作女袜的主要原料，后来又作为制作服装的原料，再后来又成为汽车轮胎、沙发椅套、地毯的原料。这一切都归功于杜邦公司为发现产品新用途而不断进行研发。再如，现在许多调味料的包装袋上都会介绍产品的多种食用方法和用途，都是企图通过开辟新的用途扩大总的市场份额。

3. 增加使用

增加对产品的使用可以通过三种途径：

（1）增加每次使用量。比如，牙膏厂商扩大牙膏管口的口径，增加每次使用的量；洗发水生产商建议洗发水洗两次效果更好。

（2）提高购买频率。比如，牙刷生产厂商倡导消费者牙刷最多使用三个月就要更换。

（3）增加使用场所。比如，红酒厂商建议红酒不仅可以在宴席上喝，而且平时每天喝少量红酒对身体有益。

二、保持市场占有率

除了扩张总市场的规模外，领导者企业还必须时常提高警觉，保持现有的市场占有率。挑战者经常会偷偷地接近市场领导者，以窥其弱点，发起进攻。比如，百事可乐攻击可口可乐。近年来，全球性市场竞争的加剧促使经营者对军事作战模式产生浓厚兴趣，并力图将其运用于市场营销活动之中。他们认为，领导者企业在保持市场占有率时可将一些成功的军事防御战略作为其竞争战略，主要有以下六种：

（1）阵地防御。最基本的防御方式是阵地防御，即企业在目前的经营领域周围采取防范措施，就像军事阵地周围的防御工事一样，以此抵御对手的攻击。但单纯依靠防御工事来做战很少能取得胜利，企业必须使用多种防御措施相结合的方式才会有更大的胜算。比如可口可乐公司，尽管生产着全世界近一半的饮料，还要积极进入酒类市场，已兼并了水果饮料公司并进入脱盐设备和塑料业以使经营多元化。

（2）侧翼防御。在全面防卫整个阵地时，市场领导者应特别注意其侧翼的薄弱环节。聪明的竞争者总是针对企业的弱点发起进攻。正如日本人进入小型轿车市场是由于美国汽车制造商在这一部分市场上留下一个很大的漏洞。因此，企业必须运用侧翼防御战略，从各方面留心监测自己在市场中的处境，保护企业的要害部位，不让竞争者从某一点找到突破口。

延伸阅读

快播之死：腾讯缘何举报快播？

今年3月18日，深圳市市场监督管理局的稽查大队正式对快播侵权事件立案调查，并于5月20日下发"行政处罚听证告知书"。而举报快播侵权的是深圳市腾讯计算机系统有限公司。

腾讯之所以举报快播，可能原因有三：

（1）快播的 P2P 方式严重影响了腾讯视频等视频网站的商业模式，必欲除之而后快。去年 12 月，曾经冤家路窄的搜狐、优酷、腾讯视频、乐视网，组成了最新的反盗版联盟，召开声势浩大的发布会，高调声讨快播侵权，这是一场维护互联网视频行业特定商业模式者的战争，不是一个人在战斗。

（2）快播严重影响了腾讯的现实商业利益。按照官方说法，腾讯三次通过公函的形式向快播发出停止侵权的诉求，但快播一直没有停止该行为，腾讯"仁至义尽"之后向市场监管局进行投诉，称快播公司未经许可，通过快播移动端向公众传播《北京爱情故事》、《辣妈正传》等 24 部作品，而腾讯拥有这 24 部作品的独占性信息网络传播权，其采购价格高达 4.3 亿元，快播公司的行为侵犯了腾讯的信息网络传播权，造成重大经济损失，是可忍孰不可忍。

（3）快播属于 360 系重要公司，周鸿祎是主要投资人之一，而 360 与腾讯之间存在世仇，打击快播将侧面起到收拾 360 的作用，事实也证明，快播被关的这段时间，360 的市场行动明显低调。

（资料来源：快播之死：腾讯缘何举报快播？中国经营网．http://www.cb.com.cn/companies/2014_0619/1066854.html.）

（3）先发制人的防御。领导者企业可以采取一种更为积极的防御性战略即先发制人，即在竞争者攻击本企业之前抢先削弱它们的实力。比如，企业对某个市场占有率已接近并危及自己的竞争者发动攻击。这种以攻为守的战略出发点是：预防胜于治疗。

公司采用先发制人的防御有多种方法。

①在市场中开展游击战，东打击一个竞争对手，西打击一个竞争对手，使每个竞争对手都惶惶不安。这种高压战略的目的是使自己在任何时候都保持主动，使竞争对手一直处在防守地位。

②先发制人战略也可以不付诸行动，而只是在对手心理上形成威慑。比如透露一些信息告知对手企业将会针对对手的行为有所行动，让对手觉得行动之后的效果也不显著，从而自动放弃。

③当一些市场领先者有较高的市场资源，它们有能力平安度过某项攻击，有时候甚至会引诱对方进行攻击，让其花费巨大的代价。

延伸阅读

腾讯与阿里之战

在腾讯与阿里军备竞争呈现白热化之时，有一个广泛流传的传闻是，腾讯即将入股京东。先不论消息的真实性，这个时候突然传出这个消息也有点公关战的味道。微信的巨大影响力很可能帮助腾讯抄阿里的近道，若与京东顺利结盟，阿里的核心业务电商将会遭遇京东更加强有力的阻击。双方的合作似乎有迹可循，在上次刘强东美国游学归来的首场发布会之中，提到京东最大的业务在一线城市，希望未来能打入二三线城市的腹地，而二三线城市恰恰是淘宝的阵地。京东想要完成纵深战略，或许可以借助腾讯的力量，要知道，QQ广大的用户群体很多都是二三线用户。双方有结合不奇怪，或许不只是资金合作。

阿里推出游戏平台，拦截腾讯最大的现金牛。就在腾讯投资京东的传闻甚嚣尘上的时候，阿里宣布推出手游平台，并表示要打破腾讯在该领域的垄断地位。阿里与游戏开发者的分成比例为2:8，其中开发者可以获得70%的分成，还有10%将会捐助给公益基金。据了解，阿里巴巴数字娱乐事业群总裁刘春宁是该平台的负责人，他此前系腾讯集团副总裁，负责腾讯数字娱乐及多媒体业务。他表示，对于单机版游戏合作者，第一年阿里巴巴将完全免费为其提供服务，联合运营的游戏则采用8:2的分成模式，其中阿里巴巴仅拿20%以覆盖成本和用户激励，游戏开发者获得70%的收益，剩余10%将用于支持农村孩子教育发展。这一招很厉害，就在腾讯希望结盟京东以在电商领域对抗阿里的时候，阿里利用游戏平台来对抗腾讯，不得不说是一步釜底抽薪的招数，腾讯本质上是一家游戏公司，其收入超过六成来自于游戏，阿里如果通过高分成来将腾讯大后方拖垮，岂不是妙招？

（资料来源：腾讯与阿里之战．中国经营网．http://www.cb.com.cn/ companies/ 2014_0612/1065476.html.）

（4）反攻性防御。当一个领导者企业采用了侧翼防御或先发制人防御战略后仍受到攻击，它可用反攻性防御战略。比如，当竞争对手不断攻击领先者时，领先者反过来也通过增加促销和推广几种革新产品向竞争者发起进攻。有时，企业在反攻以前稍作停顿，等待与观望也许是一种危险的游戏，但有很多理由使企业不能急于行事。在等待过程中，企业可以更全面地了解竞争者，发现其过失，找到反击的突破口。

（5）运动防御。这要求领导者企业不仅要积极保护现有的市场，还要进一步扩展到一些有前途的领域，通过市场扩展来提供更多能满足顾客需要的产品。这种拓展主要不是依赖正常的品牌扩展，而是通过在两条战线上的创新活动进行：市场拓宽和市场多样化。比如，海尔从"白色家电"进入到"黑色家电"，这使企业的业务扩展到相邻的行业，有助于企业综合发展和提高自卫能力。生产香烟的企业意识到对吸烟的限制日益增长，而进入啤酒、软饮料行业，这样可以将其资金分散到彼此不相关的行业经营，让企业在战略上有更多的回旋余地。

（6）收缩防御。一些大企业有时发现无法保住其所有的细分市场，企业资源过于分散，因而竞争实力减弱，致使竞争者进一步吞食本企业的市场。在这种情况下，最好的行动莫过于采用缩减式防御（或称为战略性撤退），即企业放弃一些已失去竞争力的市场，而集中资源在本企业具备较强竞争力的领域进行经营。比如说，海尔主动放弃小型单筒洗衣机市场，将资源集中在优势产品上，使其竞争优势更加突出。

三、扩大市场份额

　　企业也可以选择通过扩大本企业的市场份额而进一步扩大领先优势。一般而言，如果单位产品价格不降低并且经营成本不增加，企业的利润率会随着市场份额的扩大而增大。但是切不可认为提高市场份额就会自动增加盈利，这主要取决于公司提高市场份额所采取的策略。获得较高市场份额的成本也许大大超过收入的价值。此时应该考虑三个因素：

　　（1）要防止引起反托拉斯行动。若市场领先者侵占了更多的市场，那么，竞争者及反托拉斯立法者很可能会提出抗议。这种风险将会大大削减追求市场占有率而获利的吸引力。

　　（2）经济成本。在已达到高占有率之后，要想再获得更高的市场占有率，其成本可能上升得很快，因而将降低边际利润。来自顾客及其他社会公众的阻力在超过某一限度后，就使追求更高市场占有率的行动变得十分艰难，获利能力不再随市场占有率的上升而上升，反而可能下降。如图 11-2 所示。

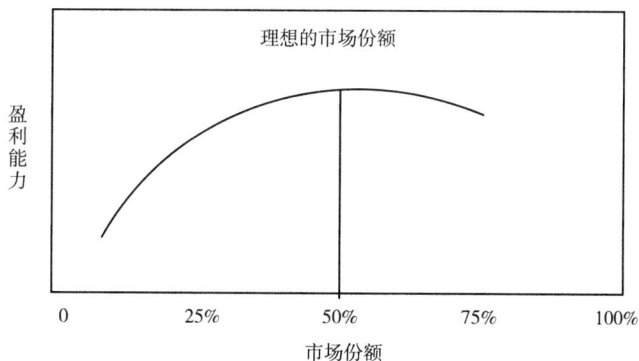

图 11-2　市场份额与盈利能力关系

　　（3）错误的营销组合。企业在努力提高市场占有率时可能采取错误的市场营销组合策略，因而不能增加利润。比如降低产品价格并增加广告支出和销售促进，虽然可以增大市场份额，但并不一定能增加利润。只有在以下情况下扩大市场份额才能增加利润：

　　①单位成本随着市场份额的增加而减少。

　　②公司提供一个优质产品和收取超出提供较高质量所花费的溢价。

　　总之，扩大市场占有率策略并不是单纯将提高占有率作为唯一的目标，它应在领先者企业保护现有"领地"和盈利的情况下，拓展整个市场。

康师傅和统一之战

大陆推出第一包红烧牛肉面，仅仅比统一来到大陆早了 15 天。让统一没有料到的是，其与康师傅之间的差距，并不是 15 天那么简单。统一当时带来的最合台湾人口味的鲜虾面，在大陆市场遭遇了严重的水土不服，在鲜虾面节节溃败时，康师傅却带领红烧牛肉面大举攻占全国，市场占有率最高时达到 98%。

在开局不利的情况下，统一开始通过战略调整，意图挽回败局。首先调研大陆市场，并针对不同地区推出不同口味的方便面，同时，财大气粗的统一不惜重金砸向广告，甚至以降价的方式向康师傅发起挑衅。到了 1998 年，统一和康师傅的营收一个 20 多亿元，一个 30 亿元，差距已经拉得很小。

2000 年之后的统一，由于缺乏具备市场话语权的大单品以及内部管理层的不断更换，企业发展几乎停滞。此时，康统之间的暗斗已经升级。有业内人士透露，在 2003 年国际棕榈油大涨风波中，方便面企业们每个月的生产成本猛地增加了上千万元，于是统一与康师傅相约一起涨价。但当统一如约调整价格之后，康师傅却按兵不动，悄无声息地抢占了统一的市场份额。

相同的约涨事件在 2007 年再次发生，统一预计"以其人之道，还治其人之身"，在方便面协会公布十几家面企一齐涨价时，其中并没有出现统一的身影。然而，国家发改委介入此次涨价事件，强制要求面企们降价或大力促销，这让统一的如意算盘落了空。

在这段漫长的岁月里，康师傅和统一在价格上、广告上有过无数次的明争暗斗，而结果则是统一不得不接受残酷的现实：康师傅红烧牛肉面一年可卖到 70 亿元，统一同样的单品却只能卖 1.2 亿元。出身寒门的康师傅已经实现逆转，在大陆建立起了方便面的雄图霸业，而曾经在台湾方便面市场叱咤风云的统一，来到大陆之后却只能默默低头舔舐受挫的创伤。

2008 年，市场排名从第二跌至第四的统一痛定思痛，采取市场收缩战略，同时调整产品线，在全国大力推广老坛酸菜牛肉面。而此时的康师傅红烧牛肉面不但坐稳了第一口味的宝座，还占据着方便面市场的半壁江山。

当统一老坛酸菜牛肉面年销售额达 20 亿元的消息传来时，康师傅才恍然惊醒，在 2010 年连忙跟进推出陈坛酸菜牛肉面，与统一正面交锋。业内的多个面企也看到了风向，一窝蜂地跟随，酸菜口味一跃成为方便面第二大品类，占据方便面市场近六分之一的份额。

统一酸菜牛肉面的异军突起，让康师傅感到丝丝寒意，这位老大不愿意看到自己的任何领地被一点点侵蚀。于是，康统之战的焦点集中在了酸菜面上。

从双方的广告宣传上就能看出康师傅想要抢夺市场的决心。统一酸菜面聘请亲民主持人汪涵为代言人，康师傅酸菜面就力邀国民女神姚晨代言；统一称自己是销量第一，康师傅便强调产品选用地道陈坛酸菜。而统一也随后将汪涵代言的广告语调整为："有人模仿我的脸，有人模仿我的面，模仿得再像也不是统一老坛！"这其中的含沙射影和浓浓火药味很明显。

统一最终还是成为了这场口味之争的最大赢家，不仅依靠老坛酸菜牛肉面在 2011 年扭亏为盈，单品年销售额达到 40 亿元，还通过这支大单品的崛起，夺回方便面第二的江湖地位。康师傅虽然也在这个品类市场中分得一杯羹，但 10 亿元的入账显然让这位老大哥颜面无光。

多年的恩怨，使得康统在渠道终端上演起贴身肉搏，激烈程度更让众人跌破眼镜。2012 年 9 月，网络上曝出康师傅具有日资背景，并号召大家一起抵制日货，抵制康师傅，而统一则被认为是放出消息的幕后黑手。

金钱交易、恶意诋毁这些手段在康统之争中被频频曝光，不仅导致双方持久的口水战，甚至上演过两家公司业务员在终端大打出手的闹剧。

在营销上，两位方便面大佬更是咬紧牙关，一战到底。几乎整个 2013 年，康师傅在所有的桶面中都添加了火腿肠促销，而事情的起因则是因为统一首先在近六成桶装面产品中搭赠火腿肠。一根小小的火腿肠，无疑让康师傅和统一双方本来就微薄的利润雪上加霜。终端上的互相排挤，使得康师傅和统一销售投入根本就停不下来。从两家企业 2013 年年报中可以看出，虽然各自年收入的增长都高于方便面市场的整体增长水平，但盈利能力却下降不少，统一甚至再现亏损。

（资料来源：康师傅与统一的面霸之争．中国经营网．http://www.cb.com.cn / companies/2014_0707/1070386.html）

第三节　市场挑战者战略

市场挑战者指在相关产品市场上处于次要地位但又具备向市场领导者发动全面或局部攻击的企业。虽然它们比领导者小，但就整个行业而言，它们的势力也非常大，这些居次的企业可以采取不同的竞争策略。它们可以决定攻击市场领导者及其他企业而获得更高的市场占有率，也可以安于现状而不扰乱竞争局面。一个市场挑战者首先要确定它的战略目标，大多数市场挑战者的目标都是提高市场占有率，因此需要选择向谁进攻。

一、确定战略目标和竞争对手

市场挑战者的进攻对手可以在以下范围选择：

1. 市场领先者

挑战者可以选择市场领先者进行攻击。这一战略风险较大，不过一旦成功，企业将获得很大好处，特别是当市场领导者名不副实或存在明显漏洞时，采取这种策略更有意义。若挑战者进攻的目标是市场领导者企业，其目的可能是要争夺市场占有率，而不在于马上打垮领导者企业。

2. 规模相同但经营不善、资金不足的竞争对手

进攻这类竞争对手，对于挑战者来说相对容易。挑战者企业应认真测定竞争对手的顾客是否满意以及该企业产品的创新能力怎样。若这家企业资源有限，挑战者企业甚至可以考虑进行正面攻击。

3. 规模较小、经营不善、资金缺乏的竞争对手

对于挑战者来说，进攻这类竞争对手最为容易。选择这类对手的目标就是击垮它们，因为这类企业常常经营不善、资金不足，挑战者企业可以靠吞并这样的小企业而扩大自己的实力。

二、选择进攻战略

在确定了进攻对手和目标之后，企业需要选择进攻所使用的战略。一般而言，有五种可以选择的战略：

1. 正面进攻

当挑战者集中精力直接攻击对手时，就是发动正面进攻。正面进攻打击的目标是竞争者的长处，胜负取决于谁的实力更强。在完全正面攻击中，挑战者企业要与竞争者在产品、广告、价格等方面进行全面较量。只有在实力明显超过竞争对手时才有可能获胜。

如果没有以上把握，挑战者可以不采取全面进攻，而是采取稍加变化的正面进攻。最常用的方法是实行削价，即在产品其他方面与竞争者不相上下的同时，通过较低的价格打击竞争者。应用这种策略特别应注意防止被卷入单纯的价格战之中，同时还应使顾客不至于因价格降低而怀疑产品的质量。此外，为使这个价格的进攻有一个坚固的基础，企业可以在研发方面投入足够的资金以便降低成本，持续正面进攻战略，直至获胜。

2. 侧翼进攻

再强大的竞争者也总有一些未加防备的侧面，这可以成为挑战者攻击的目标。特别是那些资源比竞争对手少，不能用强力击败对手的挑战者可以采用这种"集中兵力

攻敌弱点"的侧翼进攻战略。侧面进攻的常用方法是从地理或者细分市场两个方面来打击对手。如向竞争对手在全国乃至全世界经营不善的地区发动攻击；或者，寻找竞争者的产品尚无供应的市场缺口，并且迅速填补这个空缺，将其发展成为强大的细分市场。

3. 包围进攻

这种进攻战略是试图通过多方面的"闪电"进攻以深入敌方。即从几条战线上同时发动一个大的进攻，使竞争对手必须同时注意自己的前后和边线。比如说，可以比竞争对手向市场提供种类更多的产品，这种做法对于拥有更多资源优势的挑战者来说更有意义。

4. 迂回进攻

这是一种间接进攻策略，是指绕过竞争对手，向较易进入的市场发动攻击，扩大自己的资源基地。常用的方法有：

（1）多元化经营且经营不相关产品。

（2）将现有产品打入新地区市场。

（3）以新技术取代现有产品。

5. 游击进攻

指在不同地区向竞争对手发动小规模的、断断续续的攻击，目的在于骚扰对方，使之疲于应付，最终使自身能在市场上站稳脚跟。常用方法有：

（1）有选择性的降价。

（2）密集的爆发式促销行动。

（3）采用法律行为。

该策略特别适用于资金短缺没有实力发动正面进攻和侧面进攻的小企业。

在进行游击战的时候企业还需考虑，展开少数几次主要进攻还是一连串连续的小攻击。以军事的观点，后者比前者能更多的积累冲击力量、瓦解敌人。同理，攻击小的、孤立的、防守薄弱的市场比向主要的中心据点市场进攻要有效得多。应当注意，这种游击战严格说来只是一种"准备战"，挑战者若希望打败对手，最终仍需有强大的进攻作为后盾。

三、营销策略

上述各种进攻战略涉及很广，市场挑战者应选择一些适当具体的营销策略，并加以综合运用。具体如下：

1. 价格折扣策略

即挑战者用较低的价格销售竞争产品。这是折扣零售店的主要做法。这种策略想要获得成功须有三个前提条件：

（1）挑战者必须使顾客相信它们的产品和服务与领先者一样优质。

（2）购买者对价格敏感且没有转移成本。

（3）市场领先者不会针锋相对地降价。

2. 廉价品策略

挑战者用非常低廉的价格向市场提供质量一般或低质量产品。这种策略只有在某细分市场内对价格关注的消费者占有相当的数量时才会有效。不过，靠这一策略成功的企业可能会受到产品更便宜的公司的攻击，后者的价格会更低。在防御中，前者要努力使产品质量不断提高。

3. 声望策略

市场挑战者可以开发出比市场领导者品质更优的产品，并制定更高的价格。有些有高声望产品的公司也会舍弃一些较低价格的产品，以充分发挥它们制造高质量产品的优势。梅赛德斯胜过凯迪拉克便是因为在美国市场中提供了更高质量和更高价格的汽车。

4. 产品繁衍策略

挑战者可以通过推出大量不同式样的产品，向顾客提供更多的选择来与领先者竞争。

5. 产品创新策略

挑战者可以通过对产品进行创新，来攻击市场领先者的地位。例如德克士经常推出新口味的产品来跟肯德基抗衡。

6. 改进服务策略

挑战者可以通过多种方式向顾客提供新的或更好的服务。

7. 分销创新策略

挑战者可以去发现或发掘新的分销渠道。雅芳公司正是依靠上门推销的战术而迅速发展成为一家大型的化妆品公司。它没有在传统的商店里与其他化妆品公司竞争，而是另辟蹊径。

8. 降低生产成本策略

挑战者可以通过提高采购效率、降低劳动成本、运用更先进的生产设备等手段，使生产成本比竞争者的更低，并利用较低的生产成本制定更具竞争力的价格，从而夺取市场份额。

9. 密集的广告促销策略

有一些挑战者通过实施大量的广告和促销来对市场领导者发起进攻。

要注意的是，一个挑战者如果只依靠一条战略要素是很难提高自己的市场份额的，必须设计一套能随着时间推移而改进其地位的总体战略。

第四节　市场追随者战略和市场利基者战略

一、市场追随者战略

著名管理学家西奥多·莱维特教授在《创新模仿》中提出了产品模仿策略，他认为这同产品创新策略一样是有利可图的。作为创新者，总是要承担开发新产品、向市场提供信息以及引导市场等巨大的投资支出，同时它们也因为这些投入和风险而取得了市场领先者的地位。但是，其他公司会紧随而来，模仿或改进创新者推出的新产品，并且在市场上展开销售竞争。尽管这些追随者未必能后来居上，超过创新者，但是由于不承担创新所耗费用，也会获得高额利润。

许多在行业中位于第二位的公司甘愿居于领先者之下而不去挑战。因为，市场领先者对于其他公司试图从其手中争夺顾客的企图不会无动于衷，听之任之。如果挑战者采用低价、更完善的服务或其他产品特点等作为诱饵，领先者会很快在这些方面赶上以进行抗衡。而在这场激烈的战斗中，市场领先者往往具备更为强大的持久能力。殊死搏斗会使得两败俱伤，因此挑战者在进行挑战之前需要谨慎思考，除非有制胜绝招——如产品的重大创新或者在分销体系上有明显突破，否则它们宁愿继续追随市场领先者，而不愿贸然对领先者发起进攻。

市场追随者指在行业中占据第二及以后位次，但在产品、技术、价格、渠道和促销等大多数营销战略上模仿或跟随市场领先者的公司。市场跟随者与挑战者不同，它不向领先者发动进攻，而是跟随在领先者之后自觉地维持共处局面。

在资本密集型的同质产品行业，如钢铁、化肥和化学行业等，这种现象比较常见。这些行业的特点有：产品差别化和形象差别化的机会较低；服务质量也大体一致；价格敏感性高，随时会爆发价格战。由于怕获取短期利润的做法会招来报复而使得两败俱伤，行业内的各公司都默认这样的规则，即不相互争夺其他企业的顾客。因此，市场份额具有较强的稳定性。

虽然市场追随者不向市场上的其他竞争者进行挑战，但是，想要在市场上有立足之地，也必须制定一条不会引起竞争性报复的成长路线。一般而言，追随战略可以分为四类：

（1）仿制者战略。即复制领先者的产品和包装，在黑市上销售或卖给名誉不好的经销商。这种竞争者是被市场上其他竞争者所讨厌的，因为他们的仿制行为制造出来的低质量产品会破坏被仿企业的信誉。

（2）紧跟者战略。指在各个细分市场和产品、价格、广告等营销组合战略方面模仿市场领先者，完全不进行任何创新的公司。

（3）模仿者战略。指在基本方面模仿领先者，但是在包装、广告和价格上又保持一定差异的公司。

（4）改变者战略。指在某些方面紧跟市场领先者，在某些方面又自行其是的公司。

需要指出的是，虽然追随者不需要承担创新费用，但他们通常不会比市场领先者赚得更多。

延伸阅读

路线走对了魅族正在蚕食小米市场份额

魅族在 2014 年动静很大，告别小而美的单品手机策略，转向多款新品并行的大众品牌路线。如今通过知名分析师孙昌旭给出的数据来看，魅族这条路走对了。

数据显示，魅族在 2015 年一季度的销量在 470 万左右，今年的预计销量将达到 2000 万，同时魅族的月产能基本上坐稳了 200 万。这个数据相比小而美时代的魅族提升显著。

魅族在 2014 年更加注重产品的性价比，1799 元的 MX4 以及 2199 元的 MX4 Pro 对小米手机形成了夹击，后续推出的魅蓝和魅蓝 note 无论是外观还是配置，均全面超越红米和红米 Note 系列，在出货量极大的千元市场占据优势。此外魅族还和阿里、海尔达成合作关系，共同推动智能生态圈的发展。

从魅族的这几步可以看出，魅族是准备和小米死磕到底，在各个产品线都形成了竞争关系，目前来看，转型后的魅族收获了不错的成绩。

（资料来源：路线走对了魅族正在蚕食小米市场份额.手机中国网.http://www.cnmo.com/news/483902.html）

二、市场利基者战略

市场利基者是指专门为规模较小的或大公司不感兴趣的细分市场提供产品和服务的公司。如果公司不想在较大的市场上做追随者，那么可以争取在较小的市场上或者在其他更适合的补缺市场上成为领先者。特别是较小的公司，要想避免与大公司发生矛盾，通常要将目标定在大公司不屑一顾的小市场上。虽然这些市场比较小，但是这并不意味着该市场的利润小，美国战略计划研究所在研究了几百个业务单位后发现，小市场的投资报酬率平均为 27%，而大市场只有 11%。因此，有时候一些大公司的业务部门也推行补缺战略。小的公司若在补缺市场上与大公司狭路相逢，市场份额就会遭受损害，所以要想在补缺市场获取利润，进入某个利基市场之前需要考察一些条件：

1. 理想的补缺市场特征

（1）具有一定的规模和购买力，能够盈利。

（2）具备发展潜力。

（3）强大的竞争者对这一市场不屑一顾。

（4）公司具备向这一市场提供优质产品或服务的能力和资源。

（5）公司已在顾客中建立了良好的声誉，能够抵挡竞争者的入侵。

2. 市场利基者战略

在补缺中的关键概念是专业化，市场利基者可以从以下角度来考虑专业化问题：

（1）最终用户专业化。公司可以专门为某一类型的最终用户提供服务。例如，法律事务所可以专门为刑法、民法或工商企业法等范畴内的市场服务。

（2）垂直专业化。公司可以专门为处于生产与分销循环周期的某些垂直层次提供服务。例如，铜制品公司可以专门生产铜、铜部件或者铜制品。

（3）顾客规模专业化。公司可以集中全力分别向小、中、大规模的顾客群进行销售。许多拾遗补缺者就专门为大公司不重视的小规模顾客群服务。

（4）特殊顾客专业化。公司可以专门向一个或几个大客户销售产品。有许多小公司就只向一家大公司提供其全部产品。

（5）地理市场专业化。这类公司只在全球某一地点、地区或范围内经营业务。

（6）产品或产品线专业化。公司只经营某一种产品或某一类产品线。比如在实验设备行业中，公司只生产显微镜，或者更窄一些，只生产显微镜上的镜头等。

（7）产品特征专业化。公司专门生产某一种类型的产品或者特色产品。例如，某家居厂商只生产仿古家具。

（8）加工专业化。这类公司只为订购客户生产特制产品。

（9）质量—价格专业化。这类公司只在市场的底层或上层经营。例如爱马仕专门生产优质价高的多种品类产品。

（10）服务专业化。该公司向大众提供一种或数种其他公司所没有的服务。例如，专业开锁。

（11）销售渠道专业化。这类公司只为一类销售渠道提供服务。例如，某家软饮料公司决定只向加油站提供一种大容器包装的软饮料。

由于市场利基者是在一个较小的市场上提供专业化的产品和服务，为了能在补缺市场上获得持续的利润，市场利基者需要完成三个任务：创造补缺市场，扩大补缺市场，保护补缺市场。例如著名的运动鞋生产商耐克公司，不断开发出适合不同运动练习项目的特殊运动鞋，如登山鞋、旅游鞋、自行车鞋、冲浪鞋等等，这样就开辟了无数的补缺市场。每当开辟出这样的特殊市场后，耐克公司就继续为这种鞋开发出不同的款式和品牌。以此扩大市场规模，如耐克充气式乔丹鞋、耐克哈罗克鞋等。最后，如果有新的竞争者闻声而来的话，耐克公司还要全力以赴保住其在该市场的领导地位。

市场利基者要意识到，补缺市场不是一劳永逸的，消费者的消费习惯发生变化或者市场有其他挑战者入侵都会给企业带来风险。因此，企业必须不断地进行拾遗补缺。并且根据风险分散原理，开辟多头补缺市场比仅仅局限于单一的补缺市场，会给企业带来更大的生存机会。企业只有不断地进行创新才能持续发展。

第五节　在顾客导向和竞争者导向中寻求平衡

不论是市场领导者、挑战者、追随者还是利基者，都要密切关注竞争者的行动，找到最适合自己的竞争性营销战略，并且还需经常调整战略以适应快速变化的竞争环境。但是这种做法可能会存在一个问题——即企业花费太多的精力去追踪竞争者，而损害其顾客导向。这会使得企业忽视了更为重要的问题：保持盈利性的顾客关系。

竞争者导向型公司（competitor-centered company）把绝大部分时间用于追踪竞争者的行动和市场份额，并努力找寻抗击竞争者的战略。这一方式既有优点，也有缺点。从积极的方面看，公司建立了竞争者导向，关注自身弱点，并寻找竞争者弱点。从消极的方面看，公司的反应会变得过于敏感，其行为只是基于竞争者的行为反应，而不是关注自己的顾客。最终的结果会导致，公司可能仅仅是跟随或拓展行业中通行的做法，而不是在关注顾客的基础上创新，为顾客创造更多的价值。

顾客导向型公司（customer-centered company），在设计营销战略时更多地关注顾客发展。这样的企业更有能力发现新机会，并制定合理的长期战略。通过密切关注顾客需求的演进，他们能够决定谁是自己最重要的顾客群以及他们的需求，然后集中精力为目标顾客传递卓越的价值。

在实践中，公司必须兼顾竞争者和顾客，这样的公司被称为市场导向型公司（market-centered company）。

菲利普·科特勒根据对竞争者和顾客关注的程度划分了企业在发展的过程中在四种导向之间的变换。在第一阶段，是产品导向，既不关注顾客也不关注竞争者。第二阶段，是顾客导向，更多地关注顾客。第三阶段，公司对竞争者给予更多的关注，成为竞争者导向。第四阶段，成为市场导向，既关注顾客，也关注竞争者，并在二者之间创造平衡。公司不应该只关注竞争者，试图用现在的业务模式打败他们，而是应该更多地关注顾客，寻求创新的方式，比竞争者为顾客传递更多的价值，从而建立盈利性顾客关系。

本章小结**

一般来说，企业在对竞争者分析的时候有以下步骤：识别竞争者、判定竞争者的战略、分析竞争者的目标、评估竞争者的优劣势、预测竞争者的反应模式、选择竞争对手。

确定竞争对手与之抗争之后，市场上就形成了相应的竞争格局。根据各个企业在目标市场上的地位和所起作用的不同，可以将它们的竞争位置分为领先者、挑战者、追随者和利基者四类。

市场领先者指在相关产品的市场上占有率最高的企业。市场领先者的任务主要有三项：扩大总需求、保持市场占有率、扩大市场份额。在扩大总需求时可以从开发新用户、开辟新用途以及增加使用来着手；而在保持市场占有率的时候，市场领先者可以以阵地防御、侧翼防御、先发制人的防御、反攻性防御、运动防御、收缩防御等战略取胜；在扩大市场份额时，企业要注意三个问题：防止引起反托拉斯行动、竞争的经济成本、警惕使用错误的营销组合。

市场挑战者指在相关产品市场上处于次要地位但又具备向市场领先者发动全面或局部攻击的企业。市场挑战者的进攻对手可以在以下范围选择：市场领先者，规模相同但经营不善、资金不足的竞争对手，规模较小、经营不善、资金缺乏的竞争对手。挑战者可以选择的进攻战略有：正面进攻、侧翼进攻、包围进攻、迂回进攻、游击进攻。具体的营销策略可以选择：价格折扣策略、廉价品策略、声望策略、产品繁衍策略、产品创新策略、改进服务策略、分销创新策略、降低生产成本策略、密集的广告促销策略等。

市场跟随者指在相关产品市场上处于中间状态，并力图保持其市场占有率不至于下降的企业。这类竞争者有四类可选择的战略：仿制者战略，紧跟者战略，模仿者战略，改变者战略。需要指出的是，虽然追随者不需要承担创新费用，但他们通常不会比市场领先者赚得更多。

市场利基者指专心关注相关产品市场上大企业不感兴趣的某些细小部分的小企业。进入某个利基市场之前需要考察一些条件：

（1）具有一定的规模和购买力，能够盈利。

（2）具备发展潜力。

（3）强大的竞争者对这一市场不屑一顾。

（4）公司具备向这一市场提供优质产品或服务的能力和资源。

（5）公司已在顾客中建立了良好的声誉，能够抵挡竞争者的入侵。

利基者一般考虑从专业化角度进行市场补缺，具体考虑：

（1）最终用户专业化。

（2）垂直专业化。

（3）顾客规模专业化。

（4）特殊顾客专业化。

（5）地理市场专业化。

（6）产品或产品线专业化。

（7）产品特征专业化。

（8）加工专业化。

（9）质量—价格专业化。

（10）服务专业化。

（11）销售渠道专业化。

企业在市场竞争中应该兼顾顾客和竞争者，企业在发展的过程中可能拥有以下四种导向中的一种：产品导向、顾客导向、竞争者导向、市场导向。

思考题

（1）如何识别竞争对手？

（2）如何辨别一个战略群体？

（3）竞争者的反应模式有哪些类型？

（4）怎样选择竞争对手？

（5）市场领先者有哪些战略？

（6）市场挑战者有哪些进攻战略？

（7）理想的补缺市场有哪些特征？

（8）对当地的三家餐馆进行分析，最强和最弱的竞争者是哪家？对于强有力的竞争者来说，弱点是什么？

（9）在餐饮和纺织行业中各确定一个使用市场利基者战略的公司。

案例讨论

电动汽车大战：特斯拉 PK 通用汽车

在任何领域，一家初创企业反超行业巨头的案例都十分罕见。但最近公布的数据显示，在电动汽车市场上，通用 Volt 与特斯拉 Model S 轿车的销量差距越来越大。这是一个谁都没有预料到的结果。

首先上场的是搭载了增程式汽油发动机的雪佛兰 Volt 汽车。作为它的生产商，行业巨头通用汽车公司几乎具备无限的工程资源。Volt 也是通用汽车副董事长鲍伯·卢茨亲自拍板的产品，一系列营销活动和庞大的经销商网络为它提供了强有力的支持。这款售价 4 万美元的油电混合动力轿车似乎必将获得成功。

特斯拉汽车随后登场。作为汽车行业的新生力量，它此前几乎没有任何汽车的设计、工艺和制造经验，其电池技术也没有经过验证（和其他汽车厂商不同，特斯拉使用的是几千块锂铁电池构成的电池组，和笔记本电脑使用的电池没什么不同）。

特斯拉 Roadster 还搭载了一些新鲜的功能，并大胆地设定了一个处于豪华品牌上游价位的价格。另外，特斯拉也没有自己的经销商网络。也就是说，这家年轻的公司将凭借自身力量销售售价 10 万美元的电动汽车。

你也知道这两款车型的竞争结果。成功希望渺茫的特斯拉越卖越好，生产的汽车被抢购一空。行业媒体《汽车新闻》的数据显示，从年初到四月末，特斯拉 2015 年已经售出了 6800 台 Model S 轿车。特斯拉还在沙漠里建起了一座大型的电池工厂，另外它正准备推出它的第三款电动车型——一款跨界 SUV。

与此同时，雪佛兰 Volt 似乎正在迈向汽车业历史的垃圾箱（就像通用的 EV-1 和整个 Saturn 部门一样）。工艺上"用力过度"和定价过高是它的两块短板，它的创新技术也走入了死胡同，到现在仍然没有任何厂家跟风模仿就是证明。通用最近给出了 5000 美元的降价力度以刺激销量，但 Volt 从年初至今的销量仍仅有 2779 台。

为什么通用和特斯拉的命运发生了逆转？Volt 这款诞生于最近一次"大衰退"期间的产品，是否受到了不可控因素的影响？抑或，特斯拉恰好抓住了消费者对气候变化的关心，从而一击成功？以下有三种看法：

（1）Volt 和破产前的通用犯了同一个毛病。这款由公司高层拍脑袋决定的车型，本来希望迎合每一类消费者的需要，但最终几乎没有一个人感到满意。它的售价贵，质量重，车速慢。而特斯拉的 Model S 基本上是天才创始人埃隆·马斯克一人的作品，因为马斯克就喜欢这种造型优美的高端轿车，最终获得各方交口称赞，大获成功。

（2）凭借安静如耳语的动力系统和快如脱兔的加速，Model S 为车主提供了独特的驾驶体验。相较之下，Volt 几乎没有什么乐趣可言。它希望同时解决消费者对燃油经济性和气候变化的关切，但最终却像一杯胡萝卜加甘蓝奶昔一样索然无味。

（3）尽管售价高昂的特斯拉汽车自身也有一些局限（如续航里程短、充电站少、没有经销商网络等），但它可以带来充沛的心灵享受，并由此开辟了一个全新的市场。而在各方面均有妥协的 Volt，似乎只是为那些既想享受电动车的好处，又不打算完全依赖电池动力的人准备的。

通用和特斯拉都在积极准备下一轮的竞争。通用似乎铁了心要让 Volt 获得成功，不久它将推出 2016 款 Volt 汽车，这款经过全新设计的汽车将具备更出色的性能和 50 英里纯电动续航里程。通用还计划在后年推出一款名叫 Bolt 的全电动车型，它的续航里程将达到 200 英里。由于现在还不知道消费者的态度会有怎样的改变，或是未来两年内通用是否会实现工艺上的突破，所以，现在还很难判断这两款新车将给市场带来怎样的冲击。

与此同时，特斯拉必将会推出已经两度延期的电动 SUV，同时它还要遏制已经超过预期的烧钱速度。随着车型的增加，特斯拉的日子也将变得更加艰难。但特斯拉的成功应该会激励很多初出茅庐的商人，让他们有胆量挑战和颠覆传统智慧。

　　（资料来源：Alex Taylor III. 电动汽车大战：为什么特斯拉高歌猛进，而通用汽车步履艰难. 财富中文网. http://www.fortunechina.com/business/c /2015－05/19/content_240741.htm.）

　　思考题：

　　（1）通用和特斯拉分别处于市场竞争的什么地位？

　　（2）特斯拉为什么能取得成功？

关键术语

竞争者分析（competitor analysis）　　　　市场领先者（market leader）

市场挑战者（market challenger）　　　　　市场追随者（market follower）

市场利基者（market nicher）

顾客导向的企业（customer－centered company）

竞争导向的企业（competitor－centered company）

市场导向的企业（marketer－centered company）

主要参考文献

[1] 吴国庆，王杰芳，李玲，曲洪建．市场营销学：理论、实务与应用 [M].上海：上海交通大学出版社，2013.

[2] 庄贵军．营销管理：营销机会的识别、界定与利用 [M].北京：中国人民大学出版社，2012.

[3] 林建煌．营销管理 [M].上海：复旦大学出版社，2011.

[4] 第一财经网站．http://www.yicai.com.

[5] 财富中文网．http://www.fortunechina.com.

[6] 彼得，唐纳利．营销管理：知识与技能（第10版）[M].北京：中国人民大学出版社，2012.6.

[7] 新华网广东频道．http://www.gd.xinhuanet.com.

[8] 叶茂中的博客．http://blog.sina.com.cn/yemaozhong.

[9] 科特勒，莱恩．营销管理（第12版）[M].梅清豪，译．上海：上海人民出版社，2006.

[10] 网易新闻．http://news.163.com.

[11] 网易财经．http://money.163.com.

[12] 科特勒，阿姆斯特朗．市场营销：原理与实践（第16版）[M].楼尊，译．北京：中国人民大学出版社，2015.

[13] 文汇报．http://wenhui.news 365.com.cn.

[14] 赢销网．http://www.yingxiao360.com.

[15] 吴建安，郭国庆，钟育赣．市场营销学 [M].北京：高等教育出版社，2012.

[16] 科特勒，阿姆斯特朗．市场营销原理（第13版）[M].楼尊，译．北京：中国人民大学出版社，2010.

[17] 郭国庆．市场营销学通论（第4版）[M].北京：中国人民大学出版社，2011.

[18] 张蕾，王军旗．市场营销：基本理论与案例分析（第2版）[M].北京：中国人民大学出版社，2009.

[19] 简明，胡玉立．市场预测与管理决策（第五版）[M].北京：中国人民大学出版社，2014.

[20] 张新友，徐辉，苏欣．微信的会员制营销案例 [J].通信企业管理，2014（6）.

[21] 余征真，曹云忠．社交网络环境下营销信息传播影响因素研究 [J]．电子商务学报，2015（5）．

[22] 腾讯网．http://tech.qq.com

[23] 京华网．http://epaper.jinghua.cn

[24] 万后芬，汤定娜，杨智．市场营销教程 [M]．北京：高等教育出版社，2007．

[25] 陆海霞，吴小丁，苏立勋．差评真的那么可怕吗 [J]．北京社会科学，2014(5)：102-109．

[26] 程小叶．汽车在线口碑对消费者购买行为影响的实证研究 [D]．哈尔滨：哈尔滨工业大学，2012．

[27] Bickart B, Schindler R M. Internet forums as influential sources of consumer information[J]. Journal of interactive marketing, 2001, 15（3）：31-40.

[28] Phelps J E, Lewis R, Mobilio L, et al. Viral marketing or electronicword-of-mouth advertising: Examining consumer responses and motivations to pass along email[J]. Journal of advertising research, 2004, 44（4）:333-348.

[29] 江龙．上海市政府购买体育公共服务模式研究 [D]．上海：东华大学．2014．

[30] 常亚平，吕彪．服装市场营销学 [M]．武汉：湖北美术出版社，2006．

[31] 杨海军，袁建．品牌学案例教程 [M]．上海：复旦大学出版社，2009．

[32] 余明阳．市场营销战略 [M]．北京：清华大学出版社，2009．

[33] 晁钢令，市场营销学（通用版）[M]．上海：上海财经大学出版社，2009．

[34] 汤理．市场营销案例 [M]．成都：西南交通大学出版社，2010．

[35] 吴建安．市场营销学（第五版）[M]．北京：清华大学出版社，2013．

[36] 杨锡怀．企业战略管理理论与案例 [M]．北京：高等教育出版社，2014．

[37] 王谊，于建元，张剑渝．现代市场营销学 [M]．成都：西南财经大学出版社，2004．

[38] 希特．战略管理：竞争与全球化 [M]．吕巍，译．北京：机械工业出版社，2009．

[39] 涂平．中国人口环境及其市场意义 [J]．市场与人口分析，1999．

[40] 陈阳．市场营销学 [M]．北京：北京大学出版社，2012．

[41] 科特勒．营销管理：分析、计划、执行和控制 [M]．梅汝和，梅清豪，张桁，译．上海：上海人民出版社，1999．

[42] 杨洁，甄翠敏，王宏伟．市场营销学 [M]．北京：中国社会科学出版社，2009．

[43] 成爱武，朱雪芹．国际市场营销学 [M]．北京：机械工业出版社，2010．

[44] 吴健安，郭国庆，钟育赣．市场营销学（第四版）[M]．北京：高等教育出版社，2011．

[45] 吴长顺．营销学教程（第二版）[M]．北京：清华大学出版社，2011．

[46] 科特勒．市场营销管理（亚洲版）[M]．北京：中国人民大学出版社，1997．

［47］郭国庆，杨学成．市场营销学概论［M］．北京：高等教育出版社，2008．

［48］王方华，黄沛．市场营销管理［M］．上海：上海交通大学出版社，2003．

［49］卜妙金，张传忠，常永胜．分销渠道管理［M］．北京：高等教育出版社，2007．

［50］庄贵军．营销渠道管理（第二版）［M］．北京：北京大学出版社，2012．

［51］中国经营网站．http://www.cb.com.cn．

［52］第一营销网站．http://www.cmmo.cn．

［53］中华网站．http://www.china.com．

［54］梅花网站．http://www.meihua.info．